세
계
사

근
동
사

세계 진보정당 운동사
큰 개혁과 작은 혁명들의 이야기

초판 1쇄 발행 2019년 11월 25일
초판 2쇄 발행 2020년 1월 2일

지은이   장석준
펴낸이   이영선

편집   강영선 김선정 김문정 김종훈 이민재 김연수 이현정
디자인   김회량
독자본부   김일신 김진규 정혜영 박정래 손미경 김동욱

펴낸곳 서해문집 | 출판등록 1989년 3월 16일(제406-2005-000047호)
주소 경기도 파주시 광인사길 217(파주출판도시)
전화 (031)955-7470 | 팩스 (031)955-7469
홈페이지 www.booksea.co.kr | 이메일 shmj21@hanmail.net

이 도서의 국립중앙도서관 출판예정도서목록(CIP)은 서지정보유통지원시스템 홈페이지(http://seoji.nl.go.kr)와 국가자료공동목록시스템(http://www.nl.go.kr/kolisnet)에서 이용하실 수 있습니다.(CIP제어번호: CIP2019045026)

이 도서는 한국출판문화산업진흥원의 '2019년 우수출판콘텐츠 제작 지원' 사업 선정작입니다.

세계 진보정당 운동사

큰 개혁과
작은 혁명들의
이야기

장석준 지음

서해문집

이재영, 조승범, 박은지, 박홍구, 이해삼,

배정학, 오재영, 노회찬

그리고

이 땅에서 진보정당운동에 헌신하다 먼저 간

모든 이들께 이 책을 바칩니다.

역사를 통해 만나는 진보정당운동

진보정당. 이미 우리에게 영 낯선 말은 아니다. 2004년에 민주노동당이 국회에 입성한 이후, 국회에는 늘 '진보정당'을 표방하는 정당이 존재했다. 2019년 현재는 정의당, 민중당이 있다. 아직 국회에 진출하지는 못했지만, 녹색당과 노동당도 있다. 이들 정당은 다른 나라에 있는 유사한 정당으로 영국 노동당을 들기도 하고, 독일 사회민주당이나 스웨덴 사회민주당을 거명하는가 하면, 브라질 노동자당을 이야기하기도 한다. 사실 우리나라 밖에서 이런 정당들을 부르는 더욱 일반적인 명칭은 '진보정당'이 아니라 '좌파정당left party'이다. 대개 당명에 '사회민주주의'나 '사회주의' '공산주의' 혹은 '노동[자]'이 들어가는 정당들이다.

　지난 150여 년간 이런 정당들은 세계사의 주요 배역 가운데 하나였다. 역사의 결정적 순간마다 거기에는 늘 좌파정당이 있었다. 가령 1차 세계대전 이전만 해도 보통선거제도를 시행하는 나라는 거의 없었다.

대다수 나라에서 가난한 노동계급 남성은 투표권이 없었고, 여성은 정치 영역에서 일체 배제됐다. 이때 노동자와 여성에게 참정권을 보장하라며 앞장서서 싸운 정치세력이 각 나라 좌파정당들이었다. 일단 보통선거제가 실현되고 난 뒤에 모든 민주국가의 급박한 다음 과제는 노동자와 사회적 약자, 소수자의 권리를 보장하는 일이었다. 2차 세계대전 이후 이를 얼마간 실현한 복지국가가 처음 등장했는데, 어느 나라든 이 과업의 중심에는 항상 좌파정당과 노동운동 세력이 있었다. 그런가 하면 제국주의 열강의 지배를 받았던 민족들이 새 나라를 세울 때도 거기에는 좌파 정치세력이 있었다. 또한 정치적 독립을 넘어 경제적 자립을 향해 나아가는 길에서도 좌파정당은 가장 적극적인 문제 제기자이자 대안 제시자였다.

이렇듯 좌파정당을 빼놓고는 현대 세계사를 이해할 수 없다. 좌파정당 없이는 대의민주주의의 확산도, 복지국가의 등장도, 남반구 신흥국가들의 탄생과 도전도 가능하지 않았거나 최소한 지금 같은 모습으로 이뤄질 수 없었다. 그런데도 오랫동안 대한민국 시민이 바라보는 현대 세계의 파노라마에는 좌파정당이라는 주요 부분이 가려져 있었다. 분단과 군부독재로 나라 안에서 좌파 정치세력이 억압을 받은 탓에, 바깥세상을 렌즈 반쪽이 까맣게 칠해진 고장 난 망원경으로만 바라본 것이다. 대한민국을 제외한 거의 모든 나라에서 현실 정치의 최소 절반을 이루는 흐름인데도 기본 정보조차 제대로 접할 수 없었다. 이런 지적 공백 상태는 지금까지도 이어진다. 도서관이나 서점에 가도 외국 좌파정당을 소개하는 우리말 서적을 찾기 힘들다. 외신에 심심찮게 등장하는 정당들, 예컨대 영국 노동당이나 독일 사회민주당에 관한 책조차 한두 권 있을까 말까 하다.

이것이 이 책을 쓰게 된 첫 번째 이유다. 2000년대 초, 민주노동당이 아직 신생 원외정당일 무렵에 나는 중앙당에서 교육 업무를 맡고 있었다. 그때 자주 받던 요청 가운데 하나가 외국 진보정당 사례를 다룬 좋은 책을 추천해달라는 것이었다. 난감했다. 좋은 책들이 있기는 했지만, 대개 영어 서적이었다. 전문 연구자도 아닌 당원들에게 영어로 된 책을 추천할 수는 없는 노릇이었다. 그래서 직접 써보기로 결심했다. 민주노동당이 발간하던 월간 〈이론과 실천〉에 '세계 진보정당운동사'라는 제목으로 연재를 시작했다. 전 세계 좌파정당의 큰 흐름 속에서 중요한 장면을 추리고 각 장면에 등장하는 정당의 이야기를 풀어냈다. 우리말로 된 기존 연구와 영어자료를 공부하며 매달 한 편씩 연재물을 쓰다 보니 19세기 말 독일 사회민주당에서 시작한 여정이 어느덧 150여 년 뒤의 브라질 노동자당에 이르러 있었다. 이때의 연재 원고가 지금 이 책의 초고다.

진보정당의 '이론'? 우선 '역사'를 알자

하지만 기본정보의 부족을 메워보자는 것만이 목적은 아니었다. 이 책을 쓰게 된 또 다른 이유가 있다. 민주노동당 시절에 교육 요청을 받을 때마다 강연 내용으로 무엇을 생각하느냐고 물으면, 진보정당의 이론을 정리해달라는 답이 많았다. 노동운동이나 학생운동 경험이 많은 간부일수록 이렇게 '이론' 학습을 요청했다.

진보정당의 이론이라… 그럴 만도 했다. 민주노동당이 등장했다고는 하나 진보정당은 2000년대 초에도 여전히 낯선 정당 유형이었다. 그전에 민중당이 있었다고는 하지만, 국회에 발을 디뎌보지도 못한 채 문을 닫아야 했다. 조금 더 거슬러 올라가 4월혁명 무렵에는 '혁신정당'이라는 이름으로 진보정당들이 활동했지만, 군부독재 시기를 거치며 맥이 끊겨버렸다. 해방 공간으로까지 올라가면 숱한 좌파정당들과 마주하게 되지만, 역사책 속 상봉일 뿐이다. 역사가 이렇게 단절되다 보니 현대 한국 사회의 보통 시민에게 진보정당의 경험과 기억이 축적될 리 없었다. 마치 과거가 없이(실제로는 있었지만) 이제야 새로 시작하는 느낌이었다.

보통 이럴 때 찾는 게 '이론'이다. 여기에서 '이론'이란 실은 매뉴얼 같은 것이다. 남들이 여러 세대를 거쳐 경험한 바를 일목요연하게 정리한 무엇이다. 아예 몇 개의 공식이나 도식으로 정리할 수 있다면 더욱 좋다. 만약 이게 가능하다면, 우리 자신의 경험이나 기억이 없어도 이론 학습을 통해 진보정당운동도 '압축성장'할 수 있을지 모른다. 한국의 자본주의 산업화가 그랬던 것처럼 말이다. 진보정당 이론을 강연해달라는 요청에는 이런 기대가 깔려 있었다. 그러나 과연 이런 이론이 존재하는가?

마르크스주의자들이 쓴 정당론 입문서가 없지는 않았다. 그리고 이런 입문서들은 대개 몇몇 고전의 요약 해설서였다. 가령 카를 마르크스Karl Marx와 프리드리히 엥겔스Friedrich Engels의 《공산당 선언》이나 블라디미르 일리치 레닌Vladimir Ilyich Lenin의 《무엇을 할 것인가?》가 그런 고전이었다. 물론 꼭 읽어봐야 할 위대한 저작들임에는 분명하다. 그러나 이런 책들만으로는 크게 부족하다. 레닌이나 로자 룩셈부르크

Rosa Luxemburg가 활동하던 무렵으로부터 인간 세상은 나이를 100년도 더 먹었다. 세계 진보정당운동의 역사는 그들 이전보다 오히려 이후가 분량이 더 길어졌다. 한 세기 전 거인들은 경험하지도 못했고 예측할 수도 없었던 일들이 그간 수없이 명멸했다. 예를 들면, 지구 위 거의 모든 나라가 보통선거를 실시하는 세상은 그들이 살던 세상과는 거리가 꽤 멀다. 몇몇 고전의 요약 정리만으로는 미래를 헤쳐나갈 수 없는 가장 단순한 이유가 여기에 있다. 나침반까지는 몰라도 지도는 될 수 없다.

아니, 어쩌면 매뉴얼을 기대하는 태도 자체가 문제일지 모른다. 학습만 하면 곧장 실천력을 높여줄 '이론'이 있다고 믿는 것부터가 문제일 수 있다. 애당초 인간 세상의 가장 치열한 실천 영역인 정치에서 그렇게 늘 진리로 통하는 도식이나 공식 따위가 존재할 수 있을까? 좌파 정당들의 역사를 깊이 들여다볼수록 이 물음의 답은 분명해진다. 한때 그런 진리로 여겨지던 공식도 대의원대회의 어지러운 논쟁 끝에 나온 잠정 결의이거나 논쟁하던 분파들 사이의 어정쩡한 타협안일 경우가 많다. 이런 구체적인 맥락에서 몇 가지 명제만 따로 떼어낸다고 다른 시간, 다른 공간에 있는 우리에게 유효한 길잡이가 될 리 없다. 어쩌면 더 중요한 것은 구체적 맥락 쪽일 수도 있다. 우리보다 먼저 진보정당운동을 한 이들이 마주했던 문제 상황을 생생히 추체험하고 논쟁의 여러 당사자들이 우리 안에서 다시 대화하게 해야 한다. 만약 '이론'이란 게 있다면, 이런 재상연을 통해 우리 스스로 생산해야 할 것이다.

바로 이런 이유 때문에 나는 올바른 이론을 요약 정리했다고 자처하는 교과서들은 추천하고 싶지 않다. 사회민주주의 교과서든 혁명적 사회주의 교과서든 마찬가지다. 혁명 진영의 교과서에서 에두아르트 베른슈타인Eduard Bernstein의 문제제기는 자본주의에 굴복하고 만 변절일 뿐이다. 사회민주주의 교과서에서 레닌과 볼셰비키당의 실천은 자본주의가 채 무르익지 않은 후진국에서 발생한 일탈에 불과하다. 그러나 과연 그럴까? 정말 그렇기만 할까? 20세기 세계사를 진지하게 되돌아본다면, 교과서들이 전하는 단순한 서사에 만족할 수는 없다. 사회민주주의에 동조하는 이들이라 할지라도 파시즘의 도전에 무능하기만 했던 의회민주주의에 물음을 던질 수밖에 없을 것이다. 혁명적 사회주의를 따르는 이라 하더라도 지난 한 세기 동안 대의민주주의 제도가 각국에 더욱 깊이 뿌리내렸음을 무시할 수 없을 것이다. 많은 이들이 교과서 속 세상의 단순명쾌함에 끌리지만, 그 단순명쾌함이야말로 지금 여기의 실천에는 독이다.

　세계 진보정당운동의 역사를 책으로 내놓는 또 다른 이유가 여기에 있다. 진보정당의 '이론'을 정리해달라는 교육 요청을 받을 때마다 나는 '역사'를 소개하는 작업이 시급함을 절감했다. '이론'을 바라는 이들에게 우선 '역사'를 내놓고 싶었다. 우리 또한 결국은 마주하고 말 고민과 선택에 우리보다 앞서서 마주한 이들의 이야기를 정리하고 싶었다. 그래서 독자들이 과거의 역사적 상황을 추체험하고 이를 바탕으로 지금 이곳의 맥락에서 진보정당운동의 보편적 고민과 선택에 마주할 수 있길 바랐다. 어쭙잖은 답안지를 제시하기보다는 답을 찾을 용기와 안목을 갖추는 데 도움을 주길 바랐다. 거의 스무 해 전 〈이론과 실천〉에 '세계 진보정당운동사'를 연재할 때도 이런 생각이었고, 지금 그때의 초고를 크게 고치고 늘려 책으로 모아 내면서도 같은 생각이다.

그렇기 때문에 이 책은 '진보정당/좌파정당'이라는 대분류 아래 스웨덴 사회민주당이나 영국 노동당도 다루고, 러시아 볼셰비키당이나 이탈리아 공산당도 다룬다. 전위정당과 그렇지 않은 정당, 혁명정당과 의회정당을 엄격히 나누는 사고방식에 따른다면, 함께 등장하는 게 이상할 수도 있는 정당들이다. 물론 커다란 차이가 있다. 하지만 이들은 모두 독일 사회민주당이라는 최초의 실험에서 갈라져 나온 한 가족이기도 하다. 처음으로 사회변혁의 열망을 통해 대중이 주역이 되는 정당(그야말로 대중정당)을 만들어낸 그 원형적 경험이 다양하게 진화한 결과들이라 할 수 있다. 이 책은 이 진화 과정의 어느 한 계보에만 주목하기보다는 도전과 실패, 반격이 벌어지던 순간들을 폭넓게 포착하려 한다.

이 책이 말하는 '진보정당'이란 무엇인가?

그런데 본론으로 넘어가기 전에 한 가지 짚고 넘어가야 할 게 있다. 진보정당 혹은 좌파정당이 도대체 무엇이냐는 점이다. 이 나라에서는 언젠가부터 리버럴 정치세력까지 '진보' 혹은 '좌파'라 부르는 극우파의 어법이 확산돼 있기에 더욱이 이런 개념 정리가 필요하겠다.

예전에는 별로 어렵지 않았다. 사회민주주의, 사회주의나 공산주의를 표방하는 정당이라 하면 됐고, 노동계급 대변을 자처하는 정당이라 해도 됐다. 그러나 21세기 들어 좀 복잡해졌다. 지난 수십 년 동안, 강령에서 사회민주주의나 사회주의를 내세우거나 심지어는 당명에 '사회주의'를 못 박아둔 정당조차 실제로는 '제3의 길' 정책을 추진하곤 했다. 여기에서 '제3의 길'이란 신자유주의와 사회민주주의 사이의 '제3의 길'이다. 이는 사회민주주의의 기존 궤도에서 벗어나 시장지상주의를 받아들였다는 사실을 현학적으로 표현한 데 불과하다. '제3의 길'을 내세우던 시기에 영국 노동당은 비록 당헌에서는 '민주적 사회주의 정당'이라 자처했지만, 전임 보수당 정부가 추진하던 경제정책 기조를 그대로 이어받았다. 이 경우에 '좌파'는 무엇이고 '우파'는 무엇인가?

더구나 전통적인 분류법에 잘 맞지 않는 정당들이 등장하고 있다. 가령 서독에서 처음 등장한 지 벌써 40여 년이 된 독일 녹색당이 있다. 당명에는 '사회[민주]주의'도 들어가지 않고, '노동[자]'도 없다. 그런데 때로는 전통적 좌파정당인 사회민주당보다 더 급진적으로 변화(특히 에너지나 환경과 관련해)를 주창하고 더 전투적으로 인권을 옹호하기도 한다. 최근에 출현한 스페인의 포데모스Podemos도 비슷한 사례. 역시 당명에 좌파의 전통적인 용어나 상징이 전혀 없다. 그럼에도 당명에 '사회[민주]주의'는 물론 '노동[자]'까지 들어간 정당(사회노동당)보다 더 왼쪽에 있는 정치세력이다. 아무래도 '좌파'정당이 무엇인지 설명하려면, 과거보다는 더 복잡한 방식이 필요할 것 같다.

이 대목에서도 역사적 접근이 도움이 된다. 우선 '좌파/우파' 구분법의 등장 과정부터 보자. 흔히 발단은 프랑스 대혁명이라고 한다. 혁명으로 들어선 첫 의회에서 혁명을 더욱 밀고 나가자는 의원들은 주로 의장석 왼쪽에 앉고, 혁명은 이만하면 됐다는 이들은 오른쪽에 앉았다고 한다. 그래서 전자를 '좌파', 후자를 '우파'라 부르기 시작했다는 것이다. 사실 당대에는 '좌파' '우파'보다는 '산악파' '평원파'라는 말이 더 널리 쓰였다. 급진파 의원들은 계단식 의석의 위쪽에 주로 앉고 온건파 의원들은 아래쪽에 모여 있었기 때문이다. 이 어법이 그대로 이어졌다면, 아마 지금 우리는 '산악파 정당' '평원파 정당' 식으로 이야기하고 있을지도 모른다.

아무튼 이러한 어원 설명을 존중한다면, 좌파정당이란 모든 사회문제에 대해 항상 민주주의를 더욱 확대하는 방향에서 해법을 찾는 정당으로 이해할 수 있을 것이다. 여기에 '이중혁명'이라는 개념을 연결해보자. 영국 역사학자 에릭 홉스봄Eric Hobsbawm은 18세기 말~19세기 초의 세계사를 기술하면서 이중혁명의 시대라 규정했다. 프랑스에서 극적으로 전개된 민주주의 혁명과 영국에서 본격 시작된 자본주의 혁명, 이 두 혁명이 동시에 전개됐다는 것이다(《혁명의 시대》, 정도영·차명수 옮김, 한길사, 1998). 한데 이 규정은 홉스봄이 기술한 시대를 넘어 근현대 전체에도 적용될 수 있다. 지난 200여 년간 인간 세상은 민주주의 혁명과 자본주의 혁명이 함께 진행되는 시대를 살아왔다. 지금도 마찬가지다. 우리 시대를 규정하는 두 개의 큰 운동은 여전히 민주주의의 전반적인 확산과 자본주의의 끊임없는 갱신이다.

그런데 민주주의 혁명과 자본주의 혁명은 원리가 전혀 다르다. 정반대다. 민주주의 혁명부터 보자. 민주주의 원리를 표현하는 말 가운데 '1인 1표'가 있다. 이 도식은 두 가지 중대한 원칙을 담고 있다. 하나는 '인人'에게 '표'가 있다는 것이다. 시민이면 누구나 결정권이 있다는 원칙이다. 모든 인간이 주권자의 자격을 지닌다는 보편성의 천명이다. 다른 하나는 모두가 '한 표'씩이라는 것이다. 재산이나 지위, 능력에 상관없이 누구나 동등하게 권리를 행사한다. 철저한 평등의 원칙이다. 이러한 민주주의 원리는 20세기가 거의 끝나갈 즈음에야 대다수 국가에서 정치질서의 기본원리로 채택됐다. 하지만 이것으로 끝이 아니다. 일단 정치 영역에서 민주주의가 뿌리를 내리고 나면 이는 좁은 의미의 정치 부문을 넘어 인간 생활 전체로 확산하려는 경향을 보인다. 그래서 민주주의 혁명이고, 이 혁명은 지금도 현재진행형이다.

그러나 정치 영역 바깥, 특히 경제 영역에서는 민주주의 원리와는 전혀 다른 원리가 작동한다. 굳이 '1인 1표'에 대비해 표현한다면, '1원 1표'의 원리가 지배한다. 여기에서 '원圓'이란 돈을 뜻한다. 시민이면 누구나 결정권이 있는 민주주의 원리와 달리, '1원 1표' 원리에서는 돈이 있어야 권리가 있고, 없으면 권리도 없다. 또한 평등하지도 않다. 돈이 많으면 결정권 또한 크고, 돈이 적으면 권리도 작다. 한마디로 사람이 아니라 돈이 주인공이다. 이 돈이 끊임없이 자신을 불려나갈 때 이를 '자본'이라 한다. 그래서 자본이 주인인 질서, 즉 자본주의라 이른다.

이 질서를 이루는 가장 중요한 세포인 기업 내부를 들여다보면, '1원 1표'가 '1주 1표'로 변주돼 나타난다. '주株'란 소유권 증서인 주식을 뜻한다. 여기에서는 주식 지분이 있어야 결정권이 있다. 한 기업에서 10년, 20년 넘게 노동자로 일해봐야 소용없다. 기업이 돌아가는 데 꼭 필요한 기술이나 기능을 갖고 있다 해도 마찬가지다. 아무리 그래봐야 기업 운영에 참여할 권한이 없다. 오직 소유권이 있어야 결정권도 있다. 또한 주식 지분이 많고 적음에 따라 결정권의 크기도 달라진다. 그래서 노동자들이 개별로 주식을 사봐야 경영에 영향을 끼치기 힘들다. 재벌이나 초국적 금융세력 같은 대주주가 결정권을 독점한다. 민주주의 국가라는 곳에서도 생산과 서비스 활동이 벌어지는 현장에서는 아직도 이러한 원리가 지배한다.

그런데 이런 자본주의 원리도 민주주의 원리와 마찬가지로 끊임없이 확장하려는 경향이 있다. 아니, 지금까지는 자본주의 원리가 민주주의 원리보다 더 강력하게 인간 세상 전체를 복속하려 해왔다. 인간 사회와 자연이 쳐놓은 모든 장벽을 허물어 만물을 자본주의 원리 아래 두려는 운동이 진행 중이다. 자본주의 혁명이 계속되고 있는 것이다.

이렇게 전혀 다른 원리의 두 혁명이 병존하니 서로 긴장을 빚고 모순을 증폭시키며 결국은 충돌할 수밖에 없다. 근현대 세계사가 바람 잘 날 없는 것은 다 이 충돌 때문이라고 할 수 있다. 지금 세계인이 겪는 혼돈 역시 마찬가지다. 2008년 세계 금융위기 이후 자본주의 중심부 국가들에서 기존 질서가 크게 흔들리고 있다. 한편에서는 지난 30여 년 동안 '신자유주의 지구화-금융화'라는 형태로 전성기를 구가하던 자본주의 혁명이 금융위기에도 불구하고 좀처럼 후퇴하려 하지 않는다. 다른 한편 대중은 "지금 당장 진짜 민주주의"가 작동해야 한다고 외친다. 이 불만이 때로는 극우 포퓰리즘 정당 지지로 나타나기도 하고, 때로는 "1%가 아닌 99%의 세상"을 외치는 사회운동으로 나타나기도 한다. 1930년대와 같은 대혼돈의 시작인가. 아무튼 그때나 지금이나 이 혼란의 밑바탕에는 민주주의 혁명과 자본주의 혁명의 격렬한 충돌이 있다.

좌파정당이란 바로 이 충돌에서 단호히 민주주의 혁명의 편에 서는 정당이다. 민주주의 편에서 자본주의에 맞서고, 타협을 만들어내더라도 민주주의 원리가 우위에 선 타협을 위해 노력하며, 종국에는 민주주의 혁명이 자본주의 혁명을 제압하고 극복하는 세상으로 나아가려는 정당이다. 달리 말하면, 정치적 민주주의를 계속 혁신하면서 동시에 그 민주주의를 이제껏 민주주의 출입금지 지대였던 경제 영역(기업, 시장 등등)으로 확장하려는 정당이다. 이것이 21세기에 진보정당/좌파 정당의 가장 '일반화'된 정의인 것 같다. 스웨덴 사회민주당의 〈2001년 강령〉은 비슷한 시각을 다음과 같이 깔끔하게 표현한다.

[현대 세계의 모순들 속에는] 민주주의의 힘과 자본의 힘 사이의, 민중의 이익과 자본의 이익 사이의 갈등이 선명한 형태로 존재한다.

자본과 노동의 갈등에서 사회민주당은 항상 노동의 이익을 대변한다. 사회민주당은 반자본주의 정당이며, 앞으로도 그렇게 남을 것이다.

민주주의와 자본주의의 대립에서
단호히 전자 편에 서는 정당

그러나 이런 설명만으로는 여전히 명쾌하지 않다고 생각할 수도 있다. 가령 리버럴[자유주의] 정당과 다른 점이 잘 드러나지 않는다고 반문할 수 있다. 리버럴 정당들도 민주주의를 강조하며, 민주주의와 자본주의가 충돌하는 상황에서 나름대로 민주주의의 편에 선 사례가 있다. 어떤 경우에는 리버럴 정당과 좌파정당의 정책이 서로 겹치기도 한다. 실제로 이런 점 때문에 20세기에 자유주의 세력과 사회민주주의 세력 사이에 복지국가 합의가 가능했던 것이기도 하다.

하지만 리버럴 정당과 좌파정당이 중첩되는 순간이 있다 하더라도 긴 역사 속에서 늘 그런 것은 결코 아니다. 오히려 정반대다. 오직 좌파

정치세력과 사회운동이 얼마간 힘을 얻는 상황에서만 리버럴 세력은 사회개혁에 나선다. 또한 그들의 개혁에는 한계선이 뚜렷하다. 자본주의의 근본 구조에는 손을 대지 않으려 하며, 기득권 세력과 민중 사이의 힘의 균형이 급격히 바뀌는 것도 바라지 않는다. 리버럴 세력이 주도한 개혁이 장기적으로 어떤 운명을 맞는지에 관해서는 이미 분명한 실례가 있다. 20세기 말에 관성적인 케인스주의 정책이 벽에 부딪히자 리버럴 정당들은 보수세력이 시작한 시장지상주의 공세에 동참했다. 오히려 보수세력보다 더 효과적으로 지구화-금융화를 추진했다. 그래서 이 시기를 ['신보수주의'가 아니라] '신자유주의neo-liberalism'라 이름하는 것이다.

영국 노동당이 1974년 총선 공약집에서 밝힌 아래의 목표가 좌파정당이 리버럴 정당과 결정적으로 다른 점을 선명히 보여준다.

[노동당은] 권력과 부의 불균형을, 일하는 사람들과 그들의 가족에게 유리한 방향으로, 더 이상 돌이킬 수 없게끔 근본적으로 바꾼다.

좌파정당은 지배세력과 노동대중 사이의 힘의 균형을 바꾸려 한다. 어떤 정책을 추진하든 늘 기존의 세력균형을 조금이라도 더 노동대중에게 유리하게 흔들고 변형하고 뒤집으려 노력한다. 더 나아가서는 앞의 인용구대로 "더 이상 돌이킬 수 없게" 바꾸려 한다. 그러자면 세력관계의 가장 단단한 부분, 즉 자본주의 '구조'에 손을 대야 한다. 좌파정당은 늘 이런 근본과제를 시야에서 놓치지 말아야 한다. 지금 이 순간 가장 철저한 '개혁'세력이기 위해서도 말이다.

아니, 이 논의는 일단 이쯤에서 그치자. 앞으로 살펴볼 이야기들의 주인공이 이런 지향을 좇는 정당들임을 확인하고, 이제 그들의 이야기에 빠져보자. 시작은 1870년대, 갓 통일을 완수한 유럽의 신흥 공업국 독일이다.

차례

일러두기

1 이 책에 등장하는 외래어 및 외국 인명·지명은 국립국어원의 외래어 표기 용례를 따랐다. 마땅한 예가 없거나, 국립국어원 용례와 별개로 널리 사용되는 표기가 존재하는 경우에는 대중매체와 출판물의 범례를 따랐다.

2 각주와 참고문헌에 소개된 인명은 출전의 표기를 그대로 따랐다.

3 [ ] 표기는 맥락을 분명히 하기 위해 부연하거나, 필요한 대체용어를 병기할 때 사용했다. 《 》 표기는 단행본 출판물, 〈 〉 표기는 일간지 등 정기간행물·단행본의 장(章)·음악·문학작품 등을 가리킨다.

I

19세기 말부터 1차 세계대전 전까지

역사학자 에릭 홉스봄은 18세기에서 19세기로 넘어가는 시기에 이후 인류 전체의 운명을 규정하게 될 '이중혁명'이 시작됐다고 정리한다. 하나는 자본주의 혁명이었고, 다른 하나는 민주주의 혁명이었다.[1] 둘 다 출발은 엇비슷한 것 같았다. 산업자본주의는 18세기 말 영국에서 태동했고, 같은 시기에 프랑스에서는 대혁명이 일어났다. 그러나 전개 속도는 둘이 영 달랐다. 자본주의 혁명은 거침없이 확산되고 무르익어 갔지만, 민주주의 혁명은 실패와 후퇴를 거듭하며 제자리걸음을 했다.

두 혁명이 시작되고 나서 이미 두 세대 넘게 지난 19세기 중반의 유럽을 보자. 산업자본주의의 중심부는 중부 유럽으로 확장되는 중이었다. 그 활기찬 중심 무대는 대서양 건너 미국과 함께 이제 막 통일을 이룬 독일제국이었다. 이들 나라에서는 영국과 마찬가지로 농민이 아닌 도시 노동자가 민중의 다수를 이루기 시작했다. 게다가 자본주의는 벌써 첫 전성기를 지나 또 다른 단계를 향해 나아가고 있었다. 1874년에

---

[1] 에릭 홉스봄, 《혁명의 시대》, 정도영·차명수 옮김, 한길사, 1998.

19세기 말부터 1차 세계대전 전까지

시작된 세계 대불황을 거치며 패권국 영국은 금융업에서 최후의 보루를 찾은 반면, 신흥 경쟁국 독일과 미국은 최첨단 무기로 무장한 채 세계 시장에 뛰어들었다. 이들이 선보인 신병기는 국가의 지원 아래 거대 기업이 이끄는 중화학공업이었다. 흔히 '독점자본주의'라 불리는 새 국면이 열리고 있던 것이다.

반면 민주주의는 전진은커녕 자취도 찾기 힘들었다. 군주와 귀족의 힘이 점차 쇠퇴하고 의회제가 강화되기는 했다. 하지만 이것은 아직 민주주의와는 거리가 멀었다. 의회제를 시행하는 나라에서도 선거권은 일정 액수 이상의 재산세를 납부하는 남성의 범위를 넘지 못했다. 즉, 귀족에다 부르주아 및 일부 소부르주아 남성을 더한 정도였다. 지금 우리가 너무나 당연하게 생각하는 보통선거제도가 이 시대에는 유토피아 소설에나 나올법한 이야기였다. 카를 마르크스와 프리드리히 엥겔스가 명쾌히 정의한 대로, 그야말로 '부르주아 독재'였다. 참정권이 없던 대다수 민중에게 유일한 현실적 대안은 프랑스식 혁명을 재연해 이 부르주아 독재를 뒤엎는 것뿐이었다.

한데 느닷없이 작은 틈새가 열렸다. 1871년 독일이 통일과 함께 남성 보통선거제도를 시행하기 시작했다. 단, 새로 생긴 중앙의회인 제국의회 선거에 한해서였고 주의회 선거에는 적용하지 않았다. 당시 독일 총리와 내각은 황제가 임명했고, 제국의회는 감시권한밖에 없었다. 반면 통일된 지 얼마 안 된 탓에 각 주의회는 상당한 실권을 지니고 있었다. 말하자면 남성 노동자들에게까지 제국의회 선거권을 부여한 것은 보기보다 그리 대단한 개혁은 아니었다. 하지만 모처럼 참정권을 손에 쥔 독일 노동자들로서는 이 기회를 결코 허투루 보낼 수 없었다. 그래서 세계 최초로 사회주의 이념을 내건 정당을 만들어 이제껏 귀족과 부자의 전유물이던 제도정치에 뛰어들었다. 이것이 독일 사회민주당(1891년까지의 당명은 사회주의노동자당)의 시작이자 전 세계 진보정당운동의 출발이다.

전에도 노동대중이 정당 비슷한 조직을 만든 사례가 없지는 않았다. 프랑스 대혁명 중에 등장한 정치클럽 중에는 의원이나 명망가가 아니라 상퀼로트('상퀼로트'는 '긴 바지'라는 뜻으로서, 주로 반바지 차림인 귀족, 부르주아지와 달리 긴 바지를 입은 도시 서민들을 가리키는 말이었다) 투사들이 주도한 조직들도 많았다. 이들 조직의 주된 역할은 "만들고 있는 법에 대하여 토의하고, 이미 만들어진 법에 관하여 서로 계몽하며, 모든 공공관리를 감시하는 것"[2]이었다. 영락없이 근대 대중정당의 일상 활동이다. 하지만 민중 정치클럽들은 오래 지속되지 못했다. 대혁명이 부르주아 독재만 낳고 끝나버린 뒤에 이런 경험은 기억에서 사라져버렸다. 19세기 전반부 동안 민중에게 익숙한 것은 혁명가들의 소규모 결사체였지 정당은 아니었다.

따라서 독일 노동자들이 정당을 결성한 것은 상당한 모험이었다. 어떤 이론가의 청사진에 따른 것도 아니었고, 운동가들이 모두 흔쾌히 축복한 것도 아니었다. 이후 독일 사회민주당이 당 이념의 창시자로 떠받들게 되는 마르크스, 엥겔스조차 한동안 이 실험을 의심스러운 눈으로 바라봤다. 그러나 성과는 기대 이상이었다. 1871년 첫 제국의회 선거에서 사회주의 세력이 2석(3.2% 득표)을 획득한 이후 사회민주당

---

2 A. 소불,《상퀼로트》, 이세희 옮김, 일월서각, 1990, 225쪽.

은 총선을 치를 때마다 득표율과 의석을 늘려나갔다. 사회주의자탄압법조차 이 당의 전진을 가로막을 수는 없었다.

지지율 확대만큼이나 인상적인 것은 당원 수 증가였다. 1910년대가 되면 사회민주당 당원 수가 100만을 넘어선다. 노동계급 해방을 내세운 당으로서 더 많은 노동자를 당원으로 조직하는 게 당연하기도 했지만, 아주 현실적인 이유도 있었다. 귀족, 자본가를 대변하던 기성 보수정당들은 돈 걱정이 없었다. 반면 진보정당은 당원들이 납부하는 당비가 유일한 재원이었다. 선거운동자금을 확보하기 위해서라도 반드시 당원을 늘려야 했다. 그리고 이들 당원의 소속감을 북돋기 위해, 선거가 아닌 시기에도 일상활동을 펼쳐야 했다. 그 결과, 원내 중심인 보수정당과는 달리 진보정당에서는 방대한 원외 당원 조직이 발전했다. 정치학자 모리스 뒤베르제Maurice Duverger는 독일 사회민주당의 자매당인 프랑스 사회당을 예로 들어 이 동학을 다음과 같이 설명한다.

프랑스 사회당을 보자. 이 당으로서는 당원 모집이 정치적인 관점에서나 재정적인 관점에서나 하나의 근본적 활동이 된다. 첫째, 이 당은 노동계급의 정치적인 교육을 목적으로 하며, 또 이 계급으로부터 정부와 국가 행정을 맡을 선량을 발탁하는 것을 목표로 삼는다. 그러므로 당원은 바로 정당의 자산이며 활동 재료다. 당원이 없다면 이 당은 마치 학생 없는 교사 같은 꼴이 될 것이다. 둘째, 재정적인 관점에서 보면 이 당은 근본적으로 당원들이 납부하는 당비에 입각하는 것으로, 지역지부의 제1임무는 정기적인 당비를 징수하는 일이다. 이런 방법으로 이 당은 그 임무인 정치적 교육과 일상활동을 위해 소요되는 재원을 확보하고 있다. 이 당은 이와 같은 방법으로 선거운동에 자금을 조달할 수 있게 되며, 재정적인 것과 정치적인 것이 여기에서 일치한다. 이 마지막 사실이 근본적인 점인데, 왜냐하면 각 선거전에 쓰이는 비용은 상당한 수준에 이르기 때문이다. 대중정당의 이러한 수법은 사실상 자본가에 의한 선거자금 조달을 민주주의적 방식으로 대체했다.[3]

뒤베르제에 따르면, 19세기 우파정당들은 모두 '간부정당', 즉 소수의 정치 엘리트들만으로 이뤄진 정당이었다. 지금 우리가 '대중정당'이라 부르는 정당 유형은 독일 사회민주당을 필두로 좌파정당들의 활동이 시작되면서 비로소 등장한 것이다. 즉, 독일 사회민주당은 최초의 좌파정당이자 최초의 대중정당이다.

사회민주당이 최대득표 정당으로 부상한 1890년 독일 총선은 전체 자본주의 세계 노동자들에게 커다란 충격을 주었다. 한때 의혹과 우려의 대상이었던 이 조직 실험은 이제 독일을 넘어 전 세계 노동자들이 따라 배워야 할 모범으로 떠올랐다. 19세기에서 20세기로 넘어가는 몇 해 동안 유럽 곳곳에서 독일 사회민주당을 모델로 삼은 좌파정당이 결성됐다. 1888년, 같은 독일어권인 오스트리아-헝가리 제국에서 오스트리아 사회민주노동당이 출범했고, 1년 뒤에는 스웨덴 사회민주노동당이 창당했으며, 1892년에는 남유럽 이탈리아에서 사회당이 등장했고, 프랑스에서는 사회주의를 내건 소규모 정당들이 난립하다가 1905

---

3 M. 뒤베르제,《정당론(상)》, 장을병 외 옮김, 문명사, 1982, 149-150쪽. 번역 일부 수정.

19세기 말부터 1차 세계대전 전까지

년에 사회당으로 통합하기에 이르렀다. 노동자들이 오랫동안 자유당을 지지해온 영국에서조차 새로운 세기의 시작과 함께 노동당이 출범했다. 오늘날 '사회민주주의 정당'이라 부르는 서유럽 중도좌파 정당들이 잇달아 출현한 것이다. 아마도 '1세대 진보정당'이라 불릴 수 있을 이들 정당은 1889년부터 국제조직(제2인터내셔널)을 만들어 서로 활발히 교류·연대했다(메이데이를 제정한 게 바로 이 조직이다).

1세대 진보정당들 사이에는 차이도 상당히 존재했다. 가령 진보정당이 등장하기 훨씬 전(거의 한 세기)부터 노동조합이 발전해 있던 영국에서는 노동조합이 자신의 정치적 대변기구로서 진보정당을 건설했다. 노동조합보다 진보정당이 먼저 성장해서 노동조합운동을 지원하거나 어느 정도 지휘하는 역할까지 한 유럽 대륙 국가들과는 정반대 양상이었다. 이에 따라 일정한 조직구조의 차이가 나타나기도 했다. 영국 노동당은 다른 진보정당에는 없는 노동조합의 집단입당이나 대규모 대의원 할당 같은 제도를 시행했다.

하지만 이러한 다양성에도 불구하고 제2인터내셔널 소속 정당들을 관통하는 공동의 원칙들이 분명 존재했다. 당 강령에 동의하는 이들이 당원으로 가입한다, 당원은 당비를 납부하며 기층 당조직의 일상활동에 참여한다, 대의원을 정기적으로 선출하고 대의원대회를 소집해 당론을 결정한다, 집행부와 공직자까지 포함해 모든 당원은 대의원대회 결정에 구속된다 등등의 원칙들 모두 최초의 진보정당인 독일 사회민주당에서 시작된 것들이다. 심지어는 차르 전제 아래서 비합법 신세였던 러시아 사회민주노동당조차 이 원칙들을 고수했다. 20세기에 들어서면 결국 보수정당들도 진보정당의 도전에 맞서기 위해 이러한 대중정당의 요소들을 수용하게 된다.

신생 진보정당들의 당면과제는 보통선거권 쟁취였다. 아직 대다수 국가에서 노동계급의 다수와 모든 여성은 참정권이 없었다. 진보정당 운동이 시작된 독일에서도 주 의회 선거는 평등선거가 아니었고 여성은 선거권이 없었다. 심지어 여성은 정당에 가입하는 것조차 불법이었다. 진보정당으로서는 집권 이전에 우선 보통선거권 실현에 매진해야 했다. 아니 보통선거제도 시행이야말로 진보정당이 집권에 이르는 직항로라 여겨졌다. 실제로도 그렇게 보였다. 진보정당의 투쟁을 통해 참정권이 확대되면 그렇게 해서 처음으로 유권자가 된 이들이 주저 없이 진보정당에 표를 던졌다. 그리고 이후 선거 때마다 계속 진보정당에게 투표했다. 가장 극적인 사례는 1905년 제1차 러시아 혁명의 결과로 보통선거가 시행된 핀란드(당시 러시아 제국 내 자치령이었다)였다. 1907년의 첫 선거에서 핀란드 사회민주당은 단번에 37%의 득표율을 기록했다.

이렇게 민주주의의 확대는 곧바로 진보정당의 성장으로 이어졌다. 그리고 진보정당의 당원 수와 득표 증가는 노동계급이 정치적 실체로서 성장하는 것을 눈으로 보여줬다. 진보정당 역시 이를 잘 알기에 선거권 확대를 위해 정치 총파업 같은 격렬한 항쟁도 불사했다. 새세기 첫 몇 년 동안 벨기에, 스웨덴, 덴마크, 이탈리아, 러시아 등에서는 보통선거제를 요구하는 정치 총파업이 벌어져 혁명 일보 직전의 양상을 띠거나 아예 혁명으로 비화했다.

그러나 이런 승리의 행진 이면에서는 뭔가 불길한 조짐이 무르익고 있었다. 국내의 사회적 긴장만 끓어오르는 게 아니었다. 지구자본주의의 연로한 패권국 대영제국과 신흥 도전자인 다른 제국들 사이의 경쟁은 점차 군사적 대결 양상을 띠었다. 열강의 세력권 다툼을 동반한 100여 년 전 지구화는 결국 열강 사이의 전면전으로 모순을 폭발시킬 운명이었다. 20세기의 두 번째 10년이 밝아올 무렵에는 이미 많은 이들이 파국을 예감하고 있었다. 제2인터내셔널은 매해 국제대회를 치를 때마다 전쟁을 막기 위해 모든 노력을 다한다는 결의안을 채택해야만 했다. 하지만 호기롭게 결의안을 낭독하면서도 각국 대표들의 가슴 깊은 곳에서는 이런 의혹이 가시지 않았다. '막상 우리나라가 전쟁에 뛰어든다면, 과연 우리 당은 무엇을 할 수 있을까?'-그러면서 세상은 1914년의 대폭발(1차 세계대전)을 향해 나아갔다.

[더 읽기]

이 시기를 더욱 상세히 조망하려는 독자에게는 다음 책들을 추천한다.

에릭 홉스봄, 《제국의 시대》, 김동택 옮김, 한길사, 1998, 〈제6장 세계의 노동자들〉.

제프 일리, 《The Left 1848-2000: 미완의 기획, 유럽 좌파의 역사》, 유강은 옮김, 뿌리와이파
리, 2008, 〈제1장 민주주의의 사회화〉.

한국 연구자들의 다음 저서도 참고할 만하다.

안병직 외, 《유럽의 산업화와 노동계급》, 까치, 1997.

지금도 반복되는 한 세기 전 진보정당의 고뇌 1

/

최초의 진보정당 독일 사회민주당

01

베른슈타인은 혁명을 통해 사회주의로
나아간다는 전망을 수정하자고 촉구했다.
사회주의란 최소강령의 내용을 하나하나
실현함으로써 다가갈 수 있는 것이며, 실은
이게 사회주의로 나아가는 유일한 길이라는
것이었다. 그래서 베른슈타인의 수정주의는
'개혁주의'라고도 불렸다.

독일 사회민주주의당은 30년간의 끊임없는 투쟁과 희생 덕분에 세계의 다른 어떤 사회주의당도 이르지 못한 지위를, 짧은 기간 내에 당이 정치 권력을 장악하는 것을 보장해줄 지위를 확보했다. 사회주의 독일은 국제 노동자운동에서 가장 영예롭고 가장 책임 있는 최전방의 지위를 점하고 있다.

_프리드리히 엥겔스[1]

나는 히슈베르크(1907년)에 있을 때 상트페테르부르크의 볼셰비키 출판사를 위해 독일 사회민주당에 관한 책을 썼다. 그 속에서 나는 부르주아 사회가 위기에 빠지면 독일 사회민주당의 거대한 기구가 보수적 질서를 지탱하는 주요한 힘으로 밝혀지게 될지도 모른다는 생각을 또다시 전개했다. 하지만 그 당시에는 나도 이 이론적 가설이 어느 정도나 사실로 증명될지 전

---

[1] F. 엥겔스, 〈독일에서의 사회주의〉(1891년), 《칼 맑스·프리드리히 엥겔스 저작 선집》6권, 박종철출판사, 1997, 367쪽.

혀 예상치 못하고 있었다.

_ 레온 트로츠키[2]

독일 사회민주당은 세계 최초의 진보정당일 뿐만 아니라 지금까지도 그 전형으로 여겨진다. 1890년 총선에서 혁혁한 성과를 거두며 나라 안팎에 충격을 던진 이후, 이 당은 위에 인용한 엥겔스를 비롯해 당시 전 세계 사회주의자·노동자들의 선망의 대상이었고 역사 진보의 확고한 증거였다. 하지만 독일 사회민주당은 이런 기대만큼이나 혹독한 비난의 대상이 되기도 했다. 1914년 자국 정부의 전쟁 결정을 지지하고 나서자 이제껏 존경의 눈으로 이 당을 바라보던 다른 나라 사회주의자들은 이렇게 내뱉었다. "배신자!" 한편으로는 세계 진보정당운동의 모범이고 다른 한편으로는 그 배신자가 되었으니, 정말 상반되는 두 얼굴이 아닐 수 없다.

하지만 이러한 양극단의 시각 말고 독일 사회민주당의 실제 역사는 예상외로 알려진 게 많지 않다. 창당부터 1차 세계대전 발발까지 40여 년간 이 당이 어떤 역사를 만들어갔는지, 그리고 왜 그런 길을 걸어야 했는지에 대해서는 관심 밖이다. 이 당에서 전개된 이론적 논쟁(이른바 수정주의 논쟁)의 도식적 정리 정도는 회자되지만 그런 논쟁이 전개될 수밖에 없었던 구체적인 맥락은 잘 알려지지 않았다. 이것은 심각한 문제다. 왜냐하면 사회민주당이 그런 논쟁을 벌일 수밖에 없었던 맥락, 이들이 직면했던 긴장과 선택, 고뇌는 결코 100년 전 과거의 일만은 아

---

2 레온 트로츠키, 《나의 생애》상권, 박광순 옮김, 범우사, 2001, 322쪽.

19세기 말부터 1차 세계대전 전까지

니기 때문이다. 그것은 상당 부분 지금 우리 현실에도 그대로 이어지고 있다. 그들이 맞닥뜨린 문제는 그들만의 문제가 아니었다. 그들은 단지 첫 번째 주자였기에 가장 먼저 보편적 문제와 씨름해야 했던 것뿐이다. 따라서 그들의 이야기는 먼 옛날 남의 이야기일 수 없다. 절박하게 기억되고 치열하게 해석돼야 할 우리 자신의 이야기의 원형이다.

정파통합으로 시작된 사회민주당

독일 최초의 공개 노동자 정치조직은 1863년 페르디난드 라살Ferdinand Lassalle이 주도해 출범한 독일노동자총연맹이었다. 라살은 영국에 망명 중이던 마르크스, 엥겔스와의 친분을 내세웠지만, 막상 그가 제시한 노선은 이 두 선배의 입장과는 거리가 먼 것이었다. 그는 선거로 의회에 진출한 뒤에 국가의 힘을 빌려 노동자 생산협동조합을 도입함으로써 사회주의로 나아갈 수 있다고 설파했다.[3]

이 무렵 독일 정치권을 양분하던 세력은 보수주의자들과 자유주의자들이었다. 철혈재상으로 유명한 오토 폰 비스마르크Otto von Bismarck를 중심으로 한 보수주의자들은 대토지소유계급의 이해를 대변했고, 프로이센의 억압적 군주제를 통일 이후에도 유지하려 했다. 반면 신흥 자본가계급에 바탕을 둔 자유주의자들은 입헌군주제를 추구했다. 적의 적은 동지라 했던가. 독일 통일을 추진하던 프로이센 총리 비스마르크는 자유주의의 도전에 맞서기 위해 자본가들의 또 다른 적수,

---

3 F. 라살레,《노동자 강령》, 서석연 옮김, 범우사, 2004.

독일 사회민주당 창당 주역들. 가운데는 카를 마르크스, 왼쪽 위부터 시계 방향으로 젊은 시절의 아우구스트 베벨, 빌헬름 리프크네히트, 페르디난드 라살, 카를 빌헬름 튈케.

노동자 세력을 활용해보려 했다. 라살과 그 추종자들은 이런 움직임을 환영했다. 노동자가 자본가에 맞서려면 국가의 도움이 필요하다는 라살파 입장에서는 당연한 대응이었다.

마르크스와 엥겔스는 노발대발했다. 이들은 독일 노동계급의 당면

과제가 프로이센식 전제를 타파하고 민주주의를 확대하는 것이며, 따라서 연대의 대상은 오히려 자유주의자들이라 보았다. 보수파가 이끄는 국가는 협력이 아니라 대결의 상대였다. 두 사람의 노선에 보다 충실한 이들은 라살파에 맞서 1869년 사회민주[주의]노동당을 창당했다(아이제나흐에서 창당했기 때문에 '아이제나흐파'라고도 한다). 빌헬름 리프크네히트Wilhelm Liebknecht, 아우구스트 베벨August Bebel 등이 중심인물이었는데, 특히 당시 아직 20대이던 노동자 출신의 베벨은 막 성장 중이던 독일 노동계급의 생생한 대변자였다.

이런 입장 차이에도 불구하고 두 조직은 1875년에 고타에서 합당대회를 열어 사회주의노동자당으로 통합했다. 독일 사회민주당은 이때를 출범 원년으로 잡는다. 라살파는 1864년 라살이 결투 중에 사망한 뒤로 점차 쇠퇴한 반면, 아이제나흐파는 제국의회 의원으로 활약한 베벨 덕분에 자신감에 충만해 있었다. 그래서 통합을 주도한 쪽은 아이제나흐파였다. 하지만 마르크스는 라살 노선을 논쟁을 통해 타파하지 않고 두 정파의 입장 차이를 봉합해 당 강령을 작성한 것이 영 불만이었다. 병약해진 상태임에도 직접 펜을 들어 비판문을 쓸 정도로 그는 심기가 편치 않았다. 19세기 사회주의의 거장에게 대중정당이라는 이 실험은 그만큼 낯설고 불안한 것이었다.[4]

독일 사회민주당이 태동하던 바로 이때 지구자본주의도 중대한 변화의 길목에 있었다. 1874년에 자본주의 역사상 최초의 전 세계적 대

---

4 K. 맑스, 〈고타 강령 초안 비판〉, 《칼 맑스·프리드리히 엥겔스 저작 선집》 4권, 박종철출판사, 1997.

불황이 시작됐다. 서유럽과 북아메리카 자본가들은 이 위기를 극복하기 위해 새로운 모색에 나섰다. 국가의 후원 아래 독점대자본이 중화학공업에 투자하기 시작했고, 시장을 확보하기 위해 지구 곳곳에서 마지막 식민지 쟁탈전을 벌였다. 이른바 '제국주의' 시대의 시작이다.

1871년에 통일을 달성한 독일에서는 비스마르크의 보수주의 정권이 앞장서서 독일 자본주의를 발전시키고 고도화하려 했다. 이런 비스마르크 정권에게 최대 방해세력은 노동계급 정치세력, 즉 사회주의노동자당이었다. 이 당은 창당한 지 몇 년 만에 특히 개신교 지역, 공업지대에서 노동자들의 지지를 받으며 성장 일로에 있었다. 베를린, 함부르크 같은 대도시에서는 40%의 득표율을 기록하기도 했다. 애초의 예상과 달리, 자유주의 세력을 고립시키는 데 써먹기 위해 두고 봐줄 만큼 만만한 집단이 아니었던 것이다.

사회주의자탄압법 아래서도 계속 전진하다

비스마르크 정권은 사회주의노동자당을 억압할 묘책을 궁리했다. 이때 마침 한 아나키스트가 독일 황제를 저격하는 사건이 벌어졌다(1878. 5. 11). 정부는 즉각 '사회주의자탄압법'(정식 명칭은 '사회민주주의 시도의 공적 위험에 맞서는 법', 이하 탄압법)이라는 새로운 법안을 의회에 제출했다. "사회(민주)주의"를 내세우는 모든 조직, 집회, 출판물을 금지한다는 게 법안의 골자였다. 사회주의노동자당의 당명에 '사회주의'가 들어가니 자연히 이 당의 모든 조직, 집회, 출판물이 금지 대상이 됐다. 다만 당 활동 전체가 불법화되지는 않았다. 선거에 참여하고 의원단을 구성하는 것은 허용됐다. 오직 지역조직을 만들고 옥내든 옥외든 사람을 모으며 신문, 잡지, 서적을 발간하는 것만 불가능했다.

여기에서 비스마르크 정권의 속내가 드러난다. 이들이 보기에 사회주의노동자당이 원내에서 소수당으로 활동하는 것은 아직 그다지 신경 쓰이는 일이 아니었다. 문제는 이 당이 기존 보수정당들에게 익숙한 원내활동 이외에 새로운 활동 영역을 열고 있다는 점이었다. 이 당은 노동자들을 당원으로 대거 조직해 지역조직의 토론·여가·선전 활동에 참여하게 하고, 메이데이의 대규모 시위를 비롯해 수시로 집회를 열며 사회주의 신문을 배포했다. 역사상 처음으로 대중정당이라 할 만한 활동이 등장했다. 그리고 이 과정에서 노동자들이 정치적 실체로 부상했다. 독일 지배계급에게는 이것이 무엇보다 두렵고도 불길했다. 그래서 원내활동은 보장하되 원외활동 개척은 가로막았던 것이다.

이 법안은 그 지나친 반민주적 성격 때문에 처음에는 의회에서 통과되지 못했다. 하지만 한 달 뒤 다시 황제 암살미수 사건이 벌어지자 정부는 의회해산이라는 강수를 두었다. 결국 그해 10월 새 의회에서 이 법은 사회주의노동자당과 가톨릭 정당인 중앙당(이 당은 반가톨릭 정책을 추진한 비스마르크 정권과 대립관계였다)만 반대하는 가운데 통과되고 만다.

탄압법이 통과되자 사회주의노동자당 의원들은 "우리는 이 법률 전체를 무시할 것"이라고 공개적으로 선언했다. 불법화된 당조직과 언론은 곧바로 지하활동에 돌입했다. 1880년 나라 밖인 스위스 비덴에서 열린 대의원대회에서는 "당은… 모든 합법적인 수단을 동원하여… 사회주의 사회를 위해 노력한다"는 〈고타 강령〉의 문구에서 "합법적인"

이라는 말을 삭제해 비합법투쟁을 내외에 천명했다.

지구당은 간판을 내리는 대신 문화클럽, 여가클럽 등을 만들어 위장활동을 벌였고, 주점을 열어서 회합 장소로 삼았다. 이 때문에 각 지역의 주요 활동가들이 죄다 술집 주인이 되는 뜻하지 않은 상황도 벌어졌다. 공장 주변의 싸구려 선술집은 일과 후에 노동자들이 자연스럽게 모일 수 있는 공간이었다. 그곳에서는 도수 높은 술은 취급하지 않는 대신 맥주를 팔았다. 하지만 맥주만 마시고 마는 것은 아니었다. 누군가의 호주머니에서 당의 비합법 출판물이 튀어나오면 그 내용을 안주 삼아 즉석 정치토론이 벌어졌다. 공장에서는 노예였지만, 그곳에는 새로운 세상의 이야기들이 있었다. 이런 밤 한때를 보내다 보면 이제는 더 이상 공장에서도 노예로만 살 수는 없기 마련이었다. 탄압법이 폐지된 뒤에도 이런 선술집은 여전히 노동자들의 여흥과 회합의 장소로, 즉 정치의 중심으로 남았다.

자칫 느슨해질 수도 있는 이런 위장조직, 방계조직들을 하나의 당으로 통합하는 역할은 합법활동이 보장된 의원단 외에도 당 신문의 몫이었다. 기관지의 제호는 〈데어 조치알 데모크라트Der Sozial Demokrat〉('사회민주주의자')였다. 〈데어 조치알 데모크라트〉는 스위스에 망명한 당원들에 의해 편집돼 국내로 밀반입됐고, 이 신문의 유통·배포가 지하 기층조직들의 최대 임무가 되었다. 레닌이 《무엇을 할 것인가》에서 제시한 '전국적 정치신문'을 통한 당조직 건설의 판박이였다.[5] 레닌의 모델은 실은 독일 사회민주당 경험의 번안이었던 것이다.

그런데 위에서도 말했듯이 탄압법은 사회주의노동자당의 원내활동과 원외활동을 구분해서 후자만을 억압했다. 이 점이 이후 사회민주당의 발전에 미묘하면서도 중대한 영향을 끼치게 된다. 비덴 대회의 결정에서 잘 드러나는 것처럼, 정권의 탄압에 직면한 상황에서는 국가와 정면대결하는 노선을 취하지 않을 수 없었다. 국가와의 협력을 추구하는 라살주의는 논쟁의 여지 없이 폐기됐다. 당내 한 분파의 이론이었던 마르크스, 엥겔스의 사상이 이제는 당 전체의 공식 이념으로 인정받았다. 즉, 이념의 차원에서 사회주의노동자당은 급진화됐다.

그러나 실천의 차원에서는 이와 다른 결과가 나타났다. 탄압법 아래서 정치활동 공간이 원내로 축소됐기 때문에 선거에서 의원으로 당선되는 것이 과거보다 훨씬 더 중요해졌다. 더구나 자유로운 활동이 보장된 의원단이 실질적인 당 집행부가 됐다. 즉, 실천의 차원에서는 사회주의노동자당이 기성 제도정치에 더욱 깊이 결박되는 양상이 나타났다. 당의 이념과 실천이 뭔가 서로 엇나가기 시작한 것이다.

이는 사회주의노동자당을 지지하는 독일 노동계급 내부의 모순을 반영하는 것이기도 했다. 독일 노동자들은 탄압법의 시련 속에서 '과학적 사회주의' 이념을 열렬히 받아들였다. 하지만 당시는 독일 자본주의가 다른 어느 경쟁국보다 활기차게 세계 대불황을 극복하면서 장기 호황을 구가하던 시기였다. 증가 일로의 독일 노동계급은 이 고도성장의 자녀들이었다. 이들은 한편으로는 미래에 닥칠 자본주의의 붕괴와 프롤레타리아 혁명을 꿈꾸면서도, 다른 한편으로는 통일 이후의 경제성장을 찬미했다. 그들의 비좁은 집에는 황제와 비스마르크의 초상이 마

---

5 V. I. 레닌, 《무엇을 할 것인가?: 우리 운동의 절박한 문제들》, 최호정 옮김, 박종철출판사, 2014.

르크스, 엥겔스의 초상과 함께 걸려 있었다.

에르푸르트 강령의 모순

탄압법은 원래 2년 반만 효력을 갖는 한시적 법률이었다. 그러나 비스마르크 정권은 세 차례 연장 결정을 통해 탄압법 체제를 12년 동안이나 지속시켰다. 새 황제가 등극하고 비스마르크가 권좌에서 물러난 1890년 1월에야 탄압법은 폐기됐다. 그리고 바로 그해 총선에서 사회주의노동자당은 142만 표(19.7%)를 얻어 최다득표 정당이 됐다(2위는 18.6%를 얻은 중앙당). 당시 독일 선거제도는 지금과 달리 소선거구-결선투표제여서 총 397석 중 35석밖에 얻지 못했지만 말이다. 아무튼 '사회주의'와 '노동계급'을 내건 대중정당이 100만 이상의 지지층을 확보한 것은 전 세계에서 처음 있는 일이었다.

엥겔스를 비롯해 많은 이들이 탄압법의 시련을 이겨낸 독일 노동자들을 칭송했지만, 이 악법이 남긴 상처도 만만치 않았다. 탄압법에 대한 기억은 당원들 사이에 '탄압 공포증'이라고나 할 정서가 뿌리내리도록 만들었다. "조직을 지킨다"는 게 어느새 당의 제1 계명이 되었다. 조직을 지키고 선거에서 착실히 표를 늘려가면 '언젠가는' 혁명이 닥친다는 게 독일 노동자들의 '신앙'이 됐다. 대규모 옥외 집회를 지레 두려워했고, 당원 자격도 불분명해졌으며, 탄압법의 잔재 때문에 중앙당과 지구당을 이어줄 광역지부 조직의 건설도 미뤄졌다. 열성 당원의 비율은 대개 1~2%에 그쳤다.

총선에서 도약한 지 1년 뒤에 열린 에르푸르트 대의원대회에서

당은 새 출발을 선언했다. 당명은 지금도 이어지는 이름, '독일 사회 민주[주의]당'(독일어 약칭 SPD)으로 개정했다. 비합법 신문 〈데어 조치알 데모크라트〉 대신 국내에서 발간되는 합법 신문 〈포어베르츠 Vorwärts〉('전진')가 창간됐다. 그리고 〈에르푸르트 강령〉이라 불리는 새 강령을 채택했다.

〈에르푸르트 강령〉은 당의 궁극 목표를 밝힌 전반부와, 당면 실천과제를 밝힌 후반부로 구성되었다. 전반부는 당의 이론지 〈디 노이에 차이트Die Neue Zeit〉('새시대') 편집장인 카를 카우츠키Karl Kautsky가, 후반부는 당시까지도 입국이 금지돼 있던 망명 당원 에두아르트 베른슈타인이 작성했다.

강령은 전반부에서 자본주의의 모순에 대한 마르크스, 엥겔스의 학설을 요약했다. 카우츠키는 강령 해설서에서 '오늘날 생산수단의 사적 소유권이 계속 유지될 수 있을 것인가'라는 물음에 "더 이상의 의문은 필요가 없다. 그것의 붕괴는 확실한 것이다"라고 단호히 답했다.[6] 자본주의가 붕괴하는 상황에서 정치권력을 획득한 노동계급은 사적 소유를 사회적 소유로 전환하고 상품 생산을 사회적 생산으로 바꾸는 일에 나설 것이다. 즉, 사회주의 혁명이 시작될 것이다. 이런 전반부의 내용은 사회민주당이 드디어 마르크스, 엥겔스의 사상을 완전히 수용한 증거로 보였다.

하지만 지금은 아직 붕괴의 시기가 아니며, 따라서 혁명이 당면 과

---

6   칼 카우츠키, 《사회민주주의 기초: 에르푸르트 강령에 대한 해설》, 이상돈 옮김, 백의, 1991, 66쪽.

제는 아니다. 그렇다면 지금 당장은 무엇을 해야 할 것인가? 〈에르푸르트 강령〉의 후반부는 바로 이 일상 시기의 과제를 제시했다. 좀 길지만, 그대로 인용하겠다.

이상의 원칙들에서 출발해 독일 사회민주당은 우선 다음 사항들을 요구한다.

1. 모든 선거와 투표에서 남녀 구별 없이 20세 이상 시민의 비밀투표에 의한 보통·평등·직접선거권과 투표권. 비례대표제. 비례대표제를 도입할 때까지 과도 조치로서 매회기 국세 조사에 기초한 법률에 의하여 선거구 재편성. 입법부 의원 임기 2년제. 투표의 법정 공휴일 실시. 선출된 대표에 대한 보수 지급. 금치산 선고의 경우를 제외한 일체의 정치적 권리 제한의 폐지.

2. 발의권과 거부권을 수단으로 하는 인민의 직접 입법. 전국, 각 연방, 각 주, 각 기초지자체에서의 인민의 자결과 자치. 인민에 의한 관리 선출…

3. 국민개병제를 지향한 교육. 상비군을 대신하는 민병제. 인민 대표기관에 의한 개전과 강화의 결정. 모든 국제분쟁은 중재 재판을 통해 조정.

4. 표현의 자유 및 결사와 집회의 권리를 제한 혹은 억압하는 모든 법률 폐지.

5. 공법과 민법에서 여성을 남성에 대해 차별대우하는 모든 법률 폐지.

6. 종교는 개인의 일임을 선언. 교회 및 종교적인 목적을 위한 공공비용 지출 전폐…

7. 학교의 비종교화. 공립 초등학교 취학 의무. 공립 초등학교의 무상교육 및 학용품과 급식 무상제공. 학력이 우수하고 학업을 계속할 자격이 있다고 인정된 고등교육기관의 남녀 학생에 대해서도 동일한 조치.

8. 무료소송과 무료변론. 인민이 선출한 재판관에 의한 재판. (…) 사형제도 폐지.

9. 출산을 포함한 의료의 무상화와 의약품 무상 지급. 매장埋葬의 무료 시행.

10. 누진소득세 및 재산세 실시. (…) 상속 재산세액에 따른 누진상속세. 모든 간접세, 관세, 그 밖의 특권적 소수의 이익을 위하여 공공의 이익을 희생하는 경제정책상의 모든 조치 폐지.

노동계급의 보호를 위해 독일 사회민주당은 우선 다음 사항들을 요구한다.

1. 다음에 제시하는 조건들에 기초한 유효한 국내적·국제적 노동자 보호 입법 제정.

   가. 최고 8시간을 넘지 않는 표준 노동일 확정.

   나. 14세 이하 아동의 생계를 위한 노동 금지.

   다. 야간노동 금지…

   라. 한 달에 매주 1회, 적어도 연속 35시간의 노동자 휴식.

   마. 현물 급여 제도 금지.

2. 중앙 노동국, 각 지방 노동국 및 노동위원회에 의한 전 영리사업체 감독…

3. 농업 노동자와 가사 사용인에게 법률상 영리사업체 노동자와 동등한 지위 부여. 노예제도 폐지.

4. 단결권 보장.

5. 모든 노동보험의 중앙관리. 그 관리에 대한 노동자 참여 및 결정권 보장.[7]

---

7 위의 책, 161-163쪽. 번역 일부 수정.

낯익은 내용이 많다. 이미 실현된 것들도 있고, 한국에서는 여전히 미래의 숙제인 것들도 있다. 전반적으로는 자본주의 안에서도 실시될 수 있는 민주주의 개혁에 해당하는 것들이 많다. 즉, 〈에르푸르트 강령〉의 전반부가 자본주의 붕괴가 닥쳐올 미래 어느 때의 과제로서 사회주의 혁명을 제시했다면, 후반부는 그때가 닥치기 전인 현재의 과제로서 민주주의 개혁을 제시했다. 전반부의 궁극 목표는 흔히 '최대강령'이라 불렸고, 후반부의 당면 운동과제는 '최소강령'이라 불렸다. 사회민주당은 일단 최소강령의 내용을 요구하면서 최대강령을 실현할 때를 준비하면 되는 것이었다. 이런 식으로 이들은 시기 구분에 따라 개혁과 혁명을 결합할 수 있다고 정리했다. 말하자면 단계론이었다. 이것은 이후 다른 나라의 사회주의 운동에서도 보편적 논리로 정착했다. 사회주의의 이상과 현실 상황의 간극을 해결하기 위해 이런 단계론이 곳곳에서 반복되곤 했다.

하지만 단계론은 실은 미봉책에 불과했다. 개혁과 혁명의 통합논리를 찾아냈다기보다는 단계 구별에 따라 각각의 알리바이를 댔을 뿐이다. 이미 사회민주당 안에서는 상당한 균열과 긴장이 나타나고 있었다. 1년 중 가장 큰 당 행사인 메이데이 집회 때 당 지도자들은 최대강령의 내용으로 열변을 토했다. 당원들이 환호하는 것은 바로 이러한 내용이었다. 그러나 의원들이 집회에서 돌아와 매일 고민해야 하는 것은 최소강령이었다. 이조차도 사회민주당이 아직 원내 소수파였기 때문에 실현이 요원했다. 개혁과 혁명은 서로 결합하기는커녕 괴리만 커져갔다. 노동대중의 삶을 조금씩 개선한다는 것과 자본주의를 넘어선다는 것은 계속 별개의 과제로만 보였다. 혁명은 점점 더 당원 공동체의 신앙의 영역이 됐고, 집행부와 공직자들은 점점 더 개혁의 묘수를 찾는 데 골몰해야 했다.

상황이 이렇다 보니 두 가지 편향이 나타났다. 하나는 이론 중심 편향으로, 마르크스주의의 '교황'이라 불리던 카우츠키가 이를 대변했다. 그는 자본주의 붕괴와 사회주의 혁명의 필연성을 '과학적으로 논증'하는 데 치중했다. 지금 당장 당이 해야 할 바가 무엇인지, 그리고 그것이 궁극 목표와 어떠한 관계를 가지는지는 그의 관심사가 아니었다. 카우츠키가 다듬은 교리는 당의 얼굴인 대중정치가 베벨을 통해 신앙으로 육화했다. 당대 독일 노동자의 전형이자 말년의 엥겔스가 가장 신뢰하던 동지 베벨은 당의 이론과 실천이 마치 통합된 것처럼 보이게 해주는 가장 중요한 요소였다.

만년(1910년경)의 아우구스트 베벨.

베른슈타인의 문제제기, 수정주의 논쟁의 시작

다른 하나는 실천 중심 편향이었다. 사회민주당 집행부 안에서는 베벨의 유력한 경쟁자 이그나츠 아우어Ignaz Auer가 이런 입장을 대표했다. 한때 베벨의 협력자였던 바이에른 주당의 지도자 게오르크 폰 폴마르Georg von Vollmar도 이 흐름에 합류했다. 바이에른 주는 공업지대가 별로 없고 대개 농촌이어서 농민 인구가 많았다. 이런 조건에서 활동하던 바이에른 주당은 점차 여타 지역 당조직과는 다른 정서와 견해를 갖게 됐다. 중앙당 방침과 상관없이 자유주의자들과 선거연합을 추진했고, 도시 노동자뿐만 아니라 농민을 중시하는 독자적 정책을 선전했다.

에르푸르트 대의원대회가 열리기 얼마 전에 폴마르는 '엘도라도 연설'이라 이름 붙은 두 차례 연설을 통해 바이에른 주당의 입장이 당 전체의 노선이 돼야 한다고 주창했다. 이 연설에서 폴마르는 여러 개혁 과제 중에서도 자신이 중요하다고 본 다섯 가지 사항(노동자 보호 확대, 단결권의 실질적 쟁취, 국가의 쟁의 개입 금지, 반독점 입법, 식료품 관세 철폐)이 사회민주당의 행동강령이 돼야 한다고 주장했다. 이들 요구를 관철하는 개혁투쟁에 당의 역량을 집중해야 하며, 필요한 경우에는 자유주의 세력과도 제휴해야 한다는 것이었다. 그러면서 폴마르는 사회주의 이념에 대해서는 일부러 입을 다물었다. "누구는 '사회주의'를 이야기하라고 해라. 우리는 묵묵히 우리 길을 간다." 이것이 남독일 사회민주당 당원들의 정서였다.

이런 상황에서 베른슈타인은 사회민주당에 수정주의라는 폭탄을 투척했다. 베른슈타인은 처음에는 카우츠키와 협력하면서 폴마르식 이견을 비판하는 입장이었다. 그 자신이 〈에르푸르트 강령〉의 공동 집필자 중 한 명이 아니었던가. 그러나 베른슈타인은 당대의 어떤 사회주의자보다 예민하고 정직한 사람이었다. 그는 탄압법 시기에 해외에서 비합법 출판물을 제작하는 책임자였기 때문에 탄압법 폐지 이후에도 한동안 독일에 돌아오지 못하는 신세였다. 망명지 영국에서 그는 국외자의 시선으로 사회민주당을 바라봤다. 안이 아니라 바깥에서 보니 사회민주당의 이론과 실천이 서로 엇나가는 게 더 훤히 보였다. 베른슈타인은 국내의 동지들과는 달리 이런 균열을 못 본 척하며 넘어갈 수 없었다. 이론과 실천이 어긋난다면, 둘 중 어느 한쪽을 반드시 수정해야 하는 법이었다. 베른슈타인의 칼날은 단호히 이론 쪽을 향했다. 1896년부터 그는 이론지 〈디 노이에 차이트〉에 도발적인 논문들을 발표하기 시작했다.

베른슈타인은 우선 〈에르푸르트 강령〉 전반부의 전제인 자본주의 붕괴 전망에 칼날을 휘둘렀다. 자본주의는 파국으로 치닫기는커녕 독점을 통해 공황의 충격을 상쇄할 수 있을 정도로 발전하는 중이다. 앞으로도 그럴 것이다. 자본주의가 내적 모순 때문에 붕괴할 것이라던 스승들의 예언은 헛된 기대에 불과했다. 이런 베른슈타인의 주장은 한창 장기 호황을 경험하던 독일인들에게 설득력이 있었다. 정말 그렇다면, 붕괴할 수밖에 없는 것은 자본주의가 아니라 사회민주당 강령 쪽이었다. 붕괴가 오류라면 붕괴의 시기에 온다던 혁명 역시 허상일 것이기 때문이었다. 결론은 당강령의 전반부, 즉 최대강령을 폐기해야 한다는 것이었다.

그렇다면 사회주의를 포기하자는 말인가? 베른슈타인의 답은 사회주의의 전망은 이제 당강령의 남은 부분에 있다는 것이었다. 남은 부분은 개혁과제들이었다. 베른슈타인은 혁명을 통해 사회주의로 나아간다는 전망을 수정하자고 촉구했다. 사회주의란 최소강령의 내용을 하나하나 실현함으로써 다가갈 수 있는 것이며, 실은 이게 사회주의로 나아가는 유일한 길이라는 것이었다. 그래서 베른슈타인의 수정주의는 '개혁[개량]주의'라고도 불렸다.

강령 안의 개혁과제 중 상당 부분은 자유주의 세력도 동의할 만한 것들이다. 사회민주당은 이를 실현하기 위해 자유주의 세력과 긴밀히 협력해야 한다. 자유주의-사회주의 연대를 통해 보통선거제도를 실현하고 노동조합과 협동조합의 자유로운 활동을 보장받아야 한다. 개혁투쟁이 따로 있고 사회주의운동이 따로 있는 게 아니다. 이런 식으로 진보정당의 입법 활동, 노동조합의 단체협상, 협동조합의 집단적 소비를 강화하는 것, 이것이 곧 사회주의운동이다. 베른슈타인은 이 모든 주장을 일부러 동지들을 자극하는 말로 요약했다. "대개 사람들이 사회주의의 최종 목표라고 부르는 것은 나에게 아무것도 아니며 운동이야말로 전부다."[8]

사회민주당을 가로지르던 이론 중심 편향과 실천 중심 편향에 비하면, 베른슈타인의 당강령 수정 주장은 참으로 솔직하고 진지한 것이었다. 그는 자본주의가 허용한 민주주의 공간 안에서 활동하면서 그 자본주의를 바꾸려 하는 정당이 어떤 길을 밟을 수밖에 없는지를 직시하려 했다. 하지만 그의 이러한 미덕을 높이 평가한다고 해서 이것이 곧 그의 주장이 사회민주당의 모든 난제의 해결책이었다는 이야기는 아니다. 20세기에 민주주의가 어떤 참사들을 겪으며 어렵사리 전진해왔는지 알고 있는 우리의 눈에는 베른슈타인의 논고에 묻어 있는 낙관주의가 너무나 천진하게만 보인다. 그는 마치 자신이 영국인인 것처럼 글을 썼다. 조금의 개혁 요구만으로도 경기를 일으키던 독일의 경직된

---

8 에두아르트 베른슈타인, 《사회주의의 전제와 사민당의 과제》, 강신준 옮김, 한길사, 1999, 321쪽.

지배체제(독점자본가와 대지주-군부의 연합)는 시야에서 잠시 지워졌던 것 같다.

어쨌든 베른슈타인의 공격은 날카로웠다. 너무 날카로워서, 그와 생각이 같은 이들이 더 불편함을 느낄 정도였다. 집행부 안에서 수정주의에 가장 공감할 법한 인물이었던 아우어는 베른슈타인의 논설이 발표되자 이렇게 힐난했다. "당은 이미 당신이 말한 방향으로 가고 있는데, 괜한 글을 써서 평지풍파를 일으키다니!" 실제로 당이 약간 들썩이기는 했다. 베벨-카우츠키가 이끌던 당내 중앙파는 발끈했다. 하지만 이들은 진지한 반론을 제출하지 않았고, 따라서 논쟁이 제대로 이어지지 못했다. 이들은 그저 기존 강령을 고수하면서 매년 대의원대회 때마다 수정주의는 당론 위반이라는 결의문을 신경질적으로 채택할 뿐이었다.

단지 낯선 한 이방인만이 베른슈타인이 가리킨 사태의 본질을 직시하며 논박의 포문을 열었다. 그는 여성에다 나이도 불과 20대 후반이었다. 이름은 로자 룩셈부르크. 유대계 폴란드 여성으로서 애초에는 독일 사회민주당이 아니라 폴란드 사회민주당의 당원이었다. 단지 당시 폴란드가 러시아, 오스트리아-헝가리, 독일, 세 제국의 분할 통치 아래 있었고, 특히 독일령 폴란드에 노동계급이 밀집했기 때문에 독일에 체류 중이었다. 하지만 자신을 비롯해 유럽 노동자들의 존경을 한 몸에 받는 이 거대한 당을 휩싼 고뇌를 지켜볼 수만은 없었기에 감히 입을 뗐다.

1898년 슈투트가르트에서 열린 사회민주당 대의원대회에서 그녀의 첫 일성은 이것이었다. "우리 당에서는 극히 중요한 문제가 흐지부

지되고 있습니다. 즉, 그것은 우리의 마지막 목표와 일상투쟁의 관계에 대한 이해입니다."[9]

9 헬무트 히르슈,《로자 룩셈부르크》, 박미애 옮김, 한길사, 1997, 50쪽.

19세기 말부터 1차 세계대전 전까지

지금도 만족되는 한 세기 전 신보성당의 고뇌 2
/
베른슈타인의 길과 룩셈부르크의 길

O2

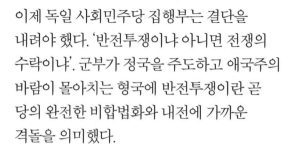

이제 독일 사회민주당 집행부는 결단을
내려야 했다. '반전투쟁이냐 아니면 전쟁의
수락이냐'. 군부가 정국을 주도하고 애국주의
바람이 몰아치는 형국에 반전투쟁이란 곧
당의 완전한 비합법화와 내전에 가까운
격돌을 의미했다.

'어떤' 개혁투쟁인가가 문제다

로자 룩셈부르크가 베른슈타인을 반박한 논설들을 모은 책 제목은《사회개혁이냐 혁명이냐》다. 베른슈타인이 '개혁'을 주장했으니 제목만 보고 룩셈부르크의 답은 '혁명'이겠구나 생각하기 쉽다. 틀린 짐작이라고 할 수는 없지만, 룩셈부르크의 논지는 생각보다 그렇게 간단하지 않다. 그가 개혁의 의의 자체를 부정한 것은 결코 아니었다.《사회개혁이냐 혁명이냐》는 이렇게 시작한다.

이 글의 제목을 처음 본 순간 놀랄지도 모른다. 사회개혁이냐 아니면 혁명이냐? 그렇다면 사회민주주의는 사회개혁에 반대할 수 있단 말인가? (…) 물론 그렇지 않다. 사회개혁을 위한, 또 기존의 기반 위에서 노동하는 대중의 상황을 개선하기 위한, 그리고 민주적 제도를 위한 일상적인 실천투쟁은 사회민주주의가 프롤레타리아 계급투쟁을 지도하며, 정치권력을 장악하고 임금체계를 폐지한다는 최종 목표에 이를 수 있는 **유일한** 길이다.[1]

룩셈부르크는 개혁투쟁이야말로 일상 시기에 사회민주당이 혁명이라는 목표를 향해 나아가는 '유일한' 길이라고 분명히 말했다. 얼핏 보면 베른슈타인과 별 차이가 없어 보인다. 룩셈부르크가 보기에 베른슈타인 주장의 문제는 개혁을 강조한다는 데 있지 않았다. 개혁의 중요성을 강조하는 '방식'이 문제였다. 베른슈타인은 사회민주당이 혁명의 전망을 폐기해야만 개혁에 충실할 수 있다고 주장했다.

반면 룩셈부르크는 혁명은 여전히 살아 있는 목표라고 역설했다. 자본주의가 독점 단계에 들어서고 국가의 개입이 늘어난다 해서 위기를 마냥 회피할 수 있는 것은 아니다. 오히려 자본주의가 자체 위기를 봉합하려 할수록 미래 위기의 규모는 더욱 커진다. 따라서 베른슈타인식으로 붕괴 가능성을 부정하면서 최대강령을 함께 청산하는 것은 오류다. 붕괴라는 말이 딱 어울리는 일이 1929년에 실제 일어났음을 생각해보면, 룩셈부르크의 예측은 일리가 있는 것이었다.

베른슈타인은 최대강령을 폐기함으로써 결국 혁명과 개혁의 연관을 떼어놓았다. 개혁은 이제 입법이나 단체협상을 통해 기성 제도들을 점차 바꿔나가는 일이 된다. 그리고 개혁의 누적이 곧 장기 목표의 실현이 된다. 이런 개혁론에서는 현재의 세력 분포 안에서 어떻게든 우군을 찾아내 제도를 조금이라도 바꾸는 성과를 내는 게 중요하다. 그래서 베른슈타인과 그 지지자들은 자유주의 정당들과의 원내 협력을 강조하지 않을 수 없었다. 한데 그러자면 자유주의 정당들이 동의해줄

I 로자 룩셈부르크, 《사회개혁이냐 혁명이냐》, 김경미·송병헌 옮김, 책세상, 2002, 10쪽. 강조는 인용자.

수준으로 개혁의 목표치를 낮춰야만 했다. 가령 폴마르가 강조한 다섯 가지 과제처럼 최소강령 중 극히 일부만을 '현실적인' 목표로 설정해야 했다. 이렇게 가다가는 사회민주당은 사회주의는 고사하고 민주공화국 수립 같은 과제조차 자유주의 정당들의 눈치를 보며 신앙의 영역으로 밀어둘 판이었다. 룩셈부르크는 이 점을 예리하게 비판했다.

독일 사회민주당에서 '수정주의 논쟁'의 불을 피운 에두아르트 베른슈타인.

그렇다면 룩셈부르크의 대안은 무엇이었는가? 베벨-카우츠키의 노선으로 돌아가자는 게 아니라면? 슈투트가르트 대의원대회 발언에서 감지할 수 있는 것처럼, 룩셈부르크는 단계론과는 다른 방식으로 혁명과 개혁의 긴밀한 연관을 제시하고자 했다. 일상 개혁투쟁은 혁명적 전망을 통해 활력을 얻어야 하며, 혁명적 전망은 일상 개혁투쟁을 통해 실체를 획득해야 했다. 그렇다면 과연 '어떤' 개혁투쟁이 필요한 것인가? 룩셈부르크는《사회개혁이냐 혁명이냐》에 단지 한 문장의 짤막한 언급만을 남겨놓았다.

노동조합 투쟁과 정치투쟁이 갖는 커다란 사회주의적 의미는, 그것이 **노동자계급의 인식과 의식을 사회화**한다는 것이다.《사회개혁이냐 혁명이냐》1908년판에서 로자 룩셈부르크는 "사회화한다"는 다소 추상적인 문구 뒤에 이런 해설을 덧붙였다. "사회화한다, 즉 **프롤레타리아를 계급으로 조직한다**.")[2]

말하자면 개혁투쟁에서 가장 중요한 것은 당장의 현실적 성과들이 아니다. 투쟁 과정에서 노동계급의 의식과 조직의 성장을 꾀하는 것이 진정한 목표다. 아무리 미구에 자본주의의 대위기가 닥치더라도 이 위기를 변혁의 기회로 살릴 주체가 성장해 있지 않다면 혁명 전망은 실현될 수 없다. 그런 주체가 성장해 있지 않다면 위기는 도리어 문명 전체의 붕괴로 이어질 것이다. 룩셈부르크가 나중에 선명히 제시한 것처럼, '사회주의냐 야만이냐'의 기로에 서게 된다. 사회민주당이 일상 시기에 해야 할 일은 노동계급의 역사적 체험을 쌓아감으로써 지금부터 대전환의 주체를 키우는 것이다. 이런 식으로 룩셈부르크는 노동계급의 역량 강화라는 과정 속에 개혁과 혁명을 통합하려 했다. 사실 이 구상은 《공산당 선언》의 다음과 같은 문장에서 그 원형을 찾을 수 있다.

노동자들은 때때로 승리하나, 그것은 단지 일시적일 뿐이다. 그들의 투쟁들의 진정한 성과는 직접적인 전과戰果가 아니라 노동자들의 **더욱더 확대되는 단결**이다.[3]

이제 룩셈부르크의 과제는 이런 개혁론을 사회민주당의 구체적인 실천 프로그램으로 구현하는 것이었다. 그러나 《사회개혁이냐 혁명이냐》에서는 이러한 실천 프로그램을 발견할 수 없다. 저자의 뛰어난 이론적 혜안은 추상적 명제 이상으로 더 전진하지 못했다. 주된 이유는

---

2 위의 책, 55쪽. 강조는 인용자.
3 K. 마르크스·F. 엥겔스, 〈공산주의당 선언〉, 《칼 맑스·프리드리히 엥겔스 저작선집》1권, 박종철출판사, 1997, 409쪽. 강조는 인용자.

당시 룩셈부르크가 독일 사회민주당 안에 활동 기반이 없었다는 데 있다. 수정주의 논쟁만 보면, 베른슈타인이나 룩셈부르크가 독일 사회민주당의 양대 축이었던 것처럼 느껴질 수도 있다. 이론가들이 남긴 글로 진보정당사에 접근할 경우에 흔히 나타나는 착시다. 실은 수정주의 논쟁을 벌일 때만 해도 두 사람은 아직 이론가일 뿐 현실 정치가가 아니었다. 당시 대중의 눈에 사회민주당을 대표한 것은 베벨이나 아우어 혹은 이제는 이름을 기억하는 이도 없는 의원들이었지, 이런 이론가들이 아니었다.

그래도 베른슈타인은 좀 나았다. 그에게는 이미 속내는 수정주의자인 일군의 제국의회, 주의회 의원들이 있었다. 베른슈타인은 이들을 통해 자신의 구상에 살을 입혀나갈 수 있었고, 1902년에는 그 자신이 제국의회 의원이 되었다. 그러나 이방인 신참자에 불과한, 그것도 젊은 여성인 룩셈부르크에게는 그럴 입지가 전혀 없었다. 베벨 등 중앙파는 그의 논의를 당내 우파의 발호를 억제할 균형추 정도로만 인정해줄 따름이었다. 더 왼쪽에는 각지의 사회민주당 신문에 똬리를 튼 몇몇 지식인이나 갓 입당한 청년 당원들이 있을 뿐이었다. 이런 상황에서 룩셈부르크의 논리는 여전히 종이 위의 가설일 수밖에 없었다.

1905년 러시아로부터의 충격 – 정치 총파업 논쟁

그런데 뜻밖의 기회가 왔다. 동쪽으로부터 거센 바람이 불어왔다. 1905년 1월 러시아 상트페테르부르크에서는 신부를 앞세워 차르에게 청원하러 가던 한 무리의 노동자들이 군대의 발포로 학살당하는 사건이 벌어졌다. 곧이어 차르 전제에 항거하는 노동자 총파업이 벌어졌다. 파업투쟁은 마치 밀물과 썰물처럼 전진과 후퇴를 거듭했지만, 놀랍게도 1년 넘게 계속됐고 때로는 무장항쟁으로까지 발전했다. 이제까지 한 번도 노동운동을 접해보지 못했던 가장 낙후한 계층까지 투쟁에 결합했고, 심지어 농민과 중산층도 합세했다. 제1차 러시아 혁명이 일어난 것이다.

러시아 노동계급의 봉기는 독일 노동운동에 커다란 충격으로 다가왔다. 중세 농노의 사촌뻘로 여겨온 '미숙한' 러시아 노동계급이 1871년 파리코뮌 이후 최초로 유럽에 혁명이라는 장관을 펼쳐 보인 것이었다. 사회민주당 일각에서는 이를 최소한의 민주주의마저 부재한 동유럽 사회의 특수한 현상이라고 애써 평가절하했다. 그러나 다른 한편에서는 러시아 혁명의 투쟁 형태로부터 사회민주당의 활로를 찾아내려는 움직임이 나타났다. 특히 주목받은 것은 정치 총파업이었다. 오랫동안 사회주의자들에게 총파업은 경제투쟁의 한 전술로서만 의미를 지녔다. 그들에게 정치투쟁이란 선거권이 보장된 경우 의회 진출이었고 그렇지 않은 경우 무장봉기였다. 정당운동을 불신하고 노동조합만을 노동계급 조직으로 본 프랑스, 이탈리아의 혁명적 생디칼리스트들만이 총파업을 정치투쟁의 무기로 생각했다.

사회주의자들이 정치 총파업을 진지하게 고민하기 시작한 것은 1891년 벨기에 총파업부터였다. 아직 유럽의 대다수 나라에서 노동자와 여성에게는 참정권이 없었다. 독일, 프랑스 정도에서 그나마 남성 보통선거제도가 시행되는 형편이었다. 진보정당으로서는 노동자, 여성의 선거권 쟁취가 가장 시급한 과제였다. 한데 선거권 제약 때문에

19세기 말부터 1차 세계대전 전까지

진보정당이 의회에 진출하지 못하거나 원내 소수파인 상황에서 어떻게 선거권 개혁을 이룰 수 있단 말인가? 벨기에 노동 진영은 이 궁지를 돌파할 방안으로 총파업을 선택했다. 선거제도 개혁을 내걸고 그야말로 '정치' 총파업을 벌인 것이다. 이후 각국 진보정당들은 보통선거권 쟁취의 수단으로 정치 총파업 전술을 실험하기 시작했다. 벨기에에 이어 스웨덴·덴마크 등지에서 정치 총파업이 벌어졌고, 1904년 이탈리아에서는 정치 총파업이 일부 도시에서 무장항쟁으로까지 번졌다.

그러나 독일 노동운동의 분위기는 좀 달랐다. 탄압법의 시련을 잊지 못하던 독일 노동운동은 정부의 탄압을 불러올 선제공격은 시도하지 않는다는 게 불문율이었다. 하지만 1905년, 1년 내내 신문 지상을 달군 러시아의 혁명 소식이 이런 분위기를 밑에서부터 뒤흔들어놓았다. 누구보다도 룩셈부르크와 그 주위에 결집한 사회민주당 내 좌파가 정치 총파업 전술에 주목했다.

당시 독일 사회민주당도 다른 나라 진보정당들과 크게 다른 형편은 아니었다. 제국의회에 한해 남성 보통선거제도를 시행할 뿐, 나머지는 모두 노골적인 계급독재체제였다. 입법과 재정에서 상당한 실권을 지니고 있던 각 주의회는 이른바 3계급 선거라는 계급별 선거로 구성됐다. 지주-귀족, 일정 액수 이상 재산세 납부자, 그리고 나머지가 각각 전체 의석의 1/3씩 뽑는 방식이었다. 귀족, 자본가가 항상 다수를 차지하게 되는 불평등 선거였다. 더구나 정부는 제국의회 선거도 계급별 선거제도로 개악하려고 시도했다.

이런 상황에서 사회민주당 좌파는 선거법 개혁을 내걸고 정치 총파업을 결행하자고 제창했다. 이에 대한 독일 노동 진영의 반응은 다양했다. 우선 노동조합 간부들은 총파업 전술을 격렬히 반대했다. 제1차 러시아 혁명이 발발할 무렵 독일에서는 광부 파업이 벌어졌고, 이는 독일에서 이전에 볼 수 없었던 파업 물결로 이어졌다. 그러나 독일 노동조합 지도자들은 이를 반기기보다는 우려했다. '조직을 지키는' 게 최우선이라는 강박증이 발동한 것이다. 1905년 5월에 쾰른에서 열린 자유노동조합(사회민주당을 지지하던 노총) 대의원대회는 총파업 전술을 의제에 올리는 것조차 거부했다.

반면 사회민주당에서는 찬성 여론이 더 강했다. 흥미롭게도 베른슈타인 등 수정주의 지도자들이 총파업 전술에 동조하고 나섰다. 원내 자유주의 정당들은 선거법 개혁에 대해 사회민주당만큼 적극적이지 않았다. 자유주의 세력과의 연대로 개혁법안을 관철할 수 있는 상황이 아니었다. 그래서 수정주의자들도 선거법 개혁을 압박하는 총파업에서 돌파구를 찾았다. 다만 이들이 머릿속에 그린 것은 어디까지나 당과 노동조합 지도부에 의해 적절히 통제되는 총파업이었다.

당내 좌파가 생각한 정치 총파업의 상은 이와 달랐다. 룩셈부르크는 러시아 혁명이 벌어지는 동안 고향인 러시아령 폴란드로 달려가 투쟁의 양상을 직접 목격하고 돌아왔다. 당시 관찰의 결과물인《대중파업론》[4]에서 그는 러시아의 사례를 들어, 일단 정치 총파업이 벌어지면 더 이상 당-노동조합 집행부의 애초 의도대로만 움직이지 않는 새로운 투쟁 국면이 열린다고 주장했다. 그는 이를 '대중파업'이라고 이름 붙였다. 대중파업의 물결 속에서 노동자계급의 의식과 조직은 유례없

---

4 로자 룩셈부르크,《대중파업론》, 최규진 옮김, 풀무질, 1995.

이 확장된다. 러시아의 경우는 아예 혁명으로 비화했다. 러시아처럼 혁명으로 발전할 가능성은 논외로 하더라도, 광범한 대중운동을 통해 비로소 노동계급이 혁명적 주체로 성장한다는 것은 분명해졌다. 즉, 대중파업은 절대 남의 일이 아니다. 러시아보다 노동운동이 앞서 있다는 독일에도 꼭 필요한 역사적 경험이었다.

독일 사회민주당에서 활동한 폴란드 출신 혁명가 로자 룩셈부르크.

룩셈부르크는 선거법 개혁을 요구하는 총파업에서 드디어 자신의 개혁-혁명 사상을 실천 프로그램으로 구체화할 단서를 찾았다. 선거법 개정은 사회주의나 혁명과는 거리가 먼 것이었다. 이는 그야말로 민주주의 '개혁'의 요구였다. 그런데 이러한 개혁을, 제도정치를 넘어선 대중운동을 통해 추진한다는 것이었다. 이 대중운동은 처음에는 조직 대중의 정치 총파업으로 시작할 테지만, 러시아와 비슷하게 비조직 대중까지 참여하는 대중파업으로 발전할 수도 있었다. 그럼으로써 기존의 당-노동조합 경계를 넘어서 변혁 주체를 비약적으로 성장시킨다는 것이었다. 이 대목에서 개혁투쟁에 대한 베른슈타인과 룩셈부르크의 강조점 차이가 잘 드러난다. 베른슈타인은 선거제도 개혁 자체를 중시했기 때문에 총파업은 어디까지나 이를 위한 불가피한 수단일 뿐이었다. 반면 룩셈부르크에게는 대중운동 경험을 통해 노동계급의 역량을 강화한다는 것이 더 중요했다.

1905년 9월 예나에서 열린 사회민주당 대의원대회는 노동조합 쪽의 거부 반응에도 불구하고 정치 총파업을 선거법 개혁 전술로 채택했다. 노동조합의 눈치를 보던 중앙파는 소극적이었지만 우파와 좌파가 뜻밖에 한목소리를 낸 덕분이었다. 룩셈부르크를 비롯한 좌파는 전국을 돌며 당 방침인 총파업을 열렬히 선전했다. 룩셈부르크가 대중 지도자로 인식되기 시작하고 당내 좌파가 실체로 부상한 것이 이때부터다.

하지만 당과 노동조합 사이의 긴장은 대의원대회 결정의 권위로 봉합할 수 있는 게 아니었다. 노동조합 쪽의 불만을 무시할 수 없었던 베벨 등 당 집행부는 1906년 2월 노동조합 지도자들과 비밀회의를 열어 어떠한 실질적인 총파업 선동도 하지 않겠다고 확약했다. 그러고 나서 9월의 만하임 대의원대회에서 노동조합의 전술적 자율성을 보장한다고 결정했다. 자유노동조합 간부들이 비록 당원이라도 전년도 당대회에서 결의한 정치 총파업 방침을 이행할 의무는 없다는 것이었다. 긴 역사의 안목에서 보면, 이는 진보정당과 노동조합의 수평적 협력관계를 확인하는 중요한 계기였다. 하지만 이와는 별개로 선거법 개혁 총파업 시도는 이로써 무산되고 말았다. 민주개혁의 교착 상태를 풀 가장 유력한 방안이 당의 선택지에서 사라진 것이다. 모처럼 목소리를 높이던 당내 좌파는 다시 당 언론 및 교육기관들로 퇴각했다.

마침 이 무렵 제1차 러시아 혁명의 패배와 함께 독일 노동자들의 투쟁 물결도 퇴조기에 접어들고 있었다. 사회민주당 역시 1907년 총선에서 참패를 맛보았다. 지지율은 불과 2.7% 하락했지만, 의석은 크게 줄어서 이전 81석의 절반에 불과한 43석에 그쳤다. 총선을 거듭할 때마다 계속 전진하기만 했던 사회민주당에게는 상당한 충격이었다.

1905~1906년의 급진화가 선거 참패의 주된 원인이라는 주장 속에 당은 급격히 오른쪽으로 방향을 틀었다.

1차 세계대전 전까지 당의 변화

그해에 있었던 메이데이 기념행사가 기억에 남아 있다. (…) 상당수의 독일 사회민주당원들이 그들의 아내와 자녀를 데리고 침묵을 지키면서 시내를 빠져나와, 교외에 있는 기념식장에서 축배를 들기 위해 그곳으로 행진했다. 그들은 깃발이나 현수막도 들고 있지 않았다. 한마디로 이 같은 독일의 메이데이는 전 세계 노동계급의 승리를 나타내는 시위와는 전혀 걸맞지 않은 것이었다. 당시 우리[레닌과 크루프스카야]는 교외의 주연장으로 향하는 행렬에서 빠져나와, 늘 그러했듯이 뮌헨의 거리를 거닐었다. 그것은 마음 속 깊이 저며드는 실망의 느낌을 씻어버리기 위해서였다.[5]

사회민주당의 최고 집행부는 5인으로 구성된 간부회의였다. 간부회의의 기둥은 물론 베벨이었지만, 아우어의 역할도 그에 못지않았다. 그는 간부회의 사무실을 자기 집에 두고 당의 거의 모든 업무를 총괄했다. 1906년에 그가 은퇴한 뒤에는 프리드리히 에베르트Friedrich Ebert(이후 바이마르 공화국 초대 대통령)가 그 자리를 맡았다.

에베르트의 등장은 주목할 만한 변화였다. 그는 사회민주당 창당 이후 당 상근자로 일하며 성장한 첫 세대였다. 에베르트(1871년생)를

---

5 N. 크루프스카야, 《레닌의 회상》, 김자동 옮김, 일월서각, 1986, 75쪽.

비롯해 이후 1911년에 간부회의에 합류하는 필리프 샤이데만Philipp Scheidemann(바이마르 공화국 초대 총리, 1865년생), 오토 브라운Otto Braun (1872년생)이 모두 이 세대였다. 이들은 모두 순수한 노동계급 출신이 었다. 하지만 이들을 지배한 심성은 이전 세대와는 달랐다. 망명이나 탄압법 시기를 경험한 베벨이나 아우어는 그래도 자신들을 혁명가라 생각했다. 하지만 에베르트 세대에게 혁명가라는 칭호는 어울리지 않 았다. 그들에게 사회민주당이나 노동조합의 간부가 된다는 것은 독일 제국에서 노동자 출신에게 허용된 유일한 출세 기회를 잡는다는 의미 가 더 컸다.

물론 이 세대에도 당의 급진적 전통을 이어나가는 이들이 없지는 않았다. 다른 누구보다도, 에베르트와 동갑인 로자 룩셈부르크가 그 대 표적 사례였다. 하지만 이들은 소수이거나 한직에 머물렀다. 1차 세계 대전 직전에 간부회의는 12인으로 늘어났지만, 이 중 좌파는 한 명도 없었다. 간부회의에서는 베벨 사후 그의 노선을 계승한 후고 하제Hugo Haase가 가장 왼쪽 인사였다. 좌파가 당 전체의 행로에 영향력을 미칠 수 있는 거의 유일한 장은 대의원대회뿐이었다. 하지만 1900년대 말 즈음에는 이미 대의원대회 결의보다는 간부회의나 의원단의 일상적 결정이 더 실질적인 영향력을 행사하고 있었다.

사회민주당의 여러 부문들을 보면, 우선 제국의회와 주의회, 기초의 회의 의원단은 당내 우파의 주요 무대였다. 1913년 3500명에 달한 전 국의 상근 당직자들도 당이 새로운 실천을 감행하기보다는 일상 사업 의 관성에 머물게 하는 강력한 요인이었다. 1890년대 경제호황 속에 투쟁보다는 협상을 통해 급성장한 노동조합 역시 우파의 기반이었다.

카를 레기엔Carl Legien으로 대표되는 자유노동조합 간부층은 우파 성향 당 지도자들의 주요 공급원이었다.

당내 좌파의 주요 무대로는 일부 당 언론과 청년운동이 있었다. 사회민주당은 수도 베를린에서 발행되던 〈포어베르츠〉를 비롯해 무려 50개 이상의 지역신문을 발간했다. 이 시기 진보정당들은 당대 최첨단 매체인 전국적 일간지를 중심으로 지역신문, 잡지들을 하나로 이은 미디어 복합체였다고 해도 과언이 아니다. 저명한 좌파 성향 간부들은 대개 이들 언론의 편집장직을 거치며 이름을 알렸다. 한편 창당 주역 중 한 명인 빌헬름 리프크네히트의 아들 카를 리프크네히트Karl Lieb-knecht(1871년생, 직업은 변호사)는 청년운동을 통해 당내 좌파의 새로운 희망으로 부상했다.

한 가지 특기할 만한 것은 1907년 베를린에서 문을 연 사회민주당 연수원의 역할이다. 룩셈부르크 같은 마르크스주의 지식인들이 강의를 주도하면서 연수원은 좌파 청년 활동가들의 양성소가 됐다. 룩셈부르크가 《자본》 이후 마르크스주의자의 손으로 쓰인 최초의 경제학 대저인 《자본의 축적》을 집필한 것도 이 연수원 강의를 통해서였다.

1914년 8월 4일을 향해

8월 4일 제국의회에서 독일 사회민주당이 군사 공채에 찬성 투표를 던졌다는 기사가 담긴 〈전진[포어베르츠]〉이 스위스에 도착하자, 레닌은 이것은 독일의 참모본부가 적을 속이고 위협하기 위해 찍어낸 가짜 신문이라는 결론을 내렸다. 비판적인 정신에도 불구하고, 독일 사회민주당에 대한 레닌

의 믿음이 아직도 그만큼 강했던 것이다.[6]

1910년, 물밑에서 잠자고 있던 노선 논쟁이 다시 불거졌다. 총리가 교체되는 와중에 프로이센 주의 3계급 선거제도를 개혁하자는 움직임이 일었기 때문이었다. 2월과 3월에 시위와 파업이 잇달았고, 당 안에서도 오랜만에 전투적인 분위기가 되살아났다. 룩셈부르크를 앞세운 당내 좌파는 전국을 순회하며 투쟁을 고조시키려 했다. 좌파는 '민주공화국 수립' 구호를 전면에 내걸고 대중파업을 호소했다. 처음으로 사회민주당 좌파의 단독 집회에 노동자들이 모여들었다.

반면 당 집행부는 2년 뒤의 총선을 준비하기 위해, 대중행동은 이 정도 수준에서 그쳐야 한다는 입장이었다. 카우츠키가 집행부 입장을 옹호하는 이론을 들고 나왔다. 그는 대중파업은 저발전된 동유럽 사회에나 적절한 투쟁 형태이며, 서유럽에서는 '지구전' 전략이 필요하다고 주장했다. 적과 대치한 상태에서 참호를 파고 죽치고 앉아 결정적 시기가 오기만을 기다려야 한다는 것이었다. 몇 년 뒤 닥칠 1차 세계대전의 장군들과 마찬가지로 카우츠키가 미처 예견하지 못한 것은 지구전 속에서 전력을 소진시키는 게 적군만은 아니라는 사실이었다. 적들이 제풀에 지치길 기다리는 동안 기아와 의욕 상실로 죽어나가는 것이 아군일 수도 있었다. 더구나 정권이 적이고 우리는 야당이라면 말이다.

사회민주당 집행부가 제시한 전략적 출구는 1912년 총선 승리였다. 이들은 이 선거에서 최대한 많은 의석을 확보한 뒤 자유주의 정당들과

---
6   트로츠키, 앞의 책, 370-371쪽.

연합해 원내에 진보 다수파를 형성한다는 전략을 세웠다. 황제가 원내 다수파 대표를 총리로 승인하도록 힘으로 밀어붙이겠다고 호언장담하기도 했다. 총선 결과는 대승이었다. 사회민주당은 1차 투표에서 425만 표(34.8%)를 획득해 다른 정당들을 압도하는 최대세력임을 확인했다. 드디어 권력이 눈앞에 보이는 듯했다.

그러나 진보인민당 등 자유주의 세력과 연합한 결선투표에서 사회민주당 지지 유권자들은 자유주의 정당에 투표한 반면, 자유주의 정당 지지 유권자들은 사회민주당에 표를 던지지 않았다. 그래서 31석을 더 얻을 것이라던 예상과는 달리 11석만을 추가로 확보해 총 397석 중 110석이 되었다. 16.4%를 득표해 2위를 기록한 중앙당과의 격차는 불과 19석이었다. 자유주의 세력과의 연합은 깨졌다. 사회민주당은 압도적 제1당이 되고서도 원내에서 다시 주변세력으로 밀려나야 했다. 단지 변화가 있었다면, 100명이 넘게 된 의원들이 당을 사실상 좌지우지하게 됐다는 것뿐이었다.

그리고 다음해 8월, 베벨이 사망했다. 베벨과 절친했던 당내 좌파 명망가 게오르크 레데부어Georg Ledebour는 이렇게 말한 적이 있었다. "사회민주당의 20%는 급진파고, 30%는 기회주의자들이다. 그 나머지가 베벨을 따르고 있다."[7] 그런데 그 베벨이 이제 없다. 사회민주당에서 이상주의와 현실 정치를 봉합하던 버팀목이 사라진 셈이었다.

그 무렵 유럽에는 제국주의 전쟁의 그림자가 드리웠다. 1911년에는 영국과 프랑스 사이에 모로코 위기가 벌어졌고, 1913년에는 제2차 발

---

7 위의 책, 340쪽.

칸전쟁이 발발해 오스트리아-헝가리와 러시아 사이에 긴장이 고조됐다. 1912년 스위스 바젤에서 열린 제2인터내셔널 대의원대회에서 유럽 사회주의 정당들은, 전쟁위기가 닥치면 각국 노동자들의 동시 총파업을 포함한 반전운동에 돌입하자고 결의했다. 1906년에 정치 총파업 전술을 폐기한 바 있는 독일 사회민주당은 1907년 슈투트가르트 인터내셔널 대회에서 처음 반전 대중행동 결의가 제출된 이후 줄곧 이를 거부해왔다. 그러나 바젤 대회에서는 마지못해 이를 받아들였다. 단 노동조합의 심사를 거스르면서까지 실제 반전 총파업에 나서겠다는 열의는 없었다.

사회민주당의 기류가 바젤 결의의 내용과 너무나 달랐다는 것은 1913년에 이 당 의원단이 국방비 증액안에 손을 들어준 데서 확인할 수 있다. 국방예산 증가분을 직접세로 걷겠다는 정부 방침이 사회민주당 의원들에게는 좋은 알리바이가 되어주었다. 당 강령에 명시되어 있는 "직접세 증가"를 실현시킬 기회라면서 의원들은 전쟁을 꿈꾸는 집권세력의 길을 닦아준 셈이었다.

소수의 당내 좌파만이 외로운 투쟁을 벌였다. 이들은 이제 전쟁위협의 중추인 군부세력에 정면으로 대항하는 것이 가장 중요한 정치투쟁이라고 보았다. 1914년 초부터 좌파는 군대 내 가혹행위를 고발하는 캠페인에 나섰다. 이 때문에 룩셈부르크는 6월 29일 법정에 섰다. 정부가 노골적으로 피고를 투옥하겠다고 협박했음에도 불구하고, 군대 내 폭력을 증언하는 수천 명의 피고 측 증인이 쇄도했다. 아이러니하게도 세계대전을 한 달여 앞두고 벌어진 군부와의 이 대결에서 당내 좌파는 자신들이 오랫동안 꿈꿔왔던 일상투쟁의 전형을 비로소 찾아낸 듯싶었다. 제도권 내의 활동에서 출발하면서도 체제의 핵심모순과 대결함으로써 대중행동의 새로운 장을 연다는 원칙이 피와 살을 얻는 것처럼 보였다. 그러나 이들은 너무 늦었다. 아니, 이들에 비해 역사가 너무 빨랐다.

룩셈부르크 공판 하루 전인 6월 28일에 오스트리아-헝가리 제국 황태자가 세르비아 청년에게 암살당했다. 오스트리아-헝가리는 세르비아에 전쟁을 선포할지를 놓고 장고에 들어갔다. 만약 선전포고한다면 세르비아의 동맹국 러시아가 전쟁에 뛰어들고, 오스트리아-헝가리의 동맹국 독일이 러시아와 전쟁에 돌입하며, 러시아의 동맹국 프랑스가 독일과 전쟁을 개시하게 된다. 이제껏 한 번도 경험해보지 못한 모든 열강의 전면전이 벌어지는 것이다. 유럽 전체가 오스트리아-헝가리 황제의 불길한 침묵을 주시하며 한 달 동안 피 말리는 긴장을 이어갔다.

독일 사회민주당을 비롯해 제2인터내셔널의 사회주의자들은 나름대로 진지하게 사태에 대응했다. 오스트리아-헝가리와 세르비아 사이의 전쟁이 시작된 지 4일 만인 7월 29일에 벨기에 브뤼셀에서 인터내셔널 각국 대표들이 모여 반전 의지를 재확인했다. 반전투쟁을 실제 단행한다면 그 중심이 되어야 할 독일에서는 연인원 50만 명이 사회민주당의 잇단 반전집회에 참여했다. 사회민주당 간부회의는 에베르트와 브라운에게 당의 자산을 현금화해 스위스에 예치하는 임무를 맡겼다. 탄압법 폐지 이후 25년 만에 다시 비합법 상태로 돌아가 투쟁할 각오가 없지는 않았던 것이다.

그러나 전쟁 이외의 다른 가능성의 문은 곧 닫혀버렸다. 반전투쟁의 또 다른 축이 되어야 할 프랑스 노동 진영의 의지를 확인하기 위해 7월 31일 독일 사회민주당은 헤르만 뮐러Hermann Müller(나중에 바이마르 공화국에서 총리 역임)를 밀사로 파견했다. 바로 그날 프랑스 반전여론의 구심 장 조레스Jean Jaurès가 암살당했다. 다음날 프랑스 사회당과 노동조합 지도자들을 만난 뮐러는 프랑스 동지들이 반전 총파업을 더 이상 진지하게 고려하지 않는다는 사실을 확인했다.

독일과 프랑스의 사회주의자들이 서로를 떠보던 이때 독일 정부가 드디어 러시아에 대한 선전포고를 발표했다. 8월 2일 독일 정부는 러시아와 프랑스가 독일 국경에 선제공격을 감행했다는 '허위사실'을 발표해 독일 국민들 사이에 애국주의 열풍을 조장했다. 7월 말의 반전집회 열기만큼이나 뜨겁게 자원입대 행렬이 줄을 이었다. 이제 독일 사회민주당 집행부는 결단을 내려야 했다. '반전투쟁이냐 아니면 전쟁의 수락이냐.' 군부가 정국을 주도하고 애국주의 바람이 몰아치는 형국에 반전투쟁이란 곧 당의 완전한 비합법화와 내전에 가까운 격돌을 의미했다. 사회민주당 의원들, 노동조합 간부들 중에는 그들 스스로 애국주의 분위기에 도취한 덜떨어진 인물들도 있었지만, 아직 다수는 그 정도는 아니었다. 그렇다고 당이 오랫동안 금기시해온 정치 총파업에 나서자는 말도 차마 입에서 떨어지지 않았다. 다들 이런 생각인 듯했다. '이럴 때 베벨이 살아 있었다면…' 하지만 시간을 흘려보낼수록 전쟁은 거스를 수 없는 대세가 되어갔다.

8월 3일, 마침내 사회민주당 중앙위원회는 사실상 개전 찬반 투표인 전쟁채권 승인 안건에 찬성표를 던진다는 당론을 채택했다. 하제, 카를 리프크네히트 등 14명의 의원이 반대표를 던졌지만, 의회 표결

19세기 말부터 1차 세계대전 전까지

에서는 당론에 복종하기로 했다. 막상 전쟁에 찬성하기로 하자 집행부 일각에서는 찬성의 대가를 셈하는 분위기마저 나타났다. 사회민주당이 전쟁에 협력해준다면 종전 후 선거법 개혁 등 민주화를 단행하겠다는 군부 고위층의 비밀 제안이 있었던 것이다. 군부는 이번 전쟁이 독일의 승리로 곧 끝날 것이라고 장담했다. 8월 4일, 독일 의회의 제1당이며 유럽 노동운동의 '전위'인 사회민주당 의원들은 전날의 당 결정에 따라 한 사람도 빠짐없이 전쟁채권 발행을 지지했다. 리프크네히트 의원이 제국의회에서 유일하게 공공연히 전쟁에 반대하기 시작한 것은 전쟁이 장기화 조짐을 보인 몇 달 뒤의 일이다.

지치고 지루한 일상으로부터 탈출하기를 원하던 수많은 노동자들은 마치 신들린 듯 전쟁 바람에 휩쓸려 전선으로 달려갔다. 사회민주당은 '전쟁'이 아니라 '대중운동'을 통해 이런 일상의 단절을 만들어낼 수 있었을지 모른다. 하지만 당은 결국 이를 감행하지 못했고, '전쟁'이 그 역할을 대신했다. 전쟁은 예상과 달리 장기화됐다. 몇 달 만에 끝난다더니 무려 5년을 끌었다. 처음 겪는 현대전은 대량학살이었다. 수백만의 민중의 자식들이 희생됐다. 홉스봄이 "세계 전쟁의 시대"라 요약한 단기短期 20세기의 시작이었다.[8] 이로써 한 세대 넘게 전진해온 세계 진보정당운동은 일단 낙제라는 중간성적을 받아들여야 했다.

---

8   에릭 홉스봄,《극단의 시대: 20세기 역사》상권, 이용우 옮김, 까치, 1997, 38쪽.

이 장을 집필하는 데 다음 책들을 주로 참고했다.

August Bebel, *My Life*, The University of Chicago Press, 1913.

Gary P. Steenson, *Karl Kautsky, 1854-1938: Marxism in the Classical Years*, University of Pittsburgh Press, 1991.

Georges Haupt, *Socialism and the Great War: The Collapse of the Second International*, Oxford University Press, 1972.

Heinrich Potthof & Susanne Miller, *The Social Democratic Party 1848-2005*, Verlag J. H. W. Dietz Nachf, 2006.

J. P. Nettl, *Rosa Luxemburg Ⅰ, Ⅱ*, Oxford University Press, 1966.

Kenneth R. Calkins, *Hugo Haase: Democrat and Revolutionary*, California Academic Press, 1979.

Stefan Berger, *Social Democracy and the Working Class in Nineteenth- and Twentieth-Century Germany*, Longman, 1999.

W. L. Guttsman, *The German Social Democratic Party 1875-1933*, George Allen & Unwin, 1981.

William Maehl, *August Bebel: Shadow Emperor of th German Workers*, The American Philosophical Society, 1980.

다음의 국내 연구 성과들로부터도 큰 도움을 받았다.

강철구, 〈독일 사회민주당의 이념투쟁과 개혁주의(1890-1914)〉, 서울대 서양사학과 박사학위 논문, 1994.

김형태, 〈사회주의자탄압법하의 독일사회민주당의 형성〉, 고려대 교육대학원 석사학위 논문, 1993.

송충기, 〈1차 세계대전의 발발과 사회주의자: 7월 위기를 중심으로〉, 서울대 서양사학과 석사학위 논문, 1992.

정대성, 〈비스마르크의 증기선 보조금법안과 독일사민당의 위기, 1884-95〉, 부산대 사학과 석사학위 논문, 1996.

다음 책들은 독일 사회민주당의 역사 전반과 강령을 소개한다.

베른트 파울렌바흐, 《독일 사회민주당 150년의 역사》, 이진모 옮김, 한울, 2017.

전종덕·김정로,《독일 사회민주당 강령집》, 백산서당, 2018.
전종덕·김정로,《독일 사회민주당의 역사》, 백산서당, 2018.

더 깊이 탐구하는 데는 다음의 책들이 좋다.
강신준,《수정주의 연구1 : 노동동맹 문제와 기회주의의 발전과정》, 이론과실천, 1991.
도널드 서순,《사회주의 100년: 20세기 서유럽 좌파정당의 흥망성쇠》, 강주헌 외 옮김, 황소
　　걸음, 2012,〈제1장 1914년 이전 사회주의의 성립〉.
박근갑,《복지국가 만들기: 독일 사회민주주의의 기원》, 문학과지성사, 2009.
정현백,《노동운동과 노동자문화》, 한길사, 1991.

**사회민주당 이론가들의 저작을 직접 읽는 것도 좋다. 현재 쉽게 구할 수 있는 책들은 다음
과 같다.**
로자 룩셈부르크,《사회개혁이냐 혁명이냐》, 송병헌·김경미 옮김, 책세상, 2002.
베른슈타인,《사회주의란 무엇인가 외》, 송병헌 옮김, 책세상, 2002.
에두아르트 베른슈타인,《사회주의의 전제와 사민당의 과제》, 강신준 옮김, 한길사, 1999.
칼 카우츠키,《에르푸르트 강령》, 서석연 옮김, 범우사, 2002.

사회민주당에서 활동한 인물들의 전기도 함께 읽길 권한다.
막스 갈로,《로자 룩셈부르크 평전》, 임헌 옮김, 푸른숲, 2002.
케이트 에번스,《레드 로자: 만화로 보는 로자 룩셈부르크》, 박경선 옮김, 산처럼, 2016.
파울 프뢸리히,《로자 룩셈부르크의 생애와 사상》, 정민·최민영 옮김, 책갈피, 2000.
피터 게이,《민주사회주의의 딜레마(베른슈타인 전기)》, 김용권 옮김, 한울, 1994.

'혁명적 개혁주의'라는 이상 혹은 몽상?

/

장 조레스와 프랑스 사회당

03

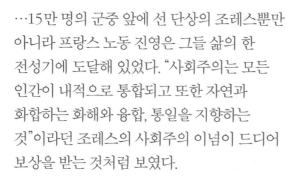

…15만 명의 군중 앞에 선 단상의 조레스뿐만
아니라 프랑스 노동 진영은 그들 삶의 한
전성기에 도달해 있었다. "사회주의는 모든
인간이 내적으로 통합되고 또한 자연과
화합하는 화해와 융합, 통일을 지향하는
것"이라던 조레스의 사회주의 이념이 드디어
보상을 받는 것처럼 보였다.

1981년에 프랑스 사회당의 프랑수아 미테랑François Mitterrand이 대통령에 당선됐을 때 제일 먼저 찾아간 곳은 장 조레스의 무덤이었다. 또한 사회당이 운영하는 재단 이름도 '장 조레스 재단'이다. 그런가 하면 프랑스 공산당의 기관지인 〈뤼마니테L'Humanité〉('인류')는 1904년에 조레스가 창간한 신문의 제호를 이어받은 것이다. 그만큼 조레스는 프랑스 좌파의 사표로 추앙받고 있다.

하지만 조레스만큼 역사적 평가가 상반되는 인물도 보기 드물다. 한쪽에는 개혁노선이나 혁명노선, 어느 한쪽으로 정형화할 수 없는 풍부한 정치적 실천의 사례로 조레스를 주목하는 사람들이 있다.¹ 반면 다른 한쪽에는 조레스의 실천이 '변증법적 종합'이라기보다는 '기회주의적 절충'일 뿐이었다는 평가가 있다. 레닌은 그를 "애매한 말의 구사자" "소부르주아 이념가" "부르주아 개혁주의 이론가"라고 혹평했고, 코민테른Comintern(10월혁명 이후 결성된 공산주의 인터내셔널의 약칭) 지도

---

1 보리스 까갈리쯔끼, 《변화의 변증법》, 송충기 옮김, 창작과비평사, 1995.

자 그리고리 지노비예프Grigory Zinoviev는 "두 얼굴의 야누스"라는 비난을 퍼부었다.

과연 어느 쪽이 진실에 더 부합하는가? 그리고 이러한 상반된 평가를 받는 조레스라는 인물은 도대체 누구였고, 프랑스 사회당의 성장 과정에서 보여준 그의 정치적 실천은 어떤 것이었는가?

개혁 부르주아 정치인에서 사회주의자로

1871년 세계 최초의 사회주의 정부였던 파리코뮌[2]이 잔혹하게 진압된 후, 프랑스에서는 사회주의 세력이 제도정치에서 배제됐을 뿐만 아니라, 노동운동 자체가 오랜 침체기에 빠졌다. 코뮌 노동자들의 피 위에 건설된 제3공화국은 비록 제도상으로는 민주공화국이었지만(1875년부터 남성 보통선거제도를 시행했다), 정작 초기에 주도권을 쥔 세력은 군주제의 부활을 꾀하는 극우 반동파였다. 제3공화국 시절 프랑스에서는 이들 극우 반동파와, 민주공화제를 옹호하는 개혁적 부르주아 세력 사이의 대립이 계속됐다. 당시 프랑스에서 '좌파'라고 하면, 이는 사회주의자가 아니라 공화파, 즉 개혁 부르주아 정치인들을 가리키는 것이었다.

1880년대에 들어서면 사회주의 세력이 서서히 복구되기는 한다. 그러나 영국 같은 대중적인 노동조합운동이나 독일 같은 강력한 노동자

---

2 파리코뮌에 대해서는 다음의 책들을 참고할 것. 가쓰라 아키오, 《파리코뮌》, 정명희 옮김, 고려대학교 출판부, 2007; K. 맑스, 〈프랑스에서의 내전〉, 《칼 맑스·프리드리히 엥겔스 저작선집》4권, 박종철출판사, 1997.

정당은 아직 요원했다. 그나마 새로 등장한 사회주의운동도 여러 흐름으로 나뉘어 있었다. 마르크스·엥겔스의 사상을 수입해 북부 프랑스의 산업 노동자들 사이에서 세를 모으던 쥘 게드Jules Guesde의 '프랑스 노동당'이 있었고, 코뮌 전사였던 에두아르트 바양Édouard Vaillant이 프랑스 특유의 혁명 전통인 블랑키주의[3]를 이어받아 만든 '사회주의혁명당'이 있었다. 파리에는 개혁주의의 프랑스식 표현인 가능주의possibilism를 주장한 폴 브루스Paul Brousse와 장 알만Jean Allemane의 '프랑스 사회주의노동자당연맹'(이후 '혁명적 사회주의노동자당'으로 개칭)이 있었다.[4] 그리고 이 중 어디에도 속하지 않은 무당파 사회주의자들이 또 존재했다.

1885년 총선에서 26세의 나이로 국회의원에 당선된 조레스는 당시 어느 흐름에도 속하지 않았다. 말하자면 사회주의자가 아니었다. 그는 공화파의 정당명부비례대표 당선자였다. 즉, 개혁 부르주아 정치인이었다. 남부 프랑스의 소부르주아 집안 출생이며 프랑스 최고 엘리트 양성기관인 고등사범학교를 나와 중학교 교사, 대학교 철학 강사 등의 경력을 갖고 있던 그는 당시 기준으로만 보면 노동운동과 거리가 멀어도 한참 먼 부류였다.

그런 그가 어떻게 프랑스 사회주의운동의 지도자로까지 부상할 수

---

3 무장혁명을 통해 대혁명 시기의 공안위원회를 연상시키는 프롤레타리아 독재를 수립하려 했다.

4 이들은 나중에 제도정치 진출을 중시한 브루스파와 대중투쟁을 강조한 알만파로 나뉘는데, 우리말로 번역된 알만파의 논설집이 있다. 앙리 브리사크·장 알만 외,《조국이 위험에 처하다 외》, 서이자 옮김, 책세상, 2002.

있었던 것일까? 그것은 우선 공화파 의원으로 등원하고 나서 겪은 이상과 현실의 괴리 때문이었다. 대혁명 계승을 위해 공화파를 선택한 이상주의자 조레스가 목격한 것은 민주주의 실현이라는 대의보다는 대자본가의 뇌물에 목매단 동료 공화파 정치가들의 추태였다. 게다가 그는 남프랑스 공화파 안에서 금권정치를 일삼던 재벌 솔라주Solages 가문과 경쟁해야 했다. 정당명부비례대표제에서 소선거구-결선투표제로 바뀐 1889년 선거에서 그는 낙선의 고배를 마셨다. 잠시 정치 일선에서 물러난 그는 박사학위 논문을 집필하는 데 몰두했다. 그 논문의 제목은 〈독일 사회주의의 기원〉이었고, 이렇게 한 좌절한 이상주의자는 사회주의의 세계로 다가갔다. 이 대목에서 흥미로운 것은 조레스, 프랑스 사회당, 비례대표제 사이의 관계다. 1893년 이후 소선거구제 아래에서 다섯 번이나 국회의원에 당선되면서도 조레스는 정당명부비례대표제의 재도입을 주장했다. 조레스가 죽기 직전인 1914년 7월에도 프랑스 사회당은 비례대표제 법안을 국회에 제출했다. 참고로 덧붙이면, 선거제도를 비례대표제로 바꾸는 것은 독일 사회민주당 강령의 일부이자 1893년 제2인터내셔널 대회 결의사항이기도 했다.

조레스가 사회주의자를 자처하게 된 더욱 결정적인 계기는 조레스의 지역구가 될 남프랑스 카르모에서 벌어진 광산 노동자 투쟁이었다. 카르모의 광부들은 광산 소유주인 솔라주 가문과 싸우면서 굳건한 투쟁의 전통을 다져왔다. 1884년 지방자치제가 처음 실시되자 이들은 상대적으로 쉽게 정치세력화를 추진할 수 있는 무대로 시장 선거에 주목했다. 그래서 1892년 지방선거에 광산 노동운동의 지도자 칼비냐크Jean-Baptiste Calvignac를 시장 후보로 출마시켰다. 광부와 그 가족들은 투쟁가를 합창하며 대열을 이뤄 투표소로 향했다. 결과는 칼비냐크의 당선이었다. 그러나 문제는 그다음부터였다. 솔라주 가문은 더 이상 현장에서 작업할 수 없다는 이유로 새 시장 칼비냐크를 광산에서 해고해버렸다. 이는 노동자 참정권에 대한 정면도전이었다. 광부들은 파업으로 이에 맞섰다.

1893년 총선은 이 투쟁의 열기가 채 식지 않은 상황에서 닥쳐왔다. 광산 노동자들은 칼비냐크 시장을 중심으로 선거대책위원회를 꾸려서 '노동자 후보'를 내기로 결의했다. 그런데 당시 카르모 시는 농민 유권자가 과반수였다. 소선거구제 아래서 승리하려면 농민들로부터도 지지를 얻을 수 있는 후보가 필요했다. 근래에 사회주의로 전향했지만 사회주의자보다는 공화파로 더 잘 알려진 젊은 정치인, 솔라주 가문의 정적政敵, 지난해 파업투쟁에 신문 논설로 지원을 아끼지 않은 인물, 선거대책위원들의 마음을 사로잡은 웅변가, 조레스가 그 적임자였다. 조레스는 카르모 광부들의 '노동자 후보'로 지명됐고, 결국 당선됐다. 이때부터 조레스의 이름 앞에는 늘 "카르모 광부들의 대표"라는 말이 따라붙었다.

1893년 총선에서는 조레스 외에도 모두 50여 명의 사회주의자 의원들이 당선됐다. 여러 정파로 찢겨 있긴 했지만, 그전까지 자칭, 타칭 사회주의자 국회의원이 한 명도 없었던 것과 비교해보면 기적과도 같은 약진이었다. 여기에는 이유가 없지 않았는데, 우선 사상 최대의 부패 스캔들인 파나마 운하 관련 뇌물수수 사건이 터지면서 그동안 개혁파로 인식돼온 공화파 국회의원들에 대한 대중의 환멸이 극에 달했다는 점을 들 수 있다. 이 무렵 프랑스 자본주의에 불황이 막 시작돼 계급갈등이 치열해지기 시작했다는 점도 중요한 요인이었다. 또한 무소속 사회주의자 조레스가 노동자가 시장으로 있는 카르모 지방자치단체의 지원을 받은 것처럼, 브루스파와 게드파가 각각 파리와 북프랑스 공업도시들에서 지자체에 적극 진출해 제도권 진출의 실력을 키워왔다는 점도 빼놓을 수 없다.

거리의 국회의원, 혁명을 잊지 말자는 개혁주의자

의회 안에서 무엇을 해야 할지 고뇌하던 독일 사회민주당과는 달리 공화파 의원 출신인 조레스에게 원내 입법활동은 너무도 당연한 것이었다. 독일 사회민주당이 차츰 개혁주의자가 되어갔다면, 조레스는 애초부터 개혁주의자였다. 공화파가 제출한 노동법안에 대해 다른 사회주의자 의원들은 무조건 반대 입장을 고수한 데 반해, 조레스는 법안 심의에 적극적으로 참여했다. 그는 단호히 주장했다. "당이 끝없이 자본주의에 항의할 뿐, 생활에 개입해서 사회의 작동에 영향을 끼치려고 하지 않는다면, 그러한 당은 단지 이름만 혁명적일 뿐이다."(1899년)[5]

조레스는 사회개혁의 방향에 대해 나름 분명한 원칙이 있었다. 그는 노동계급의 생활여건을 개선하는 것도 중요하지만, 동시에 민주주의가 약속하는 인민주권 원칙을 노동자주권으로 확장하는 것이 개혁의 주된 방향이 되어야 한다고 보았다. 이런 그의 입장은 이론보다는

---

5 노서경, 〈프랑스 노동계급을 위한 장 조레스의 사유와 실천(1885-1914)〉, 서울대 서양사학과 박사학위 논문, 1999, 78쪽에서 재인용. 번역 일부 수정.

19세기 말부터 1차 세계대전 전까지

투쟁 경험을 통해 다져진 것이었다. 조레스가 아직 공화파 의원이던 1886년에 드카즈빌의 광산 노동자들은 파업투쟁을 통해 광부안전대표법을 쟁점으로 부각했다. 조레스는 이 법안의 통과에 앞장섰다. 한데 이 법안은 단순히 열악한 광산 노동조건을 개선하는 데만 목적이 있지 않았다. 더 나아가 사측이나 정부의 시혜가 아니라, 노동자들이 직접 선출한 광부안전대표의 감시활동을 통해 지속적인 작업장 안전을 보장받으려 했다. 이러한 노동자들의 태도는 젊은 조레스에게 커다란 인상을 남겼다.

1895년에 벌어진 카르모 유리공장 노동자들의 파업투쟁도 비슷한 교훈을 던져주었다. 이번에도 투쟁 상대는 대재벌 솔라주 가문이었다. 카르모에는 광산 외에도 르세기에Eugène Rességuier라는 늙은 자본가가 소유한 유리 공장이 있었다. 솔라주 가문은 이 유리 공장에도 지분을 갖고 있었다. 조레스가 총선에서 승리를 거두자 이들은 곧바로 반격에 나섰다. 카르모가 속한 타른 주의 광역자치단체는 갖은 평계를 들어 칼비냐크 시장을 위협했고, 급기야 1894년 3월에는 시장직을 박탈했다. 칼비냐크는 이에 맞서 1895년 7월의 지방선거에 시의원으로 출마했고 당당히 당선됐다. 이때 유리공장 노동조합 간부인 보데 Baudet도 함께 선거에 나서서 역시 당선됐다. 그러자 르세기에는 솔라주 가문이 몇 년 전 칼비냐크에게 그랬던 것처럼, 보데를 해고해버렸다. 유리공장 노동자들은 당연히 파업으로 맞섰다. 조레스는 급거 지역구로 내려와 중재를 시도했다. 그러나 사측은 막무가내로 공장을 폐쇄했다. 파업투쟁은 장기화됐다.

조레스와 동료 사회주의자 의원들은 파업 노동자 지원에 나섰다. 조레스는 신문 논단을 적극 활용해, 유리공장 파업이 단순히 임금과 노동조건을 위한 게 아니라, 재벌 특권층에 대항해 시민의 당연한 권리(참정권과 노동3권)를 지키기 위한 것이라고 역설했다. 그는 직접 시위대에 결합해 경찰과 몸싸움을 벌이기도 했다. 또한 전국을 순회하며 파업 지지를 호소하고 투쟁기금을 모았다.

10월 5일, 조레스는 파업 와중에 구속된 5명의 노동자들에 대한 재판에 참석했다. 그러자 검사는 방청석의 조레스를 향해 "저자야말로 비합리적 이상으로 노동자들을 선동한 장본인이며 이제는 법정까지 위협하려고 여기에 나타났다"는 망발을 늘어놓았다. 사회주의자 의원들은 이를 역공의 기회로 활용했다. 조레스 의원은 대정부 질의를 통해 이러한 공안 당국의 인식과 기득권 세력의 이해, 정부 정책 사이의 관련성을 따졌다. 비록 정부 불신임안은 273 대 176으로 부결됐지만, 조레스의 연설은 대중에게 커다란 인상을 남겼다. 더구나 얼마 안 돼(10.28) 내각은 다른 문제로 결국 불신임을 당했다. 비록 카르모 사건이 직접적 원인은 아니었지만, 이는 노동자 투쟁이 정권을 들썩이게 만든 첫 번째 사례로 프랑스 역사에 기록되었다.

하지만 정부가 바뀌어도 르세기에는 굴복하지 않았다. 연말이 되자 파업 대오도 더 이상 버티기 힘든 처지가 되었다. 이때 사회주의 진영 내에서 새로운 제안이 나왔다. 전국적인 연대의 결과로 파업 기금도 꽤 모였으니 노동자들이 아예 따로 유리 공장을 설립하자는 것이었다. 조레스도 이 방안을 권고했고, 파업 노동자들도 이에 동의했다. 이듬해인 1896년, 카르모의 옆 도시 알비에 노동자들이 소유한(협동조합) 새 유리 공장이 들어섰다. 10월 25일 창립식에서 조레스 의원은 새 공장

19세기 말부터 1차 세계대전 전까지

의 "정신적 지도자"로 소개되었다. 조레스는 연대사 첫머리를, 남편들을 채근해서 강고한 파업 대오를 유지하게 한 노동자 부인들에 대한 감사로 시작했다. 그리고 연설이 끝나자 탁자 위에 뛰어올라 혁명가를 제창했다. 노동자들은 "조레스 만세! 사회주의 공화국 만세!"로 화답했다.

개혁 부르주아 정치인에서 프랑스 진보정당의 상징이 된 장 조레스.

이것이 조레스 의원의 전형적인 모습이었다. 1910년에 10여 년간의 논란 끝에 연금법이 통과되었을 때 조레스는 이렇게 말했다. "우리는 매일같이 노동계급의 의식과 힘과 보장, 또 성찰과 투쟁의 능력을 키우면서 앞으로 나아가야 한다."[6] 이 말에서 개혁투쟁에 대한 조레스의 또 다른 원칙을 확인할 수 있다. 개혁을 위해서는 다른 정치세력과의 타협도 필요하다. 하지만 이보다 더 중요한 것은 이를 계기로 새로운 사회를 건설할 대중의 능력이 성장하는 것이다. 이러한 조레스의 사고방식 때문에 이탈리아의 사회주의 역사가 안젤로 타스카Angelo Tasca는 이렇게 평했다. "모든 개혁주의는 대중을 두려워한다. 그러나 개혁주의자 조레스만은 대중을 신뢰한다."[7]

더 나아가 조레스는 대중이 혁명을 선택할 가능성을 여전히 진지하

---

6 위의 글, 140쪽에서 재인용.

7 오광호, 〈프랑스 제3공화정 전기 사회주의 연구〉, 서울대 서양사학과 박사학위 논문, 1992, 245쪽에서 재인용. 번역 일부 수정.

게 고려했다. 독일의 '과학적 사회주의자'들에게 혁명이 이론 속의 추상적 개념에 불과했다면, 조레스에게 혁명은 살아 있는 전통이자 현실이었다. 그는 1789년 이후 적어도 한 세대에 한 번씩 수도의 거리에서 바리케이드 전투를 벌인 프랑스 민중의 자식이었다. 1898년에 드레퓌스 사건 때문에 총선에서 낙선했을 때, 조레스가 모처럼의 휴식 기간을 송두리째 바쳐 시작한 작업은 《프랑스혁명의 사회주의적 역사》 집필이었다.

> 개혁주의 노선이 옳다. 나는 개혁파와 함께할 것이다. 그러나 당신들, 개혁파에게는 의무가 하나 있다. 그것은, 결코 어떠한 경우에도, 그리고 부르주아지가 어떠한 간청을 한다 해도 혁명적 방식, 즉 혁명에 대한 권리를 희생시켜서는 안 된다는 것이다.[8]

그래서 조레스의 개혁주의는 '혁명적 개혁주의'라 불렸다. 어떤 이들에게는 모순어법에 불과하겠지만, 이런 구상은 이후 개혁과 혁명의 변증법을 고민한 많은 이들에게 영감의 원천이 되기도 했다. 조레스 자신은 베른슈타인의 개혁주의와의 미묘한 차이를 다음과 같이 정리했다.

> 민주주의를 넓고 확실한 방도들에 의해 완전한 공산주의[9]로 인도하기로

---

8 위의 글, 207쪽에서 재인용. 번역 일부 수정.
9 당시 사회주의자들에게 공산주의란 사회주의의 가장 발전된 상태를 뜻했다.

마음먹은 이들, 순간의 열광과 흥분한 민중의 환상에 기댈 수 없는 이들, 그들은 자신들이 사람과 사물을 어떤 형태의 사회로 이끌어가고자 하는 것인지, 그리고 어떤 일련의 제도와 법에 의해 공산주의 질서에 도달하고자 하는 것인지에 대해 가장 단호하게 분명히 말해야 한다. 사회주의당은 민주주의와 합법성을 확고하게 받아들이고 국민 속에 섞여들수록 자신의 개념을 뚜렷하게 할 책임이 있는 것이다. 선동이 줄어드는 분위기에서는 최종적 목표가 한층 선명해질 것이다. 가장 저속하기만 한 경험주의 속에서 길을 잃지 않고, 규칙과 목표가 없는 기회주의 속에서 자진 해체되지 않고, 당은 자신의 모든 사상과 모든 행동을 공산주의적 이상을 위해 정돈해야 할 것이다. 아니, 오히려 그 이상이 당의 낱낱의 행위와 당의 낱낱의 말 속에서 언제나 현존하고 언제나 식별될 수 있어야 한다. 베른슈타인은 논쟁의 필요상 특히 자기 저술의 비판적 측면을 해명하게 되었던 것 같다. 어떻든 사회주의의 궁극적 목표가 미래의 안개 속에 녹아버린 듯 만든 것은 중대한 실책이고 중대한 잘못이리라. 공산주의는 모든 운동의 직접적이고 뚜렷한 사상이어야 한다.[10]

프랑스 사회주의의 분열과 혼선 – 밀랑 논쟁

1896년에 무소속 사회주의자 의원 알렉상드르 밀랑Alexandre Mille-rand이 주최한 생-망데 연회에서 사회주의 각 정파는 대통합의 양대 원칙(첫째는 은행·광산·철도의 국유화, 둘째는 보통선거를 통한 집권)에 합의

---

10 장 조레스, 〈방법론〉,《사회주의와 자유 외》, 노서경 옮김, 책세상, 2008, 82쪽.

했다. 이제 프랑스에도 독일처럼 강력한 통합 사회주의 정당이 들어설 날이 멀지 않은 것처럼 보였다. 그러나 통합은 뜻밖의 암초에 걸려 표류했다.

2년 전인 1894년부터 프랑스 사회는 드레퓌스 사건으로 들끓고 있었다.[II] 프랑스군 참모사령부의 주요 정보가 적대국 독일로 유출되고 있다는 사실이 적발된 게 사건의 발단이었다. 군 당국은 참모사령부 안의 장교 알프레드 드레퓌스Alfred Dreyfus를 별다른 증거도 없이 단지 유대인이라는 이유만으로 범인으로 몰아 군법회의에서 유죄를 선고했다. 급진공화파는 드레퓌스의 무죄를 주장하고 나섰고, 보수파는 군부의 권위를 방어하고자 이에 맞섰다. 사회주의 진영에서는 부르주아들끼리의 싸움이라며 방관하는 부류도 있었지만, 조레스는 초기부터 드레퓌스 편에 섰다.

처음에는 반드레퓌스파가 상황을 주도했다. 하지만 점차 드레퓌스의 무죄를 드러내는 여러 증거가 드러나 여론의 추이가 드레퓌스파 쪽으로 이동했다. 급기야 1899년에는 공화파가 보수파를 배제한 개혁 내각을 구성하는 데 성공했다. 그런데 뜻밖의 변수가 생겼다. 밀랑 의원이 새 내각에 노동부 장관으로 입각한 것이다. 개혁정부에 힘을 몰아주고 이 기회에 노동자의 권리를 향상시키는 조치들을 취하겠다는 게 입각 취지였다. 역사상 최초로 사회주의자가 자본주의 국가의 내각에 참여하는 순간이었다.

II   드레퓌스 사건의 상세한 전말에 대해서는 다음 책을 참고할 것. 니콜라스 할라스, 《나는 고발한다: 드레퓌스 사건과 집단히스테리》, 황의방 옮김, 한길사, 2015.

당장 격렬한 논쟁이 시작됐다. 프랑스만이 아니라 제2인터내셔널 차원의 논쟁이었다. 더구나 이는 비슷한 시기에 전개되던 독일 사회 민주당의 수정주의 논쟁과 얽혀 더욱 복잡한 형국을 이뤘다. 한편에 서는 조레스가 밀랑의 입각을 적극 지지하고 나선 반면, 다른 한편에 서는 게드의 노동자당이 이를 신랄하게 규탄했다. 밀랑을 둘러싼 논 쟁에는 이성적 이유와 정서적 이유가 함께 존재했다. 우선 후자부터 보면, 새 내각의 국방부 장관 내정자인 가스통 갈리페Gaston de Gal-lifet 장군은 파리코뮌 당시 시민군을 잔인하게 진압한 장본인이었다. 군부를 다독이려면 그가 적임자라는 게 공화파의 변이었다. 하지만 사회주의자가 노동자 학살자와 마주 앉아 국사를 논한다는 것은 받 아들이기 힘든 일이었다. 파리코뮌을 직접 경험하지 못한 세대인 조 레스는 선배 사회주의자들의 이런 거부감을 제대로 헤아리지 못했다. 좀 더 논리적으로는 이런 질문이 제기되었다. 좌파 장관 한 명이 도대 체 부르주아 정부에서 할 수 있는 일이 무엇인가? 밀랑의 입각을 지지 하는 쪽에서는 그래도 개혁 성향의 정부니까 일정한 역할이 가능하다 고 믿었다. 반면 반대파에서는 '좌파' 노동부 장관이 노동자의 권익을 향상하기는커녕 부르주아 정부의 포로가 돼 노동자 탄압의 주구 역할 만 할 것이라 보았다.

아무튼 밀랑 입각에 대한 입장 차이로 인해 모처럼의 통합 계획은 무기한 연기됐다. 밀랑 지지파와 반대파는 각각 따로 사회당을 창당했 다. 1902년 입각반대파인 프랑스 노동당(게드파)과 사회주의혁명당(바 양파)이 합당해 '프랑스의 사회[주의]당PS de F'을 결성했고, 나머지 브 루스-알만파, 조레스 등 무소속 세력은 '프랑스 사회[주의]당PSF'을 창당했다.

　그럼 논쟁의 결말은 어떻게 되었는가? 입각파의 기대가 아니라 반대파의 우려가 현실이 되었다. 밀랑은 장관이 되고 나서 점차 노동운동에 거리를 두었고, 1903년경이 되면 노골적인 반노동적 태도를 취하기에 이른다. 급기야 1910년의 철도노조 파업 때는 군대를 동원해 진압에 나섰고, 끝내는 우파로 전향했다.

　밀랑 사례를 통해 입증된 것은 기존 국가기구의 견고한 구조였다. 좌파 의원 한 명이 노동부 장관이 된다고 해서 국가의 노동정책을 좌지우지할 수 있는 게 아니었다. 공화파 정부 전체가 자본의 이해를 우선시하는데 노동부 장관만 친노동정책을 편다는 것은 헛된 꿈일 뿐이었다. 게다가 선거나 내각 구성과는 상관없이 제 갈 길을 묵묵히 가는 관료기구가 버티고 있었다. 노동부 장관이 그나마 자기가 원하는 정책을 추진하려면 이 관료기구를 철저히 개혁해야 했다. 하지만 내각 안에서도 고립돼 있는 장관의 명령이 먹히기란 쉽지 않았다. 조레스는 이런 문제들에 대해 지나치게 낙관적으로 생각하고 있었다. 밀랑은 너무 신뢰한 반면 국가기구는 지나치게 얕잡아 보았다. 사회개혁이 맞부딪혀야 할 난제 하나가 분명해진 것이다. 100여 년 전에 확인된 국가기구의 이 냉엄한 현실은 지금도 물론 마찬가지다.

사회주의는 '통합'이다?
– 개혁과 혁명의 변증법, 당과 노조의 화합을 향해

1903년부터 밀랑이 노골적으로 반사회주의 입장을 취하자 입각파 사회당조차 밀랑을 공격하는 쪽으로 돌아섰다. 덕분에 통합 논의에 다시 불이 붙었다. 게다가 이 무렵에는 두 사회당의 통합을 강요하는 여러 가지 요인들이 등장했다.

우선 혁명적 생디칼리슴의 성장이었다. 1901년에 프랑스에서 처음으로 단결권이 완전 보장되자 1902년에 노동총동맹CGT이 출범했다. 독일의 사회민주당-자유노동조합 관계와는 달리 CGT 활동가들은 두 진보정당 모두를 불신했다. 이전까지는 지역의 노동조합 상근자가 진보정당 상근자를 겸하는 등 당과 노동조합이 일체를 이루고 있었으나, 이제 둘은 서로 경쟁하는 사이가 됐다. 당운동이 분열된 탓도 컸고, 아나키즘의 영향도 있었다. 대신 노동조합 활동가들은 노동조합 스스로 혁명의 주체가 될 것이라고 주장했다. '혁명적 생디칼리슴'(라틴유럽 국가에서는 노동조합을 '생디카'라고 불렀다. 따라서 '혁명적 생디칼리슴'이란 '혁명적 노동조합주의'를 뜻한다) 노선이 등장한 것이다. CGT 지도자들은 총파업이 유일한 혁명의 길이라고 주장하면서, 제도정치 참여와는 거리를 두었다. 프랑스 노동운동이 독일에 비해 더 전투적인 것은 사실이었지만, "언젠가 타오를 장엄한 총파업"이라는 꿈은 독일 사회민주당에게 "혁명"이 그랬던 것처럼 이들에게도 순전히 '신앙'으로 전락해갔다. 아무튼 이러한 제3의 경쟁자의 부상은 두 사회주의 정당의 시급한 공동 대응을 요구했다.

또한 기성 정치권에서는 급진공화파가 급성장하고 있었다. 공화파 중에서 대혁명 정신에 투철하겠다는 신진 분파가 급진공화파라는 이름으로 1890년대에 꾸준히 원내 의석을 늘렸다. 1901년에 이들은 프랑스 최초로 근대적 정당구조를 갖춘 '공화파, 급진파 및 급진사회주의

당'(이하 급진당)을 결성했다.[12] 그때까지도 프랑스에서는, 노동자당(게드파)을 제외하면, 심지어 대다수 사회주의자들조차도 독일 사회민주당 같은 대중정당 구조에 익숙하지 않았다. 지역구의 노동조합, 사회단체들이 선거대책위원회를 만들어서 선거 때마다 후보를 결정하는 게 고작이었다. 이런 상황에서 급진공화파가 먼저 곳곳에 지구당을 조직하고 중앙당 체계를 구축했다. 그 힘을 바탕으로 이들은 1906년에 드디어 단독 집권에 성공했다. 프랑스 사회주의자들은 뒤늦게 강력한 단일 정당을 건설할 필요를 느꼈다.

이 밖에도 1905년 제1차 러시아 혁명의 충격, 1904년 암스테르담 인터내셔널 대의원대회에서의 통합 압력 등이 두 사회당의 합당을 재촉했다. 마침내 1905년 4월 '노동자 인터내셔널 프랑스 지부SFIO'(이하 편의상 사회당)라는 아주 이상한 이름을 달고 통합 사회당이 출범했다. 밀랑 입각의 결과에 대한 역사적 책임으로 창당 초기에 조레스는 무대 뒤편에 머물러 있어야 했다. 이 시기에 그는 1904년 자신이 만든 일간지 〈뤼마니테〉 편집에 집중했다. 한편 신생 프랑스 사회당은 당 소속 의원들의 독주를 막는 장치로서 의원이 집행부를 겸직하지 못하게 제한하는 '당·공직 분리제'를 도입했다. 밀랑 사건이 남긴 상흔이 그만큼 깊었던 것이다. 그러나 통합 사회당은 여전히 유기적인 단일 정당이라기보다는 정파 연합의 성격이 강했다. 상임집행위원회와 사무총장 외에는 중앙당 기구가 존재하지 않았다. 지구당 없이 광역지부가 사실상

---

12 조레스와 함께 드레퓌스파의 지도자였고 1차 세계대전 중에 총리를 역임하는 조르주 클레망소Georges Clemenceau가 이 당을 이끌었다.

의 기초단위였고, 각 광역지부는 특정 정파가 선점하고 있었다.

사회당이 비로소 하나의 당으로 다시 태어난 계기는 1908년 툴루즈 대의원대회였다. 이 대회에서는 당내 우파의 개혁노선과 좌파의 혁명노선이 첨예하게 맞붙었다. 자타가 공인하는 대웅변가 조레스는 각각의 주장을 묵묵히 경청만 하다가 대회 막바지에 회심의 열변을 토했다. 이 연설에서 그는 혁명적 개혁주의를 당의 통합노선으로 제창했다. 조레스는 당이 제대로 된 개혁을 추진하는 것은 오직 당이 혁명적 성격을 잃지 않을 때만 가능하다고 못 박았다. 역으로 그는, 개혁의 주체가 되는 노동계급이야말로 비로소 혁명의 주체가 될 수 있다고도 지적했다. 조레스의 육성을 들어보자.

개혁의 작품들은 한층 더 강력하고 한층 더 야심적인 프롤레타리아에 의해 확장되고 지속되다가 드디어 혁명의 실현과 맞닿는 경계선에서 서로 혼합되는 경향을 띨 것이다. 나는 오늘의 사회가 깊이 개혁된다 할지라도 그것이 내일의 새로운 사회로 필연적으로 발전하리라고는 상정하지 않는다. 아마도 **충돌과 위기와 파탄, 도약**이 있을 것이다. 그러나 적어도 그 위기와 파탄과 도약이 일어나는 시점에 프롤레타리아의 행동의 수준은 최종 목표를 저버리지 않을 만큼 높이 고양돼 있을 것이다.[13]

개혁이 누적된다고 해서 사회주의가 실현되는 것은 아니다. 둘 사이에는 "충돌과 위기, 파탄과 도약"이 반드시 필요할 것이다. 하지만 이

---

13 노서경, 앞의 글, 71쪽에서 재인용. 번역 일부 수정, 강조는 인용자.

러한 "위기와 도약"의 시기에 더 나은 역사를 만들어낼 수 있는 주역은 오직 개혁투쟁을 통해 이미 단련된 프롤레타리아뿐이다.

당의 정치행동, 개혁적 행동을 나는 다음과 같이 규정하려고 한다. 여러분 중에서도 가장 불안해하는 분들에게 말하건대, 이것은 부르주아의 개혁주의가 아니다. 관료적 개혁주의도 아니고, 사회평화의 개혁주의도 아니다. **이것은 노동계급의 투쟁정신에 의해 지탱되며 사회주의 이상의 순수성에 의해 생동하는 힘차고 열광적인 개혁적 행동이다.**[14]

제도정치의 룰에 갇힌 '수동적이고 냉담한 개혁'이 아니라, "투쟁의 정신"과 "이상의 순수성"을 갖춘 "능동적이고 열광적인 개혁"이다. 이런 개혁은 물질적 보상과 제도의 일부 변경에 그치는 게 아니라, 사회 세력들 사이의 힘의 균형을 바꾼다. 과거보다 협소해진 선택지를 손에 든 지배계급과, 과거에 비해 자신감이 넘치는 노동대중이 서로 마주하게 된다. 이렇게 조레스는 '노동계급의 능력의 고양'을 중심축으로 삼아 개혁과 혁명 사이의 '단절과 연속'을 함께 포착하려 했다. 이는 어찌 보면 로자 룩셈부르크의 접근과도 비슷한 데가 있다. 조레스는 여전히 개혁으로부터, 룩셈부르크는 혁명으로부터 출발한다는 차이는 확연하지만 말이다.

툴루즈 대회 이후 조레스는 더욱더 급진적인 행보를 취하면서 차츰 통합 사회당의 구심으로 자리 잡았다. 이전에 게드파의 본거지였던 북

---

14 위의 글, 71쪽에서 재인용. 강조는 저자, 인용자가 일부 수정.

프랑스 지부들조차 조레스 지지로 입장을 선회해갔다. 당내 통합에 일단 성공한 조레스는 다음에는 당과 CGT 사이의 화합에 나섰다. 총파업 전술 자체를 부정한 게드와 달리 조레스는 총파업 전술의 유효성을 인정하는 제스처를 보여 CGT 지도부와 협력할 여지를 열었다. 1910년 철도노조 파업 때는 자신의 신문사 〈뤼마니테〉 사무실을 파업투쟁본부로 사용하게 했다. 정부로부터 모진 탄압을 당하던 CGT는 점차 사회당에 마음을 열었다.

더구나 전 유럽에 전쟁의 어두운 그림자가 드리우면서 사회당과 CGT 사이의 굳건한 연대가 더욱 중요해졌다. 독일 사회민주당과는 달리 조레스는 드레퓌스 사건 때부터 군부의 영향력 증대에 맞서길 두려워하지 않았다. 그는 1911년에 〈새로운 군대〉라는 팸플릿을 통해, 군부를 축소하고 상비군을 민병대로 전환하자고 주창했다. 또한 인터내셔널 대의원대회가 열릴 때마다 매번 반전평화행동 결의안을 제출하기도 했다.

조레스는 프랑스 노동계급, 아니 유럽 전체의 반군국주의·반전평화운동의 중심으로 떠올랐다. 1913년 5월 25일 파리 인근 프레 생-제르베에서 사회당과 CGT는 파리코뮌을 기념하면서 동시에 정부의 군복무기간 연장 기도에 저항하는 최초의 대규모 연합집회를 개최했다. 이때 15만 군중 앞에 선 단상의 조레스뿐만 아니라 프랑스 노동 진영은 그들 삶의 한 전성기에 도달해 있었다. "사회주의는 모든 인간이 내적으로 통합되고 또한 자연과 화합하는 화해와 융합, 통일을 지향하는 것"이라던 조레스의 사회주의 이념이 드디어 보상을 받는 것처럼 보였다.

모순을 살고 죽다

조레스가 덧문 뒤에 숨은 비겁한 '투우사'에 의해서 일격에 황소처럼 쓰러지자 낙심한 파리에서는 그 커다란 행렬, 그 구슬픈 장례식이, 연설에 뒤이은 연설이 행하여지고, 이미 입을 열 수 없는 조레스 위에, 추도 연설의 비가 퍼부어졌다. 그리고 모두들 조레스의 관에 와서, 관 속에 누워 있는 조레스를 애도하는 사람도 있고, 또 생각하는 사람들도 있었다. "이 관 속에 누워 있는 분이, 오히려 편할 거야…." 하고.[15]

1914년 4월 총선에서 프랑스 사회당은 만족할 만한 성과를 거두었다. 처음으로 100명이 넘는(102석) 의원을 당선시킨 것이다. 그리고 나서 두 달 뒤, 오스트리아–헝가리 제국 황태자 암살사건이 터졌다. 유럽 노동자들은 전쟁을 막을 수 있는 열쇠로 독일 사회민주당만 바라보았고, 독일 사회민주당 지도자들은 "조레스, 당신이 나선다면…"이라고 되뇌었다.

조레스는 기대대로 발 빠르게 움직였다. 프랑스 사회당은 7월 16~17일에 임시 대의원대회를 열어 만약 전쟁이 선포될 경우 군수 산업 노동자들을 중심으로 반전 총파업을 단행할 것을 결의했다. 7월 29~30일 벨기에 브뤼셀에서 열린 인터내셔널 임시대회에서도 조레스는 독일과 오스트리아 당 지도자들의 비관적인 분위기와 달리 반전 대중행동을 선동했다. 사실 이때 총파업 계획이란 것은 분쟁 현안을

---

15 로맹 롤랑, 《매혹된 영혼 I》, 김창석 옮김, 정음사, 1971, 440쪽.

1930년 카르모에 세워진 장 조레스 기념상.

국제재판에 회부하도록 압력을 가한다는 다분히 온건한 요구안을 내
걸고 있었다.

그러나 역사는 그러한 다분히 온건한 저항의 가능성마저 허용하지
않았다. 브뤼셀에서 돌아온 다음날인 7월 31일, 라울 빌랭Raoul Villain

이라는 극우파 청년이 〈뤼마니테〉 논설 집필을 마친 뒤 노천식당에서 식사를 하던 조레스의 등 뒤에 권총을 발사했다. 조레스는 즉사했다. 마치 기다린 것처럼, 다음날 프랑스 정부가 국민총동원령을 내렸다. 8월 4일, 조레스의 장례식에서 당과 CGT의 지도자들은 모두(항상 조레스보다 왼쪽에 있다고 자부하던 게드와 바양마저도), 전쟁을 현실로 받아들여야 한다고 연설했다. 전쟁예산에 찬성하고도 여전히 야당이었던 독일 동지들과는 달리 그들은 곧 전시내각에 입각하게 된다.

혹자는 조레스가 살았더라도 상황은 마찬가지였을 것이라고 말한다. 오히려 조레스야말로 "살아 있었다면 전쟁광이 되었을 인물"이라는 힐난의 목소리도 있다. 그러나 평소 야박한 인물평으로 유명한 트로츠키마저 "기회주의자이면서 동시에 혁명가"이고, "프랑스 제3공화국의 출구 없는 모순 속에 빠졌지만 어정쩡한 타협 정치가는 아니었다"고 평가한 이 인물은 그렇게만 말하기에는 여전히 복잡한 누군가였다.

조레스의 혁명적 개혁주의 역시 마찬가지다. 이는 잘 다듬어진 이론이라기보다는 통합 사회당의 내부 봉합을 위한 책략에 불과했을 수도 있다. 하지만 그가 적어도 현실의 모순을 회피하지 않았다는 것만은 기억해야 한다. 그는 궁극 목표와 당면과제 사이의 긴장과 대립이라는 진보정당운동의 모순에 대해 정직했고, 그것을 '살았다'. 그리고 또한 바로 그 모순 속에서 '죽었다'. 이후 100년의 세계 진보정당운동사에서도 그와 같은 지도자를 다시 찾기는 쉽지 않다.

이 장을 집필하는 데 다음 책과 논문들을 주로 참고했다.

노서경, 〈프랑스 노동계급을 위한 장 조레스의 사유와 실천(1885-1914)〉, 서울대 서양사학과
　　박사학위 논문, 1999.

노서경, 《지식인이란 누구인가: 프랑스 지식인들의 상상력과 도전》, 책세상, 2001. 〈제2장 반
　　전과 사회주의 지식인-장 조레스〉.

노서경, 〈프랑스 통합사회당 창당과 장 조레스〉, 서울대 프랑스사연구회 엮음, 《프랑스 노동
　　운동과 사회주의》, 느티나무, 1989.

송충기, 〈1차 세계대전의 발발과 사회주의자: 7월 위기를 중심으로〉, 서울대 서양사학과 석
　　사학위 논문, 1992.

오광호, 〈프랑스 제3공화정 전기 사회주의 연구〉, 서울대 서양사학과 박사학위 논문, 1992.

Jean Jaurès, *Studies in Socialism*, Mildred Minturn(trans.), Spokesman, 2008(1906).

Harvey Goldberg, *The Life of Jean Jaurès: A Biography of the Great French Socialist
　　and Intellectual*, The University of Wisconsin Press, 1968.

우리말로 번역된 조레스의 전기와 논설집도 추천한다.

장 조레스, 《사회주의와 자유 외》, 노서경 옮김, 책세상, 2008.

막스 갈로, 《장 조레스, 그의 삶: 프랑스 사회주의 통합의 지도자》, 노서경 옮김, 당대, 2009.

**20세기의 걸작 중 하나인 다음 소설은 1914년 7월 조레스의 활약상을 박진감 넘치게 서술
한다.**

로제 마르탱 뒤 가르, 《티보가의 사람들》 3-5권, 정지영 옮김, 민음사, 2000. 〈제7부 1914년
　　여름〉.

다음 인터넷 사이트에서 조레스 저작들의 영문 번역을 접할 수 있다.

https://www.marxists.org/archive/jaures/index.htm

변방에서 미래를 준비하다

/

1912~1914년의 러시아 사회민주노동당 다수파

04

전시동원령이 선포되자마자 의원단은 곧
전쟁반대 성명서를 채택했고, 전쟁예산
투표에 반대해 전원 퇴장했다. 세르비아
사회당과 함께 이는 제2인터내셔널
소속 정당의 의원단이 전쟁에 반대한 단
두 개의 예외였다. 볼셰비키 의원단은
이후 원외투쟁에 주력하다가, 그해 11월
결국 체포돼 시베리아 유형에 처해졌다.
볼셰비키당의 합법투쟁은 일단 정지되었다.
하지만 과연 이게 끝이었을까?

한때는 다들 레닌과 볼셰비키 이야기만 했다. 반면 이제는 서점에서 레닌의 책을 찾기도 힘들다. 더구나 '진보정당'을 이야기하면서 레닌을 언급하면 이상하다는 듯 쳐다볼 이들도 많다. 1980년대 이후 한국의 운동권들 사이에서는 레닌이라고 하면 곧 '전위정당'이고 전위정당은 제도정치 공간에서 활동하는 대중정당과는 다르다는 게 상식이었기 때문이다.

냉정하게 돌아보면, 과거 운동권이 주목한 레닌과 볼셰비키는 특정한 시기, 즉 《무엇을 할 것인가?》[1]의 레닌과 1905년 제1차 러시아 혁명 이전의 볼셰비키였을 뿐이다. 그 시기의 레닌은 보통선거제도는 고사하고 선거라는 것 자체가 없던 러시아에서 어떻게 노동계급의 정당을 만들어 유지·발전시킬지 고민했다. 민주화 이전의 한국 운동권에게 이 시기 레닌의 저작은 비슷한 고민에서 출발한 유용한 지침이었다. 그래서 '전위정당'은 이 시기의 볼셰비키가 그랬던 것처럼 비합법 지하정

—— I V. I. 레닌, 《무엇을 할 것인가?》, 최호정 옮김, 박종철출판사, 1999.

당이라는 관념이 뿌리내렸다.

그러나 이것이 레닌과 볼셰비키의 전모는 아니다. 볼셰비키는 1912
년부터 1914년까지 2년 동안 서유럽의 어느 좌파정당보다 더 치밀하
게 의회 공간에서 활동한 적이 있다. 선거에도 참여했고, 의원도 있었
으며, 법안을 놓고 투쟁도 했다. 레닌은 1920년 저작 《공산주의에서
의 "좌익" 소아병》[2]에서 서유럽의 열에 들뜬 혁명가들에게 이 시기의
볼셰비키로부터 배우라고 직접 훈수하기도 했다. '원내정당' 볼셰비키
라? 참으로 낯설다. 이제부터 그 낯선 볼셰비키의 이야기를 살펴보자.

'의회 참여'를 촉구한 혁명가 레닌?

흔히 '볼셰비키'라고 하지만, 러시아 10월혁명을 이끈 정당의 정식 명
칭은 '러시아 사회민주[주의]노동당'이다. 이 당이 두 분파, '볼셰비키'
(다수파)와 '멘셰비키'(소수파)로 나뉘면서 러시아 사회민주노동당 볼셰
비키파를 줄여서 '볼셰비키'라 부르게 된 것이다.

러시아 사회민주노동당의 첫 대의원대회는 1898년에 열렸다. 하지
만 서유럽 진보정당들처럼 공개 장소에 수백 명의 대의원이 모여 떠들
썩한 토론을 벌이는 그런 대회는 아니었다. 사회주의 정당 건설을 꿈
꾸는 몇 개 조직의 대표들이 모여 비공개로 전국적인 단일 정당을 창
당하자고 결의한 것뿐이었다. 당시 러시아에서는 차르(황제) 전제 아래

---

2 V. I. 레닌, 《공산주의에서의 "좌익" 소아병》, 김남섭 옮김, 돌베개, 1989. 제목
의 보다 정확한 번역은 '좌익 공산주의-하나의 유치한 혼란'이다.

서 어떠한 민주주의 제도도 존재하지 않았고, 정치적 반대파는 심지어 온건한 자유주의자들조차도 비밀경찰의 탄압을 받아야 했다. 이런 상황에서 모든 정당은 서유럽과는 달리 전적으로 비합법 상태에서 활동하지 않을 수 없었다. 이러니 당 활동은 고사하고 당을 만드는 일 자체가 지난한 과제였다.

레닌의 《무엇을 할 것인가?》는 바로 이러한 상황에서 어떻게 하면 실질적인 전국적 당조직을 건설할 수 있을지에 대한 하나의 제안이었다. 이 책에서 레닌은 해외에서 제작한 전국적 정치신문을 국내로 밀반입하여 이를 매개로 단련된 활동가들 중심의 당조직을 건설하자고 주장했다. 레닌은 실제로 〈이스크라Iskra〉('불꽃')라는 신문을 창간해 국내에 유포시켰다. 이는 상당 부분 사회주의자탄압법 당시 독일 사회민주당과 〈데어 조치알 데모크라트〉의 활동에서 영향을 받은 것이었다.

1903년 〈이스크라〉의 일정한 성과를 바탕으로 드디어 러시아 사회민주노동당의 사실상의 창당대회인 제2차 대의원대회가 열렸다. 물론 러시아 국내에서는 못 하고, 망명지인 벨기에와 영국을 오가며 개최해야 했다. 한데 여기서 뜻밖의 분열이 발생했다. 강령 안건에서는 〈이스크라〉 편집위원회와 다른 분파들 사이의 논쟁 구도가 나타났는데, 당헌 안건에서 편집위원회 내의 막역한 두 동지, 레닌과 율리우스 마르토프Julius Martov 사이에 의견이 엇갈렸던 것이다. 마르토프는 서유럽 진보정당과 마찬가지로 강령에 동의하면 누구나 당원이 될 수 있다는 규정을 주장했지만, 레닌은 러시아에서는 지하활동의 책임을 함께 질 수 있어야만 당원으로 인정받을 수 있다고 반박했다. 이때 레닌을 지지한 이들이 이후 이른바 '다수파'(볼셰비키)라 불리게 됐고, 마르토프

러시아 사회민주노동당 창당의 토대가 된 상트페테르부르크 노동계급해방투쟁동맹 조직원들(1897년). 앞줄 오른쪽 첫째가 유리 마르토프, 둘째가 블라디미르 일리치 레닌.

를 지지한 이들이 '소수파'(멘셰비키)라 불리게 됐다. 이름과는 반대로 초기 당내의 실질적 다수는 멘셰비키 쪽이었다.

원래 볼셰비키와 멘셰비키는 하나의 당 안에 있는 두 분파일 뿐이었다. 그러나 2년 후에 발발한 제1차 러시아 혁명에서 두 분파의 혁명노선도 크게 다르다는 것이 확인되면서 둘 사이의 골은 깊어졌다. 멘셰비키는 당면 혁명이 부르주아민주주의 혁명이므로 사회민주노동당은 자유주의 세력이 주도하는 연합에 참여해야 한다고 주장했다. 반면 볼셰비키는 당면 혁명이 부르주아민주주의 혁명의 과제(민주공화국 수립과 토지개혁)를 추구한다 하더라도 그 주역은 노동자·농민이며, 따라

서 결코 자유주의 세력에게 주도권을 양보할 수 없다고 주장했다.[3]

우리의 이야기는 바로 이 1905년 혁명의 한복판에서 시작된다. 혁명의 물결이 파고를 높여가던 1905년 5월, 차르 정권은 타협책으로 두마(의회) 신설을 공표했다. 그것은 서유럽 수준의 대의기구가 아니라 차르의 자문기구에 불과한, 극히 제한되고 왜곡된 형태의 의회였다. 자유주의 정당인 입헌민주당과 보조를 같이하던 멘셰비키는 이 의회가 설립될 경우 참여하겠다는 입장이었다. 반면 볼셰비키는 적극적인 보이콧을 주장했다. 혁명이 노도와 같이 진행 중인 상황에서 이는 당연한 전술이었다.

하지만 1906년 4월 스톡홀름에서 열린 사회민주노동당 대의원대회에서 레닌은 입장을 바꿨다. 그는 선거와 의회에 참여하자는 멘셰비키안을 지지했다. 이는 그가 속한 볼셰비키파의 대다수 대의원들의 생각과 반대되는 것이었다. 이때쯤 되면 이미 혁명의 패배가 분명해지고 있었다. 레닌은 이런 상황에서는 대중이 관심을 갖는 정치 공간에 참여해 대중과의 접촉을 유지하는 것이 긴급한 과제라고 보았고, 그래서 보이콧 전술에서 참여 전술로 선회한 것이었다. 간접선거에다 신분별로 꾸리야(선거구)를 따로 꾸려서 지주 한 사람의 표가 노동자 45명의 표와 같은 비중을 가지는 지극히 반민주적인 선거제도임에도 불구하고 말이다!

1906년 4월에 열린 초대 두마 선거에 대한 사회민주노동당의 최종

---

3 초기의 레닌과 볼셰비키에 대해서는 다음 책을 추천한다. 토니 클리프, 《레닌 평전 1: 당 건설을 향해》, 최일봉 옮김, 책갈피, 2010.

결정은 '불참'이었다. 그러나 이러한 당 방침에도 불구하고 당원 일부가 개별적으로 선거에 참여하여 14명이 의원으로 당선되었다. 이는 명백한 당 규율 위반이었음에도 불구하고, 레닌은 이들이 의회에 남아당 의원단으로 활동하게 하자는 입장이었다. 이후 1910년대 초반까지레닌은 볼셰비키 내에서 선거 및 의회 불참과 의원단 해체를 주장하는극좌적 흐름과 투쟁하는 데 거의 모든 활동을 바쳤다.

1907년 3월의 제2대 두마에서는 사회주의혁명당(러시아의 독특한 농민 사회주의자들의 정당), 사회민주노동당, 트루도비키('노동 그룹'이라는 뜻으로, 사회주의혁명당에 갈라져 나온 농촌 기반 세력) 등 광범한 좌파가 대거진출해 전체 의석의 35% 이상을 차지했다. 그러자 표트르 스톨리핀Pyotr Stolypin 총리는 그해 6월 3일, 돌연 의회해산을 공표하고 더욱 개악된 선거법 아래서 제3대 두마 선거를 실시했다. 이렇게 해서 등장한3대 두마는 전제군주정 강화를 주장하는 극우파 '10월당'이 지배하는,반동파 다수의 의회가 되었다.

1912년에 3대 두마가 5년의 임기를 마치고 새로운 두마 선거가 닥칠 무렵, 볼셰비키와 멘셰비키는 이제 거의 분당 상태였다. 볼셰비키중앙위원회와 멘셰비키 중앙위원회가 따로 있었다. 대개의 지역에서는 아직 같은 지역위원회(광역지부)에 혼재해 있었지만, 수도인 상트페테르부르크에서는 각각 독자적인 지역위원회를 가지고 있었다. 덕분에 볼셰비키는 최초로 자파의 독자적인 전략 구상에 따라 제도권 진출을 준비할 수 있게 되었다.

노동자 정당의 후보를 의회로!

1909년 마침 러시아에서는 불황이 종식되고 호황이 시작됐다. 이와 함께, 억눌려 있던 민중이 새로이 기지개를 켜기 시작했다. 1910년 반체제의 상징이 되어 있던 대작가 톨스토이Leo Tolstoy가 사망하자 민주화를 요구하는 학생 시위가 발발했다. 이는 다음해 초 동맹휴업으로 발전했다. 1911년부터는 노동자 파업도 증가하기 시작했다. 특히 1912년 4월 4일 시베리아의 레나 금광에서 헌병대가 파업 노동자들에게 발포해 500여 명의 사상자를 낸 사건이 새로운 파업 물결의 도화선이 되었다. 레나 학살에 대한 항의 파업에만 40만 노동자가 참여했다. 바로 이런 상황에서 4대 두마 선거가 실시된 것이다.

볼셰비키는 1912년 1월 프라하에서 회의를 하고 선거 강령과 방침을 확정했다. 볼셰비키는 당 강령에 명시된 "민주공화제" "8시간 노동" "지주 토지 완전 몰수"를 선거 공간에서 가감 없이 주장하기로 했다. 이는 입헌민주당과의 협력을 위해 선거 강령의 수준을 낮추려 한 멘셰비키와 확연히 구별되는 행보였다. 또한 이 회의에서는 새로운 합법 대중신문 창간도 결의했다. 이에 따라 그해 4월 〈프라우다Pravda〉('진실')가 창간됐다. 〈프라우다〉는 이전의 〈이스크라〉와는 성격이 판이했다. 〈이스크라〉가 당 활동가들이 비밀리에 돌려 보는 기관지였다면, 〈프라우다〉는 그야말로 대중 일간지였다. 〈프라우다〉는 정부의 탄압으로 여덟 번이나 이름을 바꿔야 했지만, 1914년 7월에 폐간되기까지 꾸준히 발간돼 지령 645호를 채웠다. 레닌은 이 신문의 창간에 커다란 의미를 부여했다. 그래서 신문 편집을 위해 원래의 망명지 파리에서

1912년 5월 5일(러시아력으로는 4월 22일)자로 발행된 〈프라우다〉 창간호.

러시아 국경에 인접한 오스트리아-헝가리 제국의 크라쿠프로 이사했다.

1905년 혁명 당시 사회민주노동당은 한때 당원이 15만 명에 이르는 대중정당으로 성장했었으나, 혁명 실패 이후 다시 전반적인 비합법 상태에 내몰리면서 당원 수가 줄었다. 한데 두 분파 중 볼셰비키의 경우는 이탈한 당원이 주로 지식인들이었기 때문에 당원 수의 절대적 감소가 노동자 당원의 상대적 증가라는 결과를 낳았다. 지식인이 주도하던 1905년 이전의 볼셰비키, 흔히 직업 혁명가들의 당이라고 알려진 그 볼셰비키가 더 이상 아니었다. 알렉세이 바다예프Aleksei Badayev가 회고하는 것처럼 "당에 지식인이 너무 없어서 일하기 힘들다"고 불평해야 할 정도로 볼셰비키는 명실상부한 노동자 정당이었다.

　4대 두마 선거는 당국의 유례없는 감시와 기만 속에 진행되었다. 물론 애초에 지주 꾸리야, 도시 꾸리야, 농민 꾸리야, 노동자 꾸리야를 나눠서 지주 꾸리야나 도시 꾸리야에서는 수백 명의 의원을 뽑는 반면 노동자 꾸리야에서는 전국에 걸쳐 단지 6명의 의원만 뽑게 되어 있는 선거제도 자체가 민주주의와는 거리가 먼 것이었다. 더구나 선거인단을 뽑으면 이 선거인단에서 곧바로 의원을 선출하는 다른 꾸리야들과는 달리, 유독 노동자 꾸리야에서만 직장별로 대표자를 뽑고 다시 이 대표자 가운데에서 선거인단을 뽑는 이중 간선제를 시행했다. 이는 공장 단위로 노동자들을 쉽게 통제하려는 의도에서 나온 것이었다. 그 예로, 현재의 공장에 입사한 지 6개월이 안 된 노동자에게는 대표자 선출권을 주지 않았다. 또한 도시 꾸리야에서도 일정 액수 이상의 재산세를 내는 부르주아지만 자동으로 유권자 명부에 등록되고, 나머지 계급은 자신이 직접 관청을 방문해 유권자 명부에 등록해야 했다. 그리고 경찰은 자의적으로 요주의 인물 명단을 작성해서, 여기에 기재된 사람들의 선거권을 박탈했다. 이로 인해 95%의 유대인들(대개 사회민주노동당 지지)이 배제됐다.

　이런 상황에서도 볼셰비키는 모든 노동자 꾸리야에 독자후보를 냈다. 다른 꾸리야에서는 극우파 후보의 당선을 막기 위한 경우에 한해 트루도비키나 입헌민주당과의 협력을 허용했다. 사회민주노동당이 아직 비합법인 상태에서 〈프라우다〉 사옥은 사실상 합법정당의 중앙당 사무실 역할을 했다. 노동자들이 쉽게 찾아와 논쟁하고 서로 정보를 교환했으며, 선거운동 기간에는 선거운동본부로 쓰였다. 〈프라우다〉

는 선거 기간 내내 기권방지운동을 벌여, 도시 꾸리야의 민중들로 하여금 반드시 선거인명부에 등록하고 주위 친지들에게도 등록을 권유할 것을 호소했다.

노동자 꾸리야의 선거운동 과정에서 좌파정당들 사이의 논쟁이 대중적 관심사로 확산됐다. 우선 사회주의혁명당은 선거 보이콧을 주장하면서 사회민주노동당과 싸웠다. 다음으로 사회민주노동당 내에서도 멘셰비키는 인물 중심의 선거전략을 주장한 반면, 볼셰비키는 당의 통제에 충실히 따르는 노동자 후보를 내세우며 논쟁을 벌였다. 또한 우후죽순으로 난립하는 무소속 후보들에 맞서 사회민주노동당 후보들은 노동계급의 강령을 주장하고 노동자들의 집단적 통제 아래 놓이는 노동자 정당의 후보만이 진정한 노동자 대표가 될 수 있다고 선전했다.

투표일인 10월 5일 아침은 파업투쟁과 함께 시작됐다. 당국이 각 공장에서 선출된 대표자들 중 상당수의 자격을 박탈하자 상트페테르부르크의 거대 제철소 푸틸로프 공장 노동자 1만4000명 전원이 파업에 돌입했다. 여기에 네프스키 조선소 노동자 6만5000명이 합류해 상트페테르부르크 전역에 총파업이 확산됐다. 러시아 제국의 수도 상트페테르부르크는 치명적인 약점을 안고 있었다. 이 도시는 제국의 수도이면서 동시에 최첨단 공업도시이기도 했다. 우리로 치면, 서울과 울산이 붙어 있는 격이었다. 파업 노동자들이 도심을 향해 몇 킬로미터만 행진하면 곧바로 정치위기가 시작되었다. 정부는 이를 너무나 잘 알고 있었기에 파업이 열흘간 계속되자 일단 후퇴할 수밖에 없었다. 정부는 10월 14일, 20개 공장에서 대표자를 재선출하게 했다. 러시아 정부의 극악한 탄압이, 선거와 대중행동이 자연스럽게 결합하는 양상을 만들어낸 것이다. 그리고 이러한 분위기는 볼셰비키 후보의 당선에 유리한 영향을 끼쳤다.

4대 두마의 구성 자체는 3대 두마에서 크게 변한 것이 없었다. 전체 442석 중 10월당의 의석은 102석에서 120석으로 오히려 늘었고, 입헌민주당도 제2세력의 지위를 유지했다. 사회민주노동당은 12석에서 단지 2석만이 늘어 14석이었고, 사회민주노동당의 주요 동맹세력인 트루도비키는 14석에서 오히려 10석으로 줄었다.

그러나 중요한 변화가 있었다. 전국 6개 노동자 꾸리야의 당선자 전원이 볼셰비키 후보였다. 노동계급이 250만 명인 나라에서 볼셰비키는 114만4000명의 노동자 유권자를 대변하는 것으로 나타났다. 반면 멘셰비키는 14인의 사회민주노동당 의원 중 7인을 배출함으로써 의원단 구성상으로는 볼셰비키보다 다수였지만, 도시 꾸리야에 속한 13만6000명의 노동자 유권자만을 대변하는 것으로 드러났다. 더군다나 볼셰비키는 상트페테르부르크의 중화학공업과 모스크바의 섬유공업 등 신흥 제조업 노동자들로부터 지지를 얻은 반면, 멘셰비키는 전통적인 숙련 노동자들의 지지에 바탕을 두었다. 6인의 볼셰비키 의원 중 4명이 금속 노동자였고 2명이 섬유 노동자였다. 수도 상트페테르부르크의 당선자 바다예프도 기관차 정비공장 노동자였다.

4대 두마에서의 볼셰비키 의원단의 활동

멘셰비키와 볼셰비키 당선자들은 일단 사회민주노동당 통합 의원단

금속 노동자 출신으로 러시아 사회민주노동당 볼셰비키 의원단에서 활동한 알렉세이 바다예프.

을 구성했다. 하지만 처음부터 볼셰비키 의원들은 원내활동과 대중투쟁을 긴밀히 결합해야 하다는 레닌의 원칙을 분명히 했다. 당대의 서유럽 노동자 정당들과는 달리 볼셰비키는 원내활동이 대중투쟁에 종속되어야 한다고 생각했다. 레닌은 당 조직에 대한 의원단의 철저한 종속, 기관지와 의원단 활동의 결합, 원내 연설과 당 기층조직의 대중선동과의 결합 등을 강조했다. 볼셰비키의 의원단 통제가 얼마나 엄격했는지에 대해서는 역설적인 증거가 있다. 의원단 대표를 역임한 모스크바 노동자 꾸리야 출신의 로만 말리노프스키Roman Malinovsky 의원은 나중에 비밀경찰의 첩자임이 드러났다. 그러나 막상 의원단 대표로 활동하면서 당에 별다른 해를 끼치지는 못했다. 그만큼 의원단을 당이 철저히 통제했던 것이다.

두마 안에서 노동자 의원들은 기득권층의 거만한 유력 인사와 현학자들 사이에 포위된 느낌이었다. 더구나 이런 사람들 앞에서 노동자들의 열망과 의지를 제대로 대변해야 한다는 중압감이 너무도 컸다. 독자적인 법안의 관철은 애당초 불가능했고, 유일한 연설 기회는 대정부 질의뿐이었다. 하지만 그나마도 대정부 질의를 하려면 33인 이상의 서명을 받아야 한다는 규정 때문에 트루도비키뿐만 아니라 일부 자유주의 의원들의 협력을 구하지 않을 수 없는 형편이었다.

그럼에도 불구하고 볼셰비키 의원들은 원내활동과 〈프라우다〉, 그리고 활발한 노동자 투쟁을 결합해서 효과적인 정치활동의 전형을 만들어내는 데 성공했다. 그 대표적인 사례가 사회보험(의료보험) 투쟁이었다. 러시아에서는 1912년 6월에 사회보험이 처음으로 도입되었다. 하지만 이는 전체 노동자의 20%만을 포괄하는 것이었고, 보험위원회에 대한 노동자 대표의 참여도 극히 제한적인 수준에서만 인정됐다. 〈프라우다〉는 사회보험 확대와 완전한 노동자 통제권을 줄기차게 주장했다. 볼셰비키 의원들은 이를 12월 14일의 대정부 질의에서 주장하기로 하고, 각 공장에 지지 파업을 호소했다. 대정부 질의 당일 6만 6000명의 노동자들이 지지 결의를 발표하고 파업에 돌입했다. 볼셰비키는 이후에도 사회보험 문제를 끈질기게 물고 늘어져, 1913년 10월부터는 〈보프로시 스트라호바니야Voprosy Strakhovaniya〉('보험의 문제들')라는 전문지를 따로 발간했다. 그리고 보험위원회에 다수의 볼셰비키 지지 노동자들을 노동자 대표로 진출시켰다. 1차 세계대전이 일어난 뒤 당 의원단마저 투옥된 상황에서도 70인의 보험위원 중 39인이 〈보프로시 스트라호바니야〉를 지지함으로써 사회보험기구는 당의 합법적 활동 공간이 돼주었다.

3대 선거강령으로 내세운 8시간 노동제에서도 비슷한 사례를 확인할 수 있다. 볼셰비키 의원들은 〈프라우다〉와 그 사무실을 매개로 노동자 조직들과 긴밀히 협력했다. 이를 통해 현장 노동자들의 목소리를 담은 8시간 노동 입법안을 의회에 제출했다. 물론 이는 보나마나 부결될 게 뻔했지만, 부결 자체가 보수세력의 실상에 대한 살아 있는 폭로이고 선동이었다.

1912년부터 계속 고양된 자발적 노동자 투쟁들에 대한 결합은 수도 없었다. 1913년 여름, 장장 102일간 지속된 레스네르 공장 노동자의 의문사 진상규명 요구 파업을 비롯해서 수많은 해고 반대, 산업재해 항의 파업들에 노동자 의원들이 연대했다. 의원들은 대정부 질의에서 노동 탄압에 항의하거나 장관 항의 면담을 하는 등의 활동을 벌였다. 그리고 공장 정문 앞 연설, 가두연설을 통해 투쟁 상황을 알리고 파업기금을 모금했다.

아마도 〈프라우다〉라는 매체가 없었다면, 이런 효과적인 정치활동은 불가능했을 것이다. 보수 신문들은 노동자 의원들의 활동을 전혀 보도하지 않았기 때문이다. 하지만 〈프라우다〉가 있었기 때문에 원내에서 이뤄진 노동자 의원들의 발언과 폭로, 장관 면담 결과는 곧장 노동자들에게 알려지고 전파될 수 있었다. 〈프라우다〉는 절반가량이 신문팔이 소년들에 의해 가두 판매되었고, 절반은 공장에서 팔렸다. 하루 4만~6만 부가 판매되었고, 매일 35개 정도의 노동자 투고가 들어왔다. 이는 그야말로 "노동자들의 살아 있는 토론 광장"(레닌)이었다. 이제까지 당이나 노동조합에 전혀 관심이 없던 노동자들이 〈프라우다〉의 기사를 보고 사무실에 찾아와 노동자 의원들과 이야기를 나누고 각종 조직에 가입했다.

또한 〈프라우다〉는 정기구독자 조직, 후원회원 조직을 만들었고, 이들 조직은 사실상 합법 대중정당의 기능을 했다. 후원조직 면에서 멘셰비키의 신문 〈루치Luch〉('빛')는 〈프라우다〉와 비교가 될 수 없었다. 상트페테르부르크의 노동조합 18개 중 15개, 모스크바의 노동조합 13개 중 10개가 〈프라우다〉에 대한 적극 지원을 통해 볼셰비키와 연결됐다. 〈프라우다〉의 영향력을 놓고 보면, 당시 볼셰비키는 250만 명의 노동계급 중 수천 명의 간부와 3만~5만 명의 당원을 거느린 대중정당이었다고 평가할 수 있다.

볼셰비키는 또한 노동자 의원들의 지역구 활동을 강조했다. 의회 휴회 기간 동안은 반드시 지역구를 순회하면서 공장과 지역에서 의정활동을 설명하고 지방 노동운동을 활성화시키는 것이 당 방침이었다. 노동자 의원들이 방문한 후에는 대개 파업투쟁이 분출했고, 〈프라우다〉 구독자가 늘었으며, 당조직이 강화되었다. 상트페테르부르크가 지역구였던 바다예프는 이렇게 회고했다.

노동자들은 여러 가지 질문을 하기 위해 나를 종종 방문했다. 특히 월급날에는 파업유지기금을 가지고 왔다. 방문객을 접대하는 일 외에도 나는 (…) 파업기간 중에 해고된 사람들을 위해서 일자리를 찾는 일, 체포된 사람을 위해서 장관에게 청원하는 일, 추방 생활을 위해 그들을 도울 수 있는 조직을 꾸리는 일 등을 해야 했다. 파업이 어려움을 겪고 있는 곳에는 활력을 불어넣어주어야 했고, 그들이 필요로 하는 여러 가지 도움을 주어야 했으며 소책자를 인쇄하고 배포해야 했다. 무엇보다 나는 노동자들과 개인적인 문제를 상담하는 것을 중요시했다. 종종 찾아오는 사람이 너무 많아서 (…) 열을 지어 계단에서 기다려야 했다. 투쟁의 모든 성공 단계, 새로운 모든 파업은 노동자와 의원단 간의 더욱 밀착된 연대와 대중조직의 발전을 상징해주는 이 대열의 길이를 늘려놓았다.[4]

---

4 A. 바다예프, 《볼셰비키는 의회를 어떻게 활용하였는가?》, 이덕렬 옮김, 들녘, 1990, 116쪽. 이 책은 6인의 볼셰비키 두마 의원 중 한 명이었던 바다예프의 의회 활동 회고록이다.

전쟁으로 '잠시 중단된' 1914년 7월의 파업투쟁

입헌민주당과의 협력에 목매달던 멘셰비키 의원들은 이러한 활동들을 이해하거나 여기에 보조를 맞출 수 없었다. 결국 1913년 가을, 멘셰비키와 볼셰비키는 의원단까지 따로 꾸리게 되었다. 러시아 사회민주노동당은 이제 완전히 두 개의 당으로 분열된 셈이었다. 이에 대해 노동자들 사이에서도 혼란이 일고 논쟁이 벌어졌지만, 적어도 상트페테르부르크의 선진노동자들은 대체로 볼셰비키 의원들을 지지하는 입장이었다. 멘셰비키 의원단이 지리멸렬하다가 결국 1914년 1월 자진 해체한 것을 보면, 이런 저간의 사정을 짐작할 수 있다.

행동의 자유를 확보한 볼셰비키는 1914년을 힘찬 도전으로 시작했다. 3월에 볼셰비키 의원단이 유럽의 다른 강대국들과 마찬가지로 군비를 증강하려던 원내 보수세력 간 비밀협상을 폭로하자, 3만 명의 노동자들이 항의 파업을 벌였다. 4월에는 멘셰비키 소속 니콜라이 츠헤이드제Nikolay Chkheidze 의원이 원내 발언 때문에 기소될 위기에 처한 사건을 계기로, 볼셰비키·멘셰비키·트루도비키 의원들이 서로 연대해 의원 면책특권을 지키기 위한 법안을 제출했다. 좌파 의원들은 이 법안을 관철하기 위해 예산 심사의 의사진행을 방해하는 전술을 펼쳤다. 마침 당시는 〈프라우다〉 창간 2주년 기념호가 13만 부나 팔려 나가는 등 파업 물결이 한창 고양되던 무렵이었다. 예산 심사를 막던 좌파 의원들이 의회에서 강제 퇴장당하자 4월 23일 항의 파업이 벌어졌고, 이는 다시 5월 1일 메이데이 파업으로 발전해 상트페테르부르크에서만 25만 명이 참여했다.

그해 여름 시국은 1905년 혁명 때의 대중파업을 방불케 했다. 로자 룩셈부르크가 《대중파업론》에서 관찰했던 것처럼, 파업투쟁을 무력으로 진압하면 투쟁은 빠르게 지역 차원의 총파업으로 폭발했고, 이는 정치투쟁으로까지 발전했다. 7월 1일, 바쿠 유전 파업 무력진압에 대한 항의집회를 벌이던 푸틸로프 공장 노동자 2명이 경찰의 발포로 숨졌다. 7월 7일, 이에 항의해 13만 명이 참여하는 총파업이 벌어졌고 수도는 마비됐다. 이날은 유럽에 드리운 전쟁위기 속에서 프랑스 대통령 레몽 푸앵카레Raymond Poincaré가 러시아와 프랑스 사이의 동맹관계를 과시하기 위해 러시아 수도를 방문한 날이었다. 이틀 후인 9일에는 9년 전의 바리케이드가 상트페테르부르크 거리에 다시 등장했다. 흔히 '혁명의 문턱'에까지 이르렀다고 평가되는 1914년 7월 파업투쟁의 시작이었다.

그러나 열흘 후 러시아 정부는 오스트리아-헝가리 제국에 전쟁을 선포했고, 이로써 1차 세계대전이 시작되었다. 러시아에서마저도 이 전쟁은 일단 파업투쟁의 느닷없는 중단을 가져왔다. 이미 7월 8일, 경찰은 〈프라우다〉 사무실을 급습해 강제 폐간시켰다.

7월 파업투쟁의 돌연한 중단에도 불구하고, 볼셰비키 의원단의 반응은 대부분의 서유럽 진보정당 의원들과는 달랐다. 전시동원령이 선포되자마자 의원단은 곧 전쟁반대 성명서를 채택했고, 전쟁예산 투표에 반대해 전원 퇴장했다. 세르비아 사회당과 함께 이는 제2인터내셔널 소속 정당의 의원단이 전쟁에 반대한 단 두 개의 예외였다. 볼셰비키 의원단은 이후 원외투쟁에 주력하다가, 그해 11월 결국 체포돼 시베리아 유형에 처해졌다. 볼셰비키당의 합법투쟁은 일단 정지되었다.

하지만 과연 이게 끝이었을까? 레닌은 말했다.

> 그러나 우리는 계속할 것이다. 〈프라우다〉로부터 교육받은 수천 명의 계급
> 의식적 노동자들은 많은 어려움에도 불구하고 새로운 지도집단을, 새로운
> 러시아 중앙위원회를 일으킬 것이다.[5]

투쟁의 파고 속에서 전쟁을 맞았던 이 나라의 인민들은 불과 3년 만에 단순히 당 중앙위원회를 부활시켰을 뿐만 아니라, 세계 전쟁을 끝마칠 세계혁명의 첫 불꽃을 터뜨리고야 만다.

변방에서 준비된 미래 – '혁명적 의회주의'

의회민주주의가 뒤늦게 제한된 형태로 도입된 러시아에서 사회민주노동당 볼셰비키파는 제도권 정치의 틀에 점점 더 결박되던 서유럽 진보정당들과는 다른 정치활동의 전형을 만들어냈다. 물론 이는 러시아의 특수한 상황 때문에 그럴 수밖에 없었던 것이라고들 한다. 노동조합의 단체교섭권이 허용되지 못했기 때문에 파업이 쉽게 정치투쟁으로 발전할 수 있었고, 수도에 대규모 공단이 형성돼 있어서 원내활동과 파업투쟁이 지리적으로 쉽게 결합할 수 있었다.

그러나 서유럽 진보정당들이 제국주의 전쟁 발발에 손을 들어주고 전쟁 이후 지구자본주의의 동요 속에서 갈팡질팡하자 볼셰비키의 실

---

5 위의 책, 278쪽에서 재인용.

천은 서유럽에서도 하나의 대안으로 대두했다. 국제사회주의 운동은 제2인터내셔널과 제3인터내셔널(코민테른)로 양분됐고, 서유럽 사회민주당의 좌파들은 우파와 분리하거나 탈당해 새로운 좌파정당을 건설했다. 이들 정당은 대개 '공산당'이라는 당명을 내걸었다. 어찌 보면 지구자본주의의 변방 러시아에서 노동계급 정치운동의 새시대가 준비되었던 것이다.

하지만 서유럽이 주목해야 할 변방의 지혜가 구체적으로 무엇인지에 대해서는 당시에도 커다란 이견이 있었다. 많은 서유럽 극좌파들이 레닌의 특정 저작, 볼셰비키의 특정 시기 활동만 역사적 맥락의 고려 없이 반복하며 소규모 선전주의 정파로 자족하기도 했다. 레닌은 직접 이에 따끔한 비판을 가했다. 그러면서 그가 주로 제시한 볼셰비키의 역사적 경험은 바로 1912~1914년의 그 실천, 즉 제도권 정치활동과 대중매체, 대중투쟁을 결합해 대중이 변화의 주역으로 부상하는 거대한 과정을 촉진한 그 실천이었다.

> 만일 1908~1914년에 합법투쟁 형태와 비합법투쟁 형태를 결합**해야만** 한다는 관점, 그리고 심지어 가장 반동적인 의회와, 반동적인 법률로 포위된 숱한 다른 기구들(사회보험 등)에 참여**해야만** 한다는 관점을 가장 강력한 투쟁 속에서 고수하지 않았더라면 볼셰비키는 혁명적 프롤레타리아트 당의 핵심을 (강화·발전시키기는커녕) 보존할 **수도 없었으리라**는 것이다.[6]

---

6 V. I. 레닌, 《공산주의에서의 "좌익" 소아병》, 32쪽. 강조는 저자, 번역 일부 수정.

1920년에 코민테른은 이런 활동 경험을 '혁명적 의회주의' 노선이라 정리하기도 했다.[7] 여기에서 강조점은 물론 '혁명' 쪽에 있었다. 10월혁명은 세계혁명의 도화선이 되려고 시작된 것이었고, 코민테른은 지구자본주의가 삐걱거리던 20세기 초가 분명 세계혁명의 시대가 될 것이라고 믿었다. 그래서 각국 공산당의 당면과제는 더 이상 개혁 따위가 아니라 곧바로 혁명으로 가는 것이었다. 오늘날 다시금 지구자본주의가 걷잡을 수 없는 혼돈 속에 빠져들고는 있지만, 그렇다고 지난 세기 초의 이 전망을 그대로 부활시킬 수는 없다. 100년 전에도 이 전망은 발전된 자본주의 국가들의 단단한 사회구조 앞에서 무력감을 맛보아야 했기 때문이다. 이 패배 속에서 현대 좌파 사상과 운동의 토대인 안토니오 그람시Antonio Gramsci 등의 새로운 모색이 시작됐다. 이런 점에서 보면 '혁명적 의회주의'란 너무 고색창연한 감이 있다.

하지만 그렇다고 먼 과거의 일화라 치부하고 넘어갈 것도 아니다. 의회, 즉 기성의 정치제도에 참여한다는 것과 그 정치문법에 포섭된다는 것은 논리적으로는 별개의 문제이지만, 실제로는 거의 인과관계에 가까운 연관성을 지니기도 한다. 의회정치는 '의회주의 편향'을 낳는다. 독일 사회민주당 이후 기성 대의 정치에 참여한 거의 모든 좌파정당이 이 궤도에서 예외가 아니었다. 그러면서 기성 정치문법과는 뭔가 다른 것을 생산해내겠다는 애초의 포부가 빛을 잃어갔다. 20세기 초까지의 진보정당 활동들을 검토한 뒤에 진보정당 역시 '반드시' 소수

---

7 공산주의인터내셔널 제2회 대회, 〈공산당과 의회주의에 관한 테제〉(부하린 기초), 《코민테른 자료선집 1》, 편집부 엮어옮김, 동녘, 1989, 307-309쪽.

엘리트 지배의 과두주의에 빠진다는 악담을 퍼부은 로베르트 미헬스 Robert Michels의《정당사회학》에는 그 사례들이 넘치고 또 넘친다. "의원단의 역사는 전당대회의 결정을 깨뜨리는 역사였다".[8] 대의원대회가 최고의결기관이라는 게 진보정당운동의 발명품이었다는 사실을 상기해보면, 이는 자기 배반의 역사라고도 해석할 수 있는 것이다.

러시아 사회민주노동당 다수파가 시도한 제도정치 활동과 대중운동의 결합은 이런 강력한 추세에 맞선 흥미로운 역사적 사례였다. 이는 정치가와 정치조직의 활동을 철저히 "대중들 자신의 정치적 경험"[9]을 만들어내는 데 복무시키려던 흔치 않은 시도였다. 이 점에서 러시아의 경험은 우리 시대의 진보정당이 다시 살아 있는 대중의 운동이 되길 바라는 모든 이들에게 분명한 참고가 된다. 무엇보다도, 레닌의 다음과 같은 당부는 결코 '이미 넘어선 과거'는 아니다.

서구와 미국의 공산주의자들은 새롭고 범상하지 않고 기회주의적이지 않으며 출세주의적이지 않은 의회정치를 만들어낼 줄 알아야만 한다. (⋯) 진정한 프롤레타리아들은 조직되지 않고 철저히 억압받는 빈민의 도움을 받아 유인물을 뿌려야 한다. 노동자의 숙소, 농촌 프롤레타리아들과 외딴 마을에 사는 농민들의 오두막을 찾아다녀야 한다. 아주 서민적인 선술집을 찾아다니면서 아주 서민적인 단체, 결사, 우연한 모임들에 끼어들어 비현학적으로(그리고 그리 의회주의적이지 않은 태도로) 인민과 더불어 이야기해야

---

8 로베르트 미헬스,《정당사회학: 근대 민주주의의 과두적 경향에 관한 연구》, 김학이 옮김, 한길사, 2002, 176쪽. 번역 일부 수정.

9 V. I. 레닌,《공산주의에서의 "좌익" 소아병》, 104쪽.

한다. (…) 이런 작업을 서유럽이나 미국에서 하기란 아주 어렵다. 너무나, 너무나도 어렵다. 하지만 그 작업은 수행할 수 있고 또 수행해야만 한다. 왜 냐하면 그러한 노력 없이는 공산주의의 과제 일반을 해결할 수 없기 때문 이다. 우리는, 갈수록 다양해지고 사회생활의 모든 부문과 갈수록 더 밀접 해지고 있으며 한 부문씩 한 분야씩 **부르주아지로부터 빼앗아와야 하는 실천적 과제**를 해결하기 위해 노력해야 한다.[10]

10　위의 책, 110-111쪽. 강조는 저자, 번역 일부 수정.

[더 읽기]

이 장을 집필하는 데 주로 다음 책들을 참고했다.

토니 클리프, 《레닌 1: 당 건설을 향하여》, 이태섭 옮김, 책갈피, 1996 (개역본: 최일붕 옮김, 책갈
피, 2010).

A. 바다예프, 《볼셰비키는 의회를 어떻게 활용하였는가?》, 이덕렬 옮김, 들녘, 1990.

V. I. 레닌, 《공산주의에서의 "좌익" 소아병》, 김남섭 옮김, 돌베개, 1989.

V. I. 레닌, 《레닌의 선거와 의회전술》 I, Ⅱ, 不破哲三(후와 데츠조, 일본공산당 전 서기장) 엮
음, 편집부 옮김, 백두, 1988.

Paul Le Blanc, *Lenin and the Revolutionary Party*, Humanity Books, 1993.

볼셰비키의 당 구조에 대해서는 다음 책을 참고할 수 있다.

藤井一行, 《볼셰비키 당조직론》, 이상철 옮김, 두리, 1986.

**다음 책들을 통해서는 1917년 혁명의 순간에도 볼셰비키가 당내 논쟁과 대중여론에 민감
한 대중정당으로 활동했다는 사실을 확인할 수 있다.**

알렉산더 라비노비치, 《혁명의 시간: 러시아 혁명 120일 결단의 순간들》, 류한수 옮김, 교양
인, 2008.

존 리드, 《세계를 뒤흔든 열흘》, 서찬석 옮김, 책갈피, 2005.

1차 세계대전과 2차 세계대전 사이

20세기의 두 번째 10년대에 두 가지 소식이 세계 진보정당운동을 뒤흔들었다. 첫 번째는 세계 전쟁 소식이었다. 1914년 7월에 발발한 전쟁은 현대전에서 어떤 강대국도 다른 강대국에 맞서 쉽게 승리할 수 없으며, 시민 전체가 동원되는 장기 대량학살로 이어질 수밖에 없다는 것을 폭로했다. 그간 가장 앞섰다는 평가와 존경을 받던 독일, 프랑스의 좌파는 이제 이런 지옥이 열리는 데 협력했다는 오명에서 벗어날 수 없게 됐다. 이로 인해 지난 한 세대 동안 제2인터내셔널로 단결해 있던 세계 진보정당운동은 일대 혼란에 빠졌다. 진보정당의 전범典範이자 조직적 단결의 맹신자 독일 사회민주당이 둘로 분열됐다는 사실(다수파와 독립파)보다 이를 더 잘 상징하는 것은 없었다.

두 번째는 세계혁명의 소식이었다. 전쟁 발발 3년 만에 제2차 러시아 혁명이 터져 나왔다. 그리고 놀랍게도 이 혁명은 제1차 러시아 혁명 때 불발로 끝났던 민주주의 혁명의 수준을 넘어 반자본주의-반제국주의 세계혁명의 첫 승리(단지 '첫 번째' 승리)임을 선언했다. 그 중심에는 제2인터내셔널 동지들 중 하나였던 러시아 사회민주노동당 볼셰비키파가 있었다. 혼란과 자책감에 빠져 있던 다른 나라 진보정당들에게 이 소식은 비극을 영웅 서사시로 반전시키는 복음과도 같았다. 각국 좌파정당들 안팎에서 빠른 속도로 볼셰비키당(이후 소비에트연방 공산당이 될)의 세계혁명 전망에 호응하는 상당한 흐름이 형성됐다. 세계혁명은 무산될 운명이었지만, 세계혁명 '운동'은 분명히 존재했다.

이 운동에 동참한 좌파세력들은 제2인터내셔널과 구분되는 새 국제조직, 코민테른(제3인터내셔널)에 결집했다. 코민테른 가입파는 혁명이 먼 미래의 일이 아니라 당면과제인 새시대가 열렸다는 전망 아래 기존 좌파정당을 개조하거나 아예 새로운 좌파정당을 따로 건설했다. 이렇게 해서 대체로 '공산[주의]당'이라는 공동 명칭을 사용하는 새세대 진보정당들이 지구 곳곳에서 일제히 출현했다.

이는 세계 진보정당운동에 신선한 바람을 몰고 왔다. 대개 1890년대생인 젊은 세대가, 많아야 30대의 나이에 지도층으로 급부상했다. 이들 2세대 진보정당들은 1세대 진보정당들을 구속하던 제도정치의 문법으로부터 더없이 자유로웠다. 의원들은 당의 명령을 철저히 따랐고, 당원들은 기층조직인 세포에 편제돼 적극적인 일상활동을 펼쳤다. 이와 함께 볼셰비키당을 신화화하면서 '전위정당'에 세계 변혁의 모든 권위를 부여하는 과도한 정당 중심 사고도 나타나기 시작했다.

무엇보다 중요한 것은 2세대 진보정당의 등장 덕분에 비로소 '세계' 진보정당운동이라는 말에 들어맞는 진정 세계적인 운동이 시작됐다는 사실이다. 제2인터내셔널의 무대는 기껏해야 대서양 양쪽의 산업화된 세계를 벗어나지 못했다. 그러나 코민테른은 아시아, 아메리카, 아프리카 민중을 진보정당운동에 동참시켰다. 중국과 인도에 공산당이 등장했고, 라틴아메리카 여러 나라와 남아프리카공화국에서도 공산당이 결성됐다. 1925년에는 일제 치하의 조선에서도 공산당이 비밀리에 창당했다. 지금도 유럽 바깥의 많은 지역에서는 이때의 공산당활동이 토착 진보정당운동의 시원으로 기억된다.

지구자본주의의 전대미문의 위기는 거의 한 세대 가까이 지속됐다. 1920년대에 짧은 안정기가 있었을 뿐 경제위기와 정치위기가 빈발했고 마침내 또 다른 세계 전쟁으로 이어졌다. 이런 시기였기 때문에 혁명을 당면과제로 추진하는 정당이 대중적인 지지를 얻는 일이 가능했다. 공산당이라고 하면 대개 지하활동을 떠올리는데, 이는 차르 치하의 볼셰비키당이나 2차 세계대전 시기 반나치 레지스탕스만 주로 기억하기 때문이다. 대부분의 공산당은 제2인터내셔널 정당들처럼 합법적으로 활동한 대중정당이었다. 1세대 진보정당운동의 거점이었던 독일, 프랑스에서는 2세대 진보정당도 대규모 정치세력으로 급성장했다.

그러나 공산당들이 일정한 대중적 지지를 확보하는 데 성공했다는 것과 세계혁명의 성공은 별개의 문제였다. 코민테른의 혁명 전망은 한마디로 '실패'했다. 물론 코민테른이 세계혁명의 고리로 가장 주목했던 두 곳 중 한 곳, 즉 중국에서는 끝내 혁명이 성공했다. 중국 혁명을 계기로 비유럽 세계 피억압민족의 해방은 돌이킬 수 없는(불가역적인) 세계사적 과정이 되었다. 그러나 독일에서는 혁명은커녕 야만이 승리했다. 이 대참패로 인해 소련은 나치 독일과의 일전을 각오해야 했다.

이러한 실패의 책임은 누구보다 코민테른 자신에게 있었다. 코민테른이라는 조직 자체가 문제였다. 각국 진보정당들의 연합이었던 제2인터내셔널과는 달리 코민테른은 세계 정당을 자임했다. 각국 공산당은 코민테른의 지역지부였다. 이러한 구상 아래서도 처음에는 각국 공산당의 자율성에 별문제가 없었다. 그러나 '볼셰비키화'라는 명목 아래 코민테른 본부, 그러니까 실은 소련 공산당의 개입이 점차 잦아졌다. 개입의 내용이 다 그릇된 것은 아니었다. 그러나 개입이 관성화될수록 각 당의 내부 민주주의는 형해화됐다. 게다가 소련이 일국 사회주의 노선을 확정한 이후로는 소련의 국가 이익을 위해 현지 상황에 맞지 않는 지령을 내리기 일쑤였다. 독일 공산당은 이를 그대로 받아들여서 나중에는 소련 공산당의 지령 없이는 움직이지 못하는 신세가 됐고 나치에게 집권의 기회를 주었다. 반면 중국 공산당은 이를 거부하고 스스로의 경험에 바탕을 둔 노선을 세웠기에 혁명에 성공했다.

　단지 조직 문제만은 아니었다. 세계혁명 전망 자체도 문제였다. 독일 혁명이 어긋날 때부터 사태는 이미 명확했다. 세계적이지 않은 혁명이 있을 수 없는 것과 꼭 마찬가지로, 토착적이지 않은 혁명 역시 있을 수 없다는 것이 확인됐다. 젊은 공산당 투사들은 곳곳에서 혁명이 아니라 오히려 극우 대항 혁명, 즉 파시즘이 승리하는 사실로부터 이를 더욱 처절하게 깨달아야 했다. 이러한 패배로 감옥에 갇힌 이탈리아 공산당 지도자 안토니오 그람시는 어찌 보면 코민테른 운동 전반에 대한 근본적인 반성과 방향 전환이라 할 수 있는 작업에 착수했다. 이러한 노선 재검토는 실은 애초 혁명 전망의 무산을 예감한 레닌이 생애 마지막 몇 해 동안 남긴 글들(위에서 소개한《공산주의에서의 "좌익" 소아병》등)에서 이미 예견된 것이었다.

　옥중의 그람시가 고독한 사색이라는 형태로 노선 전환에 나설 때, 아직 대중정당으로 남아 있던 공산당들은 현실의 압박을 통해 노선 전환에 내몰릴 수밖에 없었다. 1930년대 중반 프랑스 공산당을 필두로 코민테른 소속 정당들은 반파시즘 인민전선 노선을 채택했다. 이 방침에 따라 각국 공산당은 사회주의 이외의 다른 정치세력들과도 협상·연대·공동집권할 가능성을 열었다. 이는 공산당 역시 철저히 기성 대의민주주의의 틀 안에서 출발하겠다는 선언이었다. 한때 확연히 갈라졌던 혁명노선과 개혁노선은 이렇게 해서 다시금 확연하기보다는 미묘한 차이와 논쟁, 경쟁을 빚는 관계가 됐다.

한편 진보정당운동의 다른 반쪽은 어떤 길을 밟았는가? 코민테른 등장 전까지는 개혁노선과 혁명노선이 하나의 진보정당 안에 공존했으나 이제는 개혁정당과 혁명정당으로 분립하게 됐다. 후자가 '공산주의'를 표방함에 따라 원래 포괄적 명칭이었던 '사회민주주의'는 전자만을 지칭하는 것으로 뜻이 바뀌었다. 사회민주주의 정당들과 공산주의 정당들 사이의 대립은 20세기 말 현실사회주의권이 붕괴하고 나서야 종식된다. 그만큼 이들 사이의 경쟁과 반목은 치열했다.

역설적인 것은 그럼에도 불구하고 사회민주주의 정당들이야말로 10월혁명의 최대 수혜자라는 사실이었다. 이제껏 서구 지배세력은 보통선거제도 시행을 늦추기 위해 갖은 노력을 다했지만, 일단 세계 최초의 사회주의 혁명을 목도하자 생각을 고쳐먹었다. 미리 개혁을 받아들여서 혁명을 예방하는 것이 급선무였다. 그래서 1차 세계대전이 끝나자마자 거의 모든 유럽 국가가 일제히 보통선거제도를 도입했다. 덕분에 사회민주주의 정당들은 드디어 선거를 통해 권력을 쥘 수 있게 됐다. 투표를 통한 변화 가능성이 열리자 대중은 혁명운동에 나서는 것보다는 선거 때마다 투표장을 꾸준히 찾는 쪽을 선택했다. 나라 밖

혁명에 공감하는 것과는 별개로 자국에서는 주저 없이 이러한 정치적 선택을 했다. 어찌 보면 10월혁명 덕분에 서방에서는 사회민주주의 노선이 대세가 된 셈이었다.

말하자면 혁명과 개혁의 연쇄가 작동했다. 비록 세계혁명 시나리오는 무산됐지만, 이렇게 특정 지역의 혁명이 다른 나라들의 개혁을 촉발하는 지구적 과정이 존재했다. 후대의 시각에서 보면, 이는 지역적 혁명과 개혁을 포괄하는 전 지구적인 '공共-혁명co-revolution'이었다.¹ 다만 당시에 이를 적절히 포착하기에는 개혁노선과 혁명노선 사이의 대립이 너무 거셌다. 레닌과 트로츠키가 앞장서서 관철시킨 코민테른의 반파시즘 연합전선 노선이 나름대로 이러한 대립을 넘어 '공-혁명'을 지속시켜보려는 선구적 시도이기는 했지만 말이다.

사회민주주의 정당들은 첫 보통선거에서 대개 35% 안팎을 득표했다. 이것이 이 당시 중심부 국가들의 인구 구성에서 노동조합의 직간접적 영향 아래 있던 산업 노동자 가족의 최대치였다. 경쟁 정당들이 따라오기 힘든 최대득표였지만, 원내 과반수에는 턱없이 모자랐다. 대부분의 유럽 국가들은 내각책임제였기 때문에 이런 상황에서는 연립정부를 구성해야만 했다. 당연히 그나마 정책 협상이 가능한 중도 우파와 함께 정부를 꾸릴 수밖에 없었다. 연정 구성의 주 대상인 자유주의 세력은 민주개혁에는 동의했다. 이에 따라 독일, 오스트리아, 스웨덴 등에서 처음 집권한 사회민주주의 정당들은 민주개혁을 단행했

---

1 '공-혁명'은 데이비드 하비David Harvey가 현대 생물학의 '공-진화' 개념을 응용해 발전시킨 개념이다. D. 하비,《자본이라는 수수께끼: 자본주의 세계경제의 위기들》, 이강국 옮김, 창비, 2012.

다. 전쟁 전의 답답한 교착상태를 돌이켜보면, 격세지감의 성취였다.

그러나 여기에서 다시 한 걸음을 더 내딛는 것은 쉽지 않았다. 그 한 걸음이란 바로 사회민주주의 정당들이 창당 이후 줄곧 지지자들에게 약속해온 사회개혁이었다. 전쟁이 끝나자 위기에 빠진 산업 부문에서는 노동자들이 나서서 국유화를 요구했고, 공장에서는 노동자평의회가 조직돼 자본가의 경영독재에 맞섰으며, 도시에서는 더 많은 주택·학교·병원을 시급히 필요로 했다. 그러나 이런 과제들에 대해서는 자유주의 세력의 반발이 완강했다. 자유주의자들은 아직 더 큰 국가와 관리된 시장을 받아들일 준비가 돼 있지 않았다. 따라서 이들과 연립정부를 구성하고 있던 사회민주주의 정당들에게는 사회개혁의 가능성이 봉쇄돼 있었다. 다만 우회로를 찾아 나서기는 했다. 노동자 밀집지의 지방정부에서는 굳이 연립정부를 꾸릴 필요가 없었다. 사회민주주의 정당 단독으로 지방정부를 꾸릴 수 있었다. 이들은 이런 지방정부에서 제한적인 수준이기는 하지만 사회개혁을 시도했다. 복지'국가' 이전에 복지'지자체'가 먼저 등장한 셈이다. 예컨대 중앙정부에서 밀려난 오스트리아 사회민주노동당은 '붉은 빈' 실험에 착수했다. 이른바 '지방자치 사회주의'의 시대였다.

이런 상황에서 짧은 안정기가 끝나고 1929년 세계 대공황이 닥쳤다. 그간 강령에서 이야기된 자본주의의 '붕괴'에 가까운 사태가 실제로 일어난 것이다. 애초 시나리오대로라면 이는 좌파정당의 기회가 되어야 했다. 그러나 정반대였다. 대공황의 해일이 대서양을 건너 유럽 해안을 때릴 때, 독일과 영국에서는 각각 사회민주당과 노동당이 여당이었다. 이들은 연립정부의 동료들(자유주의 정당)과 함께 혹은 이들보다 더 열렬하게 과거의 낡은 처방을 반복했다. 불황에도 불구하고 통화안정성 유지에만 골몰하면서 시장이 제 궤도로 돌아오기를 기다렸다. 불황은 더욱 심해져 공황이 됐고, 진보정당에 표를 던진 수많은 노동자들은 실업자 신세가 되는 것으로 보답을 받았다. 대가는 혹독했다. 영국에서는 노동당의 의석이 1/4 이하로 폭락했고, 독일에서는 나치가 집권해 몇 세대에 걸친 진보정당운동을 송두리째 파괴해버렸다.

여기에는 베른슈타인식 개혁주의의 문제가 있었다. 이 전통적 개혁 관념에 따르면, 대중이 원하는 개혁 조치들이 누적되면 점차 새로운 사회로 나아가게 된다. 그러나 과연 그럴까? 가령 복지제도를 하나둘 늘리는 것으로 충분한가? 아니다, 복지제도가 양적으로 늘어나면 반드시 이를 뒷받침할 재정구조가 필요하게 된다. 또한 이러한 새 재정구조는 그에 조응하는 무역 및 외환 통제를 수반해야 한다. 다시 이런 통제가 가능하게 하려면 이를 실시할 역량을 지닌 국가기구가 갖춰져야 한다. 이렇게 서로를 지탱하는 일련의 제도들의 묶음이 동시에 필요하다. 이런 얼개를 만들어내지 못한다면, 단 하나의 복지제도도 지속 불가능하다. 즉, 개혁조치들은 단순 누적되지 않는다. 애초부터 일정한 새 시스템을 만드는 개혁이 아니면 안 된다. 이런 점에서 개혁은 반드시 어느 정도는 '구조'개혁이어야 한다. 그러나 대공황 시기 대다수 진보정당들은 이를 이해하지 못했다. 그중 좌파는 여전히 100% 자본주의에서 100% 사회주의로 넘어간다는 비현실적 교리에 머물렀고, 우파는 자유주의와 동일한 거시경제 운영을 통해 이제껏 성취한 약간의 사회개혁마저 퇴색시키고 말았다.

말하자면 진보정당들은 국민국가의 경계 안에서 보편화된 지 막 10

여 년쯤 된 민주주의와, 세계 전쟁 이후 계속 불안정 상태인 자본주의를 공존시키는 데 실패했다. 이 실패의 결과가 파시즘, 그리고 새로운 세계 전쟁이었다. 이러한 재앙을 이겨내는 가운데, 뒤늦게 돌파구가 열렸다. 미국 민주당 정부의 뉴딜 정책을 통해 새로운 형태의 자유주의가 부상한 것이다. 이 수정자유주의는 사회민주주의와 연대해 자본주의 중심부에 복지국가를 열 준비가 돼 있었다. 사회민주주의 자신도 자유주의 진영에서 등장한 새 경제 이념인 케인스주의에서 사회개혁을 뒷받침할 경제정책 틀을 발견했다. 이를 바탕으로 종전 후 서구 진보정당들은 복지국가 건설에 나섰다. 오직 스웨덴 사회민주노동당만이 이들과 달리 외부충격이 아닌 자기 스스로의 노력으로 이들보다 먼저 이 작업에 착수할 수 있었다.

결론적으로, 20세기 초의 대위기는 진보정당이 애초에 구상했던 정치적 방식으로 해결되지는 못했다. 개혁정당들이 개혁을 성공시키거나 혁명정당들이 혁명을 성사시켜서 극복된 게 아니었다. 전 지구적 전쟁을 통해 해결돼야만 했다. 세계 진보정당운동사에서 이것은 1차 세계대전의 개전을 막지 못한 것보다 더 뼈아픈 참패였다. 더구나 이는 100여 년 만에 다시금 비슷한 수준의 대위기를 맞이하고 있는 우리 세대에게 참으로 불길한 선례이기도 하다.

이 시기를 더욱 상세히 조망하려는 독자에게는 다음 책들을 추천한다.

도널드 서순,《사회주의 100년: 20세기 서유럽 좌파정당의 흥망성쇠》1, 강주헌 외 옮김, 황
소걸음, 2014,〈제1부 정치권력을 향한 험난한 여정〉.

에릭 홉스봄,《극단의 시대: 20세기 역사》상, 이용우 옮김, 까치, 1997,〈제1부 파국의 시대〉.

장석준,《신자유주의의 탄생: 왜 우리는 신자유주의를 막을 수 없었나》, 책세상, 2011,〈제2장
신자유주의, 그 이전의 역사〉 중 '제1부 좌파 정치와 생활 세계, 국민국가 그리고 지구 질
서'.

제프 일리,《The Left 1848-2000: 미완의 기획, 유럽 좌파의 역사》, 유강은 옮김, 뿌리와이파
리, 2008,〈Ⅱ. 전쟁과 혁명, 1914-1923〉,〈Ⅲ. 안정과 '진지전'〉.

**20세기 초 자본주의의 대위기를 더욱 깊이 있게 이해하기 위해서는 다음의 고전을 반드시
읽어보아야 한다.**

칼 폴라니,《거대한 전환: 우리 시대의 정치·경제적 기원》, 홍기빈 옮김, 길, 2009. 특히 진보
정당과 관련해서는,〈제19장 인민 정부와 시장경제〉.

코민테른 운동의 개괄로는 다음 책들을 권한다.

케빈 맥더모트·제레미 애그뉴,《코민테른: 레닌에서 스탈린까지, 국제 공산주의운동의 역
사》, 황동하 옮김, 서해문집, 2009.

향청,《코민테른과 중국혁명 관계사》, 임상범 옮김, 고려원, 1992.

**양차대전 사이에 유럽 사회민주주의 정당들이 부딪힌 위기와 그 극복 과정에 대해서는 다
음 책들을 권한다.**

셰리 버먼,《정치가 우선한다: 사회민주주의와 20세기 유럽의 형성》, 김유진 옮김, 후마니타
스, 2010.

A. 스터름달,《유럽 노동운동의 비극》, 황인평(황광우) 옮김, 풀빛, 1983.

역사의 '거름'이 되어야 할 때와 '추수'에 나서야 할 때

/

2차 세계대전 전의 이탈리아 사회당·공산당

대중운동의 수세守勢기를 헤쳐 나갈 길은
무엇인가? 지금 우리가 상식이라고 생각하는
교훈들이 당시에는 숱한 희생과 패배를 통해
새로 배워야 할 낯선 진실이었다. 한때 혁명의
문턱까지 갔다가 다시 파시즘의 반격에
내몰려야 했던 이탈리아의 사회당과 공산당은
이 값비싼 수업의 첫 번째 학생이었다.

안토니오 그람시라는 이름을 들어보았을 것이다. 이탈리아에서는 이미 국민적 위인 중 한 사람으로 추앙받는 혁명가이며 사상가다. 그가 베니토 무솔리니Benito Mussolini의 파시스트 정부에 의해 투옥되고 나서 쓴 글 중에 이런 대목이 있다.

무언가 근본적으로 바뀌었다. 이건 분명한 사실이다. 그것이 무엇인가? 이전에는 사람들이 모두 역사의 경작자가 되고 싶어 했다. 능동적이고 적극적인 역할을 맡고 싶어 했다. 아무도 역사의 '거름'이 되고 싶어 하지는 않았다. 그러나 먼저 땅에 거름을 주지 않고 경작을 할 수가 있을까? 그러므로 경작자와 거름은 둘 다 필요한 것이다. 사람들은 추상적으로는 모두 이 사실을 인정했다. 그러나 실제에 있어서는? '거름'은 희미한 그림자로 사라져버리곤 했다.— 하지만 이제는 사정이 달라졌다.[1]

───── **1** 안토니오 그람씨, 《그람씨의 옥중수고 I: 정치편》, 이상훈 옮김, 1992, 103쪽.

역사의 '경작자'로서의 당, 이에 대해서는 많은 이야기가 알려져 있다. 1917년 러시아 혁명이 있고 나서 서유럽 좌파정당 중 상당수는 저마다 역사의 추수秋收에 나서겠다며 당명을 바꾸거나 새로운 당을 만들었다. 대개 '공산주의'를 당명에 내걸면서 말이다. 하지만 역사의 '거름'으로서의 당이라?

당장 세계혁명이 일어날 것 같던 상황이 반전되자, 열에 들뜬 젊은 공산당들에게 곧바로 새로운 문제가 닥쳐왔다. 대중운동의 수세守勢기를 헤쳐 나갈 길은 무엇인가? 지금 우리가 상식이라고 생각하는 교훈들이 당시에는 숱한 희생과 패배를 통해 새로 배워야 할 낯선 진실이었다. 한때 혁명의 문턱까지 갔다가 다시 파시즘의 반격에 내몰려야 했던 이탈리아의 사회당과 공산당은 이 값비싼 수업의 첫 번째 학생이었다.

불안정한 나라의 불안정한 노동자 정당

여러 소국과 오스트리아 영토로 찢겨 있던 이탈리아반도는 1860년 북부 피에몬테 왕국의 주도로 통일국가가 되었다. 그러나 이 통일은 영토상의 통일에 그쳤다. 북부와 남부는 언어조차 크게 달랐고, 북부 도시와 남부 농촌 간 격차는 거의 '한 나라'라고는 생각하기 힘들 정도였다. 통일은 이러한 차이를 줄이기보다는 도리어 확대하는 역할을 했다. 북부 자본가들과 남부 지주들이 결탁하여, 북부에서는 산업화를 추진하면서 남부에서는 토지 소유의 모순을 온존시켰기 때문이다.

1870년대 세계 대불황이 이탈리아에도 어두운 그림자를 드리우자

불완전한 통일은 금세 문제를 드러냈다. 반도 곳곳에서 미하일 바쿠닌 Mikhail Bakunin을 추종하는 아나키스트들의 선동으로 봉기가 빈발했다. 대규모 산업화가 추진된 1870년대 후반부터는 민중 봉기가 줄어들기 시작했지만, 조금이라도 생활상의 위기가 닥치면 자발적 대중행동이 벌어지는 분위기 자체는 지속됐다. 이 점에서 이탈리아는 다른 서유럽의 발전된 자본주의 국가들과 러시아 같은 저발전된 국가 사이 어딘가에 있었다.

산업화의 영향으로 1880년대부터 노동조합운동이 발전하면서 바쿠닌주의의 영향력은 수그러들었다. 대신 선거 참여 노선을 선택한 사회주의자들이 점차 지지를 얻었다. 지역별로 시작된 정치세력화 움직임은 1892년 '이탈리아 노동자당'으로 한데 모였다. 3년 후에 이 당은 '이탈리아 사회[주의]당PSI'으로 이름을 바꿨다. 사회당에는 노동조합, 협동조합, 노동자 공제회 등이 집단가입했다. 즉, 각 단체가 대의기구를 통해 사회당 가입을 결정하면, 해당 단체의 모든 성원이 자동으로 사회당원으로 인정된 것이다. 당시 유럽 진보정당들 중에는 이탈리아 사회당 외에도 집단입당제도를 실시하는 정당이 더러 있었다. 영국 노동당은 노동조합의 집단가입 덕분에 빠른 속도로 성장했고, 지금도 이 제도를 유지하고 있다. 스웨덴 사회민주노동당도 초기에는 노동자 단체들의 집단가입을 통해 당원을 충원했다.

사회당의 성장에는 집단입당제도 외에도 '노동회의소'라는 독특한 기관이 큰 역할을 했다. 노동회의소는 지역 노동자 단체들의 연합이라고 할 수 있는데, 흔히 지역마다 하나씩 있는 노동자 회관을 중심으로 활동했다. 노동자 회관에는 노동조합, 협동조합, 사회당 지구당, 당 기관지 지사 등이 입주해 있었고, 노동자들을 위한 식당과 술집·진료소까지 갖추고 있었다. 사회당, 노동조합, 협동조합 등의 노동자 조직들은 이 회관에서 일상적으로 접촉하며 '노동회의소'라는 이름 아래 회의를 하고 공동행동을 모색했다. 이러한 노동회의소는 1902년까지 전국에 걸쳐 76개소가 만들어졌다.[2]

하지만 이탈리아 사회당에게는 창당 당시부터 커다란 한계들이 있었고, 이는 이후에도 좀체 극복되지 못했다. 우선 사회당은 독일 사회민주당 같은 강력한 단일 정당이 아니라, 수많은 사회주의·노동단체들의 연합에 가까웠다. 정파연합에서 출발했다가 장 조레스를 중심으로 중앙 지도력을 형성해나간 프랑스 사회당과는 달리, 이탈리아 사회당에서는 그러한 지도력이 형성되지 못했다. 의원단은 의원단대로 따로 움직였고, 공장 조직들은 공장 조직대로, 기관지는 기관지대로 독자행동을 했다. 대의원대회와 기관지 〈아반티!Avanti!〉('전진!')의 유통이 당의 통일성을 유지하는 유일한 버팀목이었다.

또한 사회당은 이탈리아 사회의 고질적 병폐인 남북모순을 극복하려 노력하기보다는 스스로 이 모순에 발목이 잡혀 있었다. 당세가 발전한 이후에도 사회당 의원들 중 남부 출신은 10%에 머물렀다. 사회당 의원단은 제2인터내셔널 내에서도 베른슈타인식 개혁주의의 가장 철저한 신봉자였던 필리포 투라티Filippo Turati가 주도하고 있었는데, 이들은 의회를 지배하는 남부 지주와 북부 자본가 사이의 합의에 감히

---

2 이탈리아의 노동회의소, 그리고 이와 비슷한 스웨덴의 민중의 집에 대해서는 다음 책들을 참고할 것. 마거릿 콘,《래디컬 스페이스: 협동조합, 민중회관, 노동회의소》, 장문석 옮김, 삼천리, 2013; 정경섭,《민중의 집》, 레디앙, 2012.

1차 세계대전과 2차 세계대전 사이

도전하려 하지 않았다. 단지 남부의 희생을 대가로 한 북부의 산업화로부터 일부 북부 조직 노동자들의 경제적 이득을 얻어내려 할 뿐이었다. 1890년대에 남부 시칠리아에서 빈농들이 대중운동을 일으켰을 때도 사회당은 침묵으로 일관했다.

이러한 한계들로 인해 사회당은 역사의 적극적인 주도자가 되기보다는 역사적 모순의 수동적인 반영에 머물렀다. 겉으로만 보면, 대중의 불만이 주기적으로 폭발하는 이탈리아의 독특한 상황 때문에 사회당의 성장 과정은 대중투쟁과 함께했다. 이는 제2인터내셔널에서는 보기 드문 사례였다. 예를 들어, 사회당은 1900년 총선에서 13%의 지지를 받아 33명의 의원을 당선시켰다. 당시 이탈리아는 아직 보통선거제도 실시 전이었기 때문에 이는 놀라운 성과라고 할 수 있었다. 이런 결과가 가능했던 것은 바로 2년 전, 밀라노에서 정부의 식료품 가격 인상에 항의하는 격렬한 대중투쟁('밀라노의 4일'이라 불리며, 80명의 사상자를 냈다)이 있었기 때문이다. 하지만 이러한 대중행동 중에 사회당이 주도적인 역할을 맡거나 어떤 전술적 목표를 제시한 적은 없었다. 당은 자발적 대중행동을 억누르지는 않았지만, 그것에 방향을 부여하려 하지도 않았다.

이런 상황에서 1901년 조반니 졸리티Giovanni Giolitti 정부가 출범했다. 졸리티는 개혁 부르주아 정치인으로서 북부 자본가들의 이해를 순수하게 대변하려 했다. 그는 북부 자본가와 노동자 사이에 타협을 이뤄 경제성장의 견인차로 만들려 했다. 1900년대의 장기호황이 그의 정책을 뒷받침했다. 1906년 창설된 노동총동맹CGL은 겉으로는 프랑스식 혁명적 생디칼리슴을 이념으로 표방하면서도 실제로는 졸리티

정부와의 협상을 통해 북부 노동자들의 경제적 이익을 조금씩 확대하는 데 몰두했다. 이는 의회에서 투라티 등의 개혁주의자 사회당 의원들이 추구한 '자유주의–사회주의 연립정부'라는 꿈과 일치하는 것이었다.

이 와중에도 대중투쟁의 주기적 폭발은 의연히 지속됐다. 1차 러시아 혁명이 벌어지던 1904년부터 1906년 사이에 대중파업이 발생했다. 1912년부터 호황이 주춤하자, 마치 러시아에서 1912년부터 파업 물결이 되살아난 것과 마찬가지로, 이탈리아에서도 1914년까지 노동자 투쟁이 급증했다. 사회당에도 이러한 분위기가 반영돼, 〈아반티!〉를 중심으로 당의 최대강령(사회주의 혁명)을 견지하자는 '최대강령파'가 형성됐다. 핵심 지도자는 〈아반티!〉 편집장 지아친토 세라티Giacinto Serrati였다. 이들은 1900년대 내내 의원단의 개혁주의자들과 엎치락뒤치락하는 당내투쟁을 계속하다가 1912년 대의원대회에서 당권을 장악했다. 그리고 이해에 실시된 총선에서 사회당은 최초의 남성 보통선거제도 아래서 79석을 획득했다.

파업 물결은 급기야 1914년 6월, 반전시위 유혈진압에 항의하며 바리케이드 전투로 발전했다. 이탈리아도 러시아와 마찬가지로 혁명적 위기의 문턱에서 1차 세계대전을 맞이했던 것이다.

이탈리아 자유주의 국가의 위기, 사회당의 위기

이탈리아는 여타 서유럽 나라들과는 달리 전쟁이 일어난 지 1년 만에 뒤늦게 참전했다. 최대강령파가 당권을 장악한 사회당은 전쟁 발발 당시부터 줄곧 반전 입장을 견지했다. 정부의 전쟁수행 위원회들에 의원단 일부가 참여해서 이들의 제명 문제가 커다란 쟁점이 되긴 했지만, 투라티 등의 개혁주의자 다수는 당론을 비교적 충실히 따랐다. 자유주의 정부가 참전을 선택한 이유는 국내 위기를 전쟁으로 풀려는 데 있었다. 이탈리아는 '각국 지배세력이 국내 계급투쟁을 대외 전쟁으로 해소하려 했기 때문에 1차 세계대전이 발발했다'는 일부 역사학자들의 해석이 가장 잘 들어맞는 나라였다. 그러나 자유주의자들의 의도와는 정반대로 전쟁은 이탈리아 사회를 더욱 뒤흔들어놓았다. 한편에서는 군수산업의 호황으로 거대 독점자본이 급성장했다. 토리노의 자동차회사 피아트FIAT가 대표적인 예였다. 그러나 다른 한편에서는 대다수 서민이 전시 식량난과 물가상승으로 고통받았고 생활수준이 급락했다. 아니나 다를까, 전쟁 직전의 투쟁 양상이 다시 나타났다. 1917년 초 토리노 섬유공장 여성 노동자들의 물가 항의시위를 시발로 파업 물결이 되살아났다. 마침 이탈리아에 전해진 러시아 10월혁명 소식은 대중에게 변화의 열망을 부채질했다. 사회당 역시 러시아 혁명을 지지하는 입장을 보였다.

1919년 3월에 제3인터내셔널(코민테른)이 결성되자 사회당은 10월 대의원대회에서 코민테른 가입을 결정했다. 흔히 기존 유럽 좌파정당 중 당내 소수파만이 코민테른에 결합했다고 오해하곤 하는데, 결코 그렇지 않았다. 이탈리아 사회당뿐만 아니라 프랑스 사회당도 대의원대회를 통해 코민테른 가입을 결의했다. 코민테른의 혁명노선은 당시 서유럽에서도 일정한 대중적 지지를 얻고 있었던 것이다. 그렇다고 이탈리아 사회당이 좀 더 적극적인 혁명정당으로 탈바꿈했느냐 하면 그렇지는 않았다. 코민테른 가입이나 혁명적 결의안의 반복은 자본가들을 긴장시키기에 충분했다. 그러나 이러한 제스처는 기득권 세력을 자극하여 더욱 단결시키는 효과만 낳았을 뿐, 기득권 세력을 굴복시킬 광범한 사회세력을 결집하는 실천으로 구체화되지 못했다.

1919년은 이탈리아 자유주의 국가의 위기가 한계점에 도달한 해였다. 노동자들이 파업에 나섰을 뿐만 아니라 중간계층도 거리로 나왔다. 전선에서 돌아와 일자리를 찾지 못한 제대군인들은 이해 6월에 참전군인협회를 건설했는데, 애초에 이들이 내건 것은 무슨 극우 이념이 아니라, 민주국가 건설이었다. 남부 빈농들은 토지개혁을 요구하며 토지점거운동을 벌였다. 하지만 사회당은 이러한 중간계층의 움직임을 활용하려는 노력을 전혀 하지 않았다. 당은 이탈리아 사회변혁의 구체적인 전략을 다듬지도 않았고, 당조직을 적극적인 행동조직으로 재편하려 하지도 않았으며, 제대군인 정책과 농민정책을 통해 이들 중간계층과 노동운동 사이의 거리를 좁히지도 못했다. 오직 토리노 지부(당원 1000여 명)의 젊은 활동가들만이 유일하게 어떤 전략적 전망을 수립하려고 시도했다. 1919년 메이데이에 안토니오 그람시, 팔미로 톨리아티 Palmiro Togliatti, 안젤로 타스카 등 토리노의 사회당 활동가들은 〈로르디네 누오보L'Ordine Nuovo〉('새 질서')라는 새로운 주간지를 창간했다(발행 부수 5000부). 이 잡지를 통해 그람시 등은 공장의 전체 노동자가 생산활동을 직접통제하는 것이 대안사회의 진정한 출발점이라고 역설했다.

〈로르디네 누오보〉 그룹은 1918년에 토리노의 공장들에 등장한 '내부위원회'라는 틀에 주목했다. 이탈리아는 노동조합 조직률이 낮았기 때문에 현장 전체 노동자들의 의사를 대변하자면 산업별 노동조합 외에도 또 다른 대의체계가 필요했다. 개별 회사 차원에서 경영진과 협상하기 위해 노동자들이 자발적으로 조직한 내부위원회는 그런 대의체계의 맹아를 보여주었다. 〈로르디네 누오보〉 편집진은 내부위원회를 기업별 노사협상뿐만 아니라 생산통제까지 추구하는 '공장평의회'로 발전시키자고 주장했다. 이는 비록 그 시야가 이탈리아 최첨단 공업도시 토리노라는 지역적 한계에 갇혀 있는 것이기는 했지만, 이탈리아 사회당 안에서 처음으로 제출된 구체적인 전략 제안이었다.

그러나 사회당의 내부위기에 대하여 가장 강력한 전국적인 대안으로 떠오른 것은 〈로르디네 누오보〉 그룹이 아니었다. 그 주인공은 〈일 소비에트Il Soviet〉('소비에트')[3]라는 저널을 통해 청년 좌파의 전국적 조직화를 추진하던 아마데오 보르디가Amadeo Bordiga였다. 1919년 11월로 예정된 전후 최초의 총선을 앞두고 보르디가는 선거를 비롯해 일체의 부르주아 제도에 불참한다는 초超좌파적 방침을 바탕으로 각지의 좌파 당원들을 규합했다(선거불참파). 이는 "사회당의 다수를 장악하기 위해 노력하고, 선거 등 대중접촉 공간에 적극 참여하라"는 코민테른의 방침에 어긋나는 것이었다. 보르디가는 레닌이 《공산주의에서의 "좌익" 소아병》에서 비판 대상으로 염두에 둔 인물들 중 하나였다.

하지만 보르디가에게는 대중을 만나고 설득하는 것보다는 순수한 혁명좌파 이념을 고수하는 활동가들의 대오를 만들어내는 것이 더 중

---

3 '소비에트'는 러시아어로 '평의회'라는 뜻이다. 러시아 10월혁명으로 권력의 주체가 된 새 대의기구가 '노동자·농민·병사 소비에트'였다.

요한 과제였다. 이는 1918년 겨울에 제헌의회 선거에 참여하자는 로자 룩셈부르크의 호소를 조롱한 독일 공산당의 젊은 초좌파들과 비슷한 사고방식이었다. 비록 〈로르디네 누오보〉 그룹만은 선거 보이콧 방침에 반대했지만, 신진 좌파 내에서 이들의 목소리는 소수였다.

총선 한 달 전에 열린 사회당의 볼로냐 대의원대회에서 선거불참파의 극단적 노선은 다수의 지지를 얻을 수 없었다. 총선은 예정대로 시행됐고, 사회당은 총 508석 중 156석을 차지했다. 또한 소농을 주요 기반으로 하는 가톨릭 계열 신생정당 인민당(나중에 기독교민주당으로 발전하게 된다)이 100석의 농촌 의석을 차지했다. 정당 조직조차 변변히 갖추지 못한 집권 자유주의자들에게는 재앙에 가까운 결과였다. 전쟁 전에 2만 명 정도였던 사회당 당원 수는 18만으로 늘었고, CGL 조합원은 25만 명에서 200만 명으로 급증했다. 겉으로만 보면, 노동계급의 승리가 멀지 않은 듯했다.

무산된 역사의 '추수'

1919년 9월 초, 〈로르디네 누오보〉 그룹이 제안했던 전략이 드디어 현실로 그 모습을 드러냈다. 피아트를 비롯해 토리노의 30개 공장에서 5만 노동자가 내부위원회를 공장평의회로 전환한다고 결의했다. 그해 말까지 토리노에서 공장평의회로 조직된 노동자는 총 15만 명이었다. 12월에 사회당 토리노 지부와 토리노 노동회의소는 공장평의회를 공식노선으로 승인했다. 12월 3일 토리노 시당의 집회 지침이 내려지자 공장평의회 체계를 통해 12만 명의 노동자가 1시간 만에 집회장으로 모여들었다. 사회당 역사에서 경험해보지 못한 조직력이고 행동력이었다. 토리노 시당은 공장평의회 대의원들을 대상으로 12월 한 달 동안 대대적인 정치교육을 벌였다.

〈로르디네 누오보〉 그룹이 공장평의회를 강조한 것은 무엇보다도 기존 산업별 노동조합에 대한 문제의식 때문이었다. 금속노동자연맹 FIOM 간부들과는 달리 공장평의회 대의원들은 작업 현장에서 직접 선출되고 쉽게 소환할 수 있었다. 현장 노동자들의 풀뿌리 민주주의가 작동한 것이다. 또한 아직 노동조합에 조직돼 있지 않은 노동자들까지 포괄할 수 있었다. 테일러주의의 도입으로 인해 늘어난 미숙련 노동자들 중 대다수는 여전히 금속노동조합 바깥에 있었다. 그래서 마치 요즘의 정규직-비정규직 차이처럼 숙련 정도에 따라 어떤 노동자들은 노동조합의 보호를 받는 반면, 다른 많은 노동자들은 여기에서 소외돼 있었다. 더구나 여기에 이탈리아 특유의 남북모순까지 얽혀들었다. 이제 막 공장에 입사한 젊은 미숙련 노동자들은 대개 남부 출신이었던 것이다. 그람시 등은 공장평의회 운동을 통해 조직-미조직, 숙련-미숙련, 북부-남부 등 여러 차이들이 얽힌 복잡한 구조를 끊어내려 했다.

흥미로운 것은 최대강령파 출신의 사회당 지도자 세라티가 공장평의회 노선을 반대한 것이 공장평의회의 위와 같은 특성들 때문이었다는 점이다. 세라티가 보기에 혁명의 주역은 '조직' 노동자이지 '미조직' 노동자가 아니었다. 진보정당과 노동조합이야말로 혁명의 주체였다. 노동조합과 서먹한 관계를 만들면서까지 제3의 조직 실험에 나설 필요가 없었다. 사실 이 점에서는 보르디가도 세라티와 의견이 일치했다.

다만 보르디가의 경우는 순수한 혁명적 입장을 견지하는 '전위정당'을 주인공으로 내세웠다는 점이 좀 다를 뿐이었다.

공장평의회의 파업투쟁은 고용주들의 선제공격으로 시작되었다. 1920년 3월, 토리노의 금속 사업장 고용주들은 갑자기 서머타임제를 실시하고는 이에 반대하는 내부위원들을 해고해버렸다. 눈엣가시인 내부위원회를 파괴하려는 공작이었다. 토리노 공장평의회들은 공장점 거 파업에 돌입했다. FIOM이 즉각 총파업을 선포했고, CGL도 4월 13일 형식적으로나마 총파업을 선언했다. 하지만 다른 지역의 투쟁은 토리노 같지 못했다. 전국의 헌병대가 토리노로 몰려들었다. 사회당의 세라티 집행부는 토리노의 고립을 깨기 위해 다른 지역의 행동을 호소하기보다는 오히려 토리노 금속 노동자들의 자제를 촉구했다.

6월, 황야에서 돌아와 다시 총리가 된 졸리티는 파업 노동자들에게 '경영 참여'를 약속하면서 파업 지도부를 협상장으로 이끌어내는 데 성공했다. 정부와 CGL 사이에 지루한 협상이 계속되던 그해 여름, 모스크바에서는 코민테른 제2차 대회가 열렸다. 여기에서 코민테른 집행부는 이탈리아 사회당의 범좌파에게 의견통일을 요구했다. 우선 세라티의 구좌파에게는 당명을 개정하고 개혁주의자 의원들을 하루빨리 출당시키라고 촉구했다. 그리고 보르디가의 신좌파에 대해서는 선거불참노선 등의 초좌파적 입장을 비판했다. 그러나 두 세력 모두 코민테른 방침에 대해 다른 복안들을 고수했다. 세라티는 투라티 일파와 선을 그을 생각이 없었다. 보르디가는 이미 사회당의 다수를 장악하기보다는 공산당을 분리 창당한다는 입장을 굳히고 있었다. 혁명적 상황에서 이탈리아 사회당을 혁신하여 그 지도력을 높이려던 코민테른의

1920년, 공장을 점거한 이탈리아 노동자들.

노력은 아무런 결실도 거두지 못했다.

　그 여름의 끝(8월 31일)에, 지지부진한 노사협상에 참다못한 노동자들이 공장점거 파업을 재개했다. 50만 노동자들이 4주간 공장점거를 계속했고, 공장평의회가 전국으로 확산될 조짐을 보였다. 토리노에서는 피아트의 파업 노동자들이 경영진 없이 직접 자동차를 생산하기 시작했다. 매일 37대의 자동차가 생산되었다. 생산으로부터 철수하는 고

전적인 파업과는 달리 파업 중에 노동자가 생산활동을 스스로 관리하는 놀라운 사태가 벌어진 것이다. 그람시 등 사회당 토리노 지부의 구상과 설득이 있었기에 가능한 실험이었다.

그러나 졸리티 정부는 사태가 더 발전하기 전에 노사협상을 타결하는 데 성공했다. 이로 인해 피아트의 노동자 자주관리 실험은 곧 중단됐지만, 노동자들은 어쨌든 경영참여처럼 평소 절대 따낼 수 없을 것 같았던 양보들을 받아냈다. 단체협약 문구만 보면 일단 그랬다. 하지만 세력관계의 균형추가 어느 쪽에 치우쳐 있는지는 또 다른 문제였다. 가장 불길한 것은 북부 노동자들의 이러한 성과를 남부 농민 등 다른 노동대중은 다시 한번 질시와 좌절의 눈길로 바라본다는 사실이었다. 노동자들은 고립되고 있었다.

정국은 신속하게 그해 11월의 지방선거를 준비하는 국면으로 바뀌었다. 선거 결과는 사회당의 약진이었다. 하지만 힘의 중심은 이미 노동운동 쪽에 있지 않았다. 일단 노동자들의 공세가 한풀 꺾였다고 판단한 자본가·지주들은 거기에서 만족하지 않았다. 이들은 이제 수세에서 공세로 전환하길 바랐다. 이 공세를 위해 그들은 새 친구와 손을 잡았다. 과거 사회당 최대강령파의 일원으로 〈아반티!〉 편집장까지 역임했던 무솔리니가 극우파로 전향해 창당한 파시스트당이 그 대상이었다.

파시스트당 행동대들은 노동 진영에 대한 테러를 개시했다. 정국 주도권이 급속히 오른쪽으로 기울었다. 지방선거 승리를 기념하며 페라라 시청에 붉은 깃발이 게양된 그 순간, 볼로냐 시청 광장의 사회당 승리 기념대회 석상에서는 파시스트가 투척한 폭탄으로 10명의 노동자가 목숨을 잃었다.

1차 세계대전과 2차 세계대전 사이

공산당 창당 - 한 걸음 전진, 혹은 두 걸음 후퇴?

불안하고 긴장된 분위기 속에 1921년 1월, 리보르노에서 사회당 대의
원대회가 열렸다. 세라티의 당권파에 한없이 실망한 당내 모든 신진 좌
파세력은 이 대의원대회를 단단히 벼르고 있었다. 이들은 지난해 11월,
이몰라에 모여 〈공산주의 분파 선언〉을 발표한 바 있었다. 보르디가의
선거불참파를 다수파로 하고 토리노의 〈로르디네 누오보〉 그룹을 소
수파로 하는 '공산주의 분파'가 건설된 것이다.

처음에 그람시 등의 구상은 사회당에 남아서 당내 다수파 형성을
위해 노력한다는 것이었다. 그러나 리보르노 대회에서 당권파의 9만
8000표에 대해 공산주의 분파가 5만8000표만 획득한 것으로 드러나
자, 공산주의 분파는 보르디가의 주도 아래 대의원대회에서 철수했다.
이들은 곧바로 '이탈리아 공산[주의]당PCI'을 창당했다. 4만 명의 사회
당원이 공산당으로 당적을 옮겼다. 한마디로 전광석화 같은 분당이었
다. 이것은 과연 전진이었던가? 보르디가 등이 보기에는 확실히 그랬
다. 반면 그람시는 일단 공산주의 분파의 결정에 따르긴 했지만, 보르
디가파의 확신에는 동조할 수 없었다. 작년의 쓰라린 경험이 더욱 효
과적인 당운동의 필요성을 보여준 것은 사실이지만, 과연 신당이 그러
한 수단이 될 수 있을까? 이것은 혹시 대중의 상당 부분과 단절된 신진
좌파의 고립화는 아닌가? 후에 그람시는 이때를 회상하면서 "반동의
승리"라는 극단적 표현도 꺼리지 않았다.

반동은 프롤레타리아트를 자본주의 창세기의 상태로 되쫓아버리려 했다.

분산시키고, 고립시키고, 자기를 통일체로 실감하고 권력을 희구하는 계급이 아니라 흩어진 개개인으로 되돌아가게 하려 했다. 리보르노의 분열(이탈리아 프롤레타리아 다수파의 코민테른 이탈)은 의심할 여지 없이 반동의 일대 승리였다.[4]

창당 후 곧바로 5월 총선에 참여한 공산당은 29만 표를 얻어 15석을 획득했고, 사회당은 150만 표를 얻어 123석을 확보했다. 이탈리아를 신호로 해서 서유럽의 정치 상황은 급속히 극우세력의 반격과 노동 진영의 수세 국면으로 바뀌었다. 파시스트 테러 공세 속에서 CGL 조합원은 200만 명에서 80만 명으로 급감했고, 사회당 당원 수는 2만 5000명까지, 공산당 당원 수는 5000명까지 줄어들었다.

코민테른 제3차 대회는 레닌과 트로츠키의 주도 아래 이러한 급격한 상황 변화에 부합하는 전술을 제시했다. '연합전선'[5] 전술이 그것이었다. "연합전선 전술의 목적과 의미는, 필요하다면 제2인터내셔널과 2.5인터내셔널(9장 참고) 지도자들과의 공동투쟁을 통해서라도 더욱더 많은 노동자 대중을 자본에 대한 투쟁으로 끌어들여야 한다는 것이다" (레닌). 연합전선 전술의 구호는 "대중 속으로!"였다. 이 전술에 따른다면, 이탈리아 공산당은 사회당과 재통합하지는 않더라도 공동행동에 적극 나서야 했다. 코민테른은 더 나아가 사회당이 투라티 일파를 출당시킬 경우 공산당이 사회당과 재통합해야 한다고까지 권고했다. 그

---

4 그람시의 언급. 주제세 피오리,《그람시: 한 혁명가의 생애와 사상》, 신지평 옮김, 두레, 1991, 193쪽에서 재인용. 번역 일부 수정.
5 '통일전선' '공동전선' '협동전선' 등으로도 번역할 수 있다.

　　　　　　　　　　　　　　　1차 세계대전과 2차 세계대전 사이

러나 보르디가가 주도하던 이탈리아 공산당 집행부는 이를 모두 거부
했다. 과거의 쓰디쓴 경험에 따른 정서적 반감이 미래에 대한 냉철한
판단을 가로막았다.

> 그들(사회당)과 결별한 뒤, 그들에 대한 이데올로기적·조직적 투쟁은 계속
> 하면서도 반동에 대항하기 위한 동맹관계는 추구했어야 했다. 그런데 우
> 리 당의 지도적인 사람들은 이 노선에 접근하려는 인터내셔널의 모든 행
> 동을 마치 리보르노 분당의 묵시적 부인이나 후회의 표명인 것처럼 생각
> 한 것이다.[6]

1922년에 철도노동조합은 모든 노동자 세력을 모아 파시스트들에
대항할 '노동동맹'을 결성하자는 시의적절한 제안을 내놓았다. 여기에
는, 좌파 결집보다는 자유주의자들과의 협력을 통해 파시스트들을 제
압할 방안을 모색하던 CGL 지도부까지도 동참했다. 그러나 공산당은
끝내 불참했다. 공산당의 유아적 태도로 인해 이탈리아 노동계급은 파
시즘을 물리칠 좋은 기회를 놓쳐버렸다.

이런 와중에 파시스트 세력은 성장에 성장을 거듭했고, 1922년 10
월 8일 드디어 '로마 진군'이라는 사실상의 쿠데타를 통해 무솔리니를
총리에 앉히는 데 성공했다. 총파업으로 이에 맞서자는 호소는 사회당
과 CGL의 소극적인 태도 때문에 번번이 불발로 끝나버렸다. 다른 한
편 보르디가의 공산당은 여전히 공동행동 자체를 거부했다. 심지어는

---

6 그람시의 회상. 주제세 피오리, 앞의 책, 210쪽에서 재인용.

사회당에서 마침내 투라티 일파가 제명됐음에도 불구하고 코민테른 제4차 대회의 합당 권고를 거부했다.

보르디가는 "파시즘은 단순히 부르주아 지배의 연장延長일 뿐이며 반혁명은 필연적으로 실패하게 돼 있다"고 말할 뿐이었다. "파시즘 성공 뒤에 중간계층의 지지와 동원이 있다는 점을 주목하자"는 그람시의 주장은 묻혔다. 코민테른 제4차 대회에 이탈리아 공산당을 대표해 참석했던 그람시는 대회가 끝나고 나자 상주 대표자로 모스크바에 남았다. 이제 그의 고국 이탈리아에는 똑같이 힘을 잃은 세 개의 작은 진보 정당들이 존재할 따름이었다―공산당, 사회당, 통합사회[주의]당(투라티 일파가 새로 만든 당).

뒤늦게 파시즘에 대항하여

이탈리아 공산당은 파시즘과 거의 동시에 탄생했다. 그러나 파시스트들을 권좌에 앉힌 혁명의 썰물은 공산당의 발전을 지체시켰다. 공산당은 파시즘 의 치명적 위험성을 파악하지 못한 채 혁명에 대한 환상에 젖어 있었다. 그리고 코민테른의 연합전선 방침에 대해 화해할 수 없는 적대감을 보였다. 간단히 말하면, 모든 종류의 소아병에 걸려 있었다. 하나도 이상할 것이 없다! 태어난 지 2년밖에 되지 않았기 때문이었다. 공산당의 눈에는 파시즘 이 '자본주의 반동'으로만 보였다. 노동계급에 대항하여 소자본가 대중을 동원하는 파시즘의 **특수성**을 공산당은 인식할 수 없었다. 그람시를 제외하고 공산당 지도부는 파시즘의 권력 장악 가능성을 전혀 염두에 두지 않았다고 이탈리아 동지들이 필자에게 말한 바 있다.[7]

무솔리니 집권 직후 공산당은 면책특권이 없는 지방의원들을 포함해 당원의 1/4이 검거됐다. 보르디가 역시 구속됐다. 당의 유일한 합법 활동 공간은 이제 의원단뿐이었다. 러시아에 있던 그람시는 집행부 공백 상태를 메우기 위해 귀국을 준비했다. 그는 귀국하기 전 우선 과거 〈로르디네 누오보〉 그룹의 동지였던 톨리아티 등을 설득해 '신중앙'을 형성했다. 그리고 신중앙의 새로운 전략노선을 제출했다. 그 내용은 이랬다. 첫째, 사회당 내의 세라티파와 제휴해 공동의 노동계급 대중신문을 창간한다. 둘째, CGL의 관료주의에 대항하기 위하여 다시 내부 위원회를 활용한다. 셋째, 이탈리아 사회의 변화는 오직 남부 농민의 동참을 통해서만 가능하므로 노동자-농민 동맹을 적극적으로 강조한다. 그리고 이러한 목표들을 실현하기 위해 노동자 당원들을 공장 세포로 조직하고 당원 정치교육을 강화한다.

그람시의 신노선은 한마디로 기존 보르디가 노선의 전면 수정이었다. 파시스트의 압승이 예상되던 1924년 총선에서 대부분의 야당들은 선거 보이콧을 추진했으나, 이번에는 공산당이 오히려 적극적인 선거 참여를 주장하고 나섰다. 이 때문에 다른 정당들도 결국 선거에 참여하게 됐다. 공산당은 또한 사회당에 '공동 선거블록'을 제안했다. 그러나 사회당 집행부는 이를 거부했고, 세라티의 '통일공산주의파'만이 탈당하여 공산당에 합류했다. 리보르노 대회 이후 참으로 기나긴 여정 끝의 부분적 재통합이었다. 이 선거에서 당선된 공산당 의원 19인(지지율 4%)

---

7 L. 트로츠키, 〈다음에는 무슨 행동을 할 것인가: 독일 노동계급의 운명이 걸린 문제들〉, 《트로츠키의 반파시즘 투쟁》, 박성수 옮김, 풀무질, 2001, 201-202쪽. 강조는 저자, 번역 일부 수정.

1920년대 초반, 당시 30대
이던 안토니오 그람시.

중에는 그람시도 있었다. 의원 면책특권에
따라 그람시는 파시즘 치하의 고국에 돌아
올 수 있었다.

귀국한 그람시는 의원단과 각종 대중공
간을 활용하는 공세적인 정치활동을 펼쳤
다. 뒤늦게나마 공산당은 사기를 잃은 대중
들과 다시 접촉하고 이들을 새로이 규합하
는 활동에 나선 것이다. 당은 우선 1924년
2월에 〈루니타L'Unita〉('단결')라는 대중신
문을 창간해 2만5000부를 발행했다. 3월부
터는 한동안 폐간됐던 〈로르디네 누오보〉를 월간 이론지로 발행하기
시작했다(6000부). 옥중의 보르디가는 이 모든 시도를 반대했고 의원
후보 명단에 지명되는 것조차 거부했다.

1924년 6월, 뜻밖의 기회가 왔다. 사회당의 자코모 마테오티Giaco-
mo Matteotti 의원이 파시스트들의 폭력을 비난하는 연설을 하고 나서
납치·살해당하는 사건이 벌어졌다. 이에 항의하여 모든 야당이 등원거
부투쟁을 벌였다. 이 사건은 그동안 파시즘을 지지하던 중간계층 대중
들까지 흔들어놓았다. 등원거부투쟁 초기에 공산당은 더 적극적인 전
술로서 정치 총파업을 벌일 것을 제안했다. 그리고 연말에 들어서서는
의회 바깥에 '대항의회'를 건설해 정면대결을 벌이자고 설득했다. 아쉽
게도 두 제안 모두 다른 야당들의 거부로 실현되지 못했다.

이 위기 동안에 공산당은 조직 재건 작업에 착수했다. 당원이 2만
5000명으로 다시 늘었고, 그 당원들이 모두 세포로 조직되었다. 이러

한 자신감을 바탕으로 그해 11월 공산당은 더 이상 무기력한 등원거부투쟁에 함께하기보다는 의회 안에서 싸우는 길을 선택했다. 공산당 의원단은 파시스트 의원들밖에 남아 있지 않은 의회에 등원해 파시즘을 비난하고 그 범죄를 폭로하는 사자후를 토했다.[8] 그러나 역사의 '거름'이 되려는 선택은 시간의 추월을 이겨내지 못했다. 다음해 1월 무솔리니는 공공연한 독재를 선언하고 탄압을 강화했다. 공산당은 국내가 아닌 프랑스 땅 리옹에서 대의원대회를 갖고 반파시즘 연합전선, 노동자-농민 동맹 등의 전략노선을 확정 지어야 했다(〈리옹 테제〉). 이제 보르디가를 추종하는 당원은 10%에 불과했고, 나머지 모두가 신중앙파의 지도에 따랐다.

무솔리니 정권의 대답은 공산당 핵심 일제 검거였다. 1926년 11월 8일, 파시스트당을 제외한 모든 정당활동이 불법화됐고, 사회당과 공산당의 의원단까지 체포됐다. 그중에는 물론 그람시도 있었다.

감옥에서 패배를 결산하다

그람시는 감옥에서 지난 몇 년을 돌아봤다. 전쟁 기간은 참으로 고통스러웠고, 혁명의 소식은 모두를 들뜨게 했으며, 1919~1920년의 '붉은 두 해'에는 잠시 새 세상을 엿보는 듯했다. 그러나 이 절정의 시기에 사회당은 전략을 제시하지 못했다. 가장 앞서 있던 토리노 시당조

---

8 안토니오 그람시, 〈비밀결사금지법에 맞서서〉, 장석준 엮음, 《혁명을 꿈꾼 시대》, 살림, 2007.

차, 냉정히 돌아보면 토리노를 넘어선 전국적인 대안을 제출하고 행동을 이끌어내지는 못했다. 새로운 당이 등장한 것은 바로 이러한 경험에 대한 반성 때문이었다. 하지만 실제 등장한 새 당, 공산당은 노동계급 세력을 똑같이 무능한 여러 개의 집단들로 나누어놓았을 뿐이었다. 혁명이념을 고수하는 것만으로는 한참 부족했다. 문제는 때에 맞는 정치행위였다. 파시즘에 대한 패배를 만회하고자 연합전선을 모색하기는 했지만, 이는 너무나 뒤늦은 시도였다.

그람시는 출발점부터 다시 묻기 시작했다. 무엇보다 이탈리아 자본주의의 핵심모순인 남북모순을 파고들었다. 투옥 직전 〈리옹 테제〉에서 밝혔던 공산당의 대안 '노동자와 농민의 나라'가 뜻하는 바도 곱씹었다. 그는 점차 혁명이란, 국가권력을 향해 돌진하는 순간들만은 아니라고 확신하게 됐다. 코민테른 세대에게 익숙한 이 관념에서 벗어나야만 한다. 북부 자본가와 남부 지주의 동맹이 지배하는 사회를 북부 노동자와 남부 농민의 동맹이 이끄는 사회로 변형시키는 과정 전체를 혁명으로 봐야 한다. 즉, 기존의 사회세력들 간 균형과 연계를 해체하고 새로운 사회세력들의 동맹을 구축하는 과정이 핵심이다. 그람시는 '기동전'과 '진지전', '헤게모니'와 '역사적 블록' 등 낯선 이름들을 붙여가며 이 사색을 이어갔다. 생각에 생각이 꼬리를 물었다. 폭풍우가 감옥 바깥세상을 덮치는 동안, 진보정당운동에 대한 가장 치열한 사유가 마치 바다에 던져진 '병 속의 편지'[9]처럼 공책들(《옥중수고》)을 빼곡히 채워나갔다.

---

9 프랑크푸르트학파의 테오도어 아도르노Theodor Adorno가 자신의 비판이론에 대한 은유로 즐겨 쓰던 표현이다.

1차 세계대전과 2차 세계대전 사이

[더 읽기]

이 장을 집필하는 데 주로 다음 책들을 참고했다.

안토니오 그람시,《그람시의 옥중수고 I : 정치편》, 이상훈 옮김, 거름, 1999(그중에서도, Quintin Hoare·Geoffrey Nowell Smith, 〈서설〉).

안토니오 그람시,《남부 문제에 대한 몇 가지 주제들 외》, 김종법 옮김, 책세상, 2004.

안토니오 그람시,《안토니오 그람시: 옥중수고 이전》, 리처드 벨라미 엮음, 김현우·장석준 옮김, 갈무리, 2001.

주세페 피오리,《그람시: 한 혁명가의 생애와 사상》, 신지평 옮김, 두레, 1991(다른 번역본: 쥬세뻬 피오리,《안또니오 그람쉬》, 김종법 옮김, 이매진, 2004).

페리 앤더슨 외,《안토니오 그람시의 단층들》, 김현우 외 엮어옮김, 갈무리, 1995.

Antonio Gramsci, *Selections from Political Writings 1910-1920*, Quintin Hoare(ed.), Lawrence and Wishart, 1977.

Antonio Gramsci, *Selections from Political Writings 1921-1926*, Quintin Hoare(ed.), Lawrence and Wishart, 1978.

그람시 사상의 입문서로는 다음 책들을 권한다.

김종법,《그람시의 군주론: 그람시, 마키아벨리를 읽다》, 바다출판사, 2015.

김현우,《안토니오 그람시》, 살림, 2005.

칼 보그,《다시 그람시에게로》, 강문구 옮김, 한울, 2001.

이탈리아 사회주의·노동운동에 대해서는 다음 책들이 도움이 된다.

김종법,《이탈리아 노동운동의 이해》, 한국노동사회연구소, 2004.

정병기 엮음,《이탈리아 노동운동사》, 현장에서미래를, 2000.

이탈리아 근현대사 전반을 조감하는 데는 다음 책이 좋다.

크리스토퍼 듀건,《미완의 통일 이탈리아사》, 김정하 옮김, 개마고원, 2001.

독일 노동계급은 왜 나치에게 패배했는가?

/

양차대전 사이의 독일 사회민주당·공산당

제국의회 의사당에는 원인 모를 불길이
치솟아 올랐다. 히틀러 정부는 이를 빌미로
비상통치를 시작했다. 메이데이 다음날
ADGB가 해산됐고, 공산당과 사회민주당이
차례로 불법화됐다. 두 세대 가까이 이어지며
전 세계에서 가장 강력하다고 평가받았던
독일 노동운동, 진보정당운동이 불과 몇 개월
만에 흔적도 없이 사라져버렸다.

세계 진보정당운동사의 최대 비극은 다시금 독일에서 벌어졌다. 강력한 두 개의 좌파정당을 지니고 있던 독일 노동계급은 1933년 최악의 파시스트 세력(나치)에게 권력을 내주었다. 도대체 이 어이없는 패배의 원인은 무엇이었던가? 이를 살펴보기 위해서는 독일 사회민주당의 문제를 다시 검토해야만 한다. 그리고 이 사회민주당에 대한 대안으로 등장했지만 결국에는 그들 역시 비극의 한 주인공이 되어버린 독일 공산당에 대해서도 비판의 칼날을 들어야 한다.

열정도 이상도 없던 혁명 – 1918년 11월 혁명

혁명적 의지를 가진 사람이라면 어떤 상황에서든 새로운 삶을 시작할 수 있다네. 당장, 오늘 당장에도. (…) 하지만 당신네들은 복종하는 것은 "예"라고 하고, 책임지는 것은 "아니오"라고 하지. 상황이 성숙해 행동이 요구될 때는 항상 그에 대응하지 않았지.[1]

비록 1914년 8월 4일 독일 사회민주당 의원 전원이 전쟁예산안에 찬성했지만, 독일 좌파의 혼란과 침체가 오래 지속된 것은 아니었다. 로자 룩셈부르크의 절친한 동지였던 카를 리프크네히트 의원은 그해 말 전쟁예산안 표결에서 홀로 반대표를 던졌다. 이를 계기로 그는 독일뿐만 아니라 전 세계 반전운동의 상징으로 떠올랐다. 룩셈부르크와 그를 중심으로 반전좌파가 결집했다. 이들은 1915년 4월 〈인테르나치오날레Internazionale〉('인터내셔널')를 창간하고, '스파르타쿠스(고대 로마의 노예반란 지도자 이름) 동맹'이라는 당내 분파를 만들어 반전투쟁에 돌입했다. 리프크네히트는 의회에서만이 아니라 공장과 거리를 종횡무진하며 당내 좌파를 재건하는 핵심 역할을 떠맡았다.

전쟁이 해를 거듭할수록 사회민주당 의원들 중 반전 입장을 밝히는 이들이 늘어났다. 1916년 3월에는 18명의 의원들이 반전 의사 표명을 억압하는 에베르트와 샤이데만 집행부에 대항해 탈당을 결행했다. 1917년 4월에 이들은 마침내 독립사회민주[주의]당USPD이라는 독자 정당을 창당했다. 그 중심에는 베벨 노선을 이은 하제, 카우츠키 등이 있었다. 흥미로운 것은 베른슈타인 등 일부 수정주의자들도 새 정당에 합류했다는 것이다. 스파르타쿠스 동맹은 독립사회민주당 내의 좌익 분파로 활동하기 시작했다. 한편 잔류한 사회민주당 세력은 이제 '다수파' 사회민주당SPD이라 불리게 되었다.

1918년 1월, 반전투쟁은 드디어 100만 노동자가 참여한 총파업으로 폭발했다. 스파르타쿠스 동맹은 파업위원회를, 러시아 혁명에서 등

I 에른스트 톨러, 《힝케만》(희곡), 정동란 옮김, 성균관대학교 출판부, 1999, 36쪽.

　　　　　　　　1차 세계대전과 2차 세계대전 사이

장한 것과 같은 노동자·병사 평의회로 발전시켜 대안권력을 수립하자고 주장했다. 독립사회민주당에 속한 베를린의 좌파 노동조합 간부들은 '혁명적 노동조합 간부 그룹'이라는 또 다른 분파를 결성해 은밀하게 무장봉기를 준비했다. 상황이 급박하게 돌아가자 그해 10월, 정부는 타협책으로 부르주아 민주주의 개혁을 단행했다. 황제가 총리를 임명하는 게 아니라 원내 다수당이 내각을 구성하는 정당내각제가 약속됐고, 사회민주당의 오랜 숙원이었던 각 주의회의 3계급 선거 폐지가 이뤄졌다. 다수파 사회민주당은 여기에서 집권의 길을 발견했다.

그러나 즉각적인 전쟁 중지를 요구하는 대중들은 다수파 사회민주당 지도부의 신중함을 고려할 여유가 없었다. 11월 3일 킬Kiel 군항의 해군 사병들은 패배가 빤한 출항 명령을 거부하고 러시아 병사들처럼 노동자·병사 평의회를 건설했다. 혁명은 일주일 새 독일 전역의 도시들로 확산됐다. 11월 9일에는 수도 베를린에 노동자·병사 평의회가 건설됐다. 리프크네히트는 거리에서 '사회주의 공화국'을 선포했다. 다수파 사회민주당 집행부도 더 이상 의회 안에서의 개혁만을 고집할 수 없는 상황이었다. 이 소식을 들은 샤이데만은 에베르트와의 협의도 없이 부랴부랴 민주공화국을 선포했다. 다음날, 다수파 사회민주당 3인(에베르트, 샤이데만 등), 독립사회민주당 3인(하제 등)으로 임시정부 격인 인민대표평의회가 구성됐다. 독일 혁명의 첫 단계가 성공한 것이다.

하지만 문제는 그다음부터였다. 스파르타쿠스 동맹을 비롯한 독립사회민주당은 노동자·병사 평의회에 기반해 생산수단 사회화, 대토지소유 해체 등 사회혁명에 착수하자고 주장했다. 반면 다수파 사회민주당은 애초 10월부터 시작된 부르주아 민주주의 개혁을 완료하는 수준에서 혁명을 끝마치고 다음해 1월에 선출될 제헌의회에 전권을 부여하자는 입장이었다.

12월 16일에 소집된 노동자·병사 평의회 전국대회는 다수파 사회민주당보다는 훨씬 급진적인 입장을 보였다. 대회는 기간산업의 사회화와 귀족들의 대토지 소유 해체, 기존 국가기구의 민주화를 결의했다. 특히 군대의 철저한 민주화를 결의한 〈함부르크 선언〉이 주목할 만했다. 그러나 막상 대의원들 가운데는 노동계급 지도부로서 아직 다수파 사회민주당 쪽에 신뢰를 보내는 이들이 다수였다. 그만큼 반세기 사회민주당운동의 뿌리는 깊고 깊었다. 어느 정당도 그 정도의 토대를 지니지 못했던 러시아와는 사뭇 달랐다.

그럼 그 다수파 사회민주당 집행부는 이때 무엇을 하고 있었던가? 군대의 민주화 요구를 철저히 외면하고 기존 군 장성들의 기득권을 보장하는 비밀협상을 추진하고 있었다. 그리고 그 장성들과 함께, 제헌의회에 전권을 부여하기 위해 평의회들을 해산시키고 평의회의 옹호자인 과거의 동지들, 즉 독립사회민주당을 권력에서 배제할 방안을 공모했다. 단지 혁명이 필요한 때 혁명을 두려워했던 것만이 다수파 사회민주당의 오류는 아니었다. 대중의 요구를 제압하기 위해 수구세력과 손을 잡고 그들에게 다시 권력을 부여한 것, 이것이야말로 용서받을 수 없는 죄악이었다. 사회주의 혁명으로 나아가지 않은 게 문제의 핵심이 아니었다. 민주주의 혁명을 철저히 밀고 나가지 않은 것이야말로 변명할 길 없는 오류였다.

"11월의 권력자들이 사회주의 국가를 세우는 것을 누가 방해했더란 말인가? 그들은 그럴 권력을 가지고 있었다."

이는 어떤 혁명적 사회주의자의 비판이 아니었다. 사회민주당을 향해 이런 조소를 던진 이는 바로 아돌프 히틀러Adolf Hitler였다.

독일 공산당의 잘못된 출발

본래 스파르타쿠스 동맹은 독립사회민주당 안의 좌익 분파로 활동하기를 고집했다. 하지만 리프크네히트 등은 12월의 급박한 시기에 독립사회민주당이 다수파 사회민주당에 맞서 적절한 행동을 취하지 못하자 독자정당 창당으로 돌아섰다. 이에 대해서는 조직 안에서도 우려의 목소리가 높았다. 무엇보다도 스파르타쿠스 동맹 이외에 새 정당에 함께할 세력들이 누구인가가 문제였다. 가장 영향력 있는 좌익 분파였던 혁명적 노조간부 그룹은 독립사회민주당 잔류를 택했다. 남은 것은 20대 청년들이 주를 이루었던 '국제공산주의 그룹'뿐이었다. 이들은 사실상 아나키스트들이었다. 전쟁 전의 사회민주당 일상활동을 경험해본 적이 없는 세대였고, 전쟁 중에 성장했기 때문에 선거보다 무장봉기가 더 친근하게 다가오는 이들이었다.

그럼에도 국제공산주의 그룹의 합류로 일단 창당이 결행됐다. 새 정당의 이름은 '독일 공산[주의]당-스파르타쿠스 동맹KPD'이었다. 하지만 애초의 우려가 곧 현실화했다. 1918년 12월 30~31일에 열린 창당대회에서 룩셈부르크 등은 제헌의회 선거에 참여하자는 결의안을 제출했다. 독일 노동계급은 아직 본격적인 사회혁명에 착수할 태세가 아니므로, 제헌의회 선거에 적극 참여해 대중을 설득하고 다수파 사회민주당의 권력을 아래로부터 해체해 들어가자는 것이었다.

그러나 제헌의회 선거 참여안은 62 대 23으로 부결됐다. 새 당을 주도하는 것이 부르주아 민주주의 아래서 노련한 경험을 쌓은 스파르타쿠스 동맹 출신 중진들이 아니라 극좌 청년들임이 드러났다. 이들 중 한 명은 호기롭게, "우리한테는 투표함의 1000표보다 거리의 10명이 훨씬 가치 있다!"고 외쳤다. 이런 열에 들뜬 분위기에서 룩셈부르크는 차분한 어조로 이렇게 연설했다.

우리는 이제 더 이상 11월 9일에 일어난 정치혁명의 환상 속에 머물러 있을 수 없습니다. 11월 9일의 혁명은 어디까지나 정치혁명이었습니다. 완성된 혁명은 경제혁명을 통해서 달성될 수 있습니다. 더구나 이번 혁명은 단지 도시에서만 일어난 것이었고 농촌 지역은 아직까지도 전혀 실질적인 영향을 받지 못하고 있습니다. 진정 사회주의로의 사회변혁을 원한다면 우리는 공업 중심 지역뿐만 아니라 농촌 지역에도 눈을 돌려야 할 것이며, 이런 면에서 볼 때 우리는 아직 유감스럽게도 혁명의 문턱에도 이르지 못하고 있는 셈입니다. (…) 그러므로 우리는 이 혁명을 달성하려면 혁명이 지닌 고난과 어려움을 충분히 명확하게 깨닫는 것이 대단히 중요한 일이라고 저는 믿고 있습니다. (…) 저는 감히 여러분께 그와 같은 과정이 얼마나 오래 걸릴 것인지는 이야기할 수 없습니다. 그러나 우리 중 누가 과연 혁명의 그날이 오기까지 살 수 있다고 생각하고 있으며 그렇지 못하다고 해도 그것이 무슨 큰 의미가 있겠습니까?[2]

──── **2** 파울 프뢸리히, 《로자 룩셈부르크의 사상과 실천》, 최민영 옮김, 석탑, 1984, 328-329쪽. 번역 일부 수정.

비극은 창당한 지 며칠 되지 않아 찾아왔다. 1919년 1월 4일, 베를린의 치안 책임자였던 독립사회민주당원 에밀 아이히호른Emil Eichhorn이 돌연 해임됐다. 이는 좌파 축출의 신호탄으로 받아들여졌다. 분노한 베를린 노동자들이 무작정 봉기를 일으켰다. 룩셈부르크는 말렸지만, 독립사회민주당의 레데부어와 공산당의 리프크네히트는 이 봉기의 지도부를 자임했다. 함정에 걸려든 것이다. 군부와 다수파 사회민주당 집행부는 이를 좌파를 몰아낼 기회로 활용했다. 다수파 사회민주당 간부 구스타프 노스케Gustav Noske는 비밀부대를 풀어서 카를 리프크네히트와 로자 룩셈부르크를 학살했다. 1919년 1월 15일의 일이었다.

전 세계 어느 노동운동의 역사에도 이러한 '형제 살해'는 이제껏 없었고, 이후에도 이와 같은 사례는 찾아보기 힘들다. 두 사람의 학살은 세계 사회주의운동을 서로 화해할 수 없는 두 진영으로 나누는 계기들 중 하나가 되었다. 하지만 더 커다란 비극은 로자 룩셈부르크의 죽음과 함께 서유럽 토양에서 개혁과 혁명의 변증법을 추구하던 그녀의 날카롭고 섬세한 정신마저 학살당하고 말았다는 것이다. 말하자면 다음과 같은 정신이 사회민주당의 실패한 이력에 대한 대안을 자처했던 새정당 독일 공산당, 더 나아가서는 코민테른 전체로 이어지지 못한 것이다.

대다수 민중을 모든 기존 질서를 초월하는 목표와 결합시키는 것, 일상적인 투쟁을 위대한 세계 개혁과 결합시키는 것, 바로 이것이 사회민주주의운동의 큰 문제다. 사회민주주의 운동은 분명 그 발전의 전체 과정에서 두 개의 난관 사이를, 즉 대중적 성격을 포기하는 것, 다시 말해 이단적 분파로 떨어지는 것과 부르주아 개혁 운동으로 변하는 것 사이를, 또 무정부주의와 기회주의 사이를 헤치고 앞으로 나아가야만 한다.[3]

카를과 로자가 살해된 지 나흘 뒤에 실시된 제헌의회 선거에서 다수파 사회민주당은 37.9%를 획득해 제1당이 됐다. 독립사회민주당의 득표율은 7.6%에 그쳤다. 한편 공산당원들은 선거 결과와 상관없이 그해 여름까지 독일 곳곳에서 무장봉기를 일으키고 실패하기를 반복했다. 혁명좌파의 절망적인 저항에도 불구하고 8월 11일에는 드디어 바이마르 헌법이 통과돼 민주공화국 체제가 자리 잡았다(독일 역사에서 '바이마르 공화국'이라 불린다). 에베르트가 초대 대통령, 샤이데만이 초대 총리가 됐다. 이웃 오스트리아와는 달리 바이마르 공화국에서는 노동자·병사 평의회 등 애초 혁명의 진보적 요소들은 귀족, 재벌, 군부, 사법부 등 과거의 지배자들에게 이미 길을 내준 상태였다.

이 상황에서 룩셈부르크의 절친한 동지이자 연인이었으며 그녀의 노선을 계승한 공산당의 새 지도자 파울 레비Paul Levi는 오직 공산당의 잘못된 출발을 다시 원점으로 되돌려 당을 재구성하는 것만이 새로운 부르주아 민주주의 체제에서 사회주의운동을 살려내는 길이라 판단했다. 공산당 안의 극좌 맹동주의자들과 과감히 단절하고 독립사회민주당 내 좌파와 재결합해 사실상 신당을 창당하자는 복안이었다. 독

---

3 로자 룩셈부르크,《사회개혁이냐 혁명이냐》, 송병헌·김경미 옮김, 책세상, 2002, 116-117쪽.

립사회민주당은 공산당보다 훨씬 규모가 컸지만 이 무렵(1919년 10월) 하제가 암살당하면서 구심을 잃은 상태였다.

1919년 10월, 공산당 2차 대의원대회에서 레비 등 스파르타쿠스 동맹 출신 집행부는 그 첫 단계로서, 노동조합 안에서 활동하고 선거에 적극 참여한다는 두 가지 원칙을 받아들이지 않는 당원들을 모두 당에서 쫓아냈다. 10만7000여 당원 중 절반 이상이 축출됐다. 이 조치를 관철하기 위해 레비 등은 극좌 성향 대의원들에게 대의원대회의 시간과 장소를 제대로 가르쳐주지 않는 편법까지 썼다. 이런 극약 처방이 필요할 정도로 맹동주의의 폐해가 극심했던 것이다.[4]

'노동계급 연합전선'이라는 실험

뜻밖의 기회는 극우세력의 헛발질로부터 왔다. 1920년 3월 13일 군부 내 극우세력이 급조된 쿠데타를 시도한 것이다(주모자의 이름을 따서 '카프Kapp 반란'이라 부른다). 다수파 사회민주당 주도의 연립정부는 황망히 도망하는 것 외에 별다른 적극적 행동을 취하지 못했지만, '독일 노동조합총연맹ADGB'(전쟁 전에 사회민주당을 지지했던 자유노동조합을 중심으로 전쟁 후 건설된 노총)의 주도로 1200만 노동자가 총파업에 나서서 쿠데타에 맞섰다. 쿠데타군은 굴복하고 말았다. 총파업 승리로 자신감을 얻은 ADGB의 레기엔 위원장은 다수파 사회민주당과 독립사회민

---

4 이때 당에서 쫓겨난 사람들은 '공산주의노동자당'이라는 당을 따로 꾸렸다가 흐지부지되고 만다. 이들은 레닌이 《공산주의에서의 "좌익" 소아병》에서 비판한 대상들 중 하나였다.

주당에게 '노동자 정부' 수립을 제안했다. 부르주아 정당들을 배제하고 두 당만으로 연립정부를 구성해서 미완의 개혁들, 즉 구체제의 민주화와 토지개혁, 광산 국유화 등을 단행하자는 것이었다. 비록 이 제안 자체는 실현되지 못했지만, 레비 등은 이를 적극 지지했다. 이것은 정확히 1년 후에 코민테른에서 레닌과 트로츠키가 제시하게 될 '노동자계급 연합전선' 전술을 미리 보여준 것이었다.

아무튼 노동자 정부 구상의 실현 여부와 상관없이, 3월 총파업은 1918년 혁명의 잘못된 귀결을 일정하게 교정하는 역할을 했다. 다수파 사회민주당은 수구세력과 결탁하던 노스케 같은 당내 부패분자들을 숙청해야 했다. 노동계급의 다수가 급진화해, 그해 총선에서 다수파 사회민주당의 지지율은 1/3 줄어든 데 반해 독립사회민주당의 지지율은 18.8%까지 급상승했다.

10월에는 레비의 숙원이었던 독립사회민주당과 공산당의 합당이 이뤄졌다. 독립사회민주당의 일부 우파는 이에 반대해 사회민주당으로 복귀하긴 했지만, 대다수 당원은 새 통합정당으로 향했다. 새 정당의 이름은 '공산당'을 그대로 계승했고, 당원은 45만 명이었다. 독립사회민주당이 규모와 비중이 훨씬 더 컸음에도 불구하고 공산당 당명을 계승한 것은 이 당시 코민테른의 권위가 그만큼 강력했다는 사실을 말해준다. 이로써 코민테른 가입 정당들 중 서유럽 최대의 대중정당이 등장했다. 하지만 신당 내에도 극좌 맹동주의 분위기는 여전히 남아 있었다. 또한 코민테른조차도 서유럽 상황에서 어떤 전략을 취해야 할지 갈피를 잡지 못하고 있었다. 레비는 1921년 1월 이탈리아 사회당의 리보르노 대의원대회에 참석해서 이탈리아 공산당의 조급한 창당

을 목격했다. 그것은 독일 공산당의 잘못
된 출발을 그대로 반복한 격이었다. 레비
는 이 사태를 방조하거나 조장한 코민테
른 집행부를 비판했다.

바로 그 무렵인 3월에 독일에서는 코
민테른의 직접 지시로 무모한 봉기가 다
시금 감행됐고, 역시나 실패로 끝났다(만
스펠드 광산 봉기). 그 여파로 당의 지역조
직들이 파괴됐고 당원은 절반으로 줄었
다. 더 이상 참을 수 없게 된 파울 레비는
〈폭동주의에 반대하는 우리의 노선〉이라
는 팸플릿을 발표해 코민테른 집행부를

로자 룩셈부르크의 동지이자
마지막 연인이었으며 그녀의
노선을 계승한 공산당 지도자
파울 레비.

격렬히 비판했다. 레비 자신은 이 때문에 당에서 쫓겨났지만, 그의 비
판 자체는 결국 코민테른 노선에 반영됐다. 코민테른 제3차 대회가 채
택한 '노동계급 연합전선' 전술이 그것이었다.

이 방침의 골자는, 사회민주당 상층에게는 계속 적극적인 투쟁을 제
안하고 사회민주당 기층 당원들과는 투쟁 속에서 함께한다는 것이었
다. 그래서 다수 노동자들이 사회민주당 집행부에 비판적이면서도 관
성적으로 사회민주당의 울타리를 벗어나지 못하는 상황을 타개하자
는 것이었다. 결론은 사회민주당의 대중 기반을 공산당이 전취한다는
것이었지만, 어쨌든 이 과정에서 좌파정당들이 노선 차이에도 불구하
고 서로 연대할 가능성을 열어놓았다는 것이 중요했다. 이후 독일 공
산당은 노동계급 연합전선의 깃발 아래 투쟁할 때 발전할 수 있었고,

이 전술을 방기할 경우에는 어김없이 비극을 맞이했다.

실제로 1922년 자유주의자인 발터 라테나우Walther Rathenau 외무부 장관이 극우파에게 암살당하자 공산당이 주도해 벌인 반파시즘 시위, 그리고 공산당 주도로 사회민주당 노동자들과 함께한 공장평의회 건설 운동은 당시 막 절정을 치닫던 초超인플레이션과 맞물려 1923년을 혁명 전야로까지 몰고 갔다. 작센 주와 튀링겐 주에는 사회민주당 좌파와 공산당의 연립정부가 들어섰다. 주정부 수준에서 '노동자 정부'가 실현된 셈이었다. 정세에 고무된 코민테른은 트로츠키를 독일에 파견하는 방안까지 검토할 정도였다. 좌파 연립정부 실험은 연방정부의 불법 군사행동으로 무너지고 말았지만, 그 성과는 1924년 총선에서 공산당이 12.6%의 지지를 획득하는 것으로 유지됐다. 1926년에 공산당이 주도해 사회민주당 당원들의 열렬한 지지와 1500만 국민의 찬성을 얻어낸 구 독일제국 황실재산 몰수에 관한 국민투표도 연합전선 전술의 훌륭한 성공 사례였다.

그러나 레닌 사후 소련 국가의 외교 조직으로 변질되기 시작한 코민테른이 독일 공산당의 착실한 발전에 가장 강력한 장애물로 떠올랐다. 1923년 이후 코민테른은 가입 정당들의 '볼셰비키화'라는 명목으로 각 당의 당내 민주주의를 압살하고 과두체제를 정착시켰다. 그전까지만 해도 서유럽 공산당들은 집행부를 대의원대회에서 선출했고, 당내 비판도 자유로웠다. 그러나 '볼셰비키화' 이후 이들 당에서는 중앙위원회 내 부설기관인 정치부·조직부·사무국이 전권을 장악했고, 당내 반대파는 무조건 출당시키는 게 관행이 되었다. 특히 소련의 외교적 관심이 집중된 독일 공산당에서는 사실상 코민테른이 집행부를 임명하는 양상이 나타났다.

1928년의 제6차 대회에서 코민테른은 연합전선 전술을 폐기했다. 대신 사회민주주의자들을 '사회 파시스트'로 낙인찍어 파시스트 세력보다도 사회민주주의자들을 먼저 공격한다는 극좌 전술을 채택했다. 독일과 함께 다음번 혁명 예정지로 기대를 모으던 중국에서 장제스 국민당 정부의 배신으로 제1차 국공합작이 실패로 돌아간 충격의 결과였다. 물론 독일 공산당도 이 결정을 따라야 했다. 이 전술은 말도 안되는 오류였지만, 이미 코민테른의 하부 관료기구처럼 돼버린 독일 공산당 안에서는 이 잘못된 노선을 아래로부터 수정하기도 쉬운 일이 아니었다.

나치의 위협 앞에서

부르주아에 대항해 싸우면서 스스로 부르주아의 어리석음과 독선, 그리고 나태함으로 가득 차 있어요! 다른 당의 당원이라는 이유로 그리고 다른 당의 명령에 따른다고 서로 미워합니다. 아무도 다른 사람에 대한 신뢰를 갖고 있지 않습니다. 아무도 자신에 대한 신뢰를 갖고 있지 않습니다. 불화와 배반뿐이지요.[5]

이제 독일 노동계급이 나치에 패배하게 된 근본적인 원인을 말해야 할 때다. 가장 큰 책임은 역시 사회민주당에 있었다. 사회민주당은 여

---

5 에른스트 톨러, 《힝케만》, 성균관대학교출판부, 1999, 46쪽. 번역 일부 수정.

전히 우파와 협력해 연립정부를 수립하는 것 외에는 다른 어떤 실천 방도도 상상하지 못하는 최악의 의회주의 정당이었다. 1928년 총선에서 "학교 급식이냐 군함이냐"라는 공격적인 구호로 모처럼 다수 의석을 확보해 연정을 이끌게 되었음에도, 막상 군함 건조 예산안이 논의되자 우파정당들과 협력해야 한다며 '학교 급식이 아니라 군함'을 선택하는 그런 정당이었다. 당원은 80만~100만 명 수준을 유지했지만, 고령화가 심했다. 의원들 중 10%만이 40세 미만이었고, 1930년 기준 25세 이하 당원은 8%에 불과했다. 이는 의원의 60%가 40세 미만이었던 나치, 당원의 1/3이 20대였던 공산당과는 뚜렷이 구별되는 것이었다. 나치 집권 이전의 사회민주당은 노동계급의 한 세대 중 다수를 획득한 정당이기는 했지만, 그 이상으로 확장할 힘은 전혀 없었다.

사회민주당의 가장 중요한 지역 거점은 프로이센 주 정부였다. 수도 베를린이 위치한 프로이센 주에서 사회민주당은 늘 다수파로서 연립정부를 이끌었다. 그런데도 이들은 노동계급의 역량을 실질적으로 강화하기 위해 이뤄놓은 게 별로 없었다. 오히려 1929년 메이데이 때는 극우·극좌를 막론하고 일체의 시위를 금지한다는 명목으로 공산당의 메이데이 기념 시위를 탄압해서 33명의 사망자를 내는 참극을 빚기까지 했다. 이는 당 집행부의 극좌적인 대對사회민주당 공격 방침을 의구심을 갖고 바라보던 의식 있는 공산당원들까지 사회민주당을 증오하도록 만든 제2의 '형제 살해'였다.

사회민주당은 1931년 여름에 독일에도 상륙한 대공황의 여파에 속수무책이었다. 실업대란이 벌어져 1932년 1월에는 전체 국민의 1/5인 600만 명이 실업자 상태였다. 독일 노동운동 안에서도 스웨덴 사회민주노동당의 에른스트 비그포르스Ernst Wigforss같이 국가가 직접 나서서 고용을 창출하자는 목소리들이 대두했다. 1931년부터 멘셰비키 망명객이자 ADGB의 경제 전문가인 블라디미르 보이틴스키Wladimir Woytinsky는 사회민주당 좌파 성향의 프리츠 타르노프Fritz Tarnow, 프리츠 바데Fritz Baade와 협력해 이러한 고용창출 계획을 입안했다. 중앙은행이 20억 마르크를 직접 투자해 100만 개의 새 일자리를 만들자는 것이었다. 인플레이션을 두려워하지 말고 불황에 맞서자는 것이었고, 통화가치 안정의 물신주의에서 벗어나 고용과 복지를 경제운영의 중심에 놓자는 것이었으며, 경기순환을 시장에 맡기지 말고 계획을 통해 경기를 조절하자는 것이었다. 이 방안은 주창자들의 이름 첫 글자를 따서 'WTB 계획'이라 불렸다. 사회민주당과 ADGB 안에서는 이 계획을 둘러싸고 격론이 벌어졌다.

하지만 이러한 혁신적 방안을 관철하자면, 재정확장 정책에 반대하는 일체의 우파세력과 단절하고 좌파 단독정부(독일의 경우라면 사회민주당·공산당 연합)를 구성하는 결단이 필요했다. 1932년에 스웨덴 사회민주노동당이 그렇게 한 것처럼 말이다(10장 참고). 독일 사회민주당이 할 수 없었던 게 바로 이것이었다. 그래서 당의 경제 전문가 루돌프 힐퍼딩Rudolf Hilferding 재무부 장관(레닌의 《제국주의론》에 영향을 준 《금융자본》의 저자)은 WTB 계획에 난색을 표했다. 그러면서 마르크화 가치 유지에만 골몰하는 중앙은행의 통화정책을 지켜보기만 했다. 역사의 출구는 낡은 경제교리뿐만 아니라 정치에서도 막혀 있던 것이다.

1929년을 전후해 독일의 보수정당들은 하나같이 극우 성향 집행부에게 장악되기 시작했다. 또한 다른 한편에서는 좌파정당의 활동을 모방한 현대화된 극우 대중정당 '민족사회주의독일노동자당'(그 약칭이 바로 '나치'다)이 위기에 빠진 중간계층을 끌어들이면서 급성장하기 시작했다. 1928년 총선에서 불과 2.6%를 득표했던 나치당은 대공황 발발 뒤인 1930년 총선에서는 무려 18.25%를 얻어 삽시간에 제2당이 됐다. 1당은 24.53%의 사회민주당이었고, 3당은 13.13%의 공산당이었다. 몇 년 전 이탈리아처럼 독일에서도 파시스트의 위협이 코앞에 닥쳐온 것이다.

사회민주당 지도부는 최악의 파시스트 세력인 나치의 집권을 막기 위해서는 비록 극히 보수화돼 있다 하더라도 기존 보수정당들과 최대한 협력하고 이들의 정책을 용인할 수밖에 없다고 보았다. 이른바 '관용정책'이었다. 요즘 프랑스 좌파가, 극우 민족전선FN 후보가 각급 선거의 결선투표에서 당선되는 것을 막기 위해 정통 우파 후보를 지지하는 것과 비슷한 양상이었다 하겠다. 그런데 당시 부르주아 정당들은 하나같이 긴축정책을 고집하고 있었다. 점점 더 심각해지는 실업대란에도 아랑곳하지 않고, 자산 소유 계급의 이익만 지키려 들었다. 따라서 이들과의 협력을 중요시하는 사회민주당으로서는 WTB 계획 같은 대안을 추진한다는 것은 꿈도 꿀 수 없는 일이었다.

그럼 '서유럽 최대의 혁명적 대중정당'이라던 30만 당원의 독일 공산당은 어떠했던가? 안타깝게도 이 무렵 공산당은 사회민주당의 정치적 수동성에 맞설 대안이 되지 못했다. 오히려 사회민주당의 정치적 수동성을 그대로 반영하는 거울상이었을 뿐이다. 사회민주당에 실망한 청년 노동자, 실업자들이 공산당 지지로 이동해서 1932년 총선에서는 지지율이 16.9%까지 오르기는 했다. 하지만 이러한 선거의 성과가 당의 활동력과 곧바로 연결된 것은 아니라는 점에서 사회민주당과 오십보백보였다.

공산당은 당세가 신장될수록 사회민주당 집행부에 더욱 적극적으로 협력을 제안하고 사회민주당원들과 반파시즘 공동행동을 벌였어야 했다. 하지만 공산당은 코민테른 집행부에 대한 철저한 복종 때문에 이러한 능동적인 전술을 제대로 펴보지 못했다. 거리에서 공산당원들이 나치당원들과 사실상의 내전을 벌이던 1931년 무렵이 되면 과거 스파르타쿠스 동맹 출신인 클라라 체트킨Clara Zetkin, 빌헬름 피크Wilhelm Pieck(후에 동독의 초대 대통령이 된다) 등이 참다못해 반파시즘 연합전선을 제기하게 된다. 에른스트 텔만Ernst Thälmann 등 당 집행부 일부도 이를 받아들이지 않을 수 없었다.

그러나 이런 조짐은 코민테른 집행부에 의해 철저히 묵살·억압됐다. 대신 사회민주당에 대한 극좌적 공격(사회민주주의와 파시즘을 동일시한 '사회파시즘'이란 표현이 그 예다.)이 계속됨으로써 과거 창당 당시의 맹동주의가 다시 당을 지배하기 시작했다. 당 안에는 "나치가 집권해 부르주아 정당들과 사회민주주의자들을 싹쓸이하면 권력은 이제 우리 차례"라는 치기 어린 사고마저 만연했다. 답답함을 느낀 망명 중의 트로츠키는 독일 공산당에게 레닌의 책을 다시 읽어보라고 촉구했다.

모두《공산주의에서의 "좌익" 소아병》을 읽어야 한다. 이 저작은 지금 읽어야 할 책들 중에서도 가장 시기적절한 책이다. 레닌은 바로 지금 독일 상황을 염두에 두고 이 팸플릿을 썼다. 그의 말을 그대로 인용하겠다. "노동계급의 전위이자 노동계급의 계급의식을 보유하고 있는 공산당이 다양한 전술

을 구사하여 노동계급 내 여러 부위들, 노동자 및 소자본가 정당들과 합의
하고 타협하는 것은 절대적으로 필요하다. (…) 노동계급의 의식 수준, 혁명
적 기상, 투쟁력 등을 낮추는 것이 아니라 높이기 위해 이 전술들을 적용해
야 한다. 모든 것은 여기에 달려 있다."[6]

집회장 연설에서 쓰이는 말들의 무책임한 좌경화는 역설적으로 공
산당의 선거정당화와 함께 이뤄졌다. 공황으로 양산된 실업자들이 당
의 주요 지지층이 되면서(1932년에는 당원 중 실업자가 85%에 이르렀다), 공
산당은 노동현장과는 동떨어진 가두정당처럼 돼버렸다. 1932년 말 공
장 세포는 2210개였던 데 반해, 주로 실업자들로 이뤄진 지역 세포는
6000개에 달했다. 실업자 당원들은 급진적 언사에 쉽게 이끌렸지만,
선거에 참여하는 것 외에는 일상활동에 잘 결합하지 못했다. 더구나
쉽게 당에 들어왔다가 다시 쉽게 떠나는 일이 비일비재했다(공산당의
당원 이적률은 최고 54%에 달했다). 실업자들이 공산당에 조직됨으로써 이
들이 나치의 지지층이 되는 비극은 방지되었지만, 공산당은 이들을 독
일 노동운동을 일신시키는 힘으로 만들어내지는 못했던 것이다.

그리고 패배

난, 더 이상 힘이 없어요. 더 이상 싸울 힘도 더 이상 꿈꿀 힘도 없어요. 꿈꿀

---

6 L. 트로츠키, 〈다음에는 무슨 행동을 할 것인가: 독일 노동계급의 운명이 걸
린 문제들〉(1932년 7월), 《트로츠키의 반反파시즘 투쟁》, 박성수 옮김, 풀무질,
2001, 177쪽. 번역 일부 수정.

1차 세계대전과 2차 세계대전 사이

힘이 없는 자는 살 힘도 없는 거요.[7]

1930년 6월 작센 주 선거에서 시작된 나치당의 약진은 거의 혁명이라 할 만큼 무서운 기세로 사회민주당을 비롯한 모든 기성 정당들을 긴장시켰다. 하지만 사회민주당 집행부는 여전히 파울 힌덴부르크Paul von Hindenburg 대통령(1차 세계대전 당시 참모총장)을 중심으로 덜 파쇼적인 보수정당들이 정권을 유지하게 하는 것만이 최상의 방어책이라고 보았다. 의회 바깥에서의 행동은 무익할 뿐만 아니라 그릇된 것이었다. 왜냐하면 보수정당들을 자극할 수 있기 때문이었다.

그래서 1932년 7월 20일, 프란츠 폰 파펜Franz von Papen 총리의 보수파 연방정부가 사회민주당의 거점인 프로이센 주 정부를 군대를 동원해 해산했을 때도 사회민주당은 일절 저항하지 않았다. 열흘 뒤의 총선에서 심판하면 된다는 것이 사회민주당의 입장이었다. 공산당은 총파업을 호소했지만 노동현장에 굳건한 기반이 없었기에 이 지령은 공허한 문구에 불과했다. "아돌프 히틀러가 카를 마르크스를 집어삼킨다"는 구호 아래 사회민주당, 공산당 모두의 거점인 베를린 공략에 나섰던 나치당 베를린 지부 책임자 요제프 괴벨스Joseph Goebbels(이후 나치 정권의 악명 높은 선전부 장관)는 이렇게 말했다. "붉은 무리는 그들의 호기를 놓치고 말았다. 이제 그 시간은 영원히 오지 않을 것이다." 1933년 1월 10일, 사회민주당이 그렇게 철석같이 믿었던 힌덴부르크 대통령이 나치당 대표 히틀러를 총리로 지명했다.

---

7   톨러, 앞의 책, 68쪽.

독일 공산당의 1932년 총선 포스터.
"이 체제를 끝장내자"고 쓰여 있다.

사실 이 무렵에는 사회민주당, 공산당 모두에서 일정한 반성이 대두하기 시작했다. 1931년 12월, 사회민주당의 노동자 당원들은 노동자 축구클럽들과 기존의 선진노동자 무장조직인 '국기國旗단'을 한데 모아 '철의 공화주의 전선'이라는 가두투쟁 조직을 만들었다. 그 두 달 전에는 사회민주당의 관용정책과 반공산당 정책을 참다못한 당내 좌파 일부가 탈당해 사회주의노동자당을 만들고 사회민주당과 공산당에게 연합전선 결성을 압박했다. '사회주의노동자당'이라는 당명은 다분히 사회민주당의 첫 출발을 환기시키려는 것이었다. 이 당에 합류한 사회민주당의 청년 당원 중에는 전쟁 후 서독 총리가 되는 빌리 브란트Willy Brandt도 있었다. 다음해 여름에는 기층 당원들 수준에서 공동투쟁의 분위기가 무르익어 '철의 공화주의 전선' 단원들과 공산당 측 '적색선봉투쟁동맹' 단원들이 힘을 합쳐 나치 돌격대들과 가두 전투를 벌였다.

그러나 사회민주당 집행부는 기층의 이런 움직임을 금지했고, 코민테른으로부터도 중지 명령이 내려졌다. 양당 집행부가 최초로 공식적인 공동투쟁 협상을 시작한 것은 히틀러 정부가 이미 들어선 다음이었다. 1차 협상은 1933년 2월 27일에 열릴 예정이었다. 바로 이날, 제국의회 의사당에는 원인 모를 불길이 치솟아 올랐다. 히틀러 정부는 이

1차 세계대전과 2차 세계대전 사이

를 빌미로 비상통치를 시작했다. 메이데이 다음날 ADGB가 해산됐고, 공산당과 사회민주당이 차례로 불법화됐다. 두 세대 가까이 이어지며 전 세계에서 가장 강력하다고 평가받았던 독일 노동운동, 진보정당운동이 불과 몇 개월 만에 흔적도 없이 사라져버렸다. 사회민주당 지도자 힐퍼딩은 전쟁 중에 망명지 파리에서 게슈타포에게 총살당했고, 공산당 지도자 텔만은 강제수용소에서 숨졌다. 일당독재체제를 확립한 나치 정권은 노동 진영에서 그간 말만 무성하던 고용창출계획을 실행에 옮겨 실업대란을 진정시켰다. 단, 이들은 그 대가로 새로운 세계 전쟁을 준비했다.

물론 이것은 이미 지나간 과거의 악몽이다. 하지만 스탈린그라드에서 치열한 전투를 치르고 나서야 격퇴된 나치의 야만이 실은 10년 전 베를린의 거리에서 훨씬 쉽게 격퇴될 수 있었던 것임을 잊어서는 안 된다. 제도정치의 룰을 넘어선 상상력을 보여주지 못한 사회민주당과, 선진자본주의에 적합한 전략을 추진하는 데 실패한 공산당의 무능이 그 공범이라는 것도 망각해선 안 된다. 그것만이 지난 세기의 참사가 진짜 '지나간 과거'의 악몽이게 할 수 있는 길이다.

[더 읽기]

이 장을 집필하는 데 주로 다음 책들을 참고했다.

레온 트로츠키, 《트로츠키의 반反파시즘 투쟁》, 박성수 옮김, 풀무질, 2001.

크리스 하먼, 《실패한 혁명: 1918-1923년 독일》, 임성윤 옮김, 풀무질, 2007.

A. 스터름달, 《유럽 노동운동의 비극》, 황인평(황광우) 옮김, 풀빛, 1983.

Ben Fowkes(ed.), *The German Left and the Weimar Republic: A Selection of Documents*, Haymarket Books, 2015.

Gabriel Kuhn(ed.), *All Power to the Councils!: A Documentary History of the German Revolution of 1918-1919*, PM Press, 2012.

Helmut Trotnow, *Karl Liebknecht: A Political Biography*, Archon Books, 1984.

Paul Levi, *In the Steps of Rosa Luxemburg: Selected Writings of Paul Levi*, David Fernbach(ed.), Haymarket Books, 2011.

Pierre Broué, *The German Revolution 1917-1923*, Ian Birchall & Brian Pearce(eds.), John Archer(trans.), Haymarket Books, 2005(1971).

Victor Serge, *Witness to the German Revolution: Writings from Germany 1923*, Ian Birchall(trans.), Haymarket Books, 1997.

다음의 국내 연구 성과들도 큰 도움을 주었다.

나인호, 〈독일 사회민주주의 노동운동과 고용창출계획, 1929-1932〉, 연세대학교 사학과 석사학위 논문, 1989.

신명훈, 〈1918/19 독일혁명과 독일공산당(스파르타쿠스단)-당조직 문제를 중심으로〉, 서울대학교 서양사학과 석사학위 논문, 1991.

이동기, 〈바이마르 공화국 말기 나찌즘 대두에 대한 독일 공산당의 대응〉, 서울대학교 서양사학과 석사학위 논문, 1994.

이병련, 《독일 노동운동의 사회사 1914-1919: 빌레펠트 시를 중심으로》, 고려대학교 출판부, 2004.

정용숙, 〈바이마르 시기 독일 사회민주당의 민중정당으로의 구조적 전환 연구-신중간 계급에 대한 당의 지지기반 확대를 중심으로〉, 연세대학교 사학과 석사학위 논문, 1995.

조원옥, 〈1918-19년 독일혁명기 사회민주당의 사회정책〉, 부산대학교 사학과 석사학위 논문, 1996.

홍성곤, 〈대공황기 독일공산당의 반파시즘 전략〉, 동아대학교 사학과 박사학위 논문, 1998.

바이마르 공화국의 정치사를 조망하는 데는 다음 책들이 좋다.

오인석, 《바이마르 공화국의 역사: 독일 민주주의의 좌절》, 한울아카데미, 1997.
윌리엄 카, 《독일 근대사》, 이민호·강철구 옮김, 탐구당, 1998.

인민전선운동, 그 절반의 성공

/

양차 대전 사이의 프랑스 사회당·공산당과 인민전선

07

공산당은 여기에서 멈추지 않았다. 이 당은 훨씬 더 나아갔다. 파시즘을 격퇴하기 위해서는 노동계급의 단결뿐만 아니라 중간층의 지지가 필요하다. 따라서 사회당뿐만 아니라 급진당까지 포함하는 연합전선이 필요하다. 토레즈 등 공산당 집행부는 점차 이런 생각을 굳혀갔다.

1930년대 유럽의 정치 지도는 암담했다. 한때 노동운동의 힘이 막강하고 좌파정당이 정권을 쥐락펴락했던 이탈리아, 독일, 오스트리아에 극우 파시스트 정권이 들어섰다. 파시스트 정권은 노동운동이 수 세대에 걸쳐 이뤄놓은 바를 송두리째 파괴하려 들었다.

다행히도 이 흐름은 라인강과 알프스산맥에서 저지됐다. 한때 프랑스에서도 파시즘의 공세가 거셌지만, 프랑스의 두 좌파정당인 사회당과 공산당은 인민전선이라는 새로운 정치실험을 통해 이를 격퇴해냈다. 이 점은 확실히 독일의 자매 정당들에 비해 뛰어난 성취였다. 그러나 인민전선 정부는 집권 1년 만에 문을 닫아야 했다. 그것은 오직 절반의 성공이었다. 과연 프랑스 인민전선의 역사적 성과는 무엇이었고, 그 한계는 무엇이었을까?

1920년대 프랑스 사회당과 공산당의 조용한 성장

1914년 7월 31일에 조레스가 암살된 이후 며칠 안 돼서 프랑스 사회당은 독일과의 전쟁을 적극 지지하며 전시내각에 합류했다. 제2인터내셔널의 가장 혁명적인 지도자라던 게드가 전시내각의 장관이 되는 판이었다. 하지만 전쟁이 두 번째 겨울을 지나자 프랑스에서도 반전투쟁이 힘을 얻기 시작했다. 사회당과 CGT 안에 반전좌파가 등장했다. 1916년부터는 파업과 군대 안의 항명폭동이 빈발했다.

1918년 11월, 전쟁이 끝나자 이러한 급진적 분위기는 곧바로 사회당의 당세 신장과 CGT 조합원 증가로 나타났다. 그 중심에는 전쟁을 경험한 젊은 노동자들이 있었다. 1919년의 사회당 당원 중 3/4이 종전 후 처음 입당한 청년 당원들이었다. 이들은 처음에는 선거와 파업을 통해 자신들의 목소리를 내려 했다. 하지만 1919년 선거는 이들에게 첫 번째 좌절을 선사했다. 단순 득표로만 보면 사회당 득표수가 17%에서 21%로 성장했지만, 선거제도 때문에 실제 의석수는 오히려 102석에서 68석으로 줄어드는 황당한 일이 벌어졌다. 당시 프랑스의 선거제도는 1차 투표에서 지역구 과반수 득표자가 없으면 1, 2위만으로 2차 투표를 실시하는 결선투표제였다. 2차 투표에서 우파는 보수주의자부터 급진당까지 연합해서 사회당 후보에 대항했던 것이다. 두 번째 좌절은 1920년 총파업 패배였다.

연이은 패배 뒤에 대안으로 떠오른 것은 코민테른의 혁명노선이었다. 사회당의 청년 당원들 대다수는 당의 코민테른 가입을 열망했다. 물론 반대파도 있었다. 전시내각에도 참여했던 당내 개혁주의 분파(레옹 블룸Léon Blum, 피에르 르노델Pierre Renaudel)는 코민테른의 노선 자체에 반대했다. 마르크스의 외손자 장 롱게Jean Longuet 등이 주도한 중도파는 당의 통일을 유지하기 위해 좀 더 신중하게 접근하자는 입

1차 세계대전과 2차 세계대전 사이

장이었다. 하지만 1920년 12월 29일 투르에서 열린 대의원대회에서 68.7%의 대의원들은 코민테른 가입에 찬성표를 던졌다. 그리고 다음 해 5월에는 '프랑스 공산[주의]당PCF'으로 당명을 바꾸었다. 이에 반발해 대의원대회 소수파는 옛 당명을 고수하며 분당했다.

이제 프랑스에는 사회당과 공산당, 두 개의 좌파정당이 존재하게 되었다. 기존 당원의 대다수는 공산당에 남았다(11만 명). 또한 조레스가 창간한 역사적 신문 〈뤼마니테〉 등 중요한 당 기관이 공산당 쪽으로 넘어갔다. 그러나 의원단의 다수(68명 중 55명)는 사회당을 선택했다. 노동조합운동도 분열됐다. 사회당과 가까워진 기존의 노총 CGT 대신 1922년 공산당계 노총인 통일노동총동맹CGTU이 출범했다.

1920년대는 공산당에게 시련의 세월이었다. 이 시기 프랑스 정치를 지배한 보수우파는 공산당을 가혹하게 탄압했다. 1927년 모로코 군사 개입 반대 총파업 때는 공산당 의원들까지 면책특권을 박탈하고 구속했다. 또한 프랑스에도 예외 없이 강요된 코민테른의 사회파시즘 노선 때문에 당세가 급감하기도 했다.

그러나 프랑스 공산당은 같은 시기의 독일 공산당에 비해 노동자 정당으로서 견실한 성장을 보였다. 한때 모든 당원을 공장 세포로 일괄 편제하면서까지(물론 이는 1년 만에 철회되었지만) 노동계급의 일상에 밀착된 활동을 강조했다. 공산당과 CGTU는 1차 세계대전을 계기로 프랑스에 등장한 신흥 금속산업 노동자들로부터 지지를 얻는 데 성공했다. 파리 교외의 노동자 밀집지역과 북부 공업지대에서 당은 확고한 지역 기반을 마련했다. 공산당은 이들 지역에서 지방자치단체를 장악해 무상급식과 무상보육, 기업에 대한 누진과세 등을 실시했다. 모리스

토레즈Maurice Thorez같이 다년간의 노동조합 활동 경험을 지닌 젊은 노동자 출신 지도자도 등장했다. 1920년대 말이 되면 총선 득표수도 100만 표 선에 이른다. 그러나 결선투표제 때문에 원내세력은 미미했다(최대 14명).

한편 사회당의 활동은 어떠했는가? 사회당은 적어도 강령 측면에서는 공산당과 거의 다를 바 없이 급진적이었다. 국제적으로도 개혁주의적인 제2인터내셔널에 복귀하지 않고 오스트리아 사회민주노동당이 만든 2.5인터내셔널에 가입했다. 하지만 그 속을 들여다보면 사뭇 복잡했다. 당내 우파는 급진당과 함께 좌우 연립정부를 구성하길 바랐고, 다수 당원들의 지지를 받고 있던 좌파는 이에 격렬히 반대했다. 당내 좌파 중에는 공산당보다 더 극좌적인 흐름도 있었다. 결국 사회당의 선택은 중도우파인 급진당 정부를 외곽에서 지지하면서 '아무것도 하지 않는 것'이었다.

사회당은 주로 프랑스 특유의 전통적 소규모 산업에서 지지층을 확보했다. 그래서 지역적으로는 소도시나 일부 농촌에 기반을 두었다. 대공장 노동자들이 공산당으로 넘어가는 상황에서 사회당은 반대로 중간층으로 지지를 넓혀갔다. 이러한 발전 방향이 당의 정체성을 모호하게 한다는 점 때문에 사회당도 '사회당 동지회'라는 이름으로 노동현장에 기층조직을 건설하려고 시도했으나 성공하지는 못했다. 당원 수는 최대 20만 명 선이었는데, 이는 다른 유럽 국가 사회민주주의 정당들에 비하면 결코 많은 것은 아니었다. 선거에서 득표수는 공산당보다 조금 많은 150만~200만 표 수준이었지만, 결선투표에서 급진당과 암묵적으로 혹은 공개적으로 선거연합을 맺곤 했기 때문에 의석수는 훨씬 많았다.

1934년 2월, 반파시즘 노동계급 연합전선을 향하여

프랑스에는 대공황이 다른 유럽 국가들보다 늦게 찾아왔다. 그리고 더 오래 이어졌다. 전후 프랑스 자본주의는 금융자본의 압도적 영향력 아래 있었다. 금융계의 큰손들은 금융자산 가치를 보장하는 금본위제와 긴축정책을 고집해 불황을 더욱 악화시켰다. 금융자본을 직접 대변하는 보수우파뿐 아니라 소도시와 농촌의 중간계층에 기반을 둔 급진당 역시 낡은 자유주의 경제정책을 추종한다는 점에서는 다를 바가 없었다. 통화안정을 위해서는 예산균형이 필요하고, 균형예산을 위해서는 정부 지출을 억제해야 한다. 그다음은? 수요의 더욱 커다란 위축이고, 공황의 심화였다.

프랑스 사회는 금세 몇 년 전 독일과 비슷한 양상을 보이기 시작했다. 왕당파와 같은 전통적인 극우파 외에도 '불의 십자가'라는 현대적인 극우 대중정치조직이 등장해서 불안에 사로잡힌 중간계층을 유혹했다. 1933년 말에 벌어진 유대인 금융사기범 알렉상드르 스타비스키 Alexandre Stavisky의 의문의 자살이 빌미를 제공했다. 이 사건에는 급진당 고위 정치인들이 줄줄이 연루된 것으로 드러났다. 극우파는 이를 의회정치를 뒤엎고 파시스트 체제를 수립할 호기로 보았다. 급진당 정부 불신임안이 처리된 1934년 2월 6일, 극우단체들의 폭동이 벌어졌다. 쿠데타는 거의 성공할 뻔했다.

그러나 프랑스 노동자들은 이미 이탈리아와 독일의 경험을 통해 파시스트 정부 수립이 무엇을 의미하는지 잘 알고 있었다. 노동자들은 누구의 명령이랄 것도 없이 스스로 거리로 쏟아져 나와 극우파와 싸우기 시작했다. 2월 6일 당일에도 2만5000명의 노동자들이 극우파 시위대와 맞붙었다. 2월 12일에는 CGT와 CGTU가 함께 24시간 총파업을 벌였다. 450만 노동자가 작업장을 나와 시위에 참여했다. 거리에 나선 노동자들은 너나없이 파시즘에 대항하는 노동계급 연합전선을 부르짖었다. 반면 두 좌파정당의 행보는 이보다 느렸다. 상황을 주도한 것은 당이 아니라 대중이었다. 곳곳에서 자발적으로 반파쇼 투쟁위원회가 조직됐고 시위가 일상화되었다. 연일 계속되는 가두시위 속에서 대혁명의 기억이 되살아났고, 땅 밑 저 깊은 곳에서 진동이 일기 시작했다.

사실 공산당은 1930년에 토레즈가 사무총장으로 취임하면서부터 서서히 사회파시즘 노선을 폐기하고 반파시즘 연합전선을 시도하는 중이었다. 사회복지 확대 등 일상 요구 투쟁의 중요성을 무시하는 극좌 분파를 숙청했고, 1932년 암스테르담 전쟁 반대 국제대회, 1933년 플레이엘 홀의 파시즘 반대 유럽대회 등을 통해 사회당과 공산당의 평당원 교류를 추진했다(암스테르담-플레이엘 운동). 그럼에도 불구하고 2월 사태 직후 공산당은 사회당과의 공동행동에 그리 적극적인 자세를 보이지 못했다. 아직 코민테른의 최종 재가가 나지 않았기 때문이었다. 코민테른이 독일의 비극을 낳은 자신의 오류(사회파시즘론)를 자인하는 것은 쉽지 않은 일이었다. 하지만 이때 이르러서는 완고한 스탈린Joseph Stalin 집행부로서도 히틀러의 독일과 대적하기 위해 프랑스를 반드시 동맹국으로 삼아야만 할 형편이었다. 프랑스에서 어떻게든 파시스트의 집권을 막는 것은 소련 국가의 외교·국방 차원에서도 꼭 필요한 과제였다. 결국 7월의 코민테른 제13차 집행위원회 간부회의에서 불가리아 출신의 새로운 지도자 게오르기 디미트로프Georgi Dimitrov의 주도로 연합전선 전술이 채택됐다.[1]

일단 코민테른의 승인이 떨어지자 공산당은 반파시즘 연합전선의 사도로 나섰다. 공산당이 자신감에 넘쳐 연합전선운동의 중심으로 떠오른 데는 또 다른 이유도 있었다. 2월부터 시작된 노동계급 공동행동이 공산당에게 너무도 뚜렷한 성과들을 안겨주었다. 당원이 급증하기 시작했다. 신입당원 중 다수는 노동자였고, 당 세포 활동에도 적극적이었다. 파리의 공장 세포가 96개에서 122개로 증가했다.

1934년 7월 27일, 사회당과 공산당은 역사적인 행동통일협정에 서명했다. 이 협정에는 모든 파시스트 단체의 무장해제 및 해산, 하원의 즉각 해산과 정당명부비례대표제 쟁취가 명시되었다.

노동계급 연합전선에서 인민전선으로

공산당은 여기에서 멈추지 않았다. 이 당은 훨씬 더 나아갔다. 파시즘을 격퇴하기 위해서는 노동계급의 단결뿐만 아니라 중간층의 지지가

I 불가리아 공산당원으로 코민테른에서 활동하던 디미트로프는 1933년 제국의회 방화 사건 관련자로 독일에서 체포됐다. 나치 정권은 그의 재판 과정을 공산당을 공격하는 국제적 선전장으로 활용하려 했다. 그러나 디미트로프는 이 재판을 오히려 나치를 규탄하는 연단으로 만들었다. 그에게 쏟아진 국제적 관심 덕분에 디미트로프는 조기 석방돼 소련에 돌아왔고, 코민테른 노선을 반파시즘 연합전선으로 전환하는 임무를 맡게 됐다.

필요하다. 따라서 사회당뿐만 아니라 급진당까지 포함하는 연합전선이 필요하다. 토레즈 등 공산당 집행부는 점차 이런 생각을 굳혀갔다. 이제까지 코민테른 소속 정당들의 연합전선 전술은 어디까지나 진보좌파의 범위 안에서 적용되는 것이었다. 그런데 공산당이 연대 대상으로 주목한 급진당은 이 범위를 벗어났다. 비록 중간층에 기반을 두고 있고 대혁명의 민주적 전통을 중요시한다고는 하나 분명히 기존 경제구조를 지키려는 입장인 우파정당이었다.

1934년 10월 9일, 토레즈는 처음으로 급진당과의 협력을 주장하면서 '빵과 자유와 평화를 위한 인민전선'을 제창했다. 연합전선이 아니라 인민전선, 즉 노동계급의 단결이 아니라 중간층을 중요한 성원으로 포함한 계급연합이라는 것이었다. 어떤 이들은 인민전선 노선이 프랑스의 사회변혁보다는 친소정권 수립을 더 중요시한 소련 공산당의 지령에 따른 것이었다고 평가하기도 한다. 그러나 이는 사실과 다르다. 10월에 프랑스를 방문한 코민테른 밀사 팔미로 톨리아티는 급진당과의 제휴를 말렸다. 그러나 토레즈는 이를 단호히 거부했다. "그렇게 말해도 이미 너무 늦었소. 나는 오늘 밤 급진당 대의원대회에 참석해서 인민전선 구호를 소리 높여 외칠 것이오!" 이것이 토레즈의 답변이었다.

공산당이 이런 정세판단을 한 데는 나름 타당한 이유가 있었다. 당시 급진당 안에서는 '청년터키파'라 불린 젊은 개혁파가 부상하고 있었다. 이들은 파시즘에 대한 유화책과 긴축정책에 반대했고, 전후의 케인스주의를 연상시키는 수정자유주의 경제정책을 지지했다. 이들이 급진당의 중심으로 떠오른다면 진보적 경제정책도 충분히 합의할 수 있을 것처럼 보였다.

다음해 5월에 치른 지방선거에서 좌파 연합전선과 급진당은 곳곳에서 암묵적인 선거연합을 맺어 승리를 거두었다. 가장 상징적인 성과는 전통적으로 보수우파의 아성이었던 파리의 대학가 라탱 구에서 반파쇼 투쟁위원회 활동가인 폴 리베Paul Rivet 교수가 당선된 것이었다. 이는 프랑스에서 우파의 중요한 사회적 기반이었던 지식인·대학생들이 좌파로 대거 이동했음을 보여주는 사례였다.

인민전선에 앞장선 노동자 출신 공산당 사무총장 모리스 토레즈.

지방선거 한 달 뒤인 6월에 드디어 급진당, 사회당, 공산당 사이에 3자 합의가 이뤄졌다. 7월 14일 대혁명 기념일에 급진당의 청년터키파가 깃발을 들고 좌파 시위에 합류했다. 역사는 이날을 반파시즘 인민전선의 시작으로 기록하고 있다. 다시 한 달 뒤인 8월에는 코민테른이 제7차 세계대회를 통해 반파시즘 인민전선을 공식노선으로 확정했다. 코민테른은 이와 함께 그동안 사회민주주의 진영과 공산주의 진영으로 분열되었던 노동조합운동의 통일과 노동계급 단일정당 건설까지 주창하고 나섰다.

하지만 인민전선의 앞날에 장밋빛 미래만이 약속된 게 아니라는 것이 인민전선의 선거강령 작성 과정에서 드러났다. 급진당은 파시스트 단체들을 해산하고 민주공화제를 지키는 것 외의 진보적 정책들은 완강히 거부했다. 반면 사회당과 공산당은 여기에서 더 나아가길 원했다.

3당은 논란에 논란을 거듭하다가 1936년 1월 12일에 어렵사리 선거 강령에 합의했다. 선거강령의 핵심은 사회당·공산당 행동통일협정의 제1항이기도 했던 '파시스트 단체들의 무장해제 및 해산'이었다. 경제 부문에서는 임금인상, 노동시간 단축, 국영 실업보험과 연금제도 도입, 대규모 공공사업을 통한 구매력 회복 및 경기 활성화 등이 중심을 이루었다. 중요한 개혁조치로는 금융자본을 제어하기 위한 프랑스은행(중앙은행) 국유화와 대對독일 국방 강화를 위한 군수산업 국유화, 자본 유출 통제 등이 눈에 띄었다. 재원 조달 방식으로는 7만5000프랑 이상 소득자에 대한 누진소득세, 상속세 강화, 소비자 물가에 대한 파급을 막는 것을 전제로 한 독점기업 이윤 과세 등을 제시했다.

인민전선의 승리와 공장점거 파업

1936년 4월의 총선은 프랑스 역사상 처음으로 라디오 방송 연설이 도입된 선거였다. 이는 라디오 방송을 국정홍보 수단으로 사용한 미국 프랭클린 루스벨트Franklin D. Roosevelt 정부의 영향이었다. 프랑스의 각 가정에 공산당 토레즈 사무총장의 음성이 전달되었다. "파시즘의 뒤에는 금융계와 산업계를 좌지우지하는 200대 가문이 있습니다. 200대 가문을 타도합시다!"

5월 3일, 2차 투표까지 거친 선거의 최종 결과는 인민전선의 승리였다. 인민전선이 총 610석 중 367석을 획득해 원내 다수파가 됐다. 전체적으로 급진당 왼쪽의 표는 단지 30만 정도만 늘었으나, 개혁 성향 유권자 내부의 좌선회가 뚜렷이 드러났다. 그동안 급진당을 지지한 유권

1차 세계대전과 2차 세계대전 사이

자의 상당수가 사회당으로 이동했고, 노동계급 표는 공산당으로 집중됐다. 그 결과 196만 표를 얻은 사회당의 의석은 97석에서 146석으로 증가했고, 150만 표를 얻은 공산당의 의석은 10석에서 72석으로 늘어났다. 반면 142만 표를 얻은 급진당은 158석에서 116석으로 42석이나 상실했다.

가장 주목받은 승자는 공산당이었다. 토레즈가 전국 최다득표로 당선됐고, 좌파 전통이 약한 남부 프랑스에서까지 당선자를 배출했다. 무엇보다도 그동안 공산당의 원내 진출을 가로막은 결선투표의 반공산당 선거연합 관행이 와해된 것이 성공의 주된 요인이었다. 공산당 당원 수는 1931년 3만 명에서 1937년에는 34만 명으로까지 급증했다. 공산당이 프랑스 사회의 주요 대중정치세력으로 자리 잡은 것이다. 지지율 10%에도 미치지 못하던 군소정당이 상황을 주도해 정치판 자체를 바꿔놓은 것은 분명 예사롭지 않은 성과였다.

개표 다음날 사회당의 레옹 블룸이 사회당 주도의 조각組閣을 선언했다. 토레즈는 공산당의 입각을 주장했다. 젊은 시절의 토레즈는 정말 다른 나라 공산당들에서는 보기 드문 박력 있는 대중 정치가였다.[2] 그러나 공산당의 다른 지도자들은 입각에 반대했다. 특히 코민테른이 이를 반대했다. 공산당의 입각이 급진당 내 보수파들을 자극할 수 있다는 것이었다.

그런데 바로 이때 전혀 예상치 못한 사태가 벌어졌다. 새 정부 출범

---

2 토레즈는 나치 점령 시절 소련에 망명해 있었다. 종전 후 망명에서 돌아와 계속 프랑스 공산당을 이끌었지만, 이때부터는 과거와 같은 판단력과 결단력을 보여주지 못했다.

은 6월로 예정되어 있었고, 그전까지는 과도정부가 행정을 맡도록 되어 있었다. 이 시기에 프랑스 사회를 뒤흔든 또 다른 지진이 시작됐다. 5월 11일, 지방도시 르아브르의 브레게 비행기 공장에서 미국 GM 자동차 회사 노동자들의 공장점거 파업을 본받은 파업투쟁이 시작됐다. 그런데 예전 같으면 경찰이 당장 출동했을 텐데, 이번에는 그러지 않았다. 그렇다, 정권이 바뀌었다! 노동자들은 몸으로 변화를 실감했다. 그리고 이렇게 자문했다, 그렇다면 바로 지금이 기회 아닌가! 우리의 권리와 존엄성을 되찾을 기회!

5월 24일 파리코뮌 기념일에 파리에서는 60만 노동자가 집결했다. 이 소식은 시위 노동자들의 입에서 입으로 전해졌다. 공산당의 공장 세포들이 움직이기 시작했다. 당 활동가들은 자발적으로 파업 선동에 나섰다. 이웃 공장의 정보를 듣기 위해 노동자들은 좌파 지방자치단체 청사를 찾았다. 5월 26일 파리 근교에서는 처음으로 뉴폴 비행기 공장에서 공장점거 파업이 시작됐다. 그리고 이틀 뒤에는 프랑스 산업의 중추인 르노 자동차 공장에서 3만 노동자들이 일손을 놓고 작업장을 점거했다. 6월 첫째 주까지 파업 대오는 수백만으로 늘어났고, 금속 노동자들뿐만 아니라 사무직·서비스직 노동자들까지 동참했다.

처음에 파업 노동자들의 요구는 정치적이거나 혁명적인 것과는 거리가 멀었다. 그 주요 내용은 단체협상 인정, 직장위원shop stewards(산업별 노조의 작업장별 대표) 선출 인정, 최저임금 보장, 잔업 거부, 작업 속도 완화, 주 40시간 노동, 유급 휴가 등이었다. 이 중에서도 특히 중요한 것은 단체협상 인정이었다. 프랑스 자본가들은 그때까지도 산업별 단체교섭을 거부하고 있었기 때문이다.

노동자들이 점령한 작업장의 모습은 비장함과는 거리가 멀었다. 공장의 삭막함은 갑자기 축제의 떠들썩함으로 바뀌었다. 좌파 지자체가 제공하는 무료급식으로 끼니를 때우고 나면 아마추어 합주단이 음악을 연주하고 남녀 노동자들은 거기에 맞춰 춤을 추었다. 노동자들은 자신을 다시 돌아보고 서로를 다시 알게 되었다. 공장점거를 하는 며칠 동안 프랑스 노동계급의 문화가 연대와 축제의 문화로 다시 태어났다. 이것은 혁명 그 자체는 아니지만 분명 혁명적 사회운동이었다. 당시 파업에 동참한 진보적인 가톨릭 여성 사상가 시몬 베유Simone Weil는 이렇게 찬미했다.

파업은 그 자체 기쁨이다. (…) 활짝 웃는 규찰대의 허락을 받아 공장에 들어가는 것을 기뻐하라. (…) 기계의 무자비한 소음 대신 음악 소리, 노래와 웃음소리를 듣는 것을 기뻐하라. (…) 고개를 빳빳이 들고 당신의 사장 앞을 지나가는 것을 기뻐하라. (…) 유사 이래 처음으로, 그리고 앞으로 영원히, 이들 기계 주변에는 침묵, 강제, 복종과는 전혀 다른 기억들이 존재하게 될 것이다. 사람들의 가슴에 어떤 자긍심을 불러일으킬 기억들, 이 모든 금속 위에 인간의 약간의 온기를 남겨줄 기억들.

이 와중에 블룸 인민전선 내각이 출범했다(6. 4). 이날 열린 파리의 파업대표자회의에서 파업 대표들은 처음으로 정치 총파업 이야기를 꺼냈다. 일부는 1920년에 이탈리아 토리노에서 자동차 회사 피아트 노동자들이 했던 것처럼 자주관리로 생산활동을 벌이자고 주장했다.

6월 5일, 블룸 정부의 개입이 시작됐다. 파리의 마티뇽 호텔에서 단체교섭 인정, 단결권 확대, 직장위원 선출 인정, 7~15%의 임금인상 등을 내용으로 하는 노사협상이 타결됐다(마티뇽 협정). 유급휴가와 40시간 노동은 입법안으로 상정됐다. 의회는 유례없이 빠른 속도로 이 법안들을 처리했다. 의회 내 보수파조차도 이번에는 아무 말이 없었다.

하지만 파업 노동자들과 자본가들 모두 이 타협안에 쉽게 만족하지 않았다. 자본가들은 복수의 칼날을 갈기 시작했고, 농성을 풀지 않은 노동자들 사이에는 불만이 일었다. 블룸 내각 급진당 소속 장관들은 군대 동원을 검토하기 시작했다. 결국 최후로 나선 것은 공산당이었다. 6월 11일 집회에서 토레즈는 "파업을 끝내는 법도 알아야 한다"고 외쳤다. 공산당 활동가들 사이에서도 격론이 벌어졌지만, 어쨌든 이 호소는 파업 종식에 가장 커다란 영향을 끼쳤다.

6월 12일 금속노조와 자본가들 사이에 협약이 체결됐고, 다음날 르노의 2만 노동자는 블룸과 토레즈의 사진, 당 깃발을 들고 공장에서 나와 노동자 주거지역을 행진했다. 그 여름 동안, 새로 CGTU와 통합한 CGT의 조합원은 100만에서 500만으로 늘어났다.

인민전선 정부의 좌절 - 두 가지 암초

그러나 승리의 분위기는 오래가지 못했다. 첫 번째 암초는 스페인 내전이었다. 당시 프랑스의 이웃 나라인 스페인에서도 프랑스와 같은 형태의 인민전선 정부(아나키스트들의 비판적 지지를 받은 공화파·사회주의노동자당·공산당 연합)가 들어섰다. 그런데 1936년 7월에 이 합법정부를 전복하려는 프란시스코 프랑코Francisco Franco 장군의 쿠데타가 일어났

고, 그것이 내전으로 발전했다.[3]

인민전선 안에서는 당연히 스페인의 합법정부를 지원하자는 목소리가 일었다. 특히 스페인 동지들에게 무기를 제공하는 것이 급선무였다. 독일과 이탈리아의 파시스트들은 프랑코 반군에게 무기 지원을 아끼지 않고 있었다.

그러나 블룸은 동맹국인 영국의 눈치를 보았다. 당시 영국의 여당은 보수당이었다. 보수당 정부는 프랑스가 스페인 내전에 어떤 식으로든 개입하면 영국과 프랑스의 대對독일 동맹을 끊겠다고 협박했다. 영국과의 동맹을 나치 독일에 대항할 유일한 방안으로 믿고 있던 블룸은 이 협박에 굴복했다. 급진당 측의 압력도 한몫했다. 7월 25일, 인민전선 정부는 대對스페인 무기 수출 금지를 선포했다. 7월 31일 장 조레스 추모대회에서 노동자들은 블룸의 면전에 대고 "스페인에 비행기를!"이라고 외쳤다. 뜻 있는 노동자들은 처음 얻은 여름 유급휴가를 스페인 정부를 지원하는 국제여단 활동에 바쳤다.

또 하나의 암초는 자본 해외유출 사태였다. 과거에도 프랑스의 금융자본가들은 맘에 들지 않는 정부 경제정책에 대해 이런 식으로 저항하곤 했었다. 비록 인민전선 선거강령에 자본유출 통제가 명시돼 있었지만, 블룸은 정부의 한쪽 부분인 급진당의 반대 때문에 이를 단행하지

3 스페인 내전에 대해서는 다음 책들을 참고할 수 있다. 앤터니 비버, 《스페인 내전: 20세기 모든 이념들의 격전장》, 김원중 옮김, 교양인, 2009; 레온 트로츠키, 《레온 트로츠키의 스페인 혁명》, 정민규 옮김, 풀무질, 2008; 조지 오웰, 《카탈로니아 찬가》, 정영목 옮김, 민음사, 2001; 앙드레 말로, 《희망》, 김웅권 옮김, 문학동네, 2018; 황보영조, 《토지, 정치, 전쟁: 1930년대 에스파냐의 토지개혁》, 삼천리, 2014.

인민전선 내각의 총리를 지낸
레옹 블룸.

못했다. 무역수지 적자를 해소하기 위해 프랑화 평가절하를 실시했으나, 이는 6월 투쟁의 성과로 얻은 노동자들의 임금인상 효과를 상쇄하는 역할만을 했다. 애초에 블룸 정부는 이런 결과를 피하기 위해 물가연동임금제 도입을 추진했으나 이는 상원의 반대로 무산됐다. 좌파가 다수인 하원의 결정을 사사건건 물고 늘어진 상원은 급진당 우파에 장악돼 있었다. 이런 상황에서 블룸 정부와 노동자들 사이의 반목만이 심화됐다. 10월에는 공장점거 파업을 벌이는 노동자들에 대해 최초로 경찰력이 동원됐다.

1937년 1월, 블룸은 잠정적으로 개혁을 '중단'하겠다고 선언했다. 한마디로 자본유출 사태에 대한 항복이었다. 공산당은 이에 반대해 대안적인 경제정책을 주장했다. 그 핵심 내용은 독점기업 국유화와 강력한 자본이동 통제였다. 일리 있는 대안이었지만, 이미 때를 놓친 뒤였다. 이런 내용을 실제 관철하고자 했다면, 파업투쟁의 열기가 식지 않았던 정부 출범 초기에 공산당이 직접 내각에 참여해서 추진했어야 했다. 토레즈가 외친 것처럼 "파업을 끝낼 줄도 알아야" 하지만, 이것은 곧바로 더 높은 수준의 또 다른 개혁투쟁으로 나아간다는 전제를 동반해야만 했다. 그래야만 "파업을 끝내는" 일이 노동계급 역량의 "성장을 끝내는" 일이 아닐 수 있었다. 대중운동의 절정과 정부 내 투쟁의 고양 사이의 시간적 어긋남이 인민전선 정부 개혁의 한계선을 결정했다.

상황은 더욱 악화되기만 했다. 1937년 초부터는 현대적 극우 대중정치조직인 '불의 십자가'가 프랑스 사회당(여기서 '사회'는 '사회주의socialism'가 아니라 그냥 '사회society'다)이라는 합법정당을 만들어 활동을 재개했다. 3월 16일 파리 외곽 클리시에서 프랑스 사회당 시위대와 클리시 인민전선위원회 소속 노동자들이 충돌했고 경찰 발포로 6명의 노동자가 사망했다. 이틀 뒤, 숨진 노동자들을 기리는 장례집회에는 100만 명이 넘는 노동자들이 운집했다. 애도의 대상은 숨진 노동자들만이 아니었다. 인민전선 정부에 걸었던 희망과 기대 또한 관 위에 누워 있었다.

결국 6월, 자본 유출이 600억 프랑에 달하자 블룸은 정부에 강력한 외환통제권을 부여하는 법안을 제출했다. 하지만 이번에도 상원이 거부하고 나섰다. 6월 20일, 블룸은 총리직을 사임했다. 이후에도 인민전선 자체는 유지됐다. 하지만 사회당이 아니라 급진당이 주도하게 된 새 정부는 대對독일 강경 자세 외에는 어떠한 진보적 성격도 없었다. 1938년 3월 잠시 제2차 블룸 내각이 시도된 적이 있으나 이는 1년도 아니고 단지 3주간의 실험으로 끝났다. 당시 블룸은 1년 전의 과오에 대한 반성에 따라 강력한 경제개입 정책을 제시했지만, 이때는 이미 개혁을 지탱해줄 노동계급의 힘이 꺾이고 난 다음이었다.

부르주아 세력이 다시 헤게모니를 되찾았고, 이들은 공공연히 "블룸보다는 히틀러가 낫다"며 1940년의 패전을 준비했다. 나치 독일에 대한 이 자발적 굴복은 레지스탕스 활동을 통해 다시 수많은 민중의 피를 흩뿌리고 나서야 되돌릴 수 있었다.

인민전선 정부 경험에 대한 논란들

인민전선 정부의 공과는 아직까지도 프랑스 현대사 연구자들 사이의 논쟁 대상이다. 블룸 정부의 프랑화 평가절하 조치 같은 경우는 경제학계의 영원한 논쟁거리가 되어 있다. 따라서 인민전선 정부의 경험을 섣불리 평가할 수는 없다. 더구나 1년이라는 기간은 원래 의도한 정책 효과가 제대로 나타나기에는 너무 짧은 시간이었음이 분명하다. 프랑스는 스웨덴이 아니었고, 블룸 역시 루스벨트가 아니었던 것이다.

하지만 누가 뭐래도 인민전선운동 자체는 위대한 정치적 경험이었다. 1934년 2월부터 시작된 반파시즘운동은 진정한 대중운동이었다. 이는 프랑스 사회를 뿌리부터 뒤흔들어놓았다. "프랑스 지식인은 좌파적"이라는 말이 상식으로 자리 잡은 것도 바로 이때부터였다. 1936년 6월의 공장점거파업도 놀라운 사건이었다. 이는 좌파의 집권이 열어보일 수 있는 대중운동의 가능성에 대한 가장 아름다운 광경이었다. 인민전선 정부는 이런 거대한 사회운동 속에서 진보정당이 집권한 서유럽 최초·최대의 사례였다.

그러나 이렇게 등장한 인민전선 정부는 심각한 오류와 한계 또한 드러냈다. 첫째, 사회운동과 제도정치를 제때 적절히 결합하는 데 실패했다. 파업투쟁의 생명력이 살아 있을 때 개혁을 신속히 추진해야 했으나 그렇게 하지 못한 것이다. 오히려 당시 산업별 노동조합들의 투쟁을 적절히 활용해 뉴딜을 추진한 미국 루스벨트 정부가 이 점에서 더 능동적이었다.

둘째, 과감한 경제개혁을 추진하지 못한 채 소위 200대 가문의 자본

파업에 굴복하고 말았다. 블룸 정부의 실제 개혁 성과는 뉴딜 수준에도 훨씬 못 미쳤다. 여기에서 결정적으로 발목을 잡은 것은 급진당 우파가 장악하고 있던 상원이었다.

하지만 블룸 정부 자체의 문제도 있었다. 블룸 총리는 이상과 원칙을 소중히 여기는 사회주의자이자 고매한 인격자임이 분명했다. 그는 젊은 시절 드레퓌스파로, 〈뤼마니테〉 편집자로, 사회당 창당 1세대로 조레스와 함께 투쟁한 역전 노장이었다. 한데 그만큼 그는 구세대 사회주의의 틀에 갇혀 있기도 했다. 그는 주요 생산수단이 사회적 소유가 되는 사회주의 혁명 전까지는 진보정당이 선거로 집권하더라도 할 수 있는 게 극히 제한된다고 믿었다. 대중의 생활수준 저하를 막는 것 정도가 최대치였다. 즉, 혁명의 경건한 신앙을 유지하면서 많은 과제들을 혁명 이후로 미뤄두는 반면, 개혁은 지나치게 소박하게 바라본 것이다. 그래서 블룸은 인민전선 정부가 선거강령에서 약속한 구매력 회복 정책에만 충실하면 된다고 여겼다. 이 공약을 실현하기 위해서도 거시경제 운영 전반을 바꿔야 한다는 것, 블룸 자신이 인민전선 정부 개혁의 동반자로 생각한 미국의 뉴딜 역시, 이러한 보다 광범한 개혁을 추진하고 있다는 것—이 모두를 블룸 정부는 집권하고 나서야 뒤늦게 깨달았다.

셋째, 스페인 내전에 대한 불간섭 정책 때문에 파시스트 이웃 국가들과의 관계에서 기선을 제압할 기회를 놓쳤다. 스페인 내전에서 파시스트 국제동맹을 꺾었다면 2차 세계대전이 그렇게 진행되지도 않았을 것이다. 결국 스페인 전선에서 쉽게 승리를 거둔 파시스트들은 블룸 정부가 피하려고 했던 그 전쟁을 향해 자신 있게 나아갈 수 있었다.

이 모든 문제에 공통된 한 가지 요소는 급진당이었다. 좌파가 파시스트보다 먼저 집권 기회를 잡아서 파시스트들을 해산시키자면 급진당과의 연대는 불가피했다. 급진당 안에서 청년터키파의 등장으로 정책 지향이 변화할 가능성에 주목한 것도 나름대로 의미가 있었다. 실제로 청년터키파의 일원이었던 피에르 망데스 프랑스Pierre Mendès France는 전쟁 후에 급진당 대표가 됐고, 만년에는 급진당을 떠나 좌파 정치가로 활약하기도 했다. 그러나 급진당의 세대교체 속도는 기대보다 느렸다. 급진당 내 보수파가 다수를 점하며 정부 안에서 사사건건 사회당, 공산당의 발목을 잡았다.

토레즈는 자서전《인민의 아들》에서 인민전선이 세 당의 상층연합에 그쳤던 것이 근본문제였다고 회고했다. 다수 대중이 참여하는 지역별 인민전선위원회를 조직해야 했으며, 중요한 정치적 순간마다 그 전국대회를 소집해야 했다는 것이다. 그랬다면 급진당 상층을 더 효과적으로 압박할 수 있었으리라는 게 토레즈의 결론이었다. 사실 이는 코민테른 제7차 대회에서 디미트로프도 강조한 대목이고, 트로츠키도 프랑스의 인민전선을 비판하면서 누누이 강조한 바다.

1936년 5월 총선거에서의 승리에도 불구하고 이 강령의 대부분이 사문화 되어버린 것은 무슨 까닭인가! (…) 우리들은 하부 집회에서 선출된 대표들 이 참여하는 인민전선의 전국대회를 개최해야 한다는 제안을 받아들이게 하지 못했다. 전국대회가 있었다면 거기에서 선출된 전국위원회가 강령의 실시를 감시했겠지만 인민전선은 상층에서의 단순한 협정에 머물러버렸 던 것이다.[4]

1차 세계대전과 2차 세계대전 사이

어떤 선택이 옳았던 것일까? 애당초 급진당과 함께 집권해서는 안 되는 것이었던가? 아니면 급진당과 함께하면서도 이들에게 구속되지 않을 방도가 있었을까? 이것은 역사광의 한가한 질문만은 아니다. 오늘날 우리에게도 '파시스트들'이 있고, 또한 '급진당'이 있기 때문이다. 이들과 부대끼며 우리의 이야기를 써나가기 위해서도 우리는 먼저 프랑스 인민전선의 경험에 비추어 진보정당에게 '집권'은 무엇이며 '운동'은 무엇인지, '연대'의 범위와 기준은 무엇인지 묻고 또 물어야 한다.

---

4 모리스 토레즈, 《인민의 아들》, 박철호 옮김, 연구사, 1987, 76쪽.

[더 읽기]

이 장을 집필하는 데 주로 다음 책들을 참고했다.

이태복 옮김,《프랑스 노동운동사》, 광민사, 1980.

편집부 옮김,《코민테른 자료선집3》, 동녘, 1989.

A. 스터름달,《유럽 노동운동의 비극》, 황인평(황광우) 옮김, 풀빛, 1983.

L. 트로츠키,《트로츠키의 프랑스 인민전선 비판》, 김명수 옮김, 풀무질, 2001.

M. 토레즈,《인민의 아들》, 박철호 옮김, 연구사, 1987.

Henry W. Ehrmann, *French Labour: From Popular Front to Liberation*, Oxford University Press, 1971(1947).

Julian Jackson, *The Popular Front in France: Defending Democracy, 1934-38*, Cambridge University Press, 1988.

Joel Colton, *Leon Blum: Humanist in Politics*, Duke University Press, 1987(1966).

M. Adereth, *The French Communist Party, a Critical History, 1920-84*, Manchester University Press, 1984.

다음의 국내 연구 성과로부터도 큰 도움을 받았다.

노서경,《지식인이란 누구인가: 프랑스 지식인들의 상상력과 도전》, 책세상, 2001, 〈제3장 반 파시스트 운동과 작가들〉.

은은기,《프랑스 공산주의 운동》, 신서원, 2006.

이용우, 〈프랑스 공산당의 변화와 인민전선의 기원〉, 서울대 서양사학과 석사학위 논문, 1993.

다음 책에서 레옹 블룸의 생애를 접할 수 있다.

토니 주트,《지식인의 책임: 레옹 블룸, 알베르 카뮈, 레몽 아롱… 지식인의 삶과 정치의 교차 점》, 김상우 옮김, 오월의봄, 2012.

미국에는 왜 사회주의 정당이 없는가?

/

미국 사회당의 도전과 좌절

08

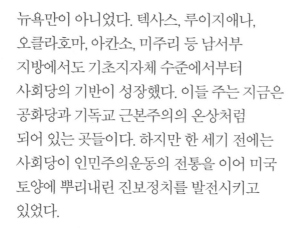

뉴욕만이 아니었다. 텍사스, 루이지애나, 오클라호마, 아칸소, 미주리 등 남서부 지방에서도 기초지자체 수준에서부터 사회당의 기반이 성장했다. 이들 주는 지금은 공화당과 기독교 근본주의의 온상처럼 되어 있는 곳들이다. 하지만 한 세기 전에는 사회당이 인민주의운동의 전통을 이어 미국 토양에 뿌리내린 진보정치를 발전시키고 있었다.

'미국에는 왜 사회주의가 없을까?' 사회과학을 공부하다 보면 한 번쯤은 꼭 접하게 되는 유명한 물음이다. 이 질문은 지난 세기 벽두에 독일 사회과학자 베르너 좀바르트Werner Sombart가 처음 던진 것이다. 이후 수많은 후세대 학자들이 그 답을 찾는 과정에서 미국 사회에 대한 저마다의 통찰들을 남겼다. 그러니까 학자들이 이렇게 주거니 받거니 할 동안 미국에는 계속 사회주의가 '없었던' 것이다.

아니, 실은 그렇지 않았다. 미국에는 사회주의가 없지 않았다. 지금도 미국에 여럿 존재하는, '정당'임을 내세우는 소규모 정파들을 말하는 게 아니다. 공화당, 민주당에 실질적인 위협이 된 진짜 대중정당이 있었다. 좀바르트가 퉁명스러운 화두를 던질 무렵, 이 당은 막 기지개를 켜고 있었다. 바로 미국 사회당이다.

물론 이 당은 지금은 존재하지 않는다. 사멸하고 말았다. 그랬기 때문에 좀바르트의 화두는 폐기처분되지 않고 학계의 인기 주제로 남을 수 있었다. 하지만 사회당이 미국 토양에서 노동자 정치세력화를 시도하다 실패한 과정은 생각보다 그렇게 당연하거나 맥 빠지는 이야기는 아니다. 나름대로 치열한 분투가 있었고, 그럼에도 불구하고 실패했으며, 그 후과는 크고 깊었다. 그토록 진지했음에도 불구하고 좌절했다는 점 때문에라도 우리는 이들의 이야기에 귀를 기울여야 한다. 이들처럼 뒤늦게 어렵사리 자국의 토양에 뿌리내리려는 한국 진보정당운동 입장에서는 더욱 마땅히 그래야만 한다.

미국식 반자본주의 운동 – 인민주의

앞에서 세계 최초의 진보정당은 독일 사회민주당이라고 했다. 하지만 '노동자'를 당명에 내건 정당이 처음 등장한 나라는 독일이 아니라 미국이다. 이 나라에서는 벌써 1828년에 '일하는 사람들의 당Working Men's Party'이라는 이름을 가진 정치조직이 등장한 바 있다. 비록 근대적 정당이라고 할 수는 없었고 존속기간도 짧긴 했지만 말이다. 지금 보면 뜻밖이지만, 19세기 유럽인의 눈에는 그리 놀랄 일도 아니었을 것이다. 미국은 당시에 남성 보통선거제도를 시행하던 지구상 거의 유일한 나라였기 때문이다. 이런 나라에서 다른 곳보다 일찍 노동자 정당 실험이 있었다는 사실은 신기할 게 없다.

이런 식으로 미국사에는 우리 상식을 흔드는 좌파운동의 숨은 역사가 많다. 독일과 거의 비슷한 시기에 사회주의 정당이 출범했다는 사실도 그렇다. 1870년대에 미국 동부는 유럽의 사회주의 세계와 긴밀히 연결돼 있었다. 특히 뉴욕은 제1인터내셔널에서 활동하던 주로 독일계 사회주의 운동가들의 주무대였다. 1877년에 이곳 뉴욕을 중심으로 사회주의노동당SLP이 창당했다. 사회주의노동당은 독일에서 얼마

전에 출범한 비슷한 이름의 정당과 형제라 자부했다.

한편 북미 대륙 한가운데에서도 심상치 않은 바람이 일었다. 남북전쟁 이후 동부 해안의 자본주의가 대륙횡단철도 개설과 함께 북미 곳곳으로 물밀 듯이 뻗어나갔다. 중서부와 대평원의 수많은 소도시와 마을에서 소농들은 이러한 격변에 혼란과 좌절을 느꼈다. 이들은 특히 인위적 불황의 원인이라 여긴 금본위제에 격렬히 반발했다. 연방정부를 통해 지폐를 발행하거나 은화를 자유롭게 유통하자는 등의 주장이 대두했다. 북미 소농들은 대서양 반대편의 도시 노동자들과는 또 다른 방식으로 자기 나름의 반자본주의 운동에 나선 셈이었다.

미국은 대중민주주의의 나라였으므로 이 운동 역시 처음부터 정치세력화를 추진했다. 1870년대에 정부가 통화를 관리하자고 주창하는 '그린백 노동당'이 등장했다('그린백Greenback'은 남북전쟁 때 연방정부가 임시로 발행한 불태환 지폐의 명칭이다). 이 당은 곧 시들었지만, 그 잔해로부터 더 큰 운동이 모습을 드러냈다. 인민주의populism 운동이었다. 인민주의운동은 금본위제 타도를 전면에 내세우면서 오대호 서쪽의 광활한 농촌 지역에서 돌풍을 일으켰다. 이들은 공화당, 민주당 모두 금권정치에 굴복했다며 1892년에 인민당을 결성했다. 인민당에는 거대자본과 국가에 맞서 소농사회로 돌아가자는 옛 제퍼슨 민주주의¹의 흐름이 강하게 존재했지만, 사회주의와 노동운동의 영향을 받은 흐름도 함께했다. 그래서 인민당의 〈오마하 강령〉에는 철도·통신 국유화, 노

I 미국 건국의 아버지 중 한 명이자 제3대 대통령을 역임한 토머스 제퍼슨 Thomas Jefferson은 미국이 자본주의 공업화로 가는 대신 소농 중심의 평등사회가 되어야 한다고 주장했다.

동시간 단축, 보편적 사회보험, 누진소득세 등이 포함됐다.

1896년 대통령 선거에서 인민당은 기로에 섰다. 마땅히 독자후보를 내야 했으나 민주당 후보를 지지하자는 주장이 만만치 않았다. 민주당이 금본위제 비판론자인 윌리엄 제닝스 브라이언William Jennings Bryan을 후보로 냈기 때문이었다. 격론 끝에 인민당은 자체 후보를 내지 않기로 했다. 한데 브라이언 후보가 낙선하면서 인민당운동도 그만 힘이 빠지고 말았다. 인민당은 미국 역사상 가장 활발한 제3당 운동이었지만, 미국식 정치제도라는 벽은 이렇게 높기만 했다. 하지만 이것으로 끝은 아니었다. 인민당의 잔해로부터도 다시 새로운 주자가 잉태됐다. 드디어 우리의 주인공 사회당이 등장한다.

1893년, 직종에 상관없이 철도 노동자는 모두 단결하자고 외치며 미국철도노동조합ARU이 출범했다. 그 중심에는 인민당원 유진 V. 뎁스Eugene Victor Debs가 있었다. 그는 1년 뒤 풀맨사의 차량 생산 노동자들을 위해 연대 파업을 벌이다가 감옥에 갇혔다. 이때 그는 같은 인민당원인 밀워키의 독일계 언론인 빅터 버거Victor Berger를 만났다. 독일 사회민주당의 영향을 깊게 받은 버거는 옥중의 뎁스에게 마르크스의《자본》을 선물했다. 황금의 지배에 맞선다는 점에서 자신의 기독교 신앙과 사회주의 사이의 공통점을 찾은 뎁스는 감옥에서 나온 뒤 사회주의운동에 투신했다. 1898년 뎁스와 버거는 여전히 대안에 목말라 하던 구 인민당원들을 모아 '미국 사회민주[주의]당SDP'을 창당했다.

뎁스는 사회민주당 후보로 1900년 대통령 선거에 도전했다. 첫 대선 도전의 결과는 겨우 8만여 표에 그쳤지만, 이 과정에서 전국의 여러 사회주의·노동운동 세력이 모여들었다. 대표적인 것이 뉴욕 사회주의 노동당 집행부의 분파주의적 노선(제2노총 건설 시도)에 반발해 탈당한 러시아계 활동가 모리스 힐퀴트Morris Hillquit의 그룹이었다.

결코 무시할 수 없었던 사회당의 전진

1901년 6월, 뎁스 선거운동에 결합했던 이들이 한데 모여 새로운 정당을 띄웠다. '사회민주당'이라는 이름은 '민주당'과 헷갈릴 수 있다는 이유로 새 당명은 '미국 사회[주의]당SP'으로 정했다. 강령은 사회주의-공산주의의 북미식 표현인 '협동 공유사회cooperative commonwealth'의 건설이 궁극 목표라고 천명했다. 대의원석에는 과거의 인민당원, 사회주의노동당원들이 한자리에 모여 있었다. 동부 해안으로부터 상륙한 사회주의와 중서부의 자생적인 인민주의의 만남이었다.

이런 다양한 요소들을 잇는 상징과도 같은 인물이 뎁스였다. 뎁스는 14살부터 철도 회사에서 노동자로 일했다. 그러다가 직업별 노동조합의 간부가 됐고, 이에 한계를 느껴 산업별 노동조합 건설에 나섰다. 그는 사회민주당을 창당하기 전에도 지방선거에 나가 주의원에 당선된 경력이 있었다. 당대 백인 남성 노동자의 전형이었고 정치적 경력도 풍부했다. 그런 그가 미국인들에게 익숙한 개신교 설교자의 어조로 성서의 비유를 들며 '맘몬의 지배'를 비판하면 가장 완고한 시골 사람도 고개를 끄덕이게 마련이었다. 당 안에서도 뎁스는 우파와 좌파를 넘나들며 자신이 그때그때 옳다고 생각하는 주장을 강력히 지지했다. 그래서 마치 베벨이나 조레스가 자기 당에서 그랬던 것처럼, 미국 사회당 안의 모순되는 요소들을 통합하는 역할을 했다.

사회당은 대선 때마다 뎁스를 대통령 후보로 지명했다. 1904년 대선에서 뎁스는 40만 표 넘는 지지(2.98%)를 얻었고, 1908년 대선에서도 이 득표 수준을 이어갔다. 사회당은 대선 캠페인을 통해 얻은 지명도를 바탕으로 각급 선거에서 차곡차곡 성과를 쌓아나갔다. 1906년에는 사회당의 동부 거점 중 하나인 뉴욕에서 힐퀴트가 하원의원 후보로 출마해 26%를 획득했다. 비록 당선되지는 못했지만, 뉴욕에서 사회당이 공화당, 민주당 양당과 어깨를 나란히 함을 보여준 선거 결과였다.

뉴욕만이 아니었다. 텍사스, 루이지애나, 오클라호마, 아칸소, 미주리 등 남서부 지방에서도 기초지자체 수준에서부터 사회당의 기반이 성장했다. 이들 주는 지금은 공화당과 기독교 근본주의의 온상처럼 되어 있는 곳들이다. 하지만 한 세기 전에는 사회당이 인민주의운동의 전통을 이어 미국 토양에 뿌리내린 진보정치를 발전시키고 있었다.

서부나 남부 주에서 사회주의를 뿌리내리려면 실천방식도 동부와는 달라야 했다. 사회당은 뉴욕에서는 한 기독교 사회주의자의 희사로 '랜드Rand 사회과학학교'(랜드는 기부자의 부인 이름이었다)라는 아카데미를 만들어 인재를 육성했다. 반면 농촌 주들에서는 개신교 부흥회가 흔히 하듯이 야영지에 신입당원들을 모아서 캠프를 개최했다. 이 자리에는 뎁스 같은 인기 강연자가 방문해 함께 시간을 보냈다. 미국 사회당의 이런 활동이 신선하게 보였던지, 조레스는 프랑스에서 가장 보수적인 방데 주에서 이 방법을 활용해보려고 미국 사회당의 여성 명강사 케이트 오헤어Kate Richards O'Hare를 초빙하기도 했다.

창당 이후 10여 년간 이러한 노력을 지속하자 어느덧 선거에서도 결실을 맺기 시작했다. 마침 정세도 사회당에 우호적이었다. 독점자본의 횡포가 심해지자 미국에서는 1900년대부터 이른바 '진보주의' 바람이 일었다. 물론 진보주의의 원조는 사회당이었지만, 재벌 비판이 인기를 얻자 공화당·민주당의 기성 정치인 중에서도 진보주의를 자처하는 이들이 생겨났다. 대표적인 사례가 26대 대통령 시어도어 루스벨트Theodore Roosevelt Jr.였다. 그는 퇴임 후인 1912년에 다시 대통령에 도전하려 했으나 공화당에서 후보 지명을 받지 못하자 독자정당을 창당했다. 그 당 이름이 '진보당'이었다. 루스벨트야 권력욕이 주된 동기였다고 할 수 있지만, 그와 함께한 정치가 중에는 실제로 진보주의의 투사로 거듭난 인물도 있었다. 나중에 다시 언급할 상원의원 로버트 라폴레트Robert La Follette Sr.가 그런 사람이었다.

하지만 공화당, 민주당이 수용한 진보주의의 범위에는 분명 한계가 있었다. 자본주의의 존립을 위해 대자본에게 새롭게 규율을 부과하기는 했지만(가령 연방준비은행 설립, 셔먼 반트러스트법[2] 제정 등), 노동자나 소농의 생존권을 위한 개혁에는 제대로 손을 대지 않았다. 이에 불만을 느낀 대중은 자연스럽게 원조 진보주의자들인 사회당에 귀를 기울이기 시작했다. 한 세기 넘게 노동대중이 이미 선거에서 공화당과 민주당 둘 중 하나에 표를 던져왔고, 그래서 유럽과는 달리 신생 진보정당에 대한 노동자들의 지지가 그렇게 자연스럽지 않았던 나라에서 이는 쉽게 올 기회가 아니었다.

사회당은 이 기회를 절대 놓치지 않았다. 첫 팡파르는 옛 인민주의

---

2 법안 발의자인 존 셔먼John Sherman 상원의원의 이름을 따서 이렇게 불렸다. 이 법으로 인해 미국의 독점자본은 독일과는 달리 노골적으로 기업집단을 지배할 수 없게 됐다. 이 때문에 미국의 독특한 법인기업 구조가 발전하게 된다.

의 거점 중 하나이자 독일계 인구 밀집지역인 위스콘신 주 밀워키에서 울렸다. 1910년, 창당 주역 중 한 명인 버거가 40%를 득표하며 사회당의 첫 하원의원으로 선출된 것이다. 버거는 열렬한 베른슈타인 추종자였지만, 미국 하원으로서는 단 한 명의 베른슈타인주의자만으로도 경기를 일으킬 판이었다.

바로 다음해, 1911년의 지방선거는 사회당 선거 도전사의 절정이었다. 당시 미국은 48개 주였는데, 이 중 23개 주에서 총 74명의 사회당 후보들이 시장에 당선됐다. 오하이오, 일리노이, 미시건 등 오대호 인근 주들에서 특히 여러 명의 사회당 시장이 배출됐다. 이름을 대면 알 만한 도시로는 미시건의 플린트, 캘리포니아의 버클리 등이 있었다. 흥미로운 것은 전국적인 유명세를 떨친 사회당 시장들 중에는 유독 목사가 많았다는 점이다.

덩달아 당원 수도 급증했다. 창당 초기에 2만 명 언저리이던 당원이 1900년대 말부터 빠른 속도로 늘어서 1912년에는 12만 명에 이르렀다. 영어 신문 〈어필 투 리즌Appeal to Reason〉('이성에의 호소') 외에도 이민자들을 위해 여러 언어로 발행되던 당 신문들의 독자는 모두 합쳐 100만 명을 넘어섰다. 또한 직업별 노동조합들의 총연맹인 미국노동연맹AFL에서 사회당 활동가들의 위상도 올라갔다. AFL은 1886년에 창립된 이후 줄곧 실리주의자 새뮤얼 곰퍼스Samuel Gompers의 1인 지배 아래 있었다. 한데 1912년 대의원대회에서는 사회당원 맥스 헤이스 Max Hayes가 곰퍼스에 도전해, 비록 승리하지는 못했지만 상당한 지지 (35%)를 얻었다. AFL의 1/3가량을 점한 사회당 활동가들은 AFL이 진보정당운동과 최소한의 연결고리를 유지하게 만들려고 분투했다.

탄압이 사회당의 전진을 가로막았는가

한동안은 사회당의 전진이 계속될 것처럼 보였다. 1912년 대선에서 뎁스는 네 번째 출마 만에 100만 표에 근접한 득표(90만 표, 5.99%)를 기록했다. 민주당의 우드로 윌슨Woodrow Wilson 후보가 진보주의 의제의 상당 부분을 흡수했는데도 이 정도의 약진을 이뤄낸 것이다. 오클라호마 등 옛 인민주의 거점 주들에서는 10% 넘게 득표하기도 했고, 사회당 시장이 당선된 도시들에서는 보통 30% 안팎의 지지율을 보였다. 이 정도 결과면 사회당이 제3당으로 점차 자리를 잡고 있다고 평가해도 과장이 아니었다.

버거가 다음 선거에서 패배하는 바람에 모처럼의 하원 의석을 잃기는 했지만, 1914년 선거에서 사회당은 다시 교두보를 확보한다. 뉴욕에서 메이어 런던Meyer London이 무려 49.5%를 받아 민주당, 공화당 후보들을 모두 물리치며 하원의원에 당선된 것이다. 런던 의원은 하원에서 보편적인 사회보험 도입을 촉구하는 데 활동을 집중했다. 오늘날까지 미국 사회의 숙원으로 남아 있는 공적 의료보험도 물론 그의 개혁의제들 중 하나였다.

그러나 유럽에서 시작된 먹구름이 미국 사회당에도 어두운 그림자를 드리우기 시작했다. 1차 세계대전이 발발하자 사회당은 전쟁 반대 입장을 분명히 했다. 전쟁 초기에는 미국이 중립국이었기 때문에 미국 사회당은 1914년에 유럽 진보정당들을 뒤흔든 운명의 타격을 피할 수 있었다. 하지만 얼마 안 돼 미국 안에서도 참전 움직임이 일자 이를 막는 것이 당의 사활적 과제가 되었다. 전쟁 반대에 뜻을 함께한다면, 헨리 포드 같은 대자본가와도 손을 잡았다. 1916년 대선에는 정력적인 반전 작가 앨런 벤슨Allan Benson을 출마시켰다. 벤슨 후보는 참전 여부를 국민투표로 결정하자는 공약을 내걸었다. 벤슨은 뎁스의 최대득표에 미치지 못하는 60여만 표(3.2%)를 얻었지만, 함께 치른 하원의원 선거에서는 런던이 재선에 성공했다.

윌슨 대통령은 재선 선거운동 과정에서는 그간 중립을 지키기 위해 노력했다는 점을 부각시켰다. 그래서 반전 후보라는 착시를 불러일으키기도 했다. 그러나 막상 재선에 성공하자 전쟁을 착착 준비해나갔다. 1917년 러시아 혁명이 일어나 대對독일 연합국의 한 축이 무너지자 미국은 참전을 더욱 서둘렀다. 여기에서 걸림돌은 국내 반전여론이었고, 그 중심에 사회당이 있었다. 윌슨은 처음에는 사회당 지도자들을 백악관에 초청해 의견을 묻는 등 사뭇 점잖게 대응했다. 그러나 일단 전쟁에 뛰어들고 나서는 태도가 돌변했다.

1917년 4월 6일 드디어 의회에서 미국의 참전이 결정됐다. 런던 하원의원은 당연히 반대표를 던졌다. 사회당은 참전 결정 후에도 투쟁을 그만두지 않았다. 한 달 뒤에 당은 광범한 반전세력들과 함께 '민주주의와 평화를 위한 민중협의회'를 결성했다. 뎁스는 전쟁에 총파업으로 맞서야 한다고 연설하고 다녔다. 힐퀴트는 반전 공약을 내세우며 뉴욕 시장 선거에 도전해서 22%를 획득했다. 순위로 따지면 공화당보다 앞선 2위였다. 버거는 상원의원 보궐선거에서 군국주의·제국주의 반대를 외치며 26%를 득표했다. 반전운동 과정에서 새세대 지도자들이 성장하기도 했다. 뎁스의 뒤를 이어 한 세대 동안 당의 얼굴 역할을 하게 되는 노먼 토머스Norman Thomas, 흑인으로서 인종문제 해결과 사회주의를 결합하려 노력하다가 만년에는 마틴 루터 킹Martin Luther King Jr. 목사의 시민권운동에도 참여한 A. 필립 랜돌프A. Philip Randolph가 그런 인물들이었다.

지방선거에서 사회당이 여전히 강세를 보이자 정부는 노골적인 사회당 고립 작전에 나섰다. 우선 사회당의 토대가 될 만한 세력들 중 전쟁을 지지하는 이들을 포섭했다. 곰퍼스의 AFL 집행부가 그 선두주자였다. 곰퍼스 집행부는 정부의 군수물자 생산을 원활하게 해준다며 스스로 노동현장의 구사대가 됐다. 또한 '노동과 민주주의를 위한 미국연합'을 결성해 사회당 측 협의회에 맞섰다.

정부의 또 다른 수단은 노골적인 탄압조치였다. 그 법적 근거는 1917년 6월에 통과된 방첩법(정식 명칭은 '간첩행위 및 치안방해 처벌법')이었다. 전쟁에 반대하는 어떤 공개발언도 이 법에 따라 반역 행위로 처벌받았다. 이는 미국 헌법이 보장하는 표현의 자유를 정면으로 거스르는 위헌적 법률이었다. 놀랍게도 이 악법의 칼날은 곧장 사회당 최대거목 뎁스를 향했다. 사법부는 방첩법 위반 혐의로 이미 60세가 넘은 이 노장을 감옥에 가뒀다. 뎁스는 굴하지 않고 오히려 재판정을 사회주의 선전장으로 만들었다.[3]

탄압은 전쟁이 끝나고서도 멈추지 않았다. 아니, 더욱 광기 어린 모습을 띠었다. 1919년 법무부 장관, 석유재벌 록펠러 등 유명인사들에게 5월 1일 메이데이에 맞춰 의문의 폭발물이 우편 배달됐다. 이를 신

---

3   E. 뎁스, 〈하층계급이 있는 곳에 내가 있다〉, 장석준 엮음, 《혁명을 꿈꾼 시대: 육성으로 듣는 열정의 20세기》, 살림, 2007.

1918년 반전집회에서 연설하는 유진 뎁스. 이 연설 뒤에 곧바로 체포됐다.

호로 정부는 '적색 불순분자와의 전쟁'을 선포했다. 그해 겨울 300여 명의 급진파 인사들을 배에 태워 혁명 러시아로 강제추방했고, 뉴욕 주 하원의 사회당 의원 6인의 의원직을 박탈했다. 각지에서는 정부의 탄압에 맞장구치는 극우 자경단이 조직돼 사회당 지역조직과 노동운 동가들에게 테러를 가했다. 남부에서 흑인 탄압 비밀결사 KKK가 부활 한 것도 이 무렵이었다. 이 시기를 미국 현대사는 '제1차 빨갱이 소동' 이라 기록한다.[4]

역사책을 보면 이 좌파 탄압이 사회당의 전진을 가로막은 주된 장

———— 4 '제2차 빨갱이 소동'은 1950년대 매카시즘 광풍이었다.

벽이었던 것으로 평가하곤 한다. 어느 정도 맞는 말이다. 사회당은 당의 정신적 대표를 감옥에 둔 채 곳곳에서 극우 테러에 시달려야 했다. 당원 수가 급감했고, 오래된 활동가 중에서도 심신의 위협 때문에 당 활동에서 물러나는 경우가 많았다.

　그러나 이것이 사태의 전부는 아니었다. 사회당의 발걸음이 주춤해진 것은 사실이었지만, 그렇다고 희망이 없지는 않았다. 빨갱이 소동 때문에 사회당 바깥의 급진적 노동운동은 괴멸적 타격을 입었지만, 사회당은 그 정도는 아니었다. 사회당은 이번에도 뎁스를 내세운 대통령 선거운동으로 반격을 가했다. 다만 이번에는 옥중의 뎁스였다. 그는 1920년 대선에 옥중 출마해 1912년 대선 결과와 엇비슷한 91만 표를 획득했다. 다만 1920년 대선은 여성도 보통선거권을 행사한 첫 선거였기 때문에 득표율은 3.41%로 낮아졌다. 한편 버거와 런던은 각각 1918년 선거와 1920년 선거에서 하원의원에 재선돼 번갈아가며 사회당의 하원 의석 1석을 지켰다. 탄압의 절정기에 재선된 버거의 경우, 뉴욕 주 하원의원들처럼 곧바로 의원 자격 심사를 거치기는 했다. 아무튼 사회당에게는 좌파 대탄압이 이야기의 끝은 아니었다.

노동당 건설 운동에 나서다

미국 사회당에게는 오랜 꿈이 있었다. 그것은 재창당이었다. '사회당'이라는 이름을 버리더라도 재창당은 꼭 필요했다. 노동조합과의 전면적 결합을 위해서였다. 유럽 진보정당들과는 달리 노동조합과의 연계가 약하다는 점이 미국 사회당의 치명적 약점이었다. 그래서 사회당 지도자들은 기회만 열린다면 노동조합이 적극 참여하는 영국 노동당식 정당을 건설하길 바랐다. 노동조합에 주도권이 넘어가더라도 상관없었다. 사회당은 이 새 정당의 싹을 틔우는 거름이 되면 족하다는 생각이었다. 탄압이 극심해지니 이런 염원은 더욱 간절해졌다. 대중적 토대가 강화된다면 이깟 탄압 정도 능히 헤쳐나갈 수 있을 듯싶었다.

마침 분위기도 괜찮았다. 서부 여러 지역에서 '사회주의'보다는 '노동자와 농민'을 내세우는 정치세력화 움직임들이 나타났다. 그렇다고 이들이 진보적이지 않은 것은 아니었다. 다만 '서민people'을 강조해 공감을 불러일으킨 인민주의의 장점을 되살리려는 시도들이었다. 우선 1915년 노스다코타 주에서 '무당파연합'이 출범했다. '무당파'란 기성 양대 정당에 대한 독자성을 뜻했다. 창립자 아서 타운리Arthur Townley는 이런 명칭의 조직을 건설한 이유가 "사회주의에 설탕을 입혀 농민들 누구나 삼킬 수 있게 만들려는" 것이라고 말했다. 무당파연합은 1916년 노스다코타 주지사 선거에서 농민 출신 후보 린 프레이저Lyn Frazier를 당선시켰다. 무당파연합 바람은 동쪽의 미네소타 주 등으로 확산됐고, 미니애폴리스의 사회당 시장 토머스 밴 리어Thomas Van Lear는 당의 양해 아래 무당파연합으로 당적을 옮겨 이 실험에 참여하기도 했다.

이 흐름의 영향을 받아 1919년부터 각 주에서 '농민-노동당'이라는 공동명칭을 단 주 단위 정당들(전국이 아니라 각 주 안에서만 활동하는 정당)이 등장했다. 시카고·시애틀 등 대도시에서는 전투적 노동조합 운동가들이 창당 주역이 됐고, 오대호 인근에서는 구 사회당원들이 새 당을 세웠으며, 서부에서는 무당파동맹이 이 대열에 합류했다. 이들을 전국

정당으로 잇기만 한다면, 미국 노동당 건설이 멀지 않을 것만 같았다.

사회당의 적극적인 발의로 노동당 건설에 동의하는 여러 세력이 1922년 2월 시카고에 모였다. 여기에서 이들은 '진보정치 행동을 위한 회의CPPA'(이하 진보회의) 창립대회를 개최했다. 사회당은 힐퀴트, 버거 등 당의 주요 지도자들을 대거 참석시켰고, 농민-노동당, 무당파동맹의 대표들도 함께했다. 20세기 중반까지 미국 노동조합운동을 이끌게 되는 의류노동자연합ACWA의 시드니 힐먼Sidney Hillman, 광산노동자연합UMWA의 윌리엄 그린William Green도 이 자리에 있었다. 힐퀴트는 "우리 사회당원들은 이 자리에서 시작되는 운동이 공화당과 민주당 모두에 지속적으로, 정면으로 맞서는 노동당의 건설에 이르고 말 것이라는 희망과 기대를 품고 이 자리에 참석했다"고 일성을 토했다. 대회 분위기는 낙관적이었다.

하지만 낙관하기에는 아직 일렀다. 당 건설의 속도를 놓고 생각의 차이가 드러났다. 농민-노동당과 사회당은 하루빨리 노동당을 창당하길 바랐다. 반면 진보회의에 참여한 노동조합들은 속도 조절을 원했다. 이들은 특히 AFL 곰퍼스 집행부의 눈치를 봐야 했다. 1922년에 전국대회를 연 농민-노동당은 각 주의 농민-노동당들을 영국 노동당을 모델로 한 전국조직으로 재편하기로 결의했다. 이들은 연말에 개최된 진보회의 2차 대회에서 즉각적인 노동당 창당을 제안했다. 그러나 이 제안은 사회당, 농민-노동당 대표들만 찬성한 가운데 52 대 64로 부결되고 말았다. 부결된 데는 공산당 문제도 있었다. 당시 공산당은 탄압을 피하기 위해 따로 '노동자당'이라는 합법정당을 만들어 활동하고 있었다. 한데 농민-노동당의 즉각 창당론은 조속한 제3당 창당을 주창하는 노동자당의 영향을 받고 있었고, AFL 집행부는 이러한 공산당의 개입에 대해 신경질적인 반응을 보였다.

분노한 농민-노동당은 다음해 진보회의에서 탈퇴했다. 이들은 7월에 독자 창당대회를 열어 '연방 농민-노동당'을 출범시켰다. 사회당도 이 대회에 초대받았지만, 참가를 주저했다. 비록 대의는 농민-노동당 측과 같았지만, 진보회의를 버릴 수가 없었던 것이다. 진보회의를 포기한다는 것은 곧 미국 노동조합운동의 본류인 AFL의 지지를 받는 노동당을 포기한다는 것을 뜻했다. 사회당은 결국 불참했다. 사회당 대표들이 참석하지 않은 상황에서 연방 농민-노동당을 주도한 것은 노동자당 대표들이었다. 이것은 연방 농민-노동당이 확장되는 데 좋은 출발점은 아니었다.

사회당의 판단대로 여전히 열쇠는 진보회의가 쥐고 있었다. 다가오는 1924년 대통령 선거에서 전국적인 선거운동의 기반을 지닌 쪽은 진보회의였다. 마침 라폴레트 상원의원이 제3당 후보로서 대선에 출마할 결심을 굳힌 상태였다. 그는 비록 오랫동안 공화당원으로 활동했지만, "싸우는 밥Bob"이라는 애칭으로 불릴 정도로 노동자·농민의 신뢰를 받는 진보주의자였다. 라폴레트는 진보회의를 기반으로 대선을 치를 경우 선거 후에 새로운 정당 건설에 나서겠다고 약속했다. 그러자 AFL 곰퍼스 집행부가 라폴레트가 출마하면 적극 지원하겠다고 거들고 나섰다. 일단 라폴레트의 출마가 기정사실화되자 연방 농민-노동당은 대선 대응을 포기하고 자진해산했다. 사회당으로서는 마침내 진보회의를 기반으로 노동조합의 지지를 받는 노동당을 건설할 절호의 기회를 맞게 된 것이다.

라폴레트를 후보로 내세웠다고 해서 대선 공약이 과거 사회당 독자 참여 때보다 후퇴한 것은 아니었다. 대선 공약에는 사회당의 전통적인 정책이 고스란히 포함됐다. 천연자원과 철도의 공공 소유, 막대한 상속세, 대통령 직접선거(현행은 선거인단을 통한 간선제), 주법에 대한 연방 감독 폐지, 대대적인 군비축소 등이 그것이었다. 이런 공약을 들고 라폴레트는 '진보당'이라는 임시 당명으로 대선에 출마했다. 그는 "미국 민

1924년 대선에 사회당 지지 후보로 출마한 로버트 M. 라폴레트(왼쪽). 그 옆은 AFL 위원장 새뮤얼 곰퍼스다.

중의 정치·경제생활을 지배하는 사적 독점체들의 결합된 힘"을 깨부수기 위해 대선에 도전한다고 선언했다. 보수파는 라폴레트와 그 러닝메이트 버튼 휠러Burton Wheeler(무당파동맹의 지지를 받은 몬태나 주 출신 상원의원)를 '미국의 레닌과 트로츠키'라며 공격했다.

라폴레트 후보는 이 선거에서 483만 표, 16.6%를 얻었다. 정치적 고향인 위스콘신 주에서는 1위를 했고, 투표용지에 사회당 후보로 나온 캘리포니아 주 등에서는 2위를 달렸다. 제3후보로서는 상당한 득표였다. 하지만 당시 라폴레트 진영의 반응은 환영보다는 실망 쪽이었다. 후보가 워낙 거물이었기에 더 거센 바람을 기대했던 것 같다.

이렇게 차갑게 식은 분위기에서 1925년 2월에 선거 이후 계획을 결

정하는 진보회의 대표자회의가 소집됐다. 물론 사회당은 영국식 노동당을 창당하자는 안을 내놓았다. 노구의 뎁스는 대의원들을 붙잡고 열띤 호소를 했다. 힐퀴트는 낙담의 이유가 선거 결과 자체가 아니라 사실상 무소속 후보로 출마한 데 있다고 일갈했다(진보당이 제대로 된 정당이 아니라 후보등록용 가설정당이었기 때문). 만약 제대로 된 정당을 만들어서 이 정도 결과를 얻었다면 새 정당의 성과로서는 오히려 환호작약할 만한 것이라는 주장이었다. 그러면서 힐퀴트는 부르짖었다. "500만 표로도 부족하다면, 도대체 언제까지 기다릴 겁니까? 동지들이 노동조합을 그런 식으로 조직하지는 않을 것 아닙니까?" 그러나 노동조합 동지들은 요지부동이었다. 사회당의 제안은 64 대 93으로 부결됐다.

그러고 나서 몇 달 뒤, 라폴레트가 노환으로 사망했다. AFL 집행부는 이제 더 이상 정치세력화를 입 밖에 꺼내지 않았다. 미국 역사에서 눈앞에 가장 가까이 다가온 것만 같았던 노동계급 대중정당 건설의 기회는 이렇게 무산됐다.

노동조합의 결정이 미국과 캐나다를 가르다

사회당의 역사는 이후로도 50여 년간 지속됐다. 다시는 1910년대 초의 영광을 되살릴 수 없었지만, 그래도 사회당의 이후 여정이 그냥 내리막길이기만 한 것은 아니었다. 1926년 뎁스가 사망한 뒤에 버거, 힐퀴트 등 창당 세대들이 하나둘 떠나가면서 당의 얼굴은 노먼 토머스로 바뀌었다. 토머스는 대공황의 여파 속에서 치른 1932년 대선, 그러니까 민주당의 프랭클린 D. 루스벨트가 당선된 그 유명한 대선에서 88만

표를 얻었다(2.23%). 그의 선거운동이 불러일으킨 관심은 이 득표율의 몇 배였다. 사회당이 한 세대 가까이 외친 주장들이 자본주의 위기의 시대에 드디어 인정을 받는 것 같았다.

그러나 사회당 정책을 실현할 주역은 사회당이 아니었다. 민주당 루스벨트 정부가 '뉴딜'이라는 이름 아래 월스트리트의 금융세력을 억제했고, 노동권을 보장했으며, 복지제도를 도입했다. 이때까지도 사회당은 영국식 노동당을 건설한다는 계획을 포기하지 않고 있었다. 하지만 노동조합들은 사회당의 이런 제안에 과거보다 더욱 거리를 두었다. 기존 노총인 AFL의 그린 위원장, 새 노총 '산별조직회의CIO'[5]의 지도자 힐먼은 과거 진보회의에 참여했던 인물들인데, 모두 노동조합운동이 민주당을 '비판적 지지'하도록 만드는 데 앞장섰다.

힐먼은 1936년에 국제여성의류노동조합ILGWU의 데이비드 두빈스키David Dubinsky 위원장과 함께 뉴욕을 중심으로 '미국 노동당ALP'을 창당했다. 그러나 이 당은 사회당이 만들고자 했던 노동당과는 거리가 멀었다. 이 당의 주된 역할은 민주당을 지지하되 노동조합 세를 바탕으로 선거 때마다 협상하는 것이었다. 미국 노동당의 등장으로 사회당은 거점인 뉴욕의 지지기반을 상실하는 바람에 더욱 위축되고 말았다. 뉴딜을 계기로 미국 노동운동은 독자 정치세력화가 아니라 민주

---

5 AFL 내 개혁파가 직업별 노동조합이 아닌 산업별 노동조합 중심 노선을 제시하면서 AFL에서 탈퇴해 1935년에 새로 만든 노총. 광산노동자연합의 존 루이스John Lewis와 의류노동자연합의 시드니 힐먼이 조직을 이끌었다. 산하 조직인 미국자동차노동자연합UAW이 1937년 GM 등에서 치열한 파업투쟁을 벌임으로써 루스벨트 정부가 노동개혁에 나서지 않을 수 없게 만들었다.

당 지지를 확실하게 선택한 것이다.

이런 흐름은 미국과 국경을 맞댄 캐나다와 묘하게 엇갈린다. 미국에서 노동조합운동이 자유주의자들과 연대하는 쪽으로 기울던 무렵인 1932년에 캐나다에서는 미국 사회당의 캐나다판이라 할 정당이 탄생했다. '협동공유연맹(농민-노동-사회주의자)Cooperative Commonwealth Federation(Farmer-Labour-Socialist), CCF'이라는, 이들의 길고 특이한 당명에는 미국 사회당 강령이 궁극 목표로 제시한 '협동공유사회'가 고스란히 담겨 있었다. 동부 노동자뿐만 아니라 대공황의 또 다른 희생자들인 서스캐처원 주 등 중서부 소농도 이 당의 중요한 기반이었다. 당의 성장을 이끈 지도자 토미 더글러스Tommy Douglas는 서스캐처원 주의 목사였다.

캐나다의 정치지형이 미국과 결정적으로 달라진 것은 1960년대 들어서였다. 그간 어렵사리 독자정당을 유지해온 협동공유연맹은 1961년에 캐나다 노총인 '캐나다 노동회의CLC'와 함께 재창당을 단행했다. 새 정당의 이름은 신민주당NDP이었다. 이로써 캐나다에도 노동조합에 토대를 둔 영국 노동당식 정당이 등장했다. 미국 사회당의 좌절된 꿈이 캐나다에서는 실현된 것이다.

이후 미국과 캐나다는 어떤 길을 밟았는가? 미국에서는 사회당이 1972년에 마침내 간판을 내리고 말았다. 남은 세력들은 민주당 안에 사회주의 분파로 들어가거나('미국 민주사회주의자들DSA') 소규모 정파로 명맥을 유지했다('USA사회당'). 한편 민주당은 1970년대부터 급격히 '신'자유주의로 이동했다. 뉴딜의 성과들은 하나둘 눈앞에서 사라져갔다. 노동조합 세력이 이런 흐름을 막아보려 해도 민주당의 더 굳건한 연대 상대인 월스트리트를 당할 수는 없었다. 물론 다른 자본주의 국가들에서도 이후 신자유주의 공세가 시작됐지만, 노동운동의 정치적 거점이 없던 미국에서 그 상처가 훨씬 더 컸던 것은 명백하다.

반면 캐나다에서는 신민주당이 미국에서는 불가능했던 일들을 해냈다. 신민주당 초대 대표 더글러스는 서스캐처원 주지사에 당선돼 주차원에서 보편적 의료보험을 도입했다. 의사들이 파업을 벌이는 등 강하게 반발했지만 더글러스 주지사는 영국의 공공 주치의들을 초빙해 이 파업에 결연히 맞섰다. 결국 서스캐처원 주에서 북미 최초로 보편적 의료보험이 실현됐고, 1970년대에는 캐나다 전역에 실시되기에 이르렀다. 신민주당 창당 10여 년 만의 쾌거였다. 신민주당의 존재는 캐나다가 오대호 건너 이웃나라와는 다른 복지국가의 길을 가게 만든 결정적인 요인이었다.[6]

다시 첫머리의 질문으로 돌아가보자. "미국에는 왜 사회주의가 없는가?" 사회학자 세이무어 마틴 립셋Seymour Martin Lipset은 의원내각제가 아닌 대통령 중심제, 여러 인종으로 나뉜 노동계급, 양당제 조기 정착, 소수정당 진입장벽 등의 구조적·제도적 요인 탓이라고 진단했다.[7] 그러나 이 중 몇 가지(소선거구제 등)는 캐나다에도 존재한다. 대서양 건너 영국도 기성 양당체제나 소선거구제 등의 문제들이 있었다.

---

6 미국과 캐나다를 비교하면서 미국의 의료 현실을 비판한 마이클 무어 감독의 다큐멘터리 〈식코Sicko〉에는 가장 존경하는 인물이 누구냐는 질문에 캐나다 사람들이 토미 더글러스라고 답하는 장면이 나온다.

7 세이무어 마틴 립셋, 《미국 예외주의: 미국에는 왜 사회주의 정당이 없는가》, 강정인 외 옮김, 후마니타스, 2006.

그럼에도 두 나라에서는 어쨌든 진보정당이 자리 잡을 수 있었다. 두 나라 모두 진보정당이 뒤늦게 출발했지만, 노동조합운동의 개입으로 어려움을 이겨낼 수 있었다. 그만큼 노동자 대중운동의 선택은 진보정당 성패의 결정적 요인이다.[8]

이렇게 보면 "미국에는 왜 사회주의가 없었는가"라는 물음의 답은 "미국 노동운동이 자유주의 정당에 대한 비판적 지지를 선택했기 때문"이라는 것이다. 지금 이 선택의 결과는 세계 최대의 자본주의 국가이면서 민중 생활은, 비슷한 경제 수준의 국가들 중 최악이라는 현실로 나타나고 있다.

이런 미국에서도 2008년 금융위기 이후로는 분위기가 사뭇 다르다. 뎁스의 후예라고나 할 무소속 사회주의자 상원의원 버니 샌더스Bernie Sanders가 2016년 대선을 위한 예비경선 후보로 나서면서 뜻밖의 '사회주의' 바람이 불기 시작했다. 하지만 샌더스는 사회주의자임에도 사회주의 정당이 아니라 민주당의 예비경선에 출전해야 했고, 민주당을 지배하는 리버럴 엘리트들이 강요한 불공정한 룰 탓에 결국 '민주당 후보'로 대선에 나서지 못했다. 이후 샌더스와 그를 지지하는 젊은 세대는 민주당을 안에서부터, 아래로부터 바꾸려고 노력하고 있지만, 이게 얼마나 가능할지는 두고 볼 일이다.

아무튼 민주당을 바꾸든 민주당을 리버럴 정당과 좌파정당으로 분리하든, 21세기 미국 사회주의자들에게는 여전히 자기 정당이 있어야

---

8 이는 《미국의 꿈에 갇힌 사람들: 미국 노동계급사의 정치경제학》(김영희·한기욱 옮김, 창작과비평사, 1994)에서 마이크 데이비스Mike Davies가 내린 결론이기도 하다.

한다. 미국 사회당의 도전 이후, 한 세기를 돌고 돌아 다시 그 과제 앞
에 서 있는 것이다.

[더 읽기]

이 장을 집필하는 데 다음 책들을 주로 참고했다.

마이크 데이비스,《미국의 꿈에 갇힌 사람들: 미국 노동계급사의 정치경제학》, 김영희·한기
　　옥 옮김, 창작과비평사, 1994.

Jack Ross, *The Socialist Party of America: A Complete History*, Potomac Books,
　　2015.

John Nichols, *The ʼSʼ Word: A Short History of an American Tradition…Socialism*,
　　Verso, 2011.

Richard W. Judd, *Socialist Cities: Municipal Politics and the Grass Roots of American
　　Socialism*, State University of New York Press, 1989.

W. A. Swanberg, *Norman Thomas: The Last Idealist*, Charles Scribner's Sons, 1976.

캐나다의 진보정당운동을 알 수 있는 자료로는 토미 더글러스의 전기가 있다.

데이브 마고쉬,《또 다른 사회는 가능하다: 토미 더글러스는 어떻게 자본과 권력을 넘어 무상
　　의료를 이루어 냈는가?》, 김주연 옮김, 낮은산, 2012.

우리말로 나온 유진 뎁스의 전기도 있다.

어빙 스톤,《유진 뎁스》상·하, 김영태 옮김, 자작나무, 1996.

**2007년에 작고한 미국 작가 커트 보네거트Kurt Vonnegut의 다음 에세이집에서는 뎁스와
사회당의 정신이 어떻게 면면히 이어지고 있는지 확인할 수 있다.**

커트 보네거트,《나라 없는 사람》, 김한영 옮김, 문학동네, 2007.

**2015년 민주당 대통령 후보 예비경선을 통해 미국에서 좌파 대중정치를 부활시킨 버니 샌
더스에 대해서는 다음 책들을 참고할 수 있다.**

버니 샌더스,《버니 샌더스, 우리의 혁명》, 김수민·한상연 옮김, 원더박스, 2017.

버니 샌더스,《버니 샌더스의 모든 것: 99%의 희망을 위한 8시간 37분의 명연설과 철학, 공
　　약, 정책》, 이영 옮김, 북로그컴퍼니, 2015.

버니 샌더스,《버니 샌더스의 정치 혁명: 버니 샌더스 공식 정치 자서전》, 홍지수 옮김, 원더
　　박스, 2015.

'붉은 빈' – 원조 '제3의 길'
/
2차 세계대전 전의 오스트리아 사회민주노동당

09

오스트리아 사회주의자들은 '완만한 혁명'이
이런 점에서 러시아에서 실제 일어난
혁명보다 더 현실적이면서 바람직하다고
믿었다. 한데 여기서 간과해선 안 될 것이
있다. 오스트리아 사회민주노동당이 추구한
'완만한 혁명'은 상당히 높은 수준의 조건들을
전제했다는 점이다. 그것은 사회의 모든
영역에 걸친 계급 세력관계의 재편과 팽팽한
균형이었다.

20세기 말에 영국 노동당을 진원지로 해서 '제3의 길'이란 말이 회자된 바 있다. 그러나 '제3의 길'을 처음 천명한 진보정당은 따로 있었다. 이 당의 원조 '제3의 길'은, 신자유주의와 사회민주주의 사이의 어딘가를 추구한다던 최근의 '제3의 길'보다는 훨씬 급진적인 것이었다. 공산주의(혁명적 사회주의)와 사회민주주의(개혁적 사회주의)의 가운뎃길을 추구하겠다는 '제3의 길'이었던 것이다. 그 주인공은 바로 현 오스트리아 사회민주[주의]당'의 전신인, 2차 세계대전 전의 오스트리아 사회민주[주의]노동당SDAPÖ이다.

일급 지식인들을 갖춘 노동자 정당

1차 세계대전 전만 해도 오스트리아는 지금 같은 작은 나라가 아니었

I 현실사회주의권이 몰락한 뒤인 1991년에 '오스트리아 사회당SPÖ'에서 '오스트리아 사회민주당(약칭은 동일)'으로 당명을 바꾸었다.

다. 중세부터 이어 내려온 합스부르크 황가가 '오스트리아-헝가리 제국'이라는 이름으로 독일어권 오스트리아뿐만 아니라 지금의 헝가리, 체코, 슬로바키아, 슬로베니아, 크로아티아, 폴란드 일부를 포함하는 중부 유럽의 광활한 지역을 통치하고 있었다.

이 나라의 노동운동·사회주의운동은 1848년 유럽 혁명 실패 이후 수십 년간 급진파와 온건파의 분열로 고통받았다. 그러다가 1889년 하인펠트에서 열린 통합대회에서 비로소 노동계급 단일정당으로서 '오스트리아 사회민주노동당'이 출범했다. 통합 과정에서는 엥겔스의 협력자 중 한 명인 빅토어 아들러Victor Adler가 주도적인 역할을 했고, 이후 그는 당 안에서 마치 독일 사회민주당의 베벨과 같은 위상을 갖게 되었다. 마침 1890년대의 오스트리아-헝가리 제국은 독일과 마찬가지로 급속한 산업화를 경험하고 있었다. 당연히 노동계급의 수가 증가했고, 도시화가 이뤄졌다. 특히 수도 빈은 인구 200만의 거대 도시가 되었다. 새로 도시에 유입된 사람들은 대중운동의 형태를 띤 정치세력들에서 소속감을 찾으려 했고, 이에 따라 사회주의운동, 기독교 사회운동, 민족주의운동 등이 급속히 발전했다. 훗날의 독재자 아돌프 히틀러도 이러한 시골 출신 빈 시민 중 한 명으로 민족주의운동에 접근하게 된다.

사회민주노동당은 이러한 배경 아래 1900년대 초반까지 빠르게 성장했다. 그러나 당세에 비해 현실 정치력은 미미했다. 여기에는 복잡한 이유가 있었다. 우선 오스트리아-헝가리 제국에서는 성인 남성 보통선거권이 1906년 보통선거권 쟁취 총파업 경고가 있고서야 뒤늦게 도입됐다. 다음해인 1907년 총선에서는 과연 사회민주노동당이 87명

의 의원을 당선시켜 원내 제1당으로 부
상했다. 하지만 이는 유럽의 다른 주요 나
라 진보정당들에 비해서는 뒤늦은 성과
였다. 또 하나 주목해야 할 것은 오스트리
아-헝가리 제국이 다민족국가였다는 점
이다. 특히 1890년대부터는 슬라브계 소
수민족들의 민족주의운동이 불붙었다.
제국의회 안에서도 소규모 민족주의 정
치세력들이 다수 포진해서 어지러운 양
상을 보였다. 이런 의석 분포로는 사회민
주노동당이 아무리 제1당이라 해도 제휴

오스트리아 사회민주노동당
의 '아우구스트 베벨'이었던 빅
토어 아들러.

대상을 찾아 다수파를 이루기가 힘들었다. 그런 한편 독일 사회민주당
에 비해 의회 진출 속도가 늦고 원내정치의 중요성이 덜했기 때문에
오스트리아 사회민주노동당은 의회정치에 상대적으로 덜 강박됐다.
이는 제도정치에서의 한계가 낳은 의도하지 않은 결과였다. 늦게 출발
한 자의 '미숙함'과 함께 '젊음'이 존재했던 것이다.

오스트리아 사회민주노동당에서 또 하나 특기할 만한 점은 다른 나
라 노동자 정당들과는 달리 지식인들이 활발히 결합했다는 사실이다.
수도 빈은 이 무렵 전위적인 학문·예술 사조로 들끓고 있었다. 정신분
석학의 창시자 지그문트 프로이트Sigmund Freud, 작곡가이자 지휘자
구스타프 말러Gustav Mahler, 화가 구스타프 클림트Gustav Klimt 같은
인물들이 빈이라는 한 도시 안에서 저마다의 혁명을 펼치고 있었다.
그래서 이 도시의 대기에서는 청년 지식인들이 사회주의운동의 문을

두드리는 것도 그렇게 어색한 일은 아니었다. 빈 대학을 중심으로 '사회주의 학생·교수 자유 조합'이 결성됐고, 여기서 당의 미래 지도자들이 다수 배출됐다. 또한 유럽, 아니 세계 역사상 최초의 '마르크스주의자' 교수 카를 그륀베르크Carl Grünberg의 영향 아래 일급의 사회과학도들이 당과 노동운동 주위에 포진하기 시작했다. 제2인터내셔널 전체에 박사학위 소지자라고는 장 조레스, 로자 룩셈부르크 등 손에 꼽을 정도였던 시대에 이는 아주 예외적인 모습이었다.

이러한 청년 세대의 대표자들인 카를 레너Karl Renner, 막스 아들러 Max Adler, 루돌프 힐퍼딩, 오토 바우어Otto Bauer 등은 1904년에 선보인 이론지 〈마르크스-슈투디엔Marx-Studien〉('마르크스-연구'), 1907년 창간된 월간 〈캄프Kampf〉('투쟁'), 일간 〈아르바이터 차이퉁Arbeiter Zeitung〉('노동자 신문')을 중심으로 '오스트리아 마르크스주의'라는 하나의 '학파' '정치적 경향'을 이루기에 이르렀다. 이들은 카우츠키의 정통주의와 베른슈타인의 수정주의를 모두 비판 대상으로 삼으며 1차 세계대전 직전의 사상계를 주름잡았다.

물론 1차 세계대전은 이들에게도 엄청난 재앙으로 다가왔다. 빅토어 아들러가 이끄는 오스트리아 사회민주당 집행부도 독일 사회민주당과 마찬가지로 전쟁에 찬성했고, 레너 등 오스트리아 마르크스주의자 일부도 이에 동조했다. 반면 막스 아들러, 바우어, 힐퍼딩 등은 반전입장을 취했다. 최초의 마르크스주의 '학파'는 이렇게 해서 분열되고 말았다.

"유럽 혁명 없이 오스트리아 혁명 없다"

전쟁이 장기화되자 오스트리아 사회민주노동당도 이를 계속 지지할지를 놓고 격론을 벌였다. 다만 독일 사회민주당과는 달리, 오스트리아 사회민주노동당 내의 의견 대립은 분당으로 이어지지 않았다. 또한 당내 우파가 항상 당권을 쥐었던 독일의 경우와는 달리, 오스트리아에서는 전쟁 말기인 1917년 바우어가 주도하는 반전좌파가 당권을 장악했다. 여기에는 빅토어 아들러의 아들인 프리드리히 아들러Friedrich Adler(물리학자 알버트 아인슈타인의 막역한 친구로, 아인슈타인을 사회주의로 이끈 장본인이기도 했다)의 역할이 컸다. 1916년 10월 21일, 그는 전쟁의 즉각 중지를 부르짖으며 총리인 카를 폰 슈튀르크Karl von Stürgkh 백작을 암살했다. 암살은 정당화하기 힘든 행위임이 분명하다. 하지만 당시 F. 아들러의 행동은 전쟁에 지친 대중의 강력한 지지를 받았다. 1917년 5월에 열린 재판은 "우리의 프리드리히를 구출하자"는 빈 시민들의 함성에 파묻혔고, 황제는 결국 대사면령을 내릴 수밖에 없었다. 이러한 반전운동의 도덕적 권위를 업고 F. 아들러와 바우어(그는 러시아에서 포로 생활을 하던 중 러시아 혁명을 실제 목격했다)가 주도하는 좌파가 즉각적 종전을 주장하며 그해 가을 당권을 장악했다.

바우어 등의 좌파가 새로운 당(공산당)을 건설하기보다는 기존 당을 급진화하는 길을 택하고 레너 등 우파도 좌경화된 당을 떠나기보다는 소수파로 잔류했다는 것은 주목할 만하다. 이는 하인펠트 통합대회 이후 오스트리아 노동운동 내에 강력한 전통으로 이어져온 '노동계급 단일정당' 이념을 보여주는 것이다. 바우어는 이렇게까지 말했다. "오스트리아 마르크스주의는 '통합'의 사상이다. 이는 노동계급 단일정당의 이념이다." 그는 이러한 선택이 "공산주의자들은 다른 노동자 정당들에 대립되는 특수한 당이 결코 아니며… 모든 나라의 노동자 정당들 중에서 가장 단호한 부분"[2]이라는 《공산당 선언》의 정신을 올바르게 이어받은 것이라고 주장했다. 공산주의자들만의 특수한 당을 건설하게 함으로써 유럽 노동운동을 분열시킨 코민테른의 방침은 《공산당 선언》의 정신에 어긋난다는 것이었다.

다음해인 1918년, 반전 분위기는 혁명운동으로 고조됐다. 100만 노동자의 총파업이 벌어졌고, 노동자평의회가 건설되기 시작했다. 총파업의 요구사항은 즉각적·전면적 강화, F. 아들러 석방, 그리고 혁명 러시아와 독일·오스트리아 사이의 브레스트-리토프스크 강화회담에 노동자 대표를 파견할 것 등이었다. 결국 가을에 접어들어 오스트리아-헝가리 제국은 붕괴했다. 제국 영토 곳곳에서 각 민족이 저마다 임시 정부를 건설했다. 구 제국의 독일어권에서는 10월 30일에 좌파인 사회민주노동당, 우파인 기독교사회당(여기에서 '사회'는 '사회주의'가 아닌 그냥 '사회'다), 범게르만당 등 3당의 주도로 임시 국민회의가 소집되었다. 그리고 11월 12일, 공화국이 선포됐다. 오스트리아 부르주아민주주의 혁명의 성공이었다.

바로 그때 독일에서도 혁명이 진행되고 있었다. 그리고 다음해 3월에는 과거 한 나라였던 헝가리에서 러시아와 같은 노동자·병사 평의회

2　K. 마르크스, F. 엥겔스, 〈공산주의당 선언〉, 《칼 맑스·프리드리히 엥겔스 저작선집 I》, 최인호 외 옮김, 박종철출판사, 1995, 412–413쪽.

　　　　　　　　　1차 세계대전과 2차 세계대전 사이

권력이 수립되었다. 그러나 오스트리아 혁명은 독일 혁명하고도 다르고, 헝가리 혁명하고도 달랐다. 무엇이 다르고, 왜 달랐는가?

우선 독일에서는 다수파 사회민주당의 주도로 민주공화국이 수립되었다고는 하지만, 자본가·지주 계급의 헤게모니가 그대로 유지됐다. 게다가 군대의 극우적 성격도 변함이 없었다. 다수파 사회민주당은 노동자·병사 평의회를 공화국 헌법이 통과되기 전까지의 과도 기관으로만 보고 곧 해산해버렸다. 그리고 놀랍게도 극우 장군들과 결탁해서 과거의 동지들인 독립사회민주당, 공산당을 탄압했다. 이 때문에 이후 바이마르 공화국의 주도권은 줄곧 우파가 쥐게 되었고, 그 최종 귀결은 나치 정권의 수립이었다. 나치 집권으로 이어지는 여정은 1919년 1월에 시작됐다.

반면 오스트리아에서는 부르주아 헤게모니가 붕괴 일보 직전이었다. 특히 주요 산업 거점이 슬라브어권에 있었기 때문에 이 지역들이 따로 독립해나가자 혼란에 빠질 수밖에 없었다. 또한 오스트리아에서는 제국이 찢겨나가면서 기존 군대도 철저히 해체됐다. 귀족계급 출신 장교들 대신 병사평의회 집행위원회가 군을 장악했다. 게다가 '반전의 상징' F. 아들러의 후광을 배경으로 좌파 주도의 사회민주노동당이 노동계급을 하나로 단결시켰다. 이 때문에 오스트리아에서는 공산당이 별다른 힘을 얻지 못했다. 사회민주노동당은 공화국 정부 수립 과정에서도 계속 노동자·병사 평의회의 일정한 역할을 인정했다. 독일과는 다른 이러한 요인들로 인해, 신흥 오스트리아 공화국은 적어도 초기에는 좌파 주도로 급진적인 개혁을 추진할 수 있었다.

물론 그렇다고 오스트리아가 "모든 권력을 소비에트로" 이양할 것을 내건 러시아 혁명이나 헝가리 혁명의 길을 밟은 것은 아니었다. 바우어는 혁명을 민주공화국의 수립에서 그쳐야 할 이유로 두 가지를 들었다.

하나는 오스트리아 내 도시와 농촌 사이의 분열이었다. 빈과 저지대 오스트리아는 혁명세력이 다수였지만, 알프스 산간 농촌 지역은 우파인 기독교사회당이 장악하고 있었다. 혁명은 쉽게 농촌 수구세력에게 포위될 수 있다는 게 바우어 등의 염려였다. 또 다른 이유는 새로 등장한 오스트리아 공화국이 유럽 한가운데의 소국이라는 것이었다. 지정학적 위치 때문에 연합국이 무력으로 개입할 이유가 충분했고, 식량·자원 공급만 끊겨도 쉽게 굴복하지 않을 수 없는 처지였다.

바우어의 해결책은 일단 오스트리아 노동계급이 '자제'해야 한다는 것이었다. 민주공화국 체제 안에서 급진개혁을 추진해나가는 게 최상책이다, 연합국 내의 사회주의 혁명 없이 오스트리아의 사회주의 혁명은 불가능하다, 심지어 영국과 미국에 혁명이 일어나지 않고서는 유럽혁명은 불가능하다는 게 그의 주장이었다.

이것 외에는 다른 결론을 내릴 수 없었던 것일까? 50만에 달했던 농촌 노동자들을 통해 농촌 수구세력을 내부로부터 약화시키는 방법은 없었을까? 이미 러시아 혁명에 개입해서 실패를 맛보았고 자신들도 국내에서 혁명 위기를 느끼던 연합국 정부들이 과연 오스트리아의 내정에 적극적으로 개입할 수 있었을까? 일부 역사가들은 이러한 의문들을 제기하지만, 아무튼 당시 사회민주노동당은 이러한 길, 즉 '혁명의 잠정 정지'를 선택했다.

1차 세계대전과 2차 세계대전 사이

'완만한 혁명' – 사회주의로 나아가는 오스트리아의 길?

다음해 2월에 실시된 첫 총선에서 사회민주노동당은 국민의회의 159석 중 69석을 차지해 1당이 됐고, 사회민주노동당 주도 아래 좌우 연립 정부가 수립됐다. 레너가 초대 총리에 취임했고(그는 2차 세계대전 후의 제2공화국에서도 초대 대통령을 역임한다), 바우어가 외무부 장관이 되었다. 그리고 역시 사회민주노동당원인 율리우스 도이치Julius Deutsch가 국방부 장관이 돼 군 지휘권을 장악했다. 새 정부는 소국의 한계를 돌파하는 방편으로 독일과의 통일을 추진했다. 그러나 이는 1차 세계대전 승전국들의 반대로 무산됐다.

상황이 이렇게 되자 사회민주노동당은 바우어가 '완만한 혁명'이라고 부른 장도長途에 나섰다. 바우어는 볼셰비키가 수립한 프롤레타리아 독재가 러시아 상황에서는 필요할 수 있다고 인정했다. 이는 10월혁명을 원천 부정한 서유럽의 다른 사회민주당들과는 구별되는 태도였다. 그러나 오스트리아 사회민주노동당 이론가들은 서유럽 상황과 러시아 상황은 다르다는 전제 아래, 서유럽 노동계급이 러시아 혁명과 같은 길을 선택할 수는 없다고 주장했다. 일단 의회민주주의가 수립되고 나면, 사회주의를 자본주의 내부에서부터 점진적으로 수립해나가는 '완만한 혁명'을 추진해야 한다는 것이었다.

코민테른의 혁명가들은 이것이 다른 서유럽 사회민주주의자들과 마찬가지로 기성 제도정치에 대중의 열망을 가둬두려는 시도라고 비판했다. 그러나 바우어 등이 '완만한 혁명'을 주장하면서 '의회'만을 강조한 게 아니라는 점을 주목할 필요가 있다. 경제계획과 사회적 소유

오스트리아 사회민주노동당을 이끈 오토 바우어.

에 바탕을 둔 대안사회가 건설되기 위해서는 그런 계획을 실행할 역량의 토대인 '대안적인 조직활동들'이 노동현장과 지역사회에서 점차 굳건히 자리 잡아나가야만 한다는 것이 또 다른 논거였다. 러시아에서는 이러한 역량을 축적하지 못한 상태에서 법령을 통해 급작스레 사회주의를 도입하는 바람에 커다란 혼란을 초래했다. 오스트리아 사회주의자들은 '완만한 혁명'이 이런 점에서 러시아에서 실제 일어난 혁명보다 더 현실적이면서 바람직하다고 믿었다.

한데 여기서 간과해선 안 될 것이 있다. 오스트리아 사회민주노동당이 추구한 '완만한 혁명'은 상당히 높은 수준의 조건들을 전제했다는 점이다. 그것은 사회의 모든 영역에 걸친 계급 세력관계의 재편과 팽팽한 균형이었다.

첫째로 이는 군대에 대한 민중적 통제를 전제했다. 위에서 말한 대로 초기에 국방군은 사회민주노동당원·공산당원 부사관들, 그리고 이 부사관들 중에서 진급한 장교들이 장악하고 있었다. 군대 내에 노동조합을 만들 수도 있었다. 둘째, 이는 말 그대로 '중단 없는' 개혁을 요구했다. 사회민주노동당은 좌우연정 기간에 8시간 노동제, 법정 공휴일제, 국가예산을 통한 실업구제제도, 대공장의 의무고용제도, 물가연동임금제 등을 실현했다. 나중에 중앙정부에서 물러난 뒤에도 이들은 빈시 등의 지방정부를 통해 계속 진보적인 보건·교육·주택정책을 추진했다. 셋째, 기존 민주주의의 틀을 넘어서는 민중 권력기관의 존재가 또한 중요한 전제조건이었다. 사회민주노동당은 비록 노동자평의회의 역할을 의회나 지방자치단체 등 기성 권력기관에 비해 부차적인 것으로 제한하긴 했지만, 어쨌든 노동자평의회가 지방행정, 기업경영 참여, 노동자 교육 등에서 계속 일정한 역할을 맡게 했다.

그러나 한계도 존재했다. 군대의 민중적 성격은 이후 우파 정권이 등장하면서 단행된 체계적인 좌파 숙청으로 퇴색하고 말았다. 급진개혁은 생산수단의 사회화라는 가장 높은 수준의 개혁에는 미치지 못했다. 바우어의 주도 아래 '사회화위원회'가 설립돼 공동소유·이윤 분배 등을 추진했고,[3] 헝가리 혁명이 진행되던 1919년 당시에는 혁명의 공포 때문에 우파조차 이에 동조했다. 하지만 1920년 3월에 헝가리 혁명이 진압되자마자 우파는 사회화위원회를 무력화시켜버렸다. 노동자평의회는 권력기관으로서의 역할이 계속 축소되다가 선진노동자 투쟁조직인 '공화국 방어동맹'(이하 방어동맹)으로 재편됐다.

아무튼 오스트리아 사회민주노동당의 이러한 독특한 노선은 당시에도 커다란 주목을 받았다. 사회민주노동당 자신이 1920년에 제2인터내셔널, 제3인터내셔널(코민테른) 모두와 구별되는 독자적인 국제조직 '2.5인터내셔널'(사무총장은 F. 아들러)을 조직하기도 했다.[4] 2.5인터내

---

3 바우어는 사회화위원회에서 영국의 사회주의 사상가 G. D. H. 콜George Douglas Howard Cole의 '길드 사회주의'를 새로운 사회의 바람직한 모델로 적극 검토했다. 사회화위원회에는 저명한 경제학자 요셉 슘페터Joseph Schumpeter 도 참여했다.

4 이 조직은 1923년에 '노동 및 사회주의 인터내셔널'이라는 이름으로 제2인터내셔널과 재통합했다. 이 통합 조직은 현재 사회민주주의 정당들의 국제조직

셔널은 오스트리아 사회민주노동당의 '통합' 정신에 따라 개혁주의와 혁명주의로 양분된 사회주의 진영을 다시 하나로 모으려 했다. 바우어는 이렇게 말했다.

노동계급이 분열된 곳에서 어떤 노동자 정당은 매일의 냉철한 현실 정치를 구현하는 반면, 다른 노동자 정당은 궁극적인 목적을 달성하려는 혁명 의지를 구현한다. 냉철한 현실 정치와 혁명적 열정은 오직 분열이 없는 곳에서 하나의 정신으로 연합한다.[5]

레닌과 트로츠키가 다른 서유럽 사회주의자들에게 한 것보다 훨씬 더 격렬하게 오스트리아 사회민주노동당 지도자들을 비난했던 것도 실은 이런 이유에서였다. 여타 개혁적 사회주의자들과는 달리 혁명이라는 이상을 놓고 코민테른과 자웅을 겨루는 '가장 밉살스러운' 경쟁자였기 때문이다. 러시아 혁명정부가 F. 아들러를 일방적으로 붉은군대 명예사령관, 소비에트 명예의장으로 위촉했다가 거절당하자 가혹한 비판으로 입장을 바꾼 일화는 이러한 애증관계를 잘 보여준다.

집권을 준비하며 – '붉은 빈'과 린츠 강령

좌우연정은 1920년 6월에 깨졌다. 그해 10월에 실시된 총선에서 기독

──────

인 '사회주의 인터내셔널SI'로 이어지고 있다.

5 도널드 서순, 《사회주의 100년》 1권, 강주헌 외 옮김, 황소걸음, 2014, 180쪽에서 재인용.

교사회당이 제1당으로 부상해 우파연정이 등장한 것이다. 부르주아 세력은 공화국 초기에 상실한 그들의 지배력을 회복하기 위해 체계적인 '복고' 작업에 착수했다.

사회민주노동당은 이 상황을 '완만한 혁명' 재개를 위한 잠정적인 계급타협 국면으로 보았다. 당이 아직 권력을 쥐고 있던 빈 등의 지방정부에서 개혁을 계속 추진함으로써 다시금 대중의 지지를 넓히고 이를 통해 중앙권력을 되찾겠다는 것이 사회민주노동당의 복안이었다. 실제로 빈에서 사회민주노동당이 거둔 성과는 놀라운 것이었다. '붉은 빈' '빈의 기적' 등의 말이 널리 회자되었다.

'붉은 빈'에서는 무상의료·무상교육 확대와 함께 야심 찬 주거정책이 추진됐다. 처음에는 야콥 로이만Jakob Reumann이, 1925년에 로이만이 사망한 후에는 카를 자이츠Karl Seitz가 이끈 사회민주노동당 시정부는 1933년까지 총 6000여 가구에 공공주택을 공급했다. 재원은 상류층의 불로소득에 목적세인 주택건설세를 부과하고 여기에 사치세 세수 등을 더해서 마련했다. 당시 민간임대주택의 임대료는 소득의 30% 가까이 됐는데, 공동주택 입주자들은 소득의 4%에 해당하는 임대료만 내면 됐다. 지금도 빈의 명소로 남아 있는 '카를 마르크스 단지Karl-Marx-Hof'가 이때 건설된 대표적인 공공주택이다. 이들 건물은 지금 봐도 참신한 모더니즘 양식으로 건축됐고, 공동주택 안에는 개별 주거공간뿐만 아니라 보육·의료·도서관 등 각종 복지시설도 있었다. 단순한 공공임대주택을 넘어 노동자 복지 공동체였던 것이다. 빈을 방문한 한 외국인 관찰자는 이렇게 평했다.

행정 면에서 빈은 아마 세계에서 가장 훌륭하게 움직이는 도시일 것이다. 준엄하면서도 교묘한 세제에 의해서 빈 사회민주노동당은 양적으로나 질적으로 유례없는 온정적 개혁을 실시하기 위한 재원을 조달했다. 그들은 보건소, 목욕탕, 체육관, 결핵요양소, 학교, 유치원 및 거대하고도 채광이 잘되는 주택을 지었다. 그 주택들은 호화스럽다고는 할 수 없어도 외관이 수려하고 청결했으며 6만 세대-사회민주노동당원의 가족들-를 수용할 수 있었다. 그들은 빈민굴을 일소하였고 결핵 발병률을 격감시켰으며 여유 있는 사람으로부터 돈을 징수하여 그것을 마땅히 빈민을 위하여 사용했던 것이다. 빈 사회민주노동당의 업적은 전후 유럽 각국을 망라하여 가장 위대한 사회적 위업이었다.[6]

빈에서 펼쳐진 지방자치 사회주의의 성과가 얼마나 인상적이었던지 우파 지식인들은 어떻게든 이를 깎아내리려고 무던히 애를 썼다. 루트비히 폰 미제스Ludwig von Mises와 그의 제자 프리드리히 하이에크Friedrich Hayek가 그런 이들이었다. 이들은 자기 눈앞에서 실제 작동하는 체제가 결국에는 작동 불능 상태에 빠지리라는 것을 논증하려 했고, 이 과정에서 나중에 신자유주의라고 불리게 될 이념의 원형이 등장했다. '붉은 빈'이 신자유주의의 고향이기도 하다니 이런 아이러니가 또 없다. 사회민주노동당을 지지하는 지식인들은 당연히 이런 공격에 맞서 논쟁을 벌였다. 헝가리 출신의 독창적 사회주의자 칼 폴라니

---

6 John Gunther, *Inside Europe*, Harper & Brothers, 1938. A. 스터름달,《유럽 노동운동의 비극》, 212쪽에서 재인용. 번역 일부 수정.

Karl Polanyi도 그중 한 사람이었다. 폴라니는 이후 이 논쟁의 논지를 발전시켜 대작《거대한 전환》을 완성하게 된다.《거대한 전환》에서 그는 빈 사회주의 체제의 체험이 이 책을 쓰게 된 출발점이라고 토로하면서 '붉은 빈'에 대해 다음과 같이 회고했다.

> 빈은 서양 역사에서 가장 대단한 문화적 승리의 장관을 이뤄냈다. (…) 이렇게 된 조건은 빈의 사회체제로 보호되어 산업 노동계급이 고도로 잘 발달된 조직을 갖추고 있었기에, 당시의 심각한 경제적 혼란에도 불구하고 그 덕분에 노동자들이 인간적으로 퇴락할 수도 있는 여러 효과를 잘 견뎌낼 수 있었다는 것으로, 그 결과 어떤 산업사회의 인민대중들도 다다르지 못했던 높은 수준을 달성해냈던 것이다.[7]

이런 혁신 시정市政의 결과로 200만 명의 빈 시민 중 50만 명이 사회민주노동당의 당비 납부 당원이 되었고, 빈 유권자의 2/3가 사회민주노동당을 지지했다! 전국적으로도 1923년 총선부터 사회민주노동당의 상승세가 회복됐다. 당은 다음 총선에서 30만 표를 더 얻어 재집권에 성공한다는 전략을 세웠다.

그러나 이러한 장밋빛 청사진에 암울한 그림자를 드리우는 요소들이 있었다. 우선 우파 정권의 장기집권으로 인해 경찰과 군대의 우경화가 거의 완성 단계에 접어들었다. 국가기구 내의 보수화와 더불어

---

7 칼 폴라니,《거대한 전환: 우리 시대의 정치·경제적 기원》, 홍기빈 옮김, 길, 2009, 275-276쪽. 번역 일부 수정.

'향토방위단'이라는 파시스트 정치세력이 농촌을 거점으로 등장하기 시작했다. 이들은 기독교사회당 내 우파와 손잡고 이탈리아 무솔리니 정권을 본뜬 파시스트 정권을 세우고자 했다. 국제적으로도 이탈리아 파시스트 정권이 남쪽에서 오스트리아를 압박했고, 북쪽에서는 히틀러의 나치당이 점차 성장하고 있었다.

1926년 린츠 대의원대회는 이렇게 기회와 위기가 서로 얽힌 상황에서 사회민주노동당의 집권 청사진을 밝히는 장이었다. 여기에서는 바우어의 주도로 〈린츠 강령〉이 통과됐는데, 이 강령에서 가장 이목을 끈 것은 다음의 언명이었다.

만약 부르주아지가 경제생활의 사보타지와 무장봉기, 해외 반혁명 세력과의 음모를 통해 노동계급 국가권력의 과업에 거역한다면, 노동계급은 독재의 수단을 사용해 부르주아지의 저항을 분쇄할 것이다.[8]

바우어는 대회 석상에서 이렇게 선언했다.

우리는 부르주아지가 민주주의를 공격하려 하지 않는 경우에만 민주적 수단으로 승리할 수 있다. 그러나 부르주아지가 민주주의를 감히 전복하려한다면 프롤레타리아트에게는 폭력으로 권력을 장악하는 것 이외의 다른 선택은 있을 수 없다.[9]

---

8 〈린츠 강령〉, 제3장 '국가권력을 위한 투쟁'.
9 O. 바우어의 린츠 대의원대회 연설. P. 브라니츠키, 《마르크스주의의 역사 I》, 이성백·정승훈 옮김, 중원문화, 1989, 419쪽에서 재인용.

1차 세계대전과 2차 세계대전 사이

이는 '방어적 폭력' 개념이라 불렸다. 유사시에는 율리우스 도이치가 지휘하는 노동자 민병대 '공화국 방어동맹'이 이러한 방어적 폭력의 기관이 된다는 계획이었다.

1927년 총선의 승자는 예상대로 사회민주노동당이었다. 당은 총득표수의 42%를 획득했다. 사회민주주의 정당들의 득표율이 대개 35% 안팎이던 상황에서 이는 괄목할 성과였다. 그러나 사회민주노동당을 제외한 모든 부르주아 정치세력(파시스트 향토방위단을 포함)이 총단결했기 때문에 당은 여전히 권력의 바깥에 머물러야 했다.

이런 대치 국면에서 우파는 노동계급의 '방어적 폭력'이 과연 얼마나 강력할지 시험해볼 기회만을 노렸다. 그해 7월, 선제공격의 기회가 왔다. 7월 14일, 3명의 파시스트가 사회민주노동당 집회장을 습격하여 1명의 병약자와 1명의 어린이를 살해한 샤텐도르프 사건에 대한 재판이 열렸다. 빈의 노동대중은 당의 명령을 기다리지 않고 자발적으로 이날 총파업을 개시했다. 수만 명의 파업 대오가 보수적인 사법부를 압박하기 위해 대법원 건물 앞에서 시위를 벌였다. 우파 정부는 시위대에 발포를 명령했다. 86명의 노동자가 사망했다. 사회민주노동당 집행부는 의사당 건물에서 이 참극을 목격했다. 그러나 방어동맹은 어떠한 반격의 명령도 받지 못했다. 당 집행부는 오히려 '화해 정부'(대연정)를 구성해서 사태를 평화적으로 해결하자는 전술을 취했다. 우파는 이를 받아들이지 않았다. 그들은 '방어적 폭력'이 얼마나 '방어적'인지를 이미 확인했던 것이다.

이 1927년 7월의 사건을 계기로 기독교사회당 우파는 향토방위단과 함께 파시스트 정권을 수립하려는 노골적인 행보에 나섰다. 반면

1930년 가두 행진하는 '공화국 방어동맹'(오스트리아 사회민주노동당의 민병대).

노동운동은 계속 쇠퇴하는 양상을 보였다. 세계 대공황의 여파로 노동
조합원 수는 1920년의 절반 수준으로 감소했고, 잇단 선거 승리에도
불구하고 사회민주노동당이 계속 우파연합에 의해 정권에서 배제당
함으로써 사회민주노동당 지지층 사이에서 지지의 열기가 식어갔다.
사회민주노동당은 원내에서도 긴축정책을 실시하라는 국제 자본의
요구에 손을 들어주는 등 소극적 태도로 일관했다.

　무장반격의 명령만을 기다리고 있던 방어동맹의 8만 노동자들은
D-데이만을 목이 빠지게 기다리는 가운데 일상투쟁으로부터 오히려
괴리되는 함정에 빠졌다. 막상 공장과 사무실의 동료 노동자들 사이에
서 지도력을 발휘하지 못하는 가두 집단이 되어가고 있던 것이다.

패배, 그리고 후일담

1933년 3월 4일, 드디어 엥겔베르트 돌푸스Engelbert Dollfuß 총리의 기독교사회당 정부는 결정적인 일보를 내디뎠다. 의회를 해산하고 공산당과 방어동맹을 불법화한 것이다. 그러나 원내 1당인 사회민주노동당은 제대로 저항하지 못했다. 친이탈리아 파시스트 세력인 기독교사회당·향토방위단과 친독일 파시스트 세력인 오스트리아 나치당이라는 두 개의 파시스트 위협이 공존했다는 사정이 좌파의 저항을 교란시켰다. 보다 극악한 나치당과 대결하기 위해서는 기독교사회당의 조치를 묵인할 수도 있다는 게 당 집행부의 판단이었다. 그해 9월의 대의원대회는 "파시스트 헌법 강행, 당 해산, 노동조합 해산, 빈 시청 점령 등의 4개 조건" 중 하나가 감행될 때만 무장반격에 나선다는 결정을 내렸다. 후에 바우어는 이때의 오류를 통렬하게 자기비판했다. "그해 3월에 총파업과 원외투쟁으로 맞섰어야 했다."

다음해 2월, 프랑스에서마저 파시스트가 파리의 거리를 점거하자 우파 정부는 최후의 일격을 날렸다. 3월 12일 바우어 국외 추방령, 방어동맹 간부 일제 검거령이 내렸다. 총파업이 선포됐고, 각지에서 방어동맹이 산발적으로 봉기했다. 4일간 내전이 이어졌다. 그러나 극우세력의 도구로 전락한 정부군은 효과적인 지휘체계를 상실한 방어동맹을 철저히 짓밟았다. 1200명의 노동자가 사망하고 2만 명의 투사가 투옥됐다. 사회민주노동당은 불법화됐고, 지도자들은 망명했다.

결과적으로는 오스트리아 사회민주노동당도 독일 사회민주당과 마찬가지로 파시스트 세력에게 허무하게 무너지고 말았다. 그러나 독일 동지들과는 달리 오스트리아 사회민주노동당이 상당 기간 실질적 개혁조치를 통해 헤게모니를 확보하고 유지했다는 사실을 놓쳐서는 안 된다. 아마도 비슷한 시기에 권력을 잡아 최초로 복지국가의 기틀을 놓던 스웨덴 사회민주노동당의 경우와 비교해보면 오스트리아의 진정한 '비극'이 무엇이었는지 드러날 것이다. 비슷한 정도의 개혁 노력이 스웨덴에서는 면면한 성과로 남고 오스트리아에서는 곧 쓰러지고만 가장 커다란 요인은 두 나라의 지정학적 위치였다. 스웨덴은 유럽 중심부에서 멀찍이 떨어져 있었고, 오스트리아는 그 한가운데에 있었다. 스웨덴 노동계급은 자본주의 강대국의 눈길에서 비켜설 수 있었지만, 오스트리아는 그게 불가능했던 것이다.

사회민주노동당 스스로 이를 분명히 인식하고 있었다. 그래서 〈린츠 강령〉은 "사회주의 사회질서는 자본주의적 세계 환경에 종속적인 소국 내에서 개별적으로 수립될 수 없"으며 "오직 거대한 단일 지역권"에서만 가능하다고 밝혔다. 이에 따라 오스트리아 사회주의자들은 독일이나 프랑스에서 전 유럽적 계급 세력관계의 균형이 노동 쪽으로 이동하기 전까지는 오스트리아 국내에서 계급 타협 혹은 대치 상태를 유지하는 것 외에 다른 선택지가 없다고 판단했다. 이것 자체는 달리 토를 달 수 없는 냉철한 판단이었다. 이런 저간의 사정을 고려하면, 초기에 파시즘의 공세에 대해 사회민주노동당이 기이할 정도로 조심스러운 태도를 보인 이유도 이해가 간다.

그럼 이런 근본적 한계 때문에 1934년의 패배 말고 다른 결말은 상정할 수 없었던 것일까? 어려운 질문이다. 자칫하면 과거에 대한 후세대의 평가에서 흔히 나타나는 양극단의 오류, 즉 지나친 숙명론이나 영웅적 의지주의에 빠질 수 있다. 이런 두 위험 사이를 헤쳐 가며 균형 있는 평가를 하기란 쉬운 일이 아니다. 그럼에도 최소한 몇 가지 지점에 대해서는 잠정 평가를 해야 한다. 사회민주노동당의 선택과 대응 중 역사의 전개 방향을 바꿀 수도 있었으나 그러지 못했던 대목들이 분명히 있기 때문이다. 이것은 고스란히 후세대를 위한 교훈이기도 하다.

그 첫째는 〈린츠 강령〉이 "계급 협조는 국가권력을 둘러싼 계급 전쟁의 일시적인 발전 단계일 수 있을 뿐이며 이것 자체가 투쟁의 목표여선 안 된다"고 언급했음에도 불구하고 사회민주노동당 스스로 이를 실천하지 못했다는 점이다. 이들은 타협 국면을 더 높은 수준의 공세로 연결하지 못하고 오히려 결정적인 후퇴를 낳았다. 이는 모든 진지한 개혁투쟁이 공히 직면하는 난제다.

다음으로는 제도권 내 활동과 대중운동, 대중권력을 서로 연결한다고 하면서도 실은 전자에 후자를 종속시켰다는 점이다. 노동자평의회나 군대 안의 민주적 요소들을 강조했지만, 종국에는 이들의 발전 가능성을 의회정치의 논리 안에 가두었다. 오스트리아 마르크스주의에 상당히 공감한 그리스 공산당 이론가 니코스 풀란차스Nicos Poulantzas도 이 점에 대해서는 비판적으로 바라보았다.

오스트리아 마르크스주의는 볼셰비즘이나 사회민주주의로부터 똑같이 거리를 두었으며, 민주화된 대의적 제도들의 측면에 직접민주주의의 사회운동이라는 측면을 통합시키면서 접합시키고자 시도하였습니다. 하지만 이 경우, 그 경험은 국가장치의 고유한 물질성으로 인해 이들 운동이 스스로를 국가의 행정적 회로 속에 통합·동화시키면서 결국은 국가의 망 속에서 분해되고 말았다는 사실을 보여주고 있습니다.[10]

말하자면 양차대전 사이의 오스트리아 사회민주노동당은 해답을 제시했다기보다는 무엇이 우리가 물어야 할 물음인지를 보여줬다. 이들은 사회 내 세력관계의 미묘한 긴장과 균형을 헤치며 나아가는 '완만한 혁명'이 고민과 모색의 출발점임을 가르쳐줬다. 이것만으로도 코민테른의 단순한 명제들보다는 훨씬 더 풍성한 메시지였다.

후일담을 덧붙이자면, 해외로 망명한 바우어와 도이치는 '혁명적 사회주의당'으로 당명을 바꾸고 비합법투쟁을 시작했다. 바우어는 이제 '폭력'과 '독재'의 필요성을 강하게 주장했다. 《두 세계대전 사이에서?》와 《비합법정당》이라는 저서에서 그는 반파시즘운동 과정에서 개혁적 사회주의(사회민주주의)와 혁명적 사회주의(공산주의)를 재통일하는 '통합사회주의'를 새로 구축할 것을 주장하기까지 했다. 필연적으로 닥쳐올 두 번째 세계 전쟁 후, 전 세계 노동계급운동이 다시 '통합사회주의'의 대의 아래 단결해야 한다는 것이 그의 큰 꿈이었다.

하지만 그는 1938년 망명지에서 숨을 거둬야 했다. 바로 그해, 나치 독일이 오스트리아를 합병했다. 사회민주노동당은 7년 뒤 오스트리아가 연합국에게 점령되고 나서야 '사회[주의]당'이라는 이름으로 활동을 재개하게 된다.

---

10 N. 풀란차스, 《자본의 국가》, 박성진 옮김, 백의, 1996, 170쪽. 번역 일부 수정.

[더 읽기]

이 장을 집필하는 데 주로 다음 책들을 참고했다.

레셰크 코와코프스키, 《마르크스주의의 주요 흐름. 제2권: 황금시대》, 변상출 옮김, 유로, 2007, 〈제12장 마르크스주의운동에서 칸트주의자들: 오스트로-마르크스주의·윤리학적 사회주의〉.

A. 스터름달, 《유럽 노동운동의 비극》, 황인평(황광우) 옮김, 풀빛, 1983.

P. 브라니츠키, 《마르크스주의의 역사 I》, 이성백·정승훈 옮김, 중원문화, 1989, 〈제2부 제1, 2 인터내셔널 시기의 마르크스주의〉 중 '제3장 오스트리아의 마르크스주의'.

Anson Rabinbach, *The Crisis of Austrian Socialism: From Red Vienna to Civil War 1927-1934*, The University of Chicago Press, 1983.

Helmut Gruber, *Red Vienna: Experiment in Working-Class Culture 1919-1934*, Oxford University Press, 1991.

Iloya Duczynska(K. 폴라니의 부인), *Workers in Arms: The Austrian Schutzbund and the Civil War of 1934*, Monthly Review Press, 1978.

Otto Bauer, *The Austrian Revolution*, H. J. Stenning(trans.), Burt Franklin, 1970(1925).

Tom Bottomore & Patrick Goode(eds.), *Austro-Marxism*, Oxford University Press, 1978.

오스트리아 사회민주노동당(전후에는 사회당)에 대한 우리말 문헌은 찾아보기 힘들다. 현재로서는 다음 책의 산발적 언급을 참고할 수밖에 없다.

도널드 서순, 《사회주의 100년: 20세기 서유럽 좌파정당의 흥망성쇠》(전2권), 강주헌 외 옮김, 황소걸음, 2014.

다음 책은 오스트리아 사회민주노동당의 전간기 주거정책을 상세히 설명한다.

정현백, 《주거 유토피아를 꿈꾸는 사람들: 독일과 오스트리아의 주거개혁 정치와 운동》, 당대, 2016.

다음 책은 2차 세계대전 이후의 오스트리아 사회당에 대한 정보를 제공한다.

안병영, 《왜 오스트리아 모델인가: 합의와 상생, 융합과 재창조의 국가모델》, 문학과지성사, 2013.

바우어의 저작들 중 국내에 소개된 것은 다음이 유일하다.

오토 바우어, 《민족문제와 사회주의》, 김정로 옮김, 백산서당, 2006.

폴라니의 다음 논문에서 오스트리아 마르크스주의가 추구한 대안 사회의 대략적인 얼개를 확인할 수 있다.

칼 폴라니, 《전 세계적 자본주의인가 지역적 계획경제인가 외》, 홍기빈 옮김, 책세상, 2002, 〈제4장 우리의 이론과 실천에 대한 몇 가지 의견들〉.

스웨덴 복지국가, 어떻게 가능했나?

/

2차 세계대전 전의 스웨덴 사회민주노동당

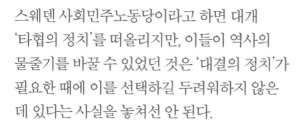

스웨덴 사회민주노동당이라고 하면 대개
'타협의 정치'를 떠올리지만, 이들이 역사의
물줄기를 바꿀 수 있었던 것은 '대결의 정치'가
필요한 때에 이를 선택하길 두려워하지 않은
데 있다는 사실을 놓쳐선 안 된다.

소련과 동유럽이 흔들릴 무렵부터 사람들은 고개를 북유럽 쪽으로 돌렸다. 스웨덴이라는 낯선 나라 이름이 오르내렸다. 동시에 이제는 '사회민주주의'가 우리의 새로운 깃발이라는 풍문이 흘러 다녔다.

하지만 정작 사회민주주의의 모범국가라고 하는 스웨덴의 현재가 있기까지 이 나라 노동대중이 어떠한 고된 여정을 걸어왔는지에 대해서는 알려진 바가 많지 않다. 또한 이 나라 진보정당과 노동운동이 과연 판에 박힌 '사회민주주의'의 이미지와는 얼마나 같거나 다른지에 대해서도 진지한 논의가 많지 않다. 이번에는 그 스웨덴의 진보정당, 사회민주노동당의 역사를 살펴보자.

오로지 보통선거권 쟁취를 향해

19세기 후반에만 해도 스웨덴은 유럽에서 가장 못사는 나라들 중 하나였다. 서유럽이 이미 산업화의 원숙기에 접어든 1870년대, 스웨덴 인구의 70% 이상은 농민이었다. 굶주림에 허덕이던 이 나라 빈농들은 이웃 나라인 덴마크나 머나먼 미국으로 떠났다. 덴마크의 사회주의 작가 마르틴 넥쇠Martin Andersen Nexø의 소설을 영화화한 〈정복자 펠레〉는 무작정 덴마크로 흘러들어온 가난한 스웨덴인 부자父子의 이야기를 소재로 하고 있다(영화에는 나오지 않지만 펠레는 성장해서 덴마크 노동운동의 지도자가 된다).

이런 스웨덴도 1880년대부터는 서서히 산업화의 길을 밟기 시작했다. 물론 이와 함께 노동운동도 성장하기 시작됐다. 1881년 재단사(전태일 열사와 같은 직업!) 아우구스트 팔름August Palm이 '사회민주주의자는 무엇을 원하는가?'라는 제목으로 최초의 공개적인 사회주의 선동을 시작했다. 그 내용은 대체로 독일 사회민주당의 주장을 받아들인 것이었다. 3년 뒤인 1884년에는 사회주의자 조직인 사회민주주의연합이 등장했다. 이 조직은 다음해에 〈소시알 데모크라텐Social-Demokraten〉('사회민주주의자')이라는 신문을 창간했다. 다시 4년 뒤인 1889년에는 이 조직을 골간으로 '스웨덴 사회민주[주의]노동당SAP'이 탄생했다.[1] 이것이 바로 스웨덴 사회민주당 역사의 시작이다.

이 당에도 창당 당시부터 좌파와 우파의 대립은 존재했다. 남부 지방을 중심으로 한 악셀 다니엘손Axel Danielsson의 그룹은 상대적으로 혁명적인 입장을 취했다. 이들은 선거 참여를 긍정했으나, 선거 참여의 기본 의의는 선거를 통해 부르주아 지배 이데올로기를 폭로하고 사회주의를 선전하는 데 있다고 보았다. 반면 중부 지방에 기반을 둔 얄마

---

[1] 흔히 '사회민주당'으로 알려져 있지만, 현재도 정식 당명은 '스웨덴 사회민주노동당'이다. 선거 용지에는 '노동자당-사회민주주의자들'로 표기된다.

르 브란팅Hjalmar Branting의 그룹은 보통선거권 쟁취를 중요하게 여겼고, 선거를 집권의 유일한 수단으로 보았다.

창당 당시부터 사회민주노동당을 주도한 것은 브란팅의 노선이었다. 그는 창당 3년 전인 1886년, 예블레 노동자 클럽에서 '왜 노동운동은 사회주의적인 것이어야 하는가?'라는 연설을 통해 당 강령의 윤곽을 제시한 바 있었다. 그 핵심은, 사회주의라는 목표를 분명히 하되, 스웨덴 같은 후진국에서는 보통선거권을 쟁취하기 전까지 사회주의자들과 자유주의자들의 한시적 연대가 필요하다는 것이었다. 실제로 사회민주노동당은 보통선거권과 8시간 노동제 쟁취를 놓고 자유주의 정당인 자유당과 협력했다. 스웨덴 사회민주노동당은 베른슈타인보다 먼저 베른슈타인 노선을 걷고 있었던 것이다. 그 배경으로는 자유당 대표 카를 스타브Karl Staaff와 브란팅이 웁살라대학 동창 사이였다는 사실도 무시할 수 없다.

그렇다면 다니엘손 등의 당내 좌파는 이러한 당 노선에 어떻게 대응했는가? 36세로 요절하기까지 젊은 시절 대부분을 감옥에서 보낸 투사 다니엘손은 브란팅의 강력한 잠재적 경쟁자였다. 한데 흥미로운 역사적 선택이 벌어진다. 1891년의 옥중서신에서 다니엘손은 브란팅의 의회주의 노선을 승인했다. 이 글에서 다니엘손은 사회주의운동이 직면할 수밖에 없는 근본모순, 즉 사회주의라는 '이념적 목표'와 노동계급의 당면 요구라는 '현실적 운동' 사이의 긴장을 직시했다. 그리고 이에 대한 한 가지 해결책으로, 사회민주노동당이 사회주의 정당으로서 사회주의 이념을 계속 선전하면서 동시에 노동계급의 당면 요구들을 내걸고 제도정당으로 활동하는 길을 받아들이자고 주장했다.

다니엘손의 주장에 그다지 새로운 점은 없었다. 이것은 독일 사회민주당의 카우츠키주의(강령과 현실 운동 사이의 긴장의 '통합'이라기보다는 '봉합'에 가까운)의 스웨덴판이라고 봐야 할 것이다. 실제로 다니엘손이 1897년에 작성한 사회민주노동당 최초의 공식 강령(그전까지는 당내 이견 때문에 강령을 채택하지 못했다)은 독일 사회민주당 〈에르푸르트 강령〉의 판박이였다.

하지만 적어도 한 가지 점에서 스웨덴의 진보정당은 독일의 자매정당보다 한 걸음 앞서 있었다. 독일에서는 1890년대 후반이 되어서야 논쟁을 통해 분명해진 진보정당운동의 모순('목표'와 '운동' 사이의 긴장)이 스웨덴에서는 이미 1890년대 초반에 쟁점으로 떠올랐다는 점이다. 그리고 당내 좌파 지도자인 다니엘손은 '투항'이라고 느껴질 정도로 단호하게 개혁주의와 의회주의의 손을 들어주었다. 자신은 "내키지 않는 의회주의자"라는 단서를 달긴 했지만 말이다.

아무튼 이 덕분에 사회민주노동당은 브란팅의 지도 아래 일단 보통선거권 쟁취라는 전략적 목표에 일로매진할 수 있었다. 그리고 보통선거권을 쟁취하기 위해서라는 전제 아래, 정치 총파업 등의 과감한 전술에 대해서도 개방적인 태도를 보였다. 아직 제2인터내셔널 안에서 정치 총파업 전술이 뜨거운 논쟁 대상이 되기 전인 1902년에 스웨덴 노동 진영은 이미 보통선거제도를 요구하며 3일간 총파업을 벌였고, 1905년과 1907년에도 정부에 총파업을 경고했다. 스웨덴 사회민주노동당은 초기부터 확신을 갖고 의회정치에 뛰어들었지만, 그렇다고 결코 얌전하기만 한 당은 아니었던 것이다.

1차 세계대전과 2차 세계대전 사이

의회주의, 하지만 그것만은 아닌

브란팅과 사회민주노동당의 의회주의가 독일 사회민주당의 의회주의와 완전히 같은 것은 아니었다. 의회주의이면서도 그것은 의회주의'만은' 아니었다. 이 점에서 브란팅의 개혁주의 노선은 장 조레스의 그것과 유사한 구석이 있었다.

무엇보다도 그는 당이 선거를 통한 집권을 추구하는 가장 중요한 이유로 노동계급의 성장에는 '양육'의 시간이 필요하다는 점을 들었다. 그는 '교육'이 아니라 '양육'이라는 표현을 썼다. 노동계급이 권력을 잡는다는 것은 단순히 무력으로 기존 권력을 무너뜨린다는 의미만은 아니다. 노동계급은 삶의 모든 영역에서 기존 지배세력을 능가하는 조직적·지적·도덕적 능력을 확보해야 한다. 이를 위해 필요한 교육과 훈련의 과정을 브란팅은 '양육'이라고 표현한 것이다.

> 부르주아계급의 지배를 전복시키기 위해서는 노동계급은 그들의 적보다 조직적·지적·도덕적 우위를 점해야 한다. 그것은 정치투쟁과 노동조합 투쟁에서, 그리고 우리가 어렵게 건설한 협동조합운동에서 끊임없는 노력과 훈련을 통해 얻을 수 있는 모든 역량과 자기희생, 지적 능력, 지식, 그리고 성숙함을 손아귀에 움켜쥘 때 가능한 것이다. 결과적으로 노동계급은 분명 사회민주주의가 의회주의적 투쟁방식을 통해 부르주아 사회에서 끌어낼 수 있는 모든 종류의 개혁을 추동할 필요가 있는 것이다.[2]

---

2 브란팅의 발언. 이병천·김주현 엮음,《사회민주주의의 새로운 모색》, 백산서

브란팅이 보기에, 이러한 노동계급의 단련을 위해서는 의회정치를 통해 지금 이 사회 안에서 노동계급 활동의 지반을 확보해야 하고, 일련의 개혁을 통해 이를 확장해가야 한다. 일회성 대중봉기만을 추구해서는 될 일이 아니다. "의회정치적 투쟁이 제공해주는 수단을 사용하지 않고 전 노동계급을 교육시키고 조직한다는 것은 성공할 가능성이 전혀 없는 일이다".

이러한 입장에 따라 선택한 의회주의이기 때문에 브란팅의 노선은 제도정치에 완전히 종속되지 않는 또 다른 차원을 포함해야만 했다. 다음 선거에서 의원 수를 불려가기 위한 활동이 당운동의 전부가 되지는 않았던 것이다. 노동자 대중의 능력을 제고하는 활동이 당운동의 중요한 부분으로 인식되었다.

단순히 의회에서 다수를 차지하는 것으로 모든 문제가 해결된다는 환상의 희생물이 되어서는 안 된다. 정치적 탄압 국면에서도 사회생활 전반에 걸친 확고한 우월성을 확보하는 것만이 종국적인 승리를 가져다줄 수 있다.[3]

이러한 활동은 구체적으로 '노동자 코뮌'이라는 독특한 당 지역조직을 통해 나타났다. 노동자 코뮌은 이탈리아의 노동회의소와 유사한 지역 노동자 단체들의 연합이었다. 노동자 코뮌에는 사회민주노동당 지부, 직업별·산업별 노동조합 지역본부뿐만 아니라 자유교회운동(국교

━━━━ 당, 1993, 75쪽에서 재인용.
3 사회민주노동당 신문 〈프리헤트Frihet〉('자유') 1918년 7월 2일자, 앞의 책, 145쪽에서 재인용.

1차 세계대전과 2차 세계대전 사이

회에 반대하는 진보적 개신교 운동), 금주운동 등 당대의 다양한 사회운동 단체들이 결합했다. 사회민주노동당은 1901년부터 아예 독자 지역조직들을 없애고, 노동자 코뮌이 당 지역조직을 겸하는 것으로 당헌을 바꾸었다.

노동자 코뮌은 이탈리아 노동회의소의 노동자 회관과 마찬가지로 '민중의 집'이라는 건물을 짓고 이 공간을 바탕으로 활동했다. 민중의 집 사업 중 단연 으뜸은 교육·문화 활동이었다. 민중의 집은 지금도 면면히 이어져오는 스웨덴 노동자교육협회ABF의 노동자 강좌뿐만 아니라 노동조합학교나 노동자들의 자발적인 학습모임들이 열린 거점이자, 당과 노동조합의 언론사 지국들이 입주한 보금자리였다.

지방에서 노동자 코뮌이 단순히 정치적 활동만 한 것은 아니었다. 이 조직들은 노동조합운동을 지도하며 각종 문화적 행사를 주도하였다. 노동자 코뮌은 '민중의 집'을 설립하였으며, 이 안에 영화관, 도서관 등을 설치하였고, 문학 강좌도 개설하였다. 민중의 집 수는 1890년에 2개, 1900년에 22개, 1905년에 53개, 그리고 1910년에는 112개로 각각 증가하였다. 이러한 사실은 노동자들, 특히 노동조합원들이 민중의 집이라는 문화적 공간의 활용을 통하여 사회민주노동당에 대한 정체감을 확고히 하였다는 것을 나타낸다고 할 수 있겠다. 요컨대, 민중의 집은 노동자들에게 일종의 공공영역으로 기능하였다.[4]

---

4 안재흥, 〈스웨덴 노동계급의 형성과 노동운동의 선택〉, 안병직 외,《유럽의 산업화 노동계급》, 까치, 1999, 401쪽.

더욱 흥미로운 것은 사회민주노동당이 의식적으로 노동자 코뮌을 통해 진보정당과 노동조합의 경계를 허무는 전략을 펼쳤다는 점이다. 사회민주노동당은 창당 당시부터 노동조합과 긴밀한 협력관계를 맺고 있었다. 영국 노동당이나 이탈리아 사회당처럼 집단입당제도를 실시해서, 창당 2년 만인 1890년에 이미 71개의 노동조합이 사회민주노동당에 집단가입했다. 1898년에 노동조합총연맹LO이 건설되기 전까지는 사회민주노동당이 비공식적인 노동조합 전국조직의 역할을 떠맡기도 했다. 물론 일단 노동조합운동이 제 발로 서기 시작한 뒤에는 당과 노동조합이 서로의 독자성을 인정하면서 당 집행부와 노총 집행부의 분리를 추진했다.

그러나 이와 동시에 기층에서는 전혀 다른 방향의 실험이 진행됐다. 사회민주노동당과 노동조합은 모든 조합원이 최소 2년 동안 노동자 코뮌 회원으로 의무가입해야 한다는 원칙에 합의했다. 그러면서 위에서 말한 대로 사회민주노동당 지부들을 없애고 노동자 코뮌을 당 지역조직으로 인정한 것이다. 처음 2년간 노동자 코뮌 회원으로 집 근처 민중의 집에 친숙해진 조합원들은 의무가입 기간이 끝났다고 해서 노동자 코뮌에서 탈퇴하지는 않았다. 대부분의 조합원이 노동자 코뮌 회원이 된 것이다. 그리고 노동자 코뮌 회원이 된 조합원들은 자연스럽게 민중의 집 공간을 거점으로 한 사회민주노동당 일상활동에 참여하게 됐다. 결과적으로 중앙 수준에서는 당과 노동조합의 집행부가 엄격히 분리된 반면, 지역 수준에서는 오히려 당원과 조합원의 경계가 사라졌다. 대신 노동조합과 정당, 노동자 코뮌이라는 여러 개의 머리를 지닌 지역 노동세력이 성장했다.

사회민주노동당은 이러한 실험을 통해 당의 사회민주주의 '이념'과 노동조합 '운동' 사이의 융합을 실현하려 했다. 이 실험에서 핵심은 당과 노동조합이 기층 대중 수준에서 서로 만나는 무대가 된 제3의 조직, 즉 노동자 코뮌의 교육·문화 활동이었다. 만약 이런 제3의 조직 실험이 없었다면, 스웨덴 사회민주노동당은 집단입당제도를 실시한 또 다른 진보정당인 영국 노동당이 그랬던 것처럼 노동조합운동의 현재 수준으로 하향 평준화된 '이념 없는' 노동자 정당이 되고 말았을 것이다. 그러나 지역마다 대중적인 교육·문화활동을 펼침으로써 오히려 일반 조합원 수준까지 당의 이념이 스며들게 만드는 데 성공했다. 이는 "당과 노동조합, 사회주의 문화운동이 노동계급운동의 세 축"이라던 안토니오 그람시의 주장을 이미 20년도 더 전에 실천해 보인 것이라 할 수 있다.[5]

성공 뒤의 위기 – '목표' 없는 정당

스웨덴 노동운동은 착실한 성장을 거듭했다. 1907년에는 전체 노동자의 48%가 노동조합에 가입했다. 이는 당시 유럽에서 가장 높은 조직률이었다. 또한 기존 숙련 노동자들과 새로 등장한 미숙련 노동자들 사이에 분열과 갈등이 불거진 다른 유럽 나라들과는 달리, 당과 노동조합 모두에서 숙련 노동자들과 미숙련 노동자들 사이의 단결이 의식적

5 A, 그람시, 〈우리에게 문화연합이 필요한 이유〉, 리처드 벨라미 엮음, 《안토니오 그람시: 옥중수고 이전》, 김현우·장석준 옮김, 갈무리, 2001, 98쪽.

으로 추진됐다. 새로 등장한 산업별 노동조합을 통해 이제 미숙련 노동자들도 사회민주노동당에 집단가입하기 시작했다.

사회민주노동당은 이러한 힘을 바탕으로 당면 목표인 보통선거권 쟁취를 향해 한발 한발 전진했다. 1907년 사회민주노동당의 보통선거권 쟁취 총파업 경고에 우파 정부는 일단 남성 보통선거제도를 시행하겠다는 타협안을 제시했다. 브란팅이 이끄는 당 집행부는 이를 받아들였다. 이에 따라 1911년 총선에서부터 남성 노동자 전체가 선거에 참여하게 됐다. 뒤이어 1914년 총선에서는 드디어 사회민주노동당이 원내 제1당으로 부상했다. 당시 정치구도를 보면, 보수우파의 대표자인 보수당[6]은 유럽의 전쟁위기를 배경으로 군비 확충과 국방력 강화를 강력히 주장했다. 반면 또 다른 부르주아 정당인 자유당[7]과 사회민주노동당은 대외 중립을 안보정책의 대안으로 내세우면서 여성 보통선거권 인정, 왕권 축소 등 민주화에 주력하자고 맞섰다.

양 세력의 팽팽한 긴장 속에서 스웨덴은 1차 세계대전 내내 중립을 견지했다. 중립국 스웨덴은 오히려 전쟁 덕을 봤다. 교전국들을 상대로 한 수출산업이 호황을 누린 것이다. 하지만 1차 세계대전의 비극과 러시아 혁명이 몰고 온 사회적 격동은 스웨덴에서도 예외는 아니었다. 더욱이 이웃인 핀란드에서 러시아 혁명의 직접적 영향 아래 혁명이 일어나자 스웨덴에서도 대중운동이 폭발했다.

스웨덴 왕실과 보수당은 혁명에 직면하기보다는 의회민주주의를

6 　정식 명칭은 '유권자 총연합'이었다. 현재 스웨덴 온건당의 전신이다.
7 　정식 명칭은 '자유주의 전국연합'이었다. 현재 스웨덴 자유당의 전신이다.

완전히 용인하는 수준에서 사태를 막아보려 했다. 그 첫 결실로, 1917년 가을 자유당과 사회민주노동당 연립정부가 출범했다. 총리는 자유당의 닐스 에덴Nils Edén이었고, 사회민주노동당의 브란팅이 재무부 장관으로 입각했다. 다음해, 국왕은 임시의회를 소집해 여성에게도 참정권을 인정하는 헌법 개정을 단행했다. 사회민주노동당이 창당 이후 줄곧 전략적 목표로 삼았던 보통선거권 쟁취가 마침내 실현되는 순간이었다.

그러나 바로 그 순간 당은 분당의 고통을 겪어야 했다. 자유당과의 연정에 반발해 당 청년조직을 중심으로 집단탈당 사태가 벌어진 것이다. 이들 청년 좌파는 당시 막 진행되던 러시아 혁명에 공감과 연대를 표시하면서 새로운 좌파정당인 사회민주주의좌파당SSV을 창당했다. 1만 명의 당원과 15명의 의원이 새 당으로 이동했다. 사회민주주의좌파당은 8% 정도의 결코 낮지 않은 지지율을 보여주었다. 하지만 이 당에서 다시 공산당SKP이 떨어져 나오면서 사회민주노동당 왼쪽의 정치 공간은 커다란 힘을 발휘하지 못한 채 혼돈에 휩싸이고 말았다.

1920년 총선으로 브란팅은 드디어 사회민주노동당이 주도하는 연립정부를 구성하는 데 성공했다(29.6% 득표). 창당 30여 년 만에 집권에 성공한 셈이었다. 그러나 문제는 그다음부터였다. 보통선거권 쟁취라는 목표는 이미 완수했다. 당 안팎에 천명해온 그다음 목표는 사회주의 강령의 실현, 즉 주요 생산수단을 사회적 소유로 바꾸는 사회화정책이었다. 하지만 사회민주노동당은 원내에서 여전히 중도우파 정당들의 협력에 의존해야 했다. 자유주의 세력의 협력을 유지하면서 과연 사회화정책을 추진하는 게 가능할까?

스웨덴 사회민주노동당은 독일과 오스트리아의 자매정당들과 마찬가지로 우선 '사회화위원회'와 '산업민주주의위원회'를 소집했다. 그리고 스웨덴 현실에 부합하는 사회화정책을 찾겠다며 토론과 연구 작업에 들어갔다. 이렇게 해서 '사회주의'는 사회화위원회의 세미나 대상이 돼버렸다. 세미나의 결과물이 늦게 나올수록 사회민주노동당은 보통 선거제도 시행 이후 별다른 개혁 목표를 제시하지 못하는 자신들의 무능에 대한 알리바이를 연장할 수 있었다. 당원들이 "도대체 언제 사회화정책이 시작되는 건가?" 하고 물으면, 당 집행부는 "사회화위원회의 성과를 기다려보자"고 답할 뿐이었다.

브란팅 정부가 감행한 가장 의미 있는 개혁은 대외중립정책을 계속 유지하고 군축을 단행한 것이었다. 이로써 사회민주노동당은 보수당의 강력한 저항에도 불구하고 스웨덴에 평화·중립의 전통을 정착시킬 수 있었다. 이는 또한 브란팅의 최후의 업적이기도 했다. 그는 1925년 의회에서 군축 선언을 통과시킨 것을 끝으로 생을 마감했다.

그를 떠나보낸 당은 침체와 위기의 한가운데에 있었다. 특히 경제 영역에서 당의 혼란과 무능은 심각한 수준이었다. 당시의 다른 사회민주주의 정당들과 마찬가지로 스웨덴 사회민주노동당은 반드시 균형재정을 달성해야 한다는 자유주의 경제정책을 그대로 이어받아 집행했다. 유럽 각국의 사회민주주의자들은 자본주의는 어차피 미래의 어느 때에 붕괴할 것이므로 그전까지 좌파정당은 시장경제가 평소대로 돌아가도록 통화가치 안정만 유지하면 된다고 생각했다. 이들이 추진한 제반 개혁은 이런 낡은 거시경제 운영이 허용하는 범위를 넘어설 수 없었다. 그들의 머릿속에는 오직 100% 자본주의와 100% 사회주의만 있을 뿐이었다. 이 이분법에 따라 이들은 보통선거제도 도입 이후 집권 10여 년 동안 실은 100% 자본주의, 즉 시장자유주의의 집행자 노릇을 한 것이다.

스웨덴의 경우 이러한 무능은 더욱 파괴적인 모습으로 나타났다. 수출산업의 호황에도 불구하고 1920년대 내내 스웨덴에서는 실업난이 계속됐기 때문이었다. 실업률이 한 번도 10% 이하로 내려간 적이 없었고, 한때는 LO 조합원의 1/3이 실업자 신세였다. 그럼에도 '민주화'는 이미 이루었지만, '사회화'는 먼 미래로 연기한 이 정당, 사회민주노동당이 할 수 있는 일은 아무것도 없는 듯했다. 1920년대 자유당과의 협력 기간 동안 사회민주노동당은 '이념 없는 정당'이었고 '방향을 상실한 정치세력'이었다.

'개혁주의'를 넘어선 '개혁'

새로운 길은 도전으로부터 나왔다. 그 도전을 이끈 사람은 1919년 대의원대회 이후 당내 좌파의 지도자로 부상한 재무부 장관 에른스트 비그포르스였다. 그는 당 청년조직 출신이었으나 1917년 분당 사태 때 당에 잔류하는 길을 선택했다. 1919년 대의원대회에서 그는 다음 세 가지 원칙을 분명히 한 〈예테보리 강령 초안〉을 제출했다. "1) 자본주의 아래서 노동계급의 당면 요구를 충족하는 것과 사회주의 사회로 나아가는 것은 서로 분리될 수 없는 당정책 수립의 기본목표다. 2) 사회주의를 향한 전진은 부의 공평 분배를 요구한다. 이 과정에서 국가가 적극 개입해야 한다. 3) 생산과 분배에 대한 노동자들의 참여를 보장하는 대안이 제출되어야 한다."[8]

이런 원칙에 따라 〈예테보리 강령 초안〉은 "정상적인 임금을 받고 일할 수 있는 권리를 보장하기 위한 정부 개입, 재산세와 상속세를 포함한 급진적인 조세개혁, 주택 건설을 촉진하기 위한 정부 개입, 기간 산업과 금융기관 국유화, 민간부문에서 비효율적 조직 일소 등"의 정책을 제시했다.[9] 그러나 사회민주노동당의 당면 개혁정책이 사회주의를 직접 지향하는 것이어야 한다는 이러한 낯선 사고는 브란팅 등 당 집행부의 격렬한 비판을 불렀다. 후에 비그포르스는 이때 자신이 "사회를 전복하려는 정당에 소속되어 있다는 느낌을 전혀 받을 수 없었다"고 회고했다.

비그포르스 사상의 핵심은 '당면 개혁정책'과 '대안사회 건설' 사이에 만리장성을 긋는 전통적인 개혁론에 대한 비판과 도전이었다. 그가 보기에 자본주의는 이미 자신을 제어할 힘을 상실했다. 자본주의가 작동하여 노동대중이 일단 생존을 유지하기 위해서도 이제는 사회주의 요소들을 도입해야 한다. 도식적으로 말하면, 100% 자본주의는 더 이상 작동할 수 없고, 100% 사회주의는 현실과 거리가 너무 먼 추상적인 이상일 뿐이다. 지금 진보정당이 추구해야 할 것은 얼마간의 사회주의가 가미된 자본주의다. 이런 체제를 만들어내는 개혁이 충분히 가능하며, 또한 반드시 필요하다. 이 개혁은 자본주의의 틀 안에 제약되는 게 아니라 오히려 그 핵심에 손을 대는 것이라 할 수 있다. 이런 비그포르

---

8 이병천·김주현 엮음, 《사회민주주의의 새로운 모색》, 백산서당, 1993, 106-107쪽.

9 위의 책, 107쪽에서 재인용.

1차 세계대전과 2차 세계대전 사이

스식 '개혁'은 오스트리아 마르크스주의자들이 주창한 '완만한 혁명'과 유사한 것이었다. 또한 이후 등장하는 이탈리아 공산당의 '구조개혁' 전략과도 맥이 닿는 것이었다.

그럼 실업대란에 처한 스웨덴 상황에서 사회민주노동당이 착수해야 할 핵심 개혁정책은 무엇인가? 비그포르스는 당시 영국의 '사회적 자유주의자'들이 경제위기 극복을 위해 국가의 경제 개입을 주

〈예테보리 강령 초안〉을 통해 사회민주노동당 개혁을 주도한 에른스트 비그포르스.

장하면서 자본주의 소유권에도 손댈 수 있다는 입장을 제시하는 데 주목했다. 어찌 보면 이들이 유럽 대륙의 사회민주주의자들보다 훨씬 '좌파적'이라고 할 수 있을 정도였다. 그가 주목한 사회적 자유주의자들 중 한 명이 이후 수정자유주의의 대명사가 된 경제학자 존 메이너드 케인스John Maynard Keynes였다.

비그포르스는 우선 스웨덴 자유주의자들도 과연 새로운 흐름에 동조할지 시험해보기로 했다. 1927년 그는 의회에 상속세 법안을 제출했다. 사실상 부의 상속 자체를 불가능하게 만드는 강력한 상속세 개정안이었다. 비그포르스는 법안을 제안하면서 일부러 지난 세기의 개혁적 자유주의 사상가 존 스튜어트 밀John Stuart Mill을 인용했다. 자유주의자들을 설득해보려는 제스처였다. 그러나 사회민주노동당의 오랜 연정 파트너였던 자유당은 그를 '광신자'라 비난하며 완강히 반대했다. 스웨덴 자본가들에게 그의 제안은 난데없는 도발일 뿐이었다. 결국 상

속세 개혁은 무력화됐고, 보수당 대 사회민주노동당-자유당이 아닌 사회민주노동당 대 자유당-보수당으로 정치적 대립선이 급격히 이동했다. 자유주의자들과의 협력이 아니라 대결을 통해서만 진지한 개혁이 착수될 수 있음이 드러난 것이다.

상속세법 사태 직후 열린 그해 대의원대회에서 비그포르스는 이제 자유당과의 협력을 끝내고 당 강령을 최소한이라도 실현할 수 있을 때 정권을 담당하자는 안을 제출했다. 비그포르스는 "정권을 잡을 가능성이 행동강령을 결정하는 것이 아니라, 정권을 잡을 수 있는가 아닌가를 결정하는 것이 바로 행동강령"이라고 일갈했다.[10] 브란팅의 후계자 페르 알빈 한손Per Albin Hansson이 이끌던 당 집행부는 처음에 이 제안에 반대했다. 그러나 대의원대회 과정에서 비그포르스의 안이 많은 대의원의 동의를 얻어 마침내 만장일치로 통과됐다. 사회민주노동당은 자유당 주도 연립정부에 참여하지 않기로 결정했다. 당은 불만에 찬 민중들의 광야로 돌아왔다. 사회민주노동당의 한 시대가 이렇게 해서 끝났다. '타협의 정치' 일변도에서 벗어나 이제 '대결의 정치'가 시작됐다. 사회민주노동당은 1928년 총선에서 공산당과 협력하기까지 했다. 이 때문인지 득표율이 1924년 총선의 41.1%에서 37.0%로 떨어졌다.[11]

1931년, 대공황이 스웨덴에도 확산됐다. 당시 세계 최대 성냥 제조업체 크리거 앤 톨Kreuger & Toll AB의 회장 이바르 크리거Ivar Kreuger

---

10 위의 책, 114쪽에서 재인용.

11 이후 오랫동안 사회민주노동당은 공산당과의 협력을 금기시했다. 21세기로 접어들고 나서야 공산당의 후신인 좌파당과 선거연합을 결성한다.

1931년 5월 14일 오달렌의 평화시위. 이 사진이 찍히고 5분 뒤에 학살이 시작됐다.

가 방만한 경영 탓에 엄청난 부채의 압박을 받아 자살한 사건은 스웨덴 자본주의를 이끌던 수출산업 재벌들의 몰락을 극적으로 보여주었다. 또한 크리거 사건을 계기로 자유당과 재벌들 사이의 정경유착이 드러남으로써 자유당은 일대 위기를 맞이했다. 가뜩이나 실업난으로 고통 받던 노동대중에게 대공황은 가혹한 재앙이었다. 노동자들의 파업 시위가 분출했고, 진압을 위해 군대가 동원됐다. 급기야 1931년 5월, 오달렌이라는 한 지방도시에서 군대의 발포로 5명이 사망하는 사건이 벌어졌다. 사회민주노동당과 공산당은 즉각 연합전선을 형성해 시위운동을 전개했다.

'국민의 집' – 복지국가를 향해

1932년 총선은 바로 이러한 분위기에서 치러졌다. 사회민주노동당은 이 총선에서 공공사업에 대한 획기적인 재정 지출을 공약했다. 국가가 경기 활성화를 위해 경제활동에 전면 개입하겠다는 것이었다. 비그포르스는 이를 '계획경제의 도입'이라고 규정했다. 이제까지는 사회주의 자들 자신이 미래 사회주의에서나 가능하다고 생각했던 계획경제를 지금 당장 도입함으로써 실업대란 극복이라는 노동계급의 당면 요구를 충족시키겠다는 것이었다. 물론 이 공약이 실현된 뒤의 자본주의는 이전과는 크게 다른 모습일 것이었다. 여전히 근본은 자본주의라고 하더라도 얼마간 사회주의 요소와 결합된 자본주의, 즉 혼합경제일 것이었다. 1932년 총선에서 스웨덴 사회민주노동당은 사회민주주의 정당들이 주장하고 실현할 개혁의 수준을 대폭 상향시켰다.

이 선거에서 사회민주노동당은 득표율을 1924년 총선 때보다 더 높은 41.7%로 늘렸다. 비록 과반수 확보에는 실패했지만, 2위를 한 보수당(23.5%)의 거의 두 배를 득표한 압도적 승리였다. 이에 따라 다른 정당들의 양해 아래 사회민주노동당 단독정부가 출범했다. 이 정부는 '투쟁의 정부'라 불렸다. 재무부 장관으로 입각하게 된 비그포르스는 "지금 나는 기꺼이 투쟁하기를 원하며 또 통치하기를 원한다. 나는 17년 동안 이 두 가지를 마음속 깊이 간직해왔다"고 심경을 토로했다.[12] 당시에는 아무도 이 정부가 사회민주당 44년 장기집권의 첫 출발이 되리

---

12 이병천·김주현, 앞의 책, 121쪽에서 재인용.

1차 세계대전과 2차 세계대전 사이

라는 것을 예견하지 못했다.

한손 총리가 이끈 새 정부는 공약한 대로 공공임대주택 건설, 도로 가설 등 대대적인 공공사업에 착수했다. 그와 함께 주거 보조금, 실업 보험, 국민연금, 노동시간 단축, 신혼부부·육아 수당, 2주 유급휴가 등 복지국가의 기틀을 놓는 사회개혁들을 단행했다. 독일 좌파가 나치 정권에 짓밟히고 영국 노동당이 공황 대응 실패로 의석이 1/4로 폭락하던 그때, 스웨덴 사회민주노동당 정부는 홀로 다른 나라들보다 10여 년 앞서 새시대를 만들어가고 있었다.

이 과정에서 자유당을 대신할 새로운 연합 대상이 등장했다. 1차 세계대전 후 새로 등장한 농민 정당인 농민동맹[13]이 그들이었다. 이 당은 농산물 가격 보장을 전제로 사회민주노동당의 팽창재정 정책을 지지하기 시작했다. 노동자 정치세력이 부르주아 정치세력을 제압하는 실력을 보여줌으로써 노동계급 주도의 노동자-농민동맹이 형성된 것이다. 1933년, 드디어 사회민주노동당과 농민동맹 사이에 역사적인 협정이 맺어졌고, 연립정부가 출범했다. 이는 이탈리아에서 그람시가 그토록 열망했던 노동자-농민동맹의 스웨덴식 실현이라 할 수 있었다. 자본가들 내에서도 변화의 움직임이 일었다. 헤게모니를 상실한 수출산업 재벌들 대신 내수 부문 자본가들이 스웨덴고용주협회SAF를 주도하기 시작했다. 이들 내수 자본가들의 주도로 SAF와 LO 사이에 대타협이 이뤄졌다. 1938년 두 단체 대표들은 역사적인 '살트셰바덴 협정'을 체결했다. 노동조합의 파업 자제를 대가로 단체협상이 제도화

---

13 현재 스웨덴 중도당의 전신이다.

됐다.

사회민주노동당의 의석은 계속 증가했다. 1938년 총선에서는 드디어 단독 과반수 확보에 성공했다. 농민동맹과의 연정은 거의 75%의 국민으로부터 지지를 얻었다. 사회민주노동당의 득표율은 1940년 총선에서 53.8%라는, 좌파정당으로서는 전무후무한 수준으로까지 치솟았다. 한손 총리는 스웨덴을 '국민의 집'으로 만드는 게 사회민주노동당의 목표라고 선언했다. 지금 우리가 아는 복지국가 스웨덴은 이렇게 그 첫걸음을 뗐던 것이다.

그러나 실현되지 않은 약속 – '중단 없는 개혁'

스웨덴 경제는 1933년 초부터 회복되기 시작했다. 이것이 과연 사회민주노동당의 경기조절 정책 때문이었는지, 아니면 2차 세계대전을 앞둔 유럽 각국의 군비경쟁 덕분에 스웨덴이 다시 수출 호황을 맞았기 때문인지에 대해서는 지금도 논쟁이 계속된다. 하지만 한 가지 분명한 것은 사회민주노동당의 과감한 개혁정책 덕분에 스웨덴에서는 경제위기를 틈탄 극우 파시스트 세력의 성장이 미연에 차단됐고, 지금까지도 굳건히 지속되는 노동계급의 헤게모니가 다져졌다는 것이다.

물론 유독 스웨덴에서 이러한 성공이 가능했던 것은 강대국 간 긴장과 대결로부터 한발 비켜설 수 있었던 스웨덴의 독특한 지정학적 위치 덕분이었다고 평가할 수도 있다. 예를 들어 비슷한 노선을 취하던 오스트리아 사회민주노동당은 전쟁과 국내외 파시즘의 압박에 굴복해야만 했던 데 반해, 스웨덴 사회민주노동당은 오히려 전쟁 덕분에 호황을 맞이하고 이를 통해 노동계급의 성취도 유지할 수 있었다. 하지만 이러한 스웨덴의 지정학적 조건도 이 나라 진보정당과 노동운동의 적절한 주체적인 선택이 없었더라면 그 이점을 이 정도로 발휘하지는 못했을 것이다.

우리가 주목해야 할 것은 스웨덴 사회민주노동당이 결정적인 역사적 순간에 상투성을 뛰어넘은 선택을 감행했다는 점이다. 양차대전 사이에 좌파정당들은 개혁정당과 혁명정당으로 확연히 나뉘어 있었다. 혁명정당은 개혁정당이 개혁의 틀에 갇혀 있다고 비판하고 개혁정당은 혁명정당이 불가능한 혁명의 꿈을 꾼다고 비판했지만, 정작 문제는 그게 아니었다. 실제로는 개혁정당이 개혁을 제대로 펼치지 못하고 혁명정당이 혁명을 실현할 힘이 없다는 게 진짜 문제였다. 개혁정당은 제도정치의 문법에 충실하다가 막상 개혁이 필요한 때는 개혁을 단행하지 못했고, 혁명정당은 평소 혁명이념을 떠들기만 하다가 막상 혁명의 가능성이 열렸을 때는 상황에 개입할 힘이 전혀 없었다. 둘 다 너무도 상투적인 정치행위만을 반복한 결과였다.

1920년대 말에 스웨덴 사회민주노동당은 이런 빤한 정치활동 패턴에서 돌연 이탈했다. 연립정부에 충분히 참여할 수 있음에도 굳이 야당이 되기로 결정했고, 오랜 파트너였던 자유주의 세력에 대해 갑자기 대결의 자세를 취했다. 당장의 결과는 1928년 총선의 득표율 감소로 나타났다. 그러나 길게 보면 이 선택 덕분에 사회민주노동당은 경제위기의 순간에 어정쩡하게 기득권 세력과 통치의 책임을 나눠 갖는 대신, 지지층(노동대중)의 고통과 열망을 정확히 대변하는 전투적 야당의 입장에 설 수 있었다.[14] 이렇게 해서 번 시간 동안 이들은 시대의 요구에 부응하는 개혁 방안을 다듬어서 더욱 광범하고 견고한 지지층을 규합할 수 있었다. 이 선택의 여진이 이후 수십 년간 스웨덴 복지국가의 전성기를 결정했다 해도 과언이 아니다. 스웨덴 사회민주노동당이라고 하면 대개 '타협의 정치'를 떠올리지만, 이들이 역사의 물줄기를 바꿀 수 있었던 것은 '대결의 정치'가 필요한 때에 이를 선택하길 두려워하지 않은 데 있다는 사실을 놓쳐선 안 된다.

비그포르스는 복지국가를 건설한 뒤에도 사회민주노동당이 이런 태도를 계속 견지해야 한다고 믿었다. 그는 한 차례 공세의 전과戰果인 복지국가를 지켜내기 위해서도 이보다 한 단계 더 높은 수준의 목표를 위해 공세를 재개해야 한다고 보았다. '중단 없는 개혁', 그것이 필요했다. 2차 세계대전 이후 비그포르스가 제시한 다음번 개혁과제는 사회민주노동당이 그간 미뤄두었던 과제, 기업의 사회적 소유와 산업 현장의 민주주의였다. 비그포르스의 표현에 따르면, '소유주 없는 사회적 기업'을 만드는 일이었다.[15]

이런 한 단계 더 높은 수준의 개혁은 1970년대에야 또 다른 세계 경제위기 정세 속에서 현안으로 등장했다. 비그포르스의 이론적 후계자

---

14 그람시가 혁명을 다시 사고하면서 제시한 '진지전' 개념은 영어로는 'war of position'이다. 여기에서 'position'은 군사용어로는 '진지'이지만, 보다 일반적으로는 '위상' '입장'이다. 즉, '진지전' 개념은 누가 그 시기에 가장 유리한 위상 혹은 입장을 선점하는지에 따라 승패가 결정된다는 의미를 담고 있다. 이렇게 보면 스웨덴 사회민주노동당은 당대의 진지전에서 진지[위상, 입장]를 제대로 잡음으로써 승리를 향해 나아갔다고 해석할 수 있다.

15 신정완,《임노동자기금 논쟁과 스웨덴 사회민주주의》, 여강, 2000, 186-213쪽. 임노동자기금안에 대해서는 이 책을 참고하기 바란다.

1차 세계대전과 2차 세계대전 사이

루돌프 마이드너Rudolf Meidner의 '임노동자기금안'이 그것이었다. 이는 비그포르스의 '소유주 없는 사회적 기업'을 실현하려는 야심 찬 기획이었다. 그러나 1920년대 말만큼이나 중요했던 이 새로운 역사적 전환점에 스웨덴 사회민주노동당은 지난번만큼 단호하고 과감한 선택을 하지 못했다. 임노동자기금안은 제대로 추진되지 못한 채 무산됐고, 노동 진영이 일단 공세의 고삐를 놓자 이제는 복지국가를 흔들려는 자본세력이 공세의 입장에 서게 됐다.

말하자면 복지국가가 스웨덴 이야기의 전부는 아니다. 비그포르스가 전망한 '중단 없는 개혁'도 아직 그 여정이 끝난 게 아니다. 하지만 이건 또 다른 이야기다.

[더 읽기]

이 장을 집필하는 데 주로 다음 책들을 참고했다.

신정완, 《임노동자기금 논쟁과 스웨덴 사회민주주의》, 여강, 2000(개정판: 《복지자본주의냐 민
　　주적 사회주의냐: 임노동자기금논쟁과 스웨덴 사회민주주의》, 사회평론, 2012), 〈제2장 임노동자
　　기금 논쟁 이전의 스웨덴 사회민주주의의 경제이념 및 경제·사회정책의 발전과정〉.

안재홍, 〈제4장: 스웨덴 노동계급의 형성과 노동운동의 선택〉, 안병직 외, 《유럽의 산업화와
　　노동계급》, 까치, 1997.

이병천·김주현 엮음, 《사회민주주의의 새로운 모색: 스웨덴의 경우》, 백산서당, 1993.

홍기빈, 《비그포르스, 복지 국가와 잠정적 유토피아》, 책세상, 2011.

A. 스터름달, 《유럽 노동운동의 비극》, 황인평(황광우) 옮김, 풀빛, 1983, 〈제11장 스웨덴 노동
　　운동의 성공〉.

Henry Milner, *Social Democracy in Practice*, Oxford University Press, 1990.

Olaf Ruin, *Tage Erlander: Serving the Welfare State, 1946-1969*, University of Pitts-
　　burgh Press, 1990.

Stig Hadenius, *Swedish Politics during the 20th Century: Conflict and Consensus*,
　　Swedish Institute, 1999.

Walter Korpi, *The Democratic Class Struggle*, Routledge, 1983.

Timothy Tilton, *The Political Theory of Swedish Social Democracy: Through the
　　Welfare State to Socialism*, Oxford University Press, 1990.

다음의 국내 연구 성과들도 참고했다.

이헌근, 〈스웨덴 사회민주당의 정강정책 변화 연구〉, 건국대학교 정치학과 박사학위 논문,
　　1996.

조기제, 〈스웨덴 사회민주주의 연구: 그 성취와 한계〉, 서울대학교 정치학과 박사학위 논문,
　　1994.

조행복, 〈스웨덴 사회민주주의노동자당의 실업정책 1918-1934〉, 서울대학교 서양사학과
　　석사학위 논문, 1996.

**스웨덴과 다른 북유럽 국가들의 사회민주주의 역사와 체제에 대한 개괄적인 소개로는 다
음 책들이 좋다.**

니크 브란달 외, 《북유럽 사회민주주의 모델》, 홍기빈 옮김, 책세상, 2014.

메리 힐슨,《노르딕 모델: 북유럽 복지국가의 꿈과 현실》, 김영미·주은선 옮김, 삼천리, 2010.

신광영,《스웨덴 사회민주주의: 노동, 복지와 정치》, 한울, 2015.

아스비에른 발,《지금 복지국가는 어디로 가고 있는가: 신자유주의 시대, 복지정책의 딜레마》, 남인복 옮김, 부글북스, 2012.

프랜시스 세예르스테드,《사회민주주의의 시대: 북유럽 사민주의의 형성과 전개 1905-2000》, 유창근 옮김, 글항아리, 2015.

20세기 중반부터 지금까지 스웨덴 사회민주노동당의 정책 변화에 대해서는 다음 책들을 참고할 수 있다.

옌뉘 안데르손,《도서관과 작업장: 스웨덴, 영국의 사회민주주의와 제3의 길》, 장석준 옮김, 책세상, 2017.

옌뉘 안데르손,《경제성장과 사회보장 사이에서: 스웨덴 사민주의, 변화의 궤적》, 박형준 옮김, 책세상, 2014.

이 장에서 다루고 있지는 않지만 전후 스웨덴 사회민주노동당의 뛰어난 지도자들 중 한 명인 올로프 팔메Olof Palme의 전기가 번역돼 있다.

하수정,《올로프 팔메: 스웨덴이 사랑한 정치인》, 후마니타스, 2013.

III

2차 세계대전 이후부터 20세기 말까지

2차 세계대전 종전과 함께 30년간의 대위기가 끝났다. 그렇다고 세상에 평화가 도래한 것은 아니었다. 곧바로 미국과 소련, 양대 진영의 냉전이 시작된 것이다. 냉전은 핵무기 경쟁으로 인류를 공포에 빠뜨렸다. 한반도에서는 실제로 전쟁이 발발하기도 했다. 하지만 양대 진영이 벌인 경쟁이 이것만은 아니었다. 진보 경쟁도 있었다. 두 진영은 누가 유럽 지배 문명 이후의 대안인지를 놓고 지구 곳곳에서 헤게모니 경쟁을 펼쳤다.

  이 틈바구니에서 전에는 상상도 하기 힘들었던 변화가 눈앞에 실현됐다. 우선 자본주의 중심부에서는 대의민주주의와 자본주의가 잠정적으로나마 공존할 방도를 찾았다. 국가의 적극적인 경기조절 정책을 통해 완전고용과 보편복지를 실현하는 혼합경제체제, 즉 복지국가가 건설된 것이다. 양차대전 시기에 그토록 길을 찾아 헤매던 각국 진보정당은 이제는 만국 공통 매뉴얼(케인스주의)에 따라 복지국가 건설과 유지에 앞장섰다. 특히 사회민주주의 계열 정당들은 이제 '민주화된 자본주의' 체제를 지탱하는 데 없어서는 안 될 기둥으로 인정받았다.

지구의 다른 곳들에서는 그간 제국주의에 짓밟히던 민족들이 자신의 국민국가를 갖게 됐다. 인도 독립과 중국 혁명은 이것이 되돌릴 수 없는 대세임을 웅변했다. 그럼에도 구 제국주의 국가들은 끈질기게 대세에 저항했다. 1950년대 알제리의 처절한 항쟁에 이어 1960년대에는 베트남이 전 세계의 양심을 뒤흔들었고 포르투갈령 아프리카는 1970년대까지도 민족해방을 위해 싸워야 했다. 더구나 정치적 주권을 획득하더라도 이것이 경제적 자립과 직접 연결된 것은 아님이 드러났다. 하지만 어쨌든 세계 지도는 이제 200여 개의 국민국가로 구획됐다. 인류 역사에서 국민국가가 정치적 표준인 시대가 처음 열린 것이다. 그리고 신생 국민국가들에서는 대개 좌파정당이 건국 당시부터 제도정치의 한 축을 맡았다. 분단국가인 남한 같은 두드러진 예외도 있었고, 인도네시아처럼 나중에 미국의 영향권 아래 놓이면서 대중적인 좌파정당(인도네시아 공산당)이 말살된 사례도 있지만 말이다.

분명 새로운 사회 현실이었다. 2차 세계대전 이후 한 세대 동안 적어도 선진국 노동자들은 선대가 누리지 못한 풍족한 삶을 경험했다. 일자리는 부족하지 않았고 임금은 꾸준히 상승했다. 쫓겨날 걱정 없는 집과 자가용 승용차가 생겼고, 자녀들이 처음으로 대학에 진학했다. 이 정도면 대단하다는 생각이 들 만했다. 새로운 사회 현실은 새로운 사상을 낳기 마련이다. 서유럽 여러 나라에서 복지국가가 완성 단계에 이른 1950년대가 되면 이들 나라 사회민주주의 정당 내 다수가 새로운 문제제기에 귀를 기울이게 된다. 마치 베른슈타인의 문제제기의 격세유전과도 같은 또 다른 (신)수정주의였다.

이번의 수정주의는 혁명이 아니라 개혁의 지향과 수준에 대한 재검토에서 출발했다. 전후 자유주의 우파와 사회민주주의 좌파의 케인스주의 합의에 따라 자본주의 경제구조의 개혁이 이뤄졌다. 이를 바탕으로 복지국가가 모습을 드러냈다. 이 정도면 사회주의운동의 오랜 꿈인 평등이 실현된 게 아닌가. 무엇보다 노동대중 스스로 이에 만족하고 있다. 그렇다면 더 이상의 구조적·급진적 개혁은 필요 없다. 이제는 복지국가를 유지하면서 대중의 다양한 권리와 새로운 요구에 따라 여기에 계속 살을 붙여가는 일만 남았다. 이게 사회주의의 현대적 의미다. 말하자면 일단 케인스주의적 혼합경제를 구축한 뒤에는 과거 베른슈타인식 개혁 관념(부분적 개혁의 양적 누적)으로 돌아가면 된다는 것이었다.

영국 노동당 이론가 앤서니 크로슬랜드Anthony Crosland가 1956년 저작《사회주의의 미래》에서 이런 신수정주의를 가장 정연하게 제시했다. 분단 이후 계속 야당 신세였던 서독 사회민주당은 통일을 염두에 두었던 전쟁 직후의 급진적 노선을 폐기하고, 1959년 바트 고데스베르크 대의원대회에서 신수정주의에 따른 새 강령을 과감히 채택했다(〈고데스베르크 강령〉). 이들처럼 강령에 명시하지는 않더라도 다른 사회민주주의 정당들 역시 묵묵히 신수정주의의 길을 밟았다. 지배적 진보정당 내 다수파의 목표는 더 이상 자본주의를 '바꾸는' 게 아니었다. 복지국가, 즉 민주적 자본주의 질서를 '지키는' 것이 이들의 새로운 임무가 됐다.

이러한 주류 진보정당의 변화 이면에는 심원한 문화적 변동이 있었다. 전후 선진국 어디에서나 그람시가 옥중에서 '미국화'라 이름 붙였던 조짐이 현실로 나타났다. 대량생산·대량소비의 경제질서와 함께 미국식 대중문화가 미국을 넘어 자본주의의 다른 중심부로 확산됐다. 20

세기 초까지도 유럽의 대중은 계급, 종교, 민족에 따라 복잡하게 나뉜 생활공동체에 속해 있었다. 진보정당과 노동조합은 이런 공동체 중 하나로서 번성할 수 있었다. 그러나 2차 세계대전이 이 전통을 잿더미로 만들어놓았고, 그 폐허 위에 미국식 대중문화가 진군했다. 새 세대는 이제 민중의 집이나 노동자 주점 대신 영화관이나 댄스 클럽을 찾았고, 진보정당·노동조합과 연관된 지역신문이 아니라 전국적 신문·잡지 그리고 최첨단 매체인 TV를 통해 세상을 바라봤다.

진보정당 역시 이런 변화에 부응해야 했다. 미국에서 케네디John F. Kennedy가 TV토론으로 바람을 일으킬 무렵, 아직 40대였던 빌리 브란트는 서독 사회민주당 안에서 누구보다 빨리 TV 화면을 통해 비치는 정치에 적응했기에 당의 얼굴로 부상할 수 있었다. 실은 브란트만 해도 독일 사회민주당의 문화 전통 속에서 성장한 인물이었다. 한 세대쯤 더 뒤에는 사회민주주의 정당들에서도 아예 이러한 전통과 상관없이 TV 속 이미지를 발판으로 유명세를 얻은 정치가들이 집행부를 채우게 된다. 이것은 분명 진보정당과 다른 정치세력들 사이의 근본적 차이를 희석시키는 요소였다.' 이런 환경변화 속에서 주류 진보정당 내 다수파는 '체제 도전자'보다는 '복지국가의 관리자'라는 위상에 더욱더 편안함을 느끼지 않을 수 없었다.

그러나 새 노선은 곧바로 도전에 직면했다. 복지국가의 (실패가 아니라) 성공이 그러한 도전을 낳았다. 완전고용 상태가 오래 지속되자 자

I   미디어 환경 변화가 진보정당운동에 끼친 중대한 영향에 대해서는 다음 글을 참고할 수 있다. 레지 드브레, 〈매체론으로 본 사회주의의 역사〉, 페리 앤더슨 외, 《뉴레프트 리뷰 2009/1》, 김정한 외 옮김, 길, 2009.

본의 가장 강력한 무기인 해고가 힘을 잃었다. 노동자들은 두려움 없이 노동조합에 가입했고, 이제는 임금과 일자리가 아니라 작업 현장의 권력관계를 놓고 파업을 벌였다. 자본주의 중심부의 노동조합 조직률이 역사상 최고치에 도달했고, 1960년대 말부터 파업 물결이 일었다. 마침 30여 년간의 장기호황 덕분에 자본도 전에 없이 거대해지고 강력해진 상태였다. 적대하는 두 사회세력의 힘이 동시에 성장했다. 당연히 긴장이 높아질 수밖에 없었고, 이 긴장은 조만간 대결을 통해 어느 한 쪽이 다른 쪽을 제압하지 않고서는 해소될 수 없는 것이었다. 이것이 전후 자본주의의 진보가 도달한 임계점이었다.

복지국가의 성공은 전통적인 노동운동 외에 새로운 저항주체들을 낳기도 했다. 미국에서 매카시즘의 답답한 분위기를 뚫고 나온 첫 목소리의 주체는 권리의 사각지대에 방치된 흑인들이었다. 1960년대 말에는, 자본주의 중심부 모든 나라에서 대학이 대중화된 뒤 배출된 지식 노동자의 첫 세대가 미국의 베트남 개입에 항의하며 거리로 나왔다. 참여와 투쟁에서 해방감을 느낀 젊은 세대는 복지국가 타협의 한계를 넘어 해방의 의미를 다시 묻기 시작했다. 이 이의제기는 새로운 사회운동들로 발전했다. 여성 보통선거권 쟁취 이후 처음으로 여성운동이 부활했다. 공해와 핵발전소에 대한 문제제기는 성장 물신주의 자체에 맞서는 생태운동으로 이어졌다. 성 소수자와 장애인도 말문을 열었다. 이들 운동에서 자라난 새로운 좌파 이념들, 즉 여성주의·생태주의·탈유럽중심주의 등은 구식 사회주의에 대해서도 반성과 재구성을 요구했다.

이러한 도전들 속에서 기존 복지국가의 유지만을 내세우는 주류 진보정당의 공식 노선은 다분히 수세적인 것으로 비쳤다. 불만에 찬 노동운동 투사나 신좌파 젊은이들은 이런 정통 노선에서 더 이상 매력을 느낄 수 없었다. 더구나 1974년에 불황과 인플레이션이 결합된 새로운 형태의 세계 경제위기(스태그플레이션)가 닥치자 케인스주의의 권위가 땅에 떨어지고 말았다. 각 국민국가 안에서 사회적 긴장이 높아진 데다 초국적 케인스주의를 지탱하던 국제통화체제(브레턴우즈 체제)마저 붕괴함으로써 일국적 케인스주의가 작동하기 힘들게 된 것이다. 이렇게 복지국가를 지탱하던 요소들이 하나둘 힘을 잃어가는 상황에서 결국 새시대를 주도한 것은 나중에 신자유주의 지구화라 불리게 될 반격을 착실히 준비한 자본 진영이었다.

그렇다고 진보정당운동 안에 공세적인 흐름이 없었던 것은 아니다. 1960년대 말에 급진화된 세대들은 트로츠키주의, 마오주의 등 코민테른 노선의 이단적 재해석에서 답을 찾으려 했다. 하지만 이는 선진자본주의 사회에서 대중적인 대안이 될 수 없음을 다시 한번 확인해야 했다. 진보정당들 안에서 대안으로 떠오른 것은 복지국가의 건설 및 유지를 구조적·급진적 개혁과 다시 연결하려는 흐름이었다. 가장 처음 이 방향을 타진한 것은 이탈리아 공산당이었다.

이탈리아와 프랑스에서는 반파시즘 투쟁을 공산당이 주도했기 때문에 전후 진보정치 지형이 다른 서유럽 국가들과 달랐다. 사회민주주의 정당이 아니라 공산당이 제1좌파정당이었다. 하지만 미국의 영향권 안에서는 공산당이 강력한 제1야당일 수는 있어도 집권하기는 힘들었다. 좌파정당의 집권이 쉽지 않다 보니 이들 나라에서는 복지국가 건설도 늦어졌다. 이탈리아 공산당은 이런 조건에서 복지국가를 세우려면 자본과 노동의 세력관계를 역전시키지 않으면 안 된다고 주장했다. 그러자면 제도정치 안의 성공과 더불어 대중운동이 성장해야 하고, 주요 제조업 및 금융의 국유화와 경제계획 같은 경제구조 개혁을 함께 추진해야 한다. 이탈리아 공산당은 이를 '구조개혁' 전략이라 칭했다.

1970년대가 되자 사회민주주의 정당들 안에서도 구조개혁 노선이 중요한 흐름으로 대두했다. 주변부 자본주의 국가이면서 진보정치가 발전한 칠레에서는 좌파정당들의 선거연합인 인민연합이 집권해서 급진적 개혁을 단행했다. 중심부에서도 영국 노동당이 복지국가의 방어를 공공부문 및 경제계획 확대와 결합한 선거강령을 채택했고, 프랑스에서는 사회당과 공산당이 비슷한 내용의 공동강령에 합의했다. 1981년에 등장한 프랑스의 좌파 연합정부는 취임 초기에 공동강령의 내용을 실제 추진했다. 스웨덴에서는 노동운동과 사회민주당이 주요 기업의 사회적 소유를 확대하려는 임노동자기금안을 실행하려 했다. 자본 쪽 대안인 신자유주의에 정면으로 맞서는 진보정당 쪽의 시도들이 분명히 존재했고, 대결도 있었다.

그러나 어느 곳에서나 신자유주의의 공세가 승리했다. 구조개혁 대안을 추진한 진보세력이 패배한 원인은 단순하지만은 않았다. 나라마다 패배의 정도나 양상도 달랐다. 하지만 어쨌든 분명한 것은 1980년대 이후 대세는 자본주의를 복지국가 이전으로 되돌리려는 흐름이었다는 사실이다. 구조개혁은커녕 이제는 케인스주의에 대한 확신마저 잃은 진보정당들은 1930년대의 혼란 이후 다시 한번 정체성 위기에 빠졌다.

1989년에 시작된 소련과 동유럽 현실사회주의권의 붕괴는 이 혼돈의 정점이었다. 현실사회주의권은 한때 그 존재만으로도 전 지구적 개혁을 추동하는 역할을 했다. 그러나 스탈린주의 체제의 실상이 드러나고 그 내부개혁마저 실패한 뒤부터는 각국 진보정당들에게 빚쟁이 친척 같은 존재가 돼버렸다. 사회민주주의 정당들은 물론이고 서유럽 공산당들마저 '유럽 공산주의'라는 간판 아래 소련, 동유럽과 선을 그어야만 했다. 젊은 세대 사이에서는 자본주의뿐만 아니라 스탈린주의도 비판하는 '신'좌파가 아니고서는 좌파임을 자처하기 힘들었다. 20세기가 끝나기 전에 결국 현실사회주의권은 내부모순으로 무너지고 말았다. 어떤 이들은 이로써 전 세계 진보 진영이 스탈린주의의 멍에로부터 해방되지 않겠냐고 기대하기도 했다. 그러나 "국가사회주의의 붕괴는 곧 시장자본주의의 승리"라는 시끄러운 승전가 속에서 그 밖의 다른 역사적 가능성은 허용되지 않았다.

가뜩이나 움츠러들었던 세계 진보정당운동은 한동안 더욱더 후퇴해야만 했다. 제1세대 진보정당들의 전진과 함께 열린 20세기와 달리 21세기는 이렇게 진보정당운동의 전례 없는 후퇴 속에 시작됐다.

[더 읽기]

이 시기를 보다 상세히 조망하려는 독자에게는 다음 책들을 추천한다.

도널드 서순,《사회주의 100년: 20세기 서유럽 좌파정당의 흥망성쇠》1·2, 강주헌 외 옮김, 황
  소걸음, 2014, 〈제2권 통합〉, 〈제3권 위기〉.

에릭 홉스봄,《극단의 시대: 20세기 역사》상·하, 이용우 옮김, 까치, 1997, 〈제2부 황금시대〉,
  〈제3부 산사태〉.

제프 일리,《The Left 1848-2000: 미완의 기획, 유럽 좌파의 역사》, 유강은 옮김, 뿌리와이파
  리, 2008, 〈제19장 종결: 스탈린주의, 복지자본주의, 냉전, 1945-1956 이후〉.

토니 주트,《포스트워, 1945-2005》1·2, 조행복 옮김, 플래닛, 2008.

특히 주변부 진보정당운동에 대해서는 다음 책을 추천한다.

비자이 프라샤드,《갈색의 세계사: 새로 쓴 제3세계 인민의 역사》, 박소현 옮김, 뿌리와이파
  리, 2015.

구조개혁 좌파의 도전과 패배에 대해서는 다음 책을 참고할 수 있다.

장석준,《신자유주의의 탄생: 왜 우리는 신자유주의를 막을 수 없었나》, 책세상, 2011.

신자유주의 지구화의 역사적 의미에 대해서는 다음 책들을 추천한다.

볼프강 슈트렉,《시간 벌기: 민주적 자본주의의 유예된 위기》, 김희상 옮김, 돌베개, 2015.

제라르 뒤메닐·도미니크 레비,《자본의 반격: 신자유주의 혁명의 기원》, 이강국·장시복 옮김,
  필맥, 2006.

혁명보다 어려운 개혁

/

2차 세계대전 후의 이탈리아 공산당

II

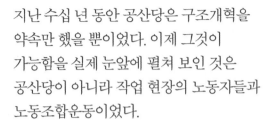

지난 수십 년 동안 공산당은 구조개혁을
약속만 했을 뿐이었다. 이제 그것이
가능함을 실제 눈앞에 펼쳐 보인 것은
공산당이 아니라 작업 현장의 노동자들과
노동조합운동이었다.

서유럽 한복판에서 확고한 반자본주의 이념을 내걸고 수백만 당원과 전 유권자 1/3의 지지를 획득한 정당 이탈리아 공산당. 2차 세계대전 후 이 당의 성취는 지금의 우리뿐만 아니라 당시 서유럽 다른 나라 좌파에게도 경이롭게 다가왔다. 그들은 물었다. 도대체 어떻게 이러한 성장이 가능했는가?

그러나 지금 이탈리아 공산당은 사라졌다. 공산당이 자리하던 정치 공간에는 좌파민주당이 등장했다가 지금은 그냥 민주당이 차지하고 있다. 이 당 정치인들 중 상당수는 공산당원으로 정치 경력을 시작한 사람들이지만, 민주당 자체는 사회민주주의 계열 정당들보다 훨씬 더 오른쪽에 있는 정당이다. 한때 전 세계 좌파의 부러움을 샀던 이탈리아 진보정당운동은 이제 그 형체를 식별하기 어려운 지경에 이르렀다.

그래서 이탈리아 공산당 역사를 둘러싼 물음은 이렇게 바뀔 수밖에 없다. 어떻게 그토록 강한 힘을 갖고도 이탈리아 사회를 변화시키지 못했는가?

독일 사회민주당의 고뇌에 다시 맞부닥친 이탈리아 공산당

이탈리아는 노동에 기초한 민주공화국이다.

_이탈리아 헌법 제1조 1항

1926년 무솔리니의 파시스트 정부가 사회당과 공산당을 불법화하고 난 뒤, 이탈리아 좌파에겐 외로운 비합법투쟁 말고는 다른 길이 없었다. 상황은 파시스트 정부가 2차 세계대전에 참전하고 1943년 연합군이 이탈리아 반도에 상륙한 뒤에야 바뀌기 시작했다. 반도의 남부가 연합군에 의해 '해방'된 데 반해 북부에서는 무솔리니 세력이 나치 독일의 힘을 빌려 항복을 거부했다. 그러자 북부 이탈리아 곳곳에서 반파시즘 무장투쟁이 벌어졌다. 이 유격전을 주도한 것이 공산당 활동가들이었다. 공산당은 놀라운 속도로 당세를 신장했다.[1]

공산당을 지지한 노동대중은 혁명이 목전에 다가왔다고 느꼈다. 파시즘을 척결하면 곧바로 사회주의 혁명에 착수할 것이라는 기대가 있었다. 그러나 당 집행부의 생각은 달랐다. 그람시의 동지이자 그람시 사후 오랫동안 비합법 상태의 당을 이끌어온 팔미로 톨리아티가 보기에 지금 이탈리아에 필요한 것은 사회주의 혁명이 아니라, 파시즘 청산과 민주공화국 재건을 중심으로 한 민주주의 혁명이었다. 그는 좌파

---

[1] 공산당만큼이나 무장투쟁에 열심이었던 또 다른 정치세력이 있었다. 자유사회주의라는 독특한 이념을 표방했고 지금은 맥이 끊긴 '행동당'이 그들이다. 나치의 강제수용소 체험을 글로 남긴 작가 프리모 레비Primo Levi가 이 당 소속 유격대원이었다.

가 파시즘에 반대하는 모든 민주세력과 손잡고 의회민주주의 체제를 확립하는 데 앞장서야 한다고 결론 내렸다. 비슷한 시기에 조선 공산당의 박헌영이 발표한 '8월 테제'의 부르주아민주주의 혁명론이나 여운형이 견지한 좌우합작 노선도 일단 민주공화국을 건설하고 보자는 것이었다. 이탈리아 공산당의 입장과 일맥상통했던 셈이다.

이탈리아 공산당은 이런 노선에 따라 1944년 이른바 '살레르노의 전환'을 단행했다. 연합군의 이탈리아 상륙 거점이었던 살레르노에서 공산당은 파시즘에 반대한다면 (무솔리니를 총리로 임명한 장본인인) 국왕 세력과도 연합할 수 있다고 결정했다. 이후 공산당은 어찌 보면 지나치게 저자세로 양보에 양보를 거듭했다. 당이 앞장서서 레지스탕스 투사들의 무장을 해제했고, 파시스트 숙청을 중단시켰다.[2] 1946년 왕정 존속 여부를 묻는 국민투표에서는 좌파 경쟁자인 사회당과는 달리 일부러 '민주공화국' 슬로건을 부각시키지 않기도 했다.

그러나 공산당의 타협 전술도 냉전의 역풍을 막는 데는 무력했다. 1947년, 공산당은 미국의 사주를 받은 우파 기독교민주당DC(정식 명칭은 '기독교민주주의')에 의해 임시정부에서 축출됐다. 첫 총선 결과도 실망스러웠다. 1948년 4월에 실시된 총선에서 좌파의 득표율은 사회당과 공산당, 두 당을 다 합쳐도 31%에 불과했다. 기독교민주당의 반세기 가까운 장기집권이 시작된 것이다.

전후 공산당의 선택을 통해서 이탈리아 노동대중이 얻은 것은 무엇

---

2 당시 상황은 베르나르도 베르톨루치Bernardo Bertolucci 감독의 영화 〈1900년Novecento〉(1976년작)에 잘 묘사돼 있다.

이고 잃은 것은 무엇이었던가? 우선 얻은 것부터 보면, 제1조에서부터 '노동'이라는 말이 등장하는 헌법이 있었다. 공산당이 제헌 과정에 적극 참여해 반파시즘 레지스탕스의 이상을 헌법에 담았던 것이다. 많은 역사학자들은 어쨌든 공산당의 선택 덕분에 이탈리아가 그리스와 달리 내전을 피할 수 있었다고 평가하기도 한다. 또 다른 성과는 수백만 당원을 확보한(1956년 당시 203만) 거대한 좌파정당이었다. 이탈리아 공산당은 왕년의 독일 사회민주당을 연상시키는 강력한 노동계급 대중 정당이었다. 규모만 놀라운 것이 아니었다. 코민테른 해산(1943년) 뒤 갈 길을 잃은 서유럽 다른 나라 공산당들과는 달리 이탈리아 공산당은 자신만의 독자적인 사상을 지니고 있었다. 이탈리아인들에게는 마르크스, 레닌 외에도 대화할 상대가 있었다. 그것은 무솔리니의 감옥에서 순교한 그람시가 남긴 사색이었다.

그람시는 노동계급이 정치권력을 획득하기 이전에 문화적 헤게모니를 장악해가야 한다고 설파했다. 이탈리아 공산당은 그람시의 이 명제를 충실히 따랐다. 이들은 반파시즘 레지스탕스의 권위를 바탕으로 이탈리아 사회 각 영역에 촘촘히 파고드는 데 성공했다. 이탈리아 지식인들에게 공산당원이라는 것은 크나큰 영예였다. 적어도 1956년에 소련에 대한 환멸이 일기 전까지는 이런 흐름이 대세였다. 국제적 명성을 획득한 이 나라 영화감독들은 대개 공산당원이거나 아니면 공산당보다 더 급진적인 좌파였다.

한창때의 이탈리아 공산당이 이뤄놓은 '세상'은 지금도 전설로 남아 있다. 200여만 명의 당원 중 10% 정도가 열성 당원이었고, 유급 상근자만 3000명이었으며, 당원들은 약 1만 개의 현장 세포 외에 수많은 지역분회, 특별분회(대도시에서 주로 직종별로 모인 당원 조직)로 조직돼 있었다. 공산당은 이탈리아반도의 중북부 지방을 띠처럼 두른 세 개의 커다란 주(에밀리아로마냐, 모데나, 페루자)에서 만년 여당이었다. 과거 사회당의 거점이었던 이 지역을 공산당이 고스란히 물려받은 것이다. '붉은 벨트'라 불린 이들 지역에서는 공산당 지역조직과 연결된 협동조합 기업들이 경제의 주요 부분을 담당했다. 에밀리아로마냐의 주도州都 볼로냐는 지금도 협동조합 부문의 왕성한 활동으로 유명하다.

또한 공산당은 두 개의 이론지(〈리나쉬타Rinascita〉('재생'), 〈크리티카 마르스시스타Critica Marxista〉('마르크스주의적 비판'))와 한 개의 전국적 일간지(〈루니타L'Uinta〉('단결'))를 보유하고 있었다. 1980년대에는 급기야 TV 채널까지 확보하게 된다.

하지만 희망의 크기는 고뇌의 무게 또한 늘려주었다. 당의 이념은 여전히 급진적이지만 혁명이 가능하지 않다면 수백만 당원이 일상적으로 벌여야 할 실천은 무엇인가? 1차 세계대전 전에 독일 사회민주당이 마주해야 했던 고민, 즉 자본주의 아래서 대중적인 진보정당이 취해야 할 실천전략의 문제가 공산당에도 어김없이 대두한 것이다.

1948년 7월 톨리아티 암살미수 사건이 터졌을 때, 이 고민은 예상보다 쉽게 해결될 것처럼 보였다. 당시 소식을 들은 공산당 투사들은 숨겨둔 레지스탕스 시절의 무기들을 다시 끄집어냈다. 그러나 기다리던 당의 명령은 끝내 오지 않았다. 그렇게 '전후 시대'는 끝났다.

그러고 나서 10년 넘게 이탈리아 자본주의는 놀라운 '경제 기적'을 경험했다. 노동운동은 최악의 침체기를 맞이했고, 알프스산맥 북쪽 국가들과는 달리 노동계급 생활수준의 실질적 향상 없이 고도성장이 계속됐다. 이 기간에 공산당은 사회당과 함께 좌파 연합전선을 추진했으나 두 당의 선거연합만으로는 독자집권할 수 없었다.

뜻밖의 걸림돌까지 생겼다. 1956년 소련 공산당 제20차 대의원대회에서 스탈린의 죄상이 폭로된 것이다. 여기까지는 견딜 만했다. 그간 톨리아티 집행부가 스탈린주의 전통과 점차 거리를 둬왔기 때문이다. 그러나 그해 가을, 소련이 헝가리 혁명을 무력으로 짓밟자 사태가 심각해졌다. 사회당마저 소련을 비난하면서 공산당과의 협력을 끊었다. 사회당은 대신 기독교민주당 내 좌파[3]와 손잡고 '중도좌파' 정부를 구성하는 방안을 추진하기 시작했다.[4] 공산당은 완전히 고립됐다. 당원 수는 점차 감소하기 시작했고, 미국식 대중문화의 확산으로 당원들의 모임이나 일상활동도 침체되는 모습을 보였다. 공산당뿐만 아니라 변화를 갈망하는 이탈리아 민중 모두에게 뭔가 돌파구가 필요했다.

혁명은 아닌, 그러나 개혁주의자들의 개혁도 아닌
- 구조개혁 노선

이 무렵 톨리아티가 제시한 해결책은 '사회주의로 가는 이탈리아적 길', 즉 러시아 혁명의 길도 아니고 사회민주주의자들의 길도 아닌 이

---

3 기독교민주당은 이탈리아 자본주의를 책임지는 우파정당이었다. 하지만 이 당 역시 반파시즘 레지스탕스에 참여한 이력이 있고, 가톨릭교회 내의 다양한 흐름을 포괄했기 때문에 사회민주주의에 가까운 당내 경향도 존재했다.
4 이때 사회당은 '중도좌파' 연립정부 구성을 추진한 반공 우파와, 이에 반대해 공산당과의 협력을 주창한 좌파로 나뉘었다. 사회당 내 좌파는 공산당과 비슷하게 구조개혁 노선을 천명했다.

탈리아 좌파의 길을 추구하자는 것이었다. 지금 당장의 혁명도 아니고 개혁주의자들의 개혁도 아닌, 톨리아티에 따르면 '구조개혁'의 길이 그 것이었다.

일상 시기에 필요한 노동계급의 실천전략은 개혁투쟁일 수밖에 없다. 문제는 그 개혁투쟁의 방향과 내용이다. 톨리아티가 보기에 이는 이탈리아 자본주의의 구체적 모순과 분리해 생각할 수 없었다. 이탈리아 자본주의는 기생적 독점자본, 남부의 토지소유 모순 같은 후진적 요소들을 지니고 있다. 이들이 파시즘의 온상이었고, 지금도 그 위험이 상존한다. 따라서 이탈리아에서 알프스 이북의 국가들처럼 복지국가를 건설하려면, 독점자본이 이끄는 지배연합을 공격해서 자본과 노동의 세력관계를 역전시켜야 한다. 이것이 바로 구조개혁이다. 톨리아티는 미공개 상태였던 그람시의《옥중수고》를 출판해 이를 자신의 주장을 뒷받침하는 근거로 활용하기도 했다.

톨리아티는 구조개혁의 구체적인 정책으로, 노동계급의 생활여건 향상, 완전고용, 복지 강화와 광역지방자치제 신설 등과 함께 농지개혁, 독점 대기업·은행·보험회사 국유화, 국가의 민주적 계획 확대 등을 제시했다. 노동계급이 중간계층(특히 농민)과 연합해 이러한 개혁을 주도해야 한다는 것이었다. 톨리아티의 구조개혁론 원판에는 이렇게 국유화나 경제계획 같은 급진적 요소가 복지국가 건설이라는 대중적 담론과 결합돼 있었다. 하지만 여기에는 중요한 전제가 있었다. 이탈리아 공산당 이론가들에 따르면, 이 전제 조건이 개혁주의자들이 추구하는 개혁과 구조개혁을 구별시켜주는 핵심이었다.

첫째는 개혁의 결과가 항상 경제성장뿐만 아니라 계급 세력관계를 노동계급과 그 동맹세력에게 유리하게 바꾸는 것으로 나타나야 한다는 것이었다. 둘째는 그러기 위해서는 단순히 의회에서 법률을 통과시키는 것보다도 대중투쟁의 주도적 역할이 중요하다는 것이었다.

국유화란 그 자체로서는 별 의미가 없을지도 모른다. 왜냐하면 어떤 경우에는 국유화가 실현됨으로써 특정한 자본가 집단과 진보적이지 못한 정치적 집단에게 어느 정도의 이득이 돌아갈지도 모르기 때문이다. 그러나 만약 독점자본에 반대하여 취해진 국유화나 그 밖의 다른 조치들이, 노동자와 중간계층에게 유리한 경제정책을 비록 현재의 조건 아래서라도 강제한다는 목표 아래, 대다수 여론의 지지를 받는 거대한 정치적 대중조직에 의해 중대한 결정으로 채택되고 부단한 활동과 투쟁의 중요한 부분으로서 전개된다면, 그리고 이러한 활동과 투쟁이 의회를 통하여 정부까지도 반독점 투쟁에 끌어들이게 된다면, 사정은 일변하게 될 것이다.[5]

톨리아티에 따르면, 구조개혁은 곧바로 사회주의 사회로 나아가려는 것은 아니었다. 이는 사회주의로 나아가기 위한 기반을 조성하는 실천이었다. 이 점에서 구조개혁론은 반파시즘 민주화 과제에 우선 집중해야 한다는 전후 이탈리아 공산당 노선의 연속선 위에 있었다.

하지만 노동자계급의 주도적 역할과 대중투쟁을 강조한 대목은 기존 입장과는 좀 다른 것이었다. 이는 공산당이 기독교민주당에서 사회

---

5 이탈리아 공산당 제8차 대의원대회에 제출한 톨리아티의 보고서. 도날드 사손, 〈이탈리아의 구조개혁〉, 정운영 엮음, 《국가독점자본주의이론 연구IV》, 돌베개, 1989, 338쪽에서 재인용. 번역 일부 수정.

당에 이르는 '반反공산당 대연합'을 통해 권력에서 완전히 배제된 상황에서 이제는 작업장과 거리의 투쟁을 통해 제 목소리를 내겠다는 것으로 이해될 수 있었다. 톨리아티는 구조개혁론을 새로운 전략으로 제출하고 1950년대 후반 내내 이를 중심으로 공산당을 재편해갔다. 그래서 톨리아티가 숨을 거둔 1964년 즈음에는 이 노선이 당의 공식 입장으로 널리 받아들여지게 된다.

구조개혁론을 주장한 이탈리아 공산당 사무총장 팔미로 톨리아티. 공산당이 만든 대중신문 〈루니타〉를 손에 들고 있다.

하지만 이때 이미 이탈리아 자본주의 현실은 구조개혁론이 처음 등장한 10여 년 전과 확연히 달라져 있었다. 1972년까지 이탈리아는 134%의 1인당 GNP 성장률을 보여주었다. 이탈리아 경제는 선진국 수준에 진입했다. 남부조차 상황이 바뀌었다. 기독교민주당 주도의 연립정부는 남부에 막대한 국가보조금을 쏟아부어 자본가들을 육성했다(마피아가 주된 수혜자가 되기는 했지만 말이다). 이로 인해 공장들이 생겨났고 남부도 발전하는 것처럼 보였다. 노동자가 늘어나고 농민은 사라져갔다. 남부 농촌 젊은이들은 북부로 이주해 미숙련 노동자가 됐다. 이런 상황에서 경제성장은 이미 과거의 슬로건이었고, 노동자와 농민의 계급동맹이라는 것도 고색창연하게만 들렸다. 공산당의 구조개혁 전략은 이제 스스로를 개혁해야만 했다.

구조개혁 전략을 둘러싼 대격돌
- 제11차 대의원대회

톨리아티의 뒤를 이어 공산당 사무총장이 된 인물은 톨리아티의 레지스탕스 동지였던 루이지 롱고Luigi Longo였지만, 그는 징검다리 같은 존재였다. 실제 차기 당 지도자로 유력시된 인물은 조르조 아멘돌라 Giorgio Amendola와 피에트로 잉그라오Pietro Ingrao, 두 사람이었다. 그런데 이 두 사람은 당의 전략노선에 대해 각기 상반된 입장을 대변하고 있었다.

남부 나폴리 출신인 아멘돌라는 우락부락한 인상의 투사였다. 파시스트에게 암살당한 자유주의자 조반니 아멘돌라Giovanni Amendola의 아들인 그는 그람시처럼 오랫동안 무솔리니의 감옥에 갇혀 있었고, 해방 후에는 농민들의 토지개혁운동을 이끌었다. 아멘돌라는 후배인 조르조 나폴리타노Giorgio Napolitano[6]와 함께 전후 공산당 공식노선을 계승하고 이를 더욱 첨예화하려 했다. 그는 남부가 여전히 이탈리아 자본주의의 후진성으로 고통받고 있다고 보았고, 노동계급과 농민 등 중간계층 사이의 동맹을 중요시했다.

반면 〈루니타〉 편집장 출신인 잉그라오는 외모부터 철저히 지식인이었다.[7] 시를 쓰고 영화평론으로 이름을 날렸으며 역시 레지스탕스 활동을 통해 공산당에 입당했다. 잉그라오는 아멘돌라와 달리 이탈리

---

6 2006~2015년 이탈리아 대통령을 역임했다.
7 잉그라오는 2015년에 100세의 나이로 별세했다.

아 사회의 고질병보다는 그 변화에 더 민감하게 반응했다. 그는 이탈리아가 이미 선진자본주의 단계에 이르렀고, 따라서 사회주의를 당면 과제로 추진할 때라고 주장했다. 계급'동맹'보다는 다양한 노동자층을 규합하여 계급'통일'을 이루는 것을 더 중요시했고, 구조개혁 전략에서 경제성장보다는 경제구조 변혁에 강조점을 찍었다.

톨리아티 사후 첫 번째 당대회인 1966년의 11차 대의원대회를 준비하면서 둘 사이의 입장 차이는 더욱 날카로워졌다. 대의원대회에 제출할 총노선 작성 책임자로 아멘돌라가 지명되자 잉그라오는 독자적인 의견서를 작성해 배포하겠다고 선언했다. 잉그라오의 선언은 대의원대회 직전 열린 중앙위원회에서 일대 논란을 불러일으켰다. 하지만 결국 그의 문건은 공식 문서와 함께 각 지부에 회람됐고 뜨거운 논쟁거리가 되었다. 당시의 논쟁을 가상 대화로 정리해보자.

아멘돌라: 동지는 구조개혁 노선을 폐기하려 합니까?

잉그라오: 아닙니다. 난 다만 변화된 현실에 맞춰 이를 발전시키려 할 뿐입니다. 이제는 경제개발이나 반파시즘 민주화가 아니라, 경제활동에 대한 통제권을 확보하는 게 개혁투쟁의 중심이 되어야 합니다.

아멘돌라: 노동자 통제권의 확보라고요? 그것은 우리가 이제까지 주장해온 민주적 계획의 확대와는 도대체 무슨 차이가 있지요?

잉그라오: 기존의 경제계획 구상에서는 국가가 중심이 됩니다. 그러나 이제는 작업 현장의 노동자들이 직접 생산활동을 통제할 수 있어야 합니다. 또한 복지도 국가의 일방적 시혜가 아니라 노동대중이 소비영역을 집단적으로 통제하는 것이 되어야 합니다. 그러자면 사회의 전 영역에서 직접·참

여 민주주의가 강화돼야 합니다. 시민사회 곳곳에 대중적·자주적 권력 구심들(노동조합이나 좌파 지방자치단체)을 건설하고 이들 사이에 네트워크를 구축해야 합니다.

아멘돌라: 그렇다면 동지는 당이 집권하지 않고서도 그런 대중운동만으로 사회를 바꿀 수 있다는 말입니까?

잉그라오: 집권은 물론 중요합니다. 그러나 이는 대중운동을 통해 민중권력을 형성하는 것과 함께 이뤄져야만 합니다. 구조개혁은 당만의 전유물이 아닙니다. 사실 그 주인공은 노동대중 자신이어야 합니다. 이렇게 보면, 당뿐만 아니라 노동조합도 개혁투쟁의 주역이 될 수 있습니다. 경제투쟁과 정치투쟁, 제도권 활동과 대중투쟁, 당 활동과 노동조합 활동은 서로 분리될 수 없습니다. 이들은 하나로 결합되어야 합니다.

아멘돌라: 동지의 입장은 아주 위험합니다. 지금 당에 절실히 필요한 것은 사회당이 기독교민주당과 연합해서 우리 당을 고립시키는 상황을 하루빨리 타개하는 것입니다. 그래서 나는 사회당에 대한 공세의 일환으로, 사회당과 공산당을 통합해서 노동계급 단일정당을 건설하자는 제안까지 내놓았습니다. 동지는 당이 정작 필요로 하는 이러한 노력을 교란하고 있습니다.

잉그라오: 기독교민주당과 야합하고 있는 사회당 전체와는 결코 통합할 수 없습니다. '중도좌파' 연립정부에 반대하는 사회당 내 좌파만이 통합 대상입니다. 그리고 이야기가 나와서 말인데, 중요한 것은 정당 간 상층연합이 아닙니다. 그것은 이미 형성돼 있는 정치지형을 그저 승인하는 것일 뿐입니다. 우리는 오히려 현재의 정치지형을 깨기 위해 노력해야 합니다. 예컨대 기독교민주당과의 관계를 고민하기보다는 단지 가톨릭 신앙 때문에 기

톨리아티 사후 공산당의 구조개혁 노선을 두고 격돌한 조르조 아멘돌라(왼쪽)와 피에트로 잉그라오.

독교민주당을 지지하고 있는 개혁 성향 유권자들을 설득해서 기독교민주당의 기반을 아래로부터 허물어뜨리는 게 더 중요합니다.

대의원대회 준비 토론 과정에서 모든 지부가 이런 논쟁에 휩싸였다. 아멘돌라의 원안 지지자들이 '아멘돌라 우파'라 불린 반면, 잉그라오의 이견안 지지자들은 '잉그라오 좌파'라고 불렸다. 잉그라오안은 대개 전통적 산업 지역이나 최근 급격하게 산업화를 경험한 지역의 지부들에서 호응을 얻었다. 잉그라오 좌파의 대다수는 노동현장 활동가들이거나 젊은 지식인들이었다. 잉그라오 좌파는 상당한 대중적 기반을 지니면서도 당시 서구 진보정당운동 내에서 가장 급진적인 지향을 표방한 흥미로운 흐름이었다.

그러나 잉그라오 좌파가 불러일으킨 당 혁신 여론에도 불구하고 대의원대회에서 다수의 지지를 얻은 것은 아멘돌라의 원안이었다. 잉그라오안 지지자는 당원의 15~20% 정도였고, 총 113개 지부 중 오직 17개 지부에서만 다수 입장으로 채택됐다. 레지스탕스 시기부터 당원이었던 많은 고참 당원들은 논쟁 자체를 회피했고, 대의원 중 최대다수를 차지한 것은 특별한 입장이 없는 '중도파'들이었다. 당은 전통적인 입장을 재확인했다.

당시 잉그라오 좌파가 단기간에 좀 더 효과적인 영향을 끼치지 못한 데는 독자적인 분파 기관지 발간을 금지한 당규 탓도 컸다. 비록 잉그라오의 의견 문서를 회람하기는 했지만, 독자적인 매체 없이 각 지역의 비슷한 입장의 당원들끼리 의견을 교환하기는 쉽지 않았던 것이다. 안타깝게도 당시에는 인터넷이나 스마트폰이 없었다.

구조개혁의 주역은 당에서 평의회 노동조합으로

11차 대의원대회에서 당이 시대 변화에 맞춰 스스로를 개혁하지 못한 결과는 곧바로 나타났다. 한 해 뒤인 1967년부터 이탈리아 대학가는 베트남전쟁 반대와 교육문제 해결을 요구하는 학생들의 점거시위로 격동했다. 이것은 이후 10년 동안 계속될 이탈리아 사회 지각변동의 시작에 불과했다.

하지만 변화의 주역이 되어야 할 그 당은 제대로 준비가 되어 있지 않았다. 공산당은 오히려 당내에서 시대 흐름에 가장 민감하게 반응해 온 당원들을 쫓아냈다. 잉그라오 좌파의 일부는 기존 활동 방식의 한계를 절감하고 1969년 초부터 〈일 마니페스토 Il Manifesto〉('선언')라는 분파 기관지를 발행했다. 당 집행부는 그해 10월 이 잡지의 폐간 명령을 내렸고, 이에 〈일 마니페스토〉 그룹이 항명하자 한 달 뒤 이들을 모두 출당시켜버렸다. 소련이 체코슬로바키아의 '프라하의 봄'을 무력으로 짓밟은 데 거세게 항의하는 기사를 실었다는 것이 주된 죄목 중 하나였다. 5명의 하원의원을 비롯해서 루치오 마그리Lucio Magri, 루이지 핀토르Luigi Pintor, 로사나 로산다Rossana Rossanda, 루치아나 카스텔리나Luciana Castellina 등 촉망받던 당의 차세대 지도자들이 당 바깥에서 활동할 수밖에 없게 됐다. 이들은 이후 이탈리아 신좌파의 중요한 한 흐름을 이뤘고, 이들이 창간한 〈일 마니페스토〉는 일간지로 발전해 지금까지 쭉 발간되고 있다. 실망스럽게도 잉그라오는 이 모든 일에 침묵을 지켰다.

볼썽사나운 숙청극이 벌어지던 이 무렵, 이탈리아는 전후 서유럽 최대의 파업 물결에 휩쓸리고 있었다. 1968년부터 학생운동의 분출에 고무된 젊은 노동자들이 자발적으로 파업투쟁을 벌이기 시작했다. 그리고 급기야 1969년 3월에 토리노의 피아트 공장(1919~1920년의 투쟁이 벌어졌던 그 피아트 공장!)에서 50일간의 파업투쟁이 벌어지면서 이탈리아판 '87년 노동자대투쟁'이라고나 할 대중파업 상황이 전개됐다. 한 해 동안 총 550만 명이 쟁의에 참여했고, 주된 요구는 임금인상, 주 40시간 노동, 현장 노동자의 대변인인 평의원 활동 보장 등이었다. 특히 눈길을 끄는 것은 임금, 복지, 물가연동임금제 등 모든 영역에서 모든 직종의 노동자들이 동등한 대접을 받아야 한다는 철저한 평등주의였다. 이는 오랫동안 차별대우를 받아온 남부 출신 미숙련 노동자들의 목소리가 반영된 결과였다.

이 상황에서 지도력과 창의성을 보여준 것은 공산당이 아니라 노동조합이었다. 공산당과 사회당 좌파 지지 성향의 제1노총인 이탈리아노동총연맹CGIL, 그중에서도 잉그라오 좌파의 브루노 트렌틴Bruno Trentin이 이끌던 금속노동자연맹FIOM이 주도적 역할을 했다. 노동조합은 우선 밑으로부터 올라오는 총파업 요구를 적극 받아안았다. 그리고 개혁투쟁을 당면 실천전략으로 잡았다. 보수파가 다수인 의회의 논의를 거치지 않고 노동조합이 정부와 직접 교섭해서 개혁을 쟁취하겠다는 것이었다. 여기에는 작업 현장의 노동자 권력 확대뿐만 아니라 광범한 사회개혁까지 포함됐다. 트렌틴은 이런 식으로 당면 투쟁과 장기적 사회변혁이라는 목표를 서로 결합시킬 수 있다고 보았다. 이는 11차 대의원대회에서 잉그라오 좌파가 제출한 문제의식과 잇닿는 것이었다.

실제로 CGIL은 1969년 가을, 대중파업의 열기를 사회개혁투쟁으로 발전시키는 데 성공했다. 노동법 개정부터 연금개혁까지, 기다란 사회개혁 목록을 내건 11월 19일의 총파업에는 무려 2000만 명의 노동자가 참여했다('뜨거운 가을'). 자본가들은 압도돼버렸다. 1970년, 이제까지 서유럽에 존재한 노동법 중 가장 진보적이라는 새 노동법이 통과됐다. FIOM은 자본가들이 남부 지방에 더 많은 산업 투자를 한다는 것을 단체협상의 한 조항으로 요구해 관철시켰다. 노동자들이 자본 투자를 직접 통제한다는 잉그라오 좌파의 구상이 결코 몽상만은 아니었던 것이다.

노동조합운동의 구조도 크게 변화했다. 1919~1920년에 등장했던 공장평의회가 다시 등장했다(1977년에 3만 2000개의 평의회 존재). 파업투쟁 과정에서 노동자들은 평의원을 선출했고, 이들이 작업 현장의 목소

리를 대변하는 두터운 활동가층으로 부상했다. 노동조합, 특히 FIOM
은 이를 산업별 노동조합 내의 공식 조직체계로 수용했다. 그래서 '평
의회 노동조합'이라는 특이한 구조가 나타났다. 이는 서유럽의 일반적
인 산업별 노동조합에, 한국에서 노동자대투쟁 직후 나타난 전투적 기
업별 노동조합의 역동적인 대의원 구조가 더해진 것이라고 할 수 있었
다. 단체교섭은 산업별 노동조합 중앙이 담당했지만, 투쟁의 결정권은
각 사업장의 현장 노동자들이 쥐게 됐다.

지난 수십 년 동안 공산당은 구조개혁을 약속만 했을 뿐이었다. 이
제 그것이 가능함을 실제 눈앞에 펼쳐 보인 것은 공산당이 아니라 작
업 현장의 노동자들과 노동조합운동이었다.

씻을 수 없는 오류 - 역사적 타협

물론 노동조합의 대對정부 직접교섭으로 끌어낼 수 있는 개혁에는 한
계가 있었다. 역시 정부가 바뀌어야 했다. 공산당이 주도하는 좌파 정
부가 필요했다. 그러나 이탈리아 공산당은 이러한 희망과 기대에 최악
의 시나리오로 답하고 말았다. 사실 공산당은 이탈리아 사회 급진화의
최대 수혜자였다. 당에서 쫓겨난 〈일 마니페스토〉 그룹 등 신좌파 정파
들이 선거에 적극 뛰어들었지만,[8] 이들의 주장에 공감하는 대중들조차
투표는 공산당에 했다.

---

8 〈일 마니페스토〉 그룹은 1974년 사회당 좌파 탈당 그룹인 '프롤레타리아 단
  결 사회당PSIUP' 등과 통합해 '공산주의를 위한 프롤레타리아 단결당PdUP'을
  창당했다. 이 당은 다른 신좌파 정당들과 함께 정파연합 정당인 '프롤레타리아

성과는 우선 지방정부에서 나타났다. 1970년부터 광역 단위에서도 지방자치가 실시되자 공산당은 광역지방자치단체를 장악하여 권력에 우회적으로 접근할 수 있게 됐다. 1975년 지방선거에서 공산당은 33%의 지지를 얻었고, 그 결과 대부분의 주요 도시가 '공산당 시장'을 맞이하게 됐다. 이탈리아 인구의 60%가 공산당 집권 지방자치단체에 속하는 상황이 되었다.

영광의 정점은 1976년 총선이었다. 이 선거에서 공산당은 비록 기독교민주당의 38.7% 득표에는 뒤졌지만 34.4%라는, 당 역사상 최대 득표를 기록했다. 좌파정당들의 득표를 모두 합치면 50%가 조금 넘었다.[9] 선거권을 18세로 낮춘 선거법 개정 덕분에 1975년 지방선거에서부터 새로 유권자로 등장한 500만에 달하는 젊은 세대가 이러한 승리를 선사한 주역이었다. 공산당의 약진은 분명 1960년대 말에 시작된 대중의 급진화의 결과였다.

변화를 추구하는 당이라면 마땅히 이러한 대중의 요구에 적극 반응했어야 했다. 그러나 롱고의 뒤를 이은 새 사무총장 엔리코 베를링게르Enrico Berlinguer의 생각은 달랐다. 그는 사회당과 합작하자는 아멘돌라 우파의 입장에도, 대중운동을 통해 공산당의 독자기반을 강화하자는 잉그라오 좌파의 입장에도 동의하지 않았다. 베를링게르의 대안

민주주의DP'를 결성해 1976년 총선에서 55만 표(1.51%)를 득표하고 3명의 하원의원(마그리, 카스텔리나 등)을 배출했다. 이는 서독 녹색당 등장 이전에 신좌파 세대의 정치세력화로는 가장 두드러진 사례였다.

9   그럼에도 불구하고 공산당 오른쪽의 사회당, 민주사회[주의]당PSDI(사회당 우파 분리세력)과 왼쪽의 신좌파 정치세력들의 간극이 너무 커서 이 득표 총합이 정부 구성으로 이어질 수는 없었다.

은 오히려 기독교민주당과 좌우합작을 하자는 것이었다. 대담한 발상의 전환이었다.

베를링게르가 염두에 둔 모델은 서독 기독교민주연합CDU과 사회민주당의 대연정(1966년~1969년)이었다. 서독 사회민주당은 이 대연정을 거치고 나서 비로소 수권 가능 정당으로 인정받아 1969년 브란트 총리의 사회민주당 주도 연립정부를 출범시킬 수 있었다. 베를링게르는 이탈리아 공산당 역시 대연정 경험을 통해 반공 포위망을 깨고 수권 가능 정당으로 인정받게 될 것이라 기대했다. 분단국가 서독에서 사회민주당이 이런 식으로 성공했다면 이탈리아에서 이를 반복하지 말란 법도 없어 보였다.

베를링게르가 대연정이 필요한 이유로 든 것은 당시 이탈리아 사회를 긴장시킨 정치위기였다. 노동자와 학생 투쟁에 맞불을 놓기 위해 1969년부터 네오 파시스트들의 폭탄 테러가 시작됐다. 극좌파 일부도 테러를 자행했다. 기독교민주당 우파와 관료, 군부 안에 쿠데타를 모의하는 비밀조직이 있다는 소문도 돌았다. 베를링게르는 1973년에 칠레 인민연합 정부가 군부 쿠데타로 무너진 것을 반면교사 삼아야 한다고 주장했다. 그는 사회적 긴장과 테러를 빌미로 파시스트 정권이 들어서는 것을 막으려면 반파시즘 인민전선, 즉, 기독교민주당까지 포함하는 '범민주' 세력의 연대가 필요하다고 결론 내렸다. 마피아와 거래하고 가톨릭교회의 낡은 교리(이혼 금지 등)를 고집하는 정당인 기독교민주당과 공동정부를 꾸리자는 것이었다.

1973년 9월, 공산당은 이러한 전략을 '역사적 타협'이라는 이름으로 선포했다. 애초에는 네오파시스트의 공세가 주된 근거였지만, 1974년 세계 대불황이 닥치자 이제는 이것이 합작의 새로운 명분이 됐다. 경제위기에 맞서 이탈리아 경제를 회생시키자면 노동계급이 앞장서서 허리띠를 졸라매야 한다, 기독교민주당 정부의 긴축정책에 협조해줘야 한다, 공산당 집행부에서 이러한 이야기들이 나왔다. 공산당은 이탈리아에서 케인스주의가 제대로 자리 잡기도 전에 이를 폐기하는 데 동조한 셈이었다.

'역사적 타협'의 깃발 아래 공산당은 1976년 총선 직후 등장한 기독교민주당 주도의 '국민연대' 정부('대연정'의 이탈리아식 표현)에서 그림자 여당이 되었다. 기독교민주당 우파의 반대로 내각에 직접 참여하지 못한 채로 정부의 모든 결정에 손을 들어준 것이다. 이 시절 공산당은 여당 아닌 여당 대접을 받았고, 잉그라오가 하원 의장으로 선출되기까지 했다.

그러나 권력에 한 발자국 다가간 것만 같았던 외양과는 달리 이 거대한 당은 소리 없이 무너지고 있었다. 첫째, 공산당이 동조해준 긴축정책은 지난 10년 동안 이탈리아 노동계급이 쟁취한 개혁 성과들이 빛을 잃게 만들었고 노동운동의 사기를 땅에 떨어뜨렸다. 1977년에 아멘돌라 우파의 이론가 나폴리타노가 입안한 중기적 전술 목표는 '구조개혁'과는 한참 거리가 먼 것이었다. 노동계급의 권익과는 상관없이 이탈리아 자본주의의 구조조정 계획만이 언급돼 있었다. 당 원로인 움베르토 테라치니Umberto Terracini(〈로르디네 누오보〉 그룹에서 그람시와 함께 활동)는 부자 증세와 복지 확대가 진짜 대안이라며 이 안을 통박했다. 아무튼 이러한 노동운동의 후퇴와 사기 저하는 곧바로 공산당 지지기반의 와해로 이어졌다.

둘째, 기독교민주당의 기반이 돼온 낡은 가톨릭 문화가 해체되고 있었지만 공산당은 그 의미를 제대로 파악하지 못했다. 1970년대 이탈리아에서는 여성운동이 들불처럼 타올랐다. 여성운동은 이혼과 낙태를 금지하는 여성 억압체제에 정면으로 도전했다. 이는 가톨릭 문화의 잔재로부터 벗어나려는 사회 전반의 욕구와 일치했다. 1974년에 실시된 이혼법안 국민투표에서 60%의 국민이 이혼 합법화에 찬성했다. 공산당은 물론 여성운동 편에 서 있었지만, 기독교민주당과의 협력에 금이 갈까 봐 앞에 적극 나서지는 못했다. 중간계층과 연대하기 위해 기독교민주당과 협력한다면서 사실은 탈가톨릭화를 지향하는 중간계층과 아래로부터 연대할 기회를 놓쳐버린 것이다.

셋째, 가장 강력한 야당이 야당의 역할을 포기하자 기독교민주당의 독주와 전횡이 계속됐고 부패가 극에 달했다.[10] 공산당에게는 억울한 일이었지만, '역사적 타협' 때문에 이들 역시 '공범'이라는 인식이 퍼졌다. 원내 90%가 단합하여 어떠한 의미 있는 개혁도 거부하거나 연기하는 상황에서 유일한 개혁 창구는 1970년에 신설된 국민투표제도뿐이었다. 실제로 여성운동이나 신좌파 정치세력들은 제도권 유력 정당들의 무시 속에 국민투표를 통해 이혼과 낙태의 합법화를 이뤄냈다.

물론 대다수 당원이 '역사적 타협'을 전폭 지지한 것은 아니었다. 당

---

10 이탈리아 정치 전반에 만연한 부패는 1990년대 초에 '마니 풀리테'(깨끗한 손) 운동을 통해 단죄받았다. 이런 정세와 냉전종식이 맞물리면서 선거제도 개정을 거쳐 1994년에 제2공화국이 시작됐다. 제2공화국에서는 기독교민주당이 점했던 우파 정치 공간이 실비오 베를루스코니가 이끄는 신자유주의 세력에게 넘어갔고, 기독교민주당은 해체됐다.

원 중 2/3는 이를 위기 상황에 필요한 비상수단 정도로 생각했다. 빨리 전투적 야당으로 돌아가야 한다는 목소리가 빗발쳤다. 결국 1979년 1월에 '역사적 타협' 노선은 폐기됐다. 공산당은 제1야당의 자리로 돌아갔다. 그러나 이 실험이 남긴 상처는 돌이킬 수 없었다.

한 거대한 정당의 안락사

1980년 9월 이탈리아 최대 재벌 아녤리Agnelli 일가는 '뜨거운 가을'의 성지인 피아트 공장에 정리해고를 단행했다. 정리해고 반대 파업이 벌어졌고, 베를링게르 사무총장이 피아트 공장 정문 앞에서 공장점거를 선동하는 연설을 했다. 공산당은 '역사적 타협' 노선을 확실히 청산한 것처럼 보였다. 1980년 10월에는 일부러 살레르노에 공산당 간부들이 모여서 당의 재급진화를 선언하는 제스처를 취하기까지 했다('제2차 살레르노의 전환'). 10여 년 전에 쫓겨난 〈일 마니페스토〉 그룹 일부를 다시 받아들였고, 여성운동·환경운동에 적극적인 관심을 기울였으며, 미국의 대륙간 탄도 미사일 유럽 배치에 반대하는 반핵평화운동의 선두에 섰다.

그러나 공산당의 반격보다 신자유주의의 공세 쪽이 더 빠르고 강력했다. 공산당 대신 사회당이 다시 기독교민주당의 제1파트너가 됐고, 사회당의 베티노 크락시Bettino Craxi가 이끄는 새 연립정부는 과거의 '중도좌파' 연정이 그나마 복지 확대를 내세웠던 것과는 달리 신자유주의 도입에 앞장섰다. 노동운동은 장기침체 상태에 빠졌고, 1987년 총선에서 공산당의 득표율은 26.4%까지 떨어졌다.

2차 세계대전 이후부터 20세기 말까지

엎친 데 덮친 격으로 2년 뒤에 동유럽이 무너졌다. 공산당 내 다수는 사회민주주의 정당으로 전환하는 데서 대안을 찾았다. 1991년, 공산당은 70년간 간직해온 당명을 버리고 좌파민주당PDS이 됐다. 그러다 2007년에 이탈리아 자본주의의 새 상징이 된 언론재벌 출신 우파 정치가 실비오 베를루스코니Silvio Berlusconi의 (재)집권을 막기 위해서라는 명분 아래, 기독교민주당에서 갈라져 나온 중도우파와 통합해 민주당PD이 됐다. 공산당이 만들었던 정치 공간을 다시 열려는 흐름들(가령 '좌파La Sinistra'나 '민중에게 권력을PaP' 같은 신생 정치조직들)이 있기는 하지만, 아직은 세력이 미약하다.

성장의 절정에까지 이른 진보정당이 집권과 변혁의 길을 찾지 못한 결과는 이렇게 참담했다. 한때 다른 나라 진보정당운동에 풍부한 이론적·실천적 자극을 준 이탈리아 공산당이었지만, 결정적 시기의 잘못된 선택(역사적 타협)이 돌이킬 수 없는 쇠퇴를 낳고 말았다. 물론 민주당으로 그 흐름이 이어졌으니 허무한 것만은 아니라는 시각도 있을 수 있다. 그러나 신자유주의 이후의 대안을 찾는 일이 시급해진 2008년 금융위기 이후 정세에서 베를루스코니 우파 대 나머지 세력 식의 정당 구획은 이탈리아 정치의 역동성과 상상력을 제약하는 족쇄 노릇을 하고 있다. 과거의 공산당 같은 선명한 진보정당이 존재하거나 적어도 다른 유럽 국가들처럼 중도좌파 정당과 급진좌파 정당이 경쟁·협력하는 정당 구도가 이어졌다면, 분명 지금보다 훨씬 나았을 것이다. 2011년에 작고한 〈일 마니페스토〉 그룹의 마그리는 이탈리아 공산당의 여정을 이렇게 회고했다.

이탈리아 공산당은 사회주의의 '제3의 길'을 열려던 역사상 가장 진지한 시도였다. 이 길을 완전히 발전시키지 못했고, 때로는 이로부터 벗어나기도 했지만 말이다. 이 길은 곧 부분적 개혁, 광범한 사회적·정치적 동맹 추구, 의회 활동에 대한 헌신을, 단호한 사회적 투쟁, 자본주의 사회에 대한 선명한 비판과 결합하려는 것이었고, 이념으로 무장한 활동가들을 갖춘 고도로 단결되고 전투적인 정당이면서 동시에 대중적인 정당을 건설하려는 것이었으며, 세계혁명 진영[현실사회주의권 – 인용자]과의 연계를 유지함으로써 이로부터 비롯되는 긴장을 감내하면서도 상대적 독자성을 확보하려는 것이었다. (…) 이탈리아 공산당은 서구 세계에 현실사회주의권과는 다른 형태의 사회주의, 자유를 존중하는 사회주의를 실현하려 했다.[11]

한때 이런 길을 찾아 나섰던 정당은 이제 사라지고 없다. 하지만 지금이야말로 이런 정당이 다시 절실히 필요한 때다.

---

11 Lucio Magri, *The Tailor of Ulm: Communism in the Twentieth Century*, Verso, 2011. pp. 12-13.

[더 읽기]

이 장을 집필하는 데 주로 다음 책들을 참고했다.

정운영 엮음,《국가독점자본주의 이론 연구 IV》, 돌베개, 1989. 〈제7편 이탈리아의 국가독점 자본주의 이론〉.

토비아스 압세, 〈이탈리아 공산당 심판〉, 〈읽을꺼리〉 5호(http://copyle.jinbo.net).

헬무트 리히터 외 엮음,《유로공산주의》, 이해영·박형중 옮김, 일월서각, 1985.

Aldo Agosti, *Palmiro Togliatti: A Biography*, I. B. Tauris, 2008.

Bogdan Szajkowski, *Marxist Local Governments in Western Europe and Japan*, St. Martin's Press, 1992.

Carl Boggs, *The Socialist Tradition: From Crisis to Decline, Routledge*, 1995. 4. "The Third Road I : From Vanguardism to Eurocommunism".

Cyrille Guiat, *The French and Italian Communist Parties: Comrades and Culture*, Routlege, 2004.

Grant Amyot, *The Italian Communist Party: The Crisis of the Popular Front Strategy*, St. Martin's Press, 1981.

Joanne Barkan, *Visions of Emancipation: The Italian Workers' Movement since 1945*, Praeger, 1986.

Lucio Magri, *The Tailor of Ulm: Communism in the Twentieth Century*, Verso, 2011.

Miriam Golden, *Labor Divided: Austerity and Working-Class Politics in Contemporary Italy*, Cornell University Press, 1988.

Palmiro Togliatti, *On Gramsci and Other Writings*, Donald Sassoon(ed.), Lawrence & Wishart, 1982.

Paul Ginsborg, *A History of Contemporary Italy 1943-1980*, Penguin Books, 1990.

Paul Ginsborg, *Italy and its Discontents 1980-2001*, Penguin Books, 2001.

Rossana Rossanda, *The Comrade from Milan*, Verso, 2010.

다음 국내 연구 성과들로부터도 큰 도움을 받았다.

권형기, 〈공산당 조직원리의 변화 과정에 대한 역사적 고찰〉, 서울대학교 정치학과 석사학위 논문, 1991.

이미숙, 〈이탈리아 공산당의 구조개혁론 연구〉, 고려대 정치외교학과 석사학위 논문, 1991.

이혁, 〈이탈리아 공산당 연구〉, 한국사회연구소 엮음,《대중정당》, 백산서당, 1989.

이혁, 〈이탈리아 공산당의 구조개혁론〉, 성균관대 정치외교학과 석사학위 논문, 1990.

홍민희, 〈이탈리아 공산당의 전환: 좌파민주당으로의 정당조직의 변화를 중심으로, 이화여대 정치외교학과 석사학위 논문, 2000.

전후 이탈리아 역사와 더불어 공산당의 궤적을 깊이 있게 살펴볼 수 있는 결정적 저작으로 다음 책을 권한다.

폴 긴스버그, 《이탈리아 현대사: 반파시즘 저항운동에서 이탈리아공산당의 몰락까지》, 안종범 옮김, 후마니타스, 2018. (위 *Paul Ginsborg, A History of Contemporary Italy 1943-1980* 의 국역본)

우리말로 번역된 피에트로 잉그라오의 글은 다음과 같다.

피에트로 잉그라오, 〈공산주의의 전망을 향한 더 높은 긴장을〉, 이병천, 박형준 엮음, 《마르크스주의의 위기와 포스트마르크스주의 I》, 의암출판, 1992.

피에트로 잉그라오, 〈부르주아 민주주의인가, 스탈린주의인가? 아니다. 대중민주주의이다〉, 구갑우·김영순 엮음, 《마르크스주의 국가이론은 존재하는가: 보비오 논쟁》, 의암출판, 1992.

〈일 마니페스토〉 그룹의 활동에 대해서는 다음 책을 참고할 수 있다.

존 다우닝, 《변혁과 민중언론: 미국·서구·동구의 저항매체》, 김종철 옮김, 창작과비평사, 1989. 〈제17장 일 마니페스또〉.

다음 책들에는 잉그라오 좌파와 평의회 노동조합운동의 정보들이 담겨 있다.

윤소영, 《일반화된 마르크스주의와 대안노조》, 공감, 2008.

윤소영, 《일반화된 마르크스주의와 대안좌파》, 공감, 2008.

전후 이탈리아 역사 전반에 대해서는 다음 책을 추천한다.

김종법, 《현대 이탈리아 정치사회: 굴절과 미완성의 역사와 문화》, 바오, 2012.

칠레의 전투는 계속된다
/
칠레 사회당·공산당과 아옌데 인민연합 정부

I2

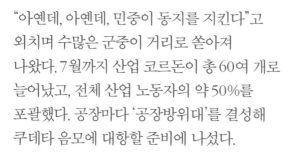

"아옌데, 아옌데, 민중이 동지를 지킨다"고
외치며 수많은 군중이 거리로 쏟아져
나왔다. 7월까지 산업 코르돈이 총 60여 개로
늘어났고, 전체 산업 노동자의 약 50%를
포괄했다. 공장마다 '공장방위대'를 결성해
쿠데타 음모에 대항할 준비에 나섰다.

진보정당은 유럽적인 현상인가? 확실히 지금까지 다룬 정당들은 모두 유럽 정당들이었다. 그러나 2차 세계대전 이후 상황이 바뀌었다. 제3세계 곳곳에 진보정치 세력들이 등장해 혁혁한 성과를 냈다. 그중에는 유럽과 비슷한 정당정치 지형에서 유럽의 진보정당들보다 훨씬 역동적인 실천을 보여준 경우도 있다. 1970~1973년의 칠레 인민연합 정부가 그 대표적인 사례다.

당시 칠레 민중이 보여준 창의성이 얼마나 놀라웠던지, 1973년 9월 11일 이 나라의 대통령궁은 미국의 지원을 받은 쿠데타군으로부터 폭탄 세례를 받아야 했다. 기득권 세력이 정치 무대에서 이길 수 없으니 정치 자체를 파괴하는 반칙을 저지른 것이다.

칠레라는 나라, 그리고 그 나라의 진보정당들

아시아, 아메리카, 아프리카의 나라들은 식민 지배로부터 해방된 뒤에도 경제적 종속이라는 사슬에서 벗어나지 못했다. 안데스산맥 서쪽에 기다랗게 늘어져 있는 모습의 칠레는 그중에서도 사뭇 극단적인 경우였다. 이 나라는 국부의 대부분을 전적으로 광물 수출에 의존해왔다. 1960년대에 전체 수출액 중 구리가 차지한 비중이 60%에 달했다. 구리의 주요 수입국인 미국이 손가락 하나만 까딱해도 칠레는 커다란 타격을 입을 수 있었다.

따라서 칠레 노동운동도 북부의 광산지대에서 출발하는 게 자명한 일이었다. 이 광산 지역 노동운동의 기반 위에서 칠레 최초의 좌파정당이 건설됐다. 1917년 광산노동조합운동의 전설적 지도자 에밀리오 레카바렌Luis Emilio Recabarren Serrano의 주도로 만들어진 사회주의노동자당POS이 그것이었다. 이 당은 제3세계의 다른 진보정치 세력들과 마찬가지로 창당 당시부터 러시아 혁명의 영향을 강하게 받았다. 1922년 사회주의노동자당은 '칠레 공산[주의]당PCCh'으로 당명을 변경했다.

그런데 1933년에 공산당과는 별개로 '칠레 사회[주의]당PS'이 등장했다. 그렇다고 사회당이 서유럽 사회민주주의 정당들처럼 개혁주의 노선을 내걸었는가 하면 그렇지는 않았다. 사회당은 오히려 어떤 면에서는 공산당보다 더 급진적이었다. 공산당 내에서 트로츠키를 편들다 쫓겨난 사람들이나 혁명노선은 받아들이지만 코민테른의 구속을 받는 건 싫다는 사람들이 공산당 밖 개혁적 사회주의자들과 함께 만든 정당이 사회당이었다. 이때부터 사회당과 공산당이라는 두 정당이 때로는 경쟁하고 때로는 협력하면서 칠레 진보세력을 이끌었다.

칠레 좌파가 주요 정치세력으로 급부상한 것은 1938년에 사회당과 공산당이 중도우파 정당인 급진당PR과 인민전선 정부를 구성하면서부터다. 이때 인민전선 정부의 성과는 급진당이 독차지했지만, 아무튼 이를 계기로 양대 좌파정당의 득표율은 각각 10% 안팎으로 늘어났다.

공산당은 이후 두 차례 비합법 상태에 놓이는 등 우여곡절을 겪었지만 당이 다시 합법정당 지위를 쟁취한 1950년대 말에는 15~17%의 지지를 받는 강력한 정당으로 부상했다. 더 중요한 것은 칠레 노총인 '노동자단일연합CUT'에서 공산당이 확고한 다수파였다는 점이다. 공산당은 인민연합 정부 수립 전까지 약 6만 명의 당원을 보유했고, 이중 25~30%가 열성 당원으로서 총 3618개(1969년)의 세포에 소속돼 활동했다.

공산당에는 인민전선 시기의 전통이 강력하게 남아 있었다. 긍정적으로 보면 현실에 대한 냉정한 판단 아래 사회변혁을 기획할 줄 알았던 것이고, 비판적으로 보면 민족 부르주아지 혹은 중도우파 정당과의 협력을 과도하게 강조하는 경향이 있었던 것이다. 제도정치의 틀 안에서 중도우파 세력과 협력해 독점 대기업 국유화와 농지개혁을 이루겠다는 것이 공산당의 전략이었다. 1951년의 제9차 대의원대회에서 공산당은 이를 '사회주의로 가는 칠레식 길'이라고 이름 붙였다.

한편 사회당은 1970년 당시, 공산당보다 조금 많은 10만 명의 당원을 확보하고 있었다. 거의 전적으로 북부 광산지대와 일부 산업 도시에 기반하던 공산당과는 달리, 사회당은 중간계층과 농촌에서도 일정하게 지지를 얻었다. 그렇다고 해도 사회당 역시 노동자가 당원 중 65%를 차지하는 노동계급정당이었다. 열성 당원들은 공산당의 '세포'와 마찬가지로 '누클레오스'(중핵)라는 이름의 기층조직에 소속돼 활동했다.

공산당과 또 다른 점은 당내 이념 분포가 너무도 다양했다는 점이다. 당 안에는 트로츠키주의자들이 있는가 하면, 마오주의자들도 있었고, 유고슬라비아의 티토Josip Broz Tito 노선[1]이나 심지어는 아르헨티나의 페론Juan Perón 노선[2]에 관심을 보이는 이들까지 있었다.

하지만 무엇보다 중요한 것은 쿠바혁명의 영향이었다. 피델 카스트로Fidel Castro와 체 게바라Ernesto Che Guevara가 주도한 쿠바혁명은 민족 부르주아지와 협력하는 우회로를 걸을 필요 없이 노동자, 농민의 힘만으로 제국주의에 맞서 곧바로 사회주의 혁명으로 나아갈 수 있다는 사실을 보여주었다. 칠레에서는 1965년 카스트로주의 노선을 따르는 활동가들이 '혁명좌파운동MIR'이라는 새로운 정치조직을 건설했다. 이 조직은 무장투쟁이 필요하다는 주장으로 칠레 사회에 충격을 던졌다.

사회당 안에서도 카를로스 알타미라노Carlos Altamirano를 중심으로 한 젊은 당원들이 쿠바혁명의 교훈을 적극 수용하면서 당내 좌파를 형성했고 급기야 1967년 치얀에서 열린 제22차 대의원대회에서 당권을 장악했다. 알타미라노가 사무총장으로 당선됐고, "혁명적 폭력은 불가피하다"는 문구가 담긴 새 강령이 통과됐다.

━━━━━ 1 2차 세계대전 후 유고슬라비아는 티토가 이끌던 공산주의동맹의 주도로 소련으로부터 자주적인 노동자 자주관리 사회주의를 추진했다.
2 1946년에 아르헨티나 군부정권을 물려받은 후안 페론은 무솔리니식 파시즘과 민족주의, 포퓰리즘이 결합된 독특한 체제를 수립했다.

인민연합의 결성과 뜻밖의 승리

2차 세계대전 후 칠레에서는 과거 중도우파의 대표 주자였던 급진당을 대신해 기독교민주당PDC이 자유주의 정치 공간을 대변하며 급성장했다. 1957년부터 사회당과 공산당은 '인민행동전선'이라는 이름으로 선거연합을 결성해 공동 대통령 후보를 냈으나 우파를 이기기에는 아직 역부족이었다. 사회당 상원의원이었던 살바도르 아옌데Salvador Guillermo Allende Gossens가 대통령 후보로 나선 1964년 대선에서도 우파 공동후보로 나선 기독교민주당의 에두아르도 프레이Eduardo Frei Montalva가 아옌데를 쉽게 따돌렸다.

당시 기독교민주당은 칠레 사회의 고질병인 경제종속을 완화하고 평균 20% 이상의 상승률을 보이는 높은 인플레이션을 잠재우며 농지 소유 모순을 해결하겠다고 공약했다. 좌파가 물고 늘어지는 칠레 사회의 근본모순들을 나름대로 손보겠다는 것이었다. 프레이 정부는 자신들의 노선을 '자유와 함께하는 혁명'이라고 불렀다.

'자유와 함께하는 혁명'은 결코 빈말은 아니었다. 프레이 정부는 구리 광산의 주식 51%를 매입해 미국 자본에 대항력을 확보했다. 농지개혁도 추진했고, 농촌에도 노동조합 설립 권리를 부여했다. 그러나 이러한 개혁은 기독교민주당을 사면초가 상황에 빠뜨렸다. 1964년 대선에서 프레이를 지지했던 극우세력은 개혁을 거부하며 국민당PN이라는 새로운 정당을 창당했다. 반대로 노동대중은 정부 개혁의 수준과 속도가 불만이었다. 예를 들어 농지개혁은 전체 농지의 15%에 그쳤고, 기독교민주당은 중농을 조직해 자신들의 득표 기반으로 만드는 데 관심을 기울일 뿐 빈농은 거들떠보지 않았다. 일단 고삐가 풀린 개혁의 기대감은 다른 선택지를 찾아 나서야만 했다. 그 대안은 결국 좌파였다.

1970년 대선을 준비하며 정치권이 요동치기 시작했다. 사회당과 공산당이 다시 한번 공동후보를 내리라는 것은 분명했지만, 누가 후보가 될지, 그리고 선거연합이 어디까지 확장될지가 관심거리였다. 사회당은 중도우파인 급진당이 참여하는 데 반대했지만, 공산당은 이제는 소수당이 된 급진당뿐만 아니라 기독교민주당과도 가능하면 손을 잡으려는 속내를 드러냈다. 사회당은 좌파정당만으로 연합전선을 구성하자는 '노동자전선'을 주장한 데 반해, 공산당은 민족 부르주아 세력을 포함하는 '민족해방전선'을 주장한 것이다. 한편 이 와중에 기독교민주당의 청년 좌파가 개혁 완수를 요구하며 당에서 떨어져 나와 새로운 좌파정당인 '인민행동통일운동MAPU'을 건설했다.

설왕설래 끝에 1969년 10월, 오른쪽으로는 급진당으로부터 왼쪽으로는 공산당, 사회당, 인민행동통일운동에 이르는 '인민연합UP'이 결성됐다. 비록 급진당이 참여하긴 했지만 인민연합은 과거의 인민전선과는 그 성격이 판이하게 달랐다. 인민연합의 주도권은 공산당·사회당·CUT 등 노동계급 세력이 확고하게 장악하고 있었다. 인민연합에 합류하길 거부한 혁명좌파운동조차 바깥에서 '비판적 지지'를 보냈다.

이런 점은 〈인민연합 기본강령〉을 보아도 알 수 있다. 〈기본강령〉의 핵심은 전임 기독교민주당 정부가 중도에 그만둔 농지개혁과 구리 광산 국유화를 완수하겠다는 것이었다. 또한 경제를 '사회적 부문, 사적 부문, 혼합 부문' 등 세 부문으로 개편하고 253개 주요 대기업을 사회적 부문으로 만들겠다고 천명했다. 즉, 이들 기업을 국유화하고 노동자의 경영 참여를 보장한다는 것이었다. 과거 인민전선에 비하면 확실히 훨씬 급진적인 내용이었다. 〈기본강령〉에는 이 밖에도 국가기구에 대중의 참여를 확대하기 위해 새 헌법을 제정하고 사법부 등을 개혁하겠다는 내용이 담겨 있었다.

세계 최초로 선거로 집권한 사회주의자 대통령 살바도르 아옌데.

인민연합의 공동 대통령 후보 선출 과정은 공산당이 급진당 출신을 후보로 내세우자는 의사를 내비치는 바람에 난항을 보였다. 그러나 1970년 1월 결국 대다수의 예상대로 사회당의 아옌데가 후보로 합의됐다. 6년 전에도 대통령 후보였던 아옌데는 의사 출신으로 사회당의 창당 멤버였다. 사회당원이긴 했지만, 그는 당 노선과는 상관없이 '아옌데 개인'으로 더 잘 알려져 있었다. 카스트로나 체 게바라의 절친한 친구이기도 했지만, 노선 면에서는 자기 당 사무총장(알타미라노)보다는 공산당에 더 가까웠다. 그는 원칙 있는 사회주의자이면서 '사회주의로 가는 민주적·평화적 길'의 신봉자였다.

1970년 9월 대통령 선거는, 결과부터 말하면, 아옌데와 인민연합이 승리했다. 사실 아옌데 후보가 얻은 득표율은 36%로, 1964년에 얻은

39%보다 오히려 줄어든 것이었다. 그러나 국민당과 기독교민주당이 각각 따로 후보를 내면서 우파 표가 양분되는 바람에 좌파가 승리할 수 있었다. 내각책임제였다면 이 정도 득표로는 단독정부를 구성하지 못했을 것이다. 결선투표제 없는 대통령제였기에 가능한 결과였다. 그렇기 때문에 9월의 승리는 '불안한' 승리였다.

칠레 헌법에 따르면 대선에서 아무도 과반수를 얻지 못하면 (결선투표 대신) 상하 양원 합동총회가 대통령 인준 투표를 하게 돼 있었다. 물론 최대득표자의 손을 들어주는 게 당연한 관행이었으나 이번에는 이야기가 좀 달랐다. 주가가 2주일 만에 50% 폭락했고, 자본의 해외 유출이 시작됐다. 아옌데 정부를 받아들일 수 있다는 입장을 밝힌 르네 슈나이더René Schneider 참모총장이 군부 내 음모세력에게 암살당했다. 의회 결정이 어떻게 나올지 아무도 알 수 없었다.

기독교민주당 우파는 '헌정보장법'이라는 억지 법안을 들이밀어 아옌데의 서명을 받아내고 나서야 인준 투표에서 찬성표를 던졌다. 헌정보장법의 내용은 대통령이 선거공약에서 제시한 헌법 개정을 시도하지 않고, 군대·언론 등은 건드리지 않는다는 것이었다. 선거로 정권이 교체되고 난 이후 기득권 세력이 어느 곳을 저항 거점으로 삼는지 잘 보여주는 사례다.

우여곡절 끝에 인민연합 정부가 출범했지만, 전투는 이제 시작이었다. 상원과 하원 모두에서 국민당과 기독교민주당은 인민연합보다 훨씬 많은 의석을 지니고 있었다. 사면초가 상황에서 좌파는 자신의 약속을 이행해야 했다.

다가오는 대결의 순간

인민연합 정부의 약점은 그것만이 아니었다. 우선 칠레의 노동조합 조직률은 1971년 당시 30.6%에 불과했다(한국의 노동조합 조직률이 10% 미만이라고 해서 30%를 높은 조직률이라고 볼 수는 없다). 이는 25인 이하 사업장의 피고용자가 전체 제조업 노동자 중 1/4 이상을 차지함에도 불구하고 해당 사업장에서는 노동조합(산업별)에 가입할 수 없다고 못 박은 노동법 때문이었다. 그래서 비록 조직 노동자들은 처음부터 정부를 확고히 지지했지만, 미조직 노동자들의 지지를 얻어내기 위해서는 일정한 시간이 필요했다.

게다가 민중 내부에는 좌파 지지의 사각지대가 존재했다. 우선 농촌지역의 인민연합 지지율이 도시에 비해 떨어졌다. 도시에서도 남성에 비해 여성의 지지도가 낮았다. 대선에서 남성은 46%가 인민연합에 투표한 반면, 여성은 그 절반인 26%만이 인민연합을 지지했다. 또 다른 불안 요인은 대선 직후 인민연합의 지역조직인 인민연합위원회들이 해체됐다는 점이었다. 선거운동이 끝나자마자 각 정당은 독자활동으로 돌아갔고, 인민연합의 지역위원회들은 해산하거나 형해화됐다. 이제 인민연합이란 중앙정부와 각 정당을 의미할 뿐이었다. 이는 정부를 아래로부터 조직적으로 통제할 통로가 없다는 것을 의미했다. 또한 좌파정당들이 서로 반목할 경우 이를 조정할 기구가 없다는 의미이기도 했다.

다행히도 아옌데 정부의 첫 1년간은 성공적이었다. 새 정부는 구리 광산을 완전히 국유화했고, 농지개혁 대상을 200에이커 이상 소유자로까지 확대했다. 구리 광산 국유화에 대해서는 원내 보수정당들마저 선선히 동의해주었다. 구리 자원을 초국적 자본으로부터 되찾아야 한다는 데 토를 달기는 쉽지 않았던 것이다. 정부는 또한 노동자들의 기본임금을 대폭 인상한 반면 물가는 동결했다. 중간계층에게는 신용대출을 확대했고, 무상급식·의료시설 확충 등 복지를 확충했다. 그 결과 대중의 구매력이 확대됐고 소비 경기가 살아났다. 1년간 GNP가 8.5%나 성장한 것이다.

그 덕분인지 1971년 4월 지방선거에서는 인민연합이 거의 절반의 지지(49.7%)를 얻는 대승을 거두었다. 이제까지 좌파를 지지해본 적 없는 중간층의 상당수가 인민연합 지지로 돌아섰음을 보여주는 결과였다. 이때가 기회였다. 헌정보장법의 족쇄를 뿌리치고 선거공약에서 약속한 대로 국가기구 개혁에 나설 절호의 기회였다. 실제로 사회당 집행부와 인민행동통일운동은 양원제 의회를 단원제로 바꾸는 헌법 개정안을 놓고 국민투표를 하자고 주장했다. 만약 이 국민투표가 이루어진다면, 마침 경제 여건도 괜찮았기 때문에 통과됐을 가능성이 컸다. 그랬다면 이는 국가기구 개혁의 신호탄이자 인민연합 정부가 정국 주도권을 확실히 쥐는 계기가 됐을 것이다.

그러나 이 제안은 받아들여지지 않았다. 돌이켜 보면, 이것이 인민연합 정부의 최대 패착이었다. 일찍이 마키아벨리Niccolò Machiavelli가 간파한 것처럼, 정치의 세계에서 운명이라는 여신은 항상 공세의 입장에 서려고 노력하는 자에게 미소를 보낸다.[3] 인민연합 정부는 이 진리

---

3 니콜로 마키아벨리,《군주론》, 강정인·김경희 옮김, 까치, 2008, 167쪽.

2차 세계대전 이후부터 20세기 말까지

를 실행에 옮기지 못했다. 이후 인민연합 정부가 수세에 몰린 상황에서 아옌데 대통령 스스로 이렇게 토로했다. "1971년에 의회 해산 법안을 곧바로 제출하지 않은 게 우리의 중대한 오류들 중 하나였습니다. 그 법안이 거부됐다면 국민투표에 회부됐을 테고, 그랬다면 인민연합이 승리했을 것입니다."[4] 인민연합의 투사였고 나중에 베네수엘라 차베스Hugo Chávez 정부의 볼리바리안 혁명에도 참여하게 되는 여성 마르크스주의자 마르타 아르네케르Marta Harnecker는 이렇게 평가한다.

돌이켜 보건대 이때[지방선거 직후 – 인용자]야말로 새 헌법을 통과시키기 위한 제헌의회의 소집 여부를 놓고 국민투표를 실시할 적기였다. 사회주의로 나아가는 합법적·평화적 길을 추진하자면, 인민연합으로서는 국가제도의 게임법칙 자체를 바꾸는 게 관건이었다. 하지만 이때 인민연합은 과감하게 개헌을 제기하지 않았다.[5]

정작 반격에 나선 것은 압도적인 패배에 경악한 기득권 세력이었다. 우선 구리 광산 국유화에 발끈한 미국이 경제봉쇄에 나섰다. 미국은 구리를 투매해서 국제 구리 가격을 하락시켰다. 당연히 칠레의 무역수지가 악화됐다. 그리고 미국 정보요원들이 야당과 군부, 재계 인사들을 들쑤시고 다니기 시작했다.

4 Edward Boortein, *Allende's Chile: An Inside View*, International Publishers, 1977, p. 168.

5 마르타 아르네케르, '미래를 만들기 위해 과거를 이해하자: 아옌데 정부에 대한 고찰', 〈이론과 실천〉 2003년 10월호, 152쪽.

1972년, 노동자들에게 둘러싸인 아옌데 대통령.

　바로 이 무렵(1971년 중순)부터, '사회주의로 가는 칠레식 길'의 목가
적 풍경은 눈앞에서 사라졌다. 안타깝게도 기독교민주당 정치인 페레
즈 주호빅Edmundo Pérez Zujovic이 극좌파 테러로 암살당하는 사건이
일어나는 바람에 기독교민주당 안에서 우파가 득세했다. 전직 대통령
프레이가 이끈 기독교민주당 우파는 점차 국민당처럼 아옌데 퇴진 외
에 다른 대안이 없다는 식의 대결 자세를 취했다. 그러자 이에 반발한
당내 좌파 일부가 탈당해 '기독교좌파운동MIC'이라는 새 정치조직을
만들고 인민연합에 합류했다. 당내 좌파의 잇단 이탈로 기독교민주당
의 우경화는 더욱 가속화됐다.
　9월에는 자본 진영을 대표하는 경제단체장들이 회합을 갖고 반정
부 행동계획을 마련했다. 신규 자본 투자를 중단하고 암시장에 돈을

풀어 인플레이션을 조장하자는 게 그 주요 내용이었다. 이 내용은 다음해 미국에서 폭로된 국제전신전화회사ITT의 비밀권고안과도 일치했다. 구리 광산 국유화로 손해를 본 초국적 기업 ITT는 칠레 자본가들에게 생산파업을 선동했고, 은행의 신규대부 중지를 촉구했다. 물가가 가파르게 올랐고, 시장에 상품이 마르기 시작했다. 1971년 말부터 갑자기 인플레이션의 행진이 재개됐다.

사실 인민연합 정부 말기에 칠레인들을 괴롭힌 초인플레이션의 진짜 원인이 무엇인지에 대해서는 아직도 논쟁이 계속되고 있다. 분명 구조적인 문제가 있었다. 가령 칠레는 농지개혁 지연 때문에 농업 생산이 취약했다. 그래서 수출용 작물 외에 기초식량을 수입에 의존해야 했다. 아옌데 정부 초기에 도시 인구 소득이 증가하자 자연히 농산물 수입이 늘었고, 이는 무역수지를 악화시켰다. 하지만 이런 구조적 요인이 단기간에 경제위기로 폭발하게 만든 주된 힘은 분명 초국적 자본과 칠레 국내 자본의 집단행동이었다.

아옌데 정부의 첫 1년 동안 가장 커다란 혜택을 입은 것은 노동자도 아니고 농민도 아닌 도시 중간계층, 특히 자영업자들이었다. 수백만 규모로 두텁게 존재하던 이들은 정부의 신용대부 확대 정책과 소비 열풍으로 짭짤한 이득을 보았다. 그러나 경제적 유인책만으로 이들이 인민연합의 열렬한 지지자가 될 수 있는 것은 아니었다. 정부는 이를 오판했다. 보수 야당들과 자본가, 미국이 왕성한 활동을 재개하자 도시 중간계층은 재빨리 말을 바꿔 탔다. 보수세력 주위에 중간계층 조직들이 모이기 시작했다.

10월 자본가 파업, 그리고… 민중이 일어나다

운명의 장난은 아옌데로 하여금 낡아빠진 부르주아의 법률을 총을 들고 지키게 하는 기묘한 처지에 빠뜨렸습니다. 그는 나중에 자기를 비난하고 살인자에게 정통성을 부여하는 대법원을 옹호했고, 자기를 위법이라고 선언하고 권력 찬탈자에게 기꺼이 자리를 양보하는 의회를 옹호했으며, 자기가 총검을 쓰지 않고 끝장내려고 했던 썩은 체제를 옹호했고, 영혼을 파시즘에 팔아먹은 야당의 자유를 옹호했기 때문에 결국 자신이 총을 들고 싸우는 처지에 빠져버렸던 것이죠.[6]

기득권 세력은 제도권투쟁과 대중투쟁의 양면전술을 구사했다. 의회와 대법원·심계원(칠레판 헌법재판소)은 정부가 사회 부문에 편입시킨 기업에 대해 매번 원소유자 반환 결정을 내렸다. 1971년 12월에는 한 무리의 주부들이 유명한 '냄비 시위'를 벌였다. 쫙 빼입은 중년 여성들이 냄비를 두드려대며 "힘들어 못살겠다"고 외쳤다. 사실 그들은 냄비라곤 이때 처음 만져보았을 상류층 부인들이었다. 이와 함께 무시무시한 제복을 입은 '조국과 자유'라는 파시스트 테러 단체도 거리에 등장했다.

상황이 다급해지자 인민연합 안에서는 치열한 논쟁이 벌어졌다. 당내 좌파가 주도하던 사회당은 이미 1971년 1월의 제23차 대의원대회

---

6 가브리엘 가르시아 마르케스, 《칠레의 모든 기록》, 조구호 옮김, 크레파스, 2000, 269쪽.

에서 각 지역에 인민연합위원회를 복원하고 이를 민중권력기관으로 발전시키자고 결의했다. 사회당과 인민행동통일운동 등 인민연합 좌파는 기득권층의 사보타주에 맞서 민중자치기관들을 세우기 시작했다. 지역 내 대중조직들을 기반으로 '가격·공급위원회JAPs'를 만들어 생활필수품 유통 및 판매를 담당하게 했고, 자본가들이 고의로 가동을 중단시킨 공장에서는 노동자들이 '생산통제위원회'를 조직할 것을 촉구했다.

반면 공산당과 아옌데 대통령은 기독교민주당과 군부를 정부에 끌어들여 정국 안정을 꾀하는 데 골몰했다. 그러자면 기독교민주당의 협력을 끌어낼 수 있게 개혁 수위를 조절해야 했다. 1972년 아옌데 대통령은 인민연합 내 의견 조율을 위해 두 차례 비밀정책회의를 주선했다. 그러나 회의는 항상 입장 차이만 확인한 채 끝나고 말았다. 인플레이션을 놓고서도, 인민연합 우파는 전년도의 지나친 임금 상승이 원인이라 보고, 이에 따라 임금상승에 부응하는 생산성 향상에서 대안을 찾았다. 반면 인민연합 좌파는 기득권 세력이 자본 파업과 암시장 거래를 통해 의도적으로 경제난을 조성한 것이며 따라서 대안은 민중의 직접통제를 확대하는 것뿐이라고 주장했다.

아옌데 대통령은 우파의 손을 들어주었다. 6월부터 기독교민주당의 입각을 요구하는 지루한 협상이 시작됐다. 7월에 공산당 측 인사가 경제담당 장관에 임명된 뒤 곧바로 '신경제정책'이 발표됐다. 그 핵심은 야당과의 타협이 가능한 수준(91개)으로 사회화 대상을 축소하고 중소기업 국유화를 금지하며 노동자들에게 생산증대를 촉구한다는 것이었다. 동시에 정부는 긴축기조로 돌아섰다.

인민연합 좌파는 즉각 반발했다. 7월 14일 급진적 성향의 섬유노동조합이 회의를 열어 섬유산업 전체의 사회화와 실질적 노동자 통제를 정부에 요구했다. 이보다 조금 앞서 수도 산티아고 근교에서는 노동자와 빈농이 연대해 공장과 토지를 점거한 뒤 공동 투쟁조직을 건설했다. 이 조직은 '산업 코르돈'(코르돈Cordón은 조정위원회라는 뜻)이라 불렸다. 7월 27일 인민연합 좌파와 혁명좌파운동이 우후죽순처럼 생겨나는 민중자치조직 대표들을 모아 콘셉시온 시에서 대회를 열었다. 대회 참가자들은 생산증대 이전에 노동자의 생산통제부터 보장할 것, 가격·공급위원회 같은 지역 민중권력을 강화할 것 등을 요구했고, 모든 민중자치조직을 규합해 '민중의회'를 소집하자고 제창했다. 아옌데는 이 대회를 격렬히 비난하고 정부와의 관계를 부인했다.

1972년 가을, 기득권 세력은 인민연합과 기독교민주당 사이의 협상을 방해하기 위해 결정적 승부수를 던졌다. 정부의 국영운송기업 설립안 반대를 명분으로 5만 명의 트럭 운송업자들이 10월 1일부터 파업에 돌입했다. 칠레의 지리적 특성 때문에 트럭 운송 중단은 곧 상품 유통의 마비를 의미했다. 12일부터는 자본가들과 중간계층의 상당수가 파업에 동참했다. 경영진이 공장에 나타나지 않았고, 병원과 상점들이 문을 닫았다. 나중에 밝혀진 것이지만, 파업 지도부는 미국 중앙정보부 CIA로부터 자금 지원을 받고 있었다.

바로 이때였다, 민중의 위대한 창조성이 역사의 무거운 지층을 뚫고 분출한 것은. 지역의 노동조합, 가격·공급위원회, 빈민 조직, 학생 조직, 인민연합 소속 정당의 지부들, 좌파 지방자치단체가 힘을 합쳐 '자치 지도부'를 결성하고 생활필수품 공급을 책임졌다. 투기꾼과 모리배 없이도 시장이 다시 돌아가기 시작했다. 그리고 이런 활동을 계기로 그간 인민연합 정부에 대해 심드렁했던 주부들이 행동에 나서기 시작했다.

경영진이 무단결근한 300개 이상의 공장에서는 노동자들이 작업 현장을 장악하고 생산을 재개했다. 이전에는 일부 좌파 정파의 활동으로 치부되던 산업 코르돈이 곳곳에서 자발적으로 결성되기 시작했다. 그 결과, 경영진이 없는 공장에서도 98%의 산업시설이 며칠 만에 다시 가동됐다. 노동자들이 통제하는 공장은 생산성도 다른 곳보다 높았다. 초국적 기업인 네슬레에서는 노동자들이 기술자들과 힘을 합쳐 저소득층을 위한 저렴한 식료품을 생산하기 시작했다. 병원 노동자들도 의료진 파업에 맞서 산업 코르돈 보건위원회를 구성하고 병원 문을 다시 열었다.

가진 자들의 파업은 결국 실패로 끝났다. 이들의 도발은 오히려 단결하고 결의에 찬 새로운 민중을 낳았다. 아직 군을 장악하고 있던 입헌파 장성, 특히 카를로스 프라츠Carlos Prats González 참모총장이 정부에 적극 협조한 것도 커다란 힘이 되었다. 11월 5일 파업 대표단은 정부와 타협했고, 그 직후 군 장성들이 입각한 비상정부가 구성됐다.

그러나 인민연합 정부는 다시 한번 공세의 좋은 기회를 흘려보냈다. 10월의 민중 공세는 정부의 굳건한 발판이 될 수 있었다. 그럼에도 정부는 노동자가 점거한 공장들을 경영진이 다시 접수하도록 보장했고 자치지도부의 배급 활동을 중단시켰다. 위기 상황의 진정을 위해 어쩔 수 없는 조치이기는 했다. 하지만 모처럼 등장한 민중권력이 인민연합 정부의 풀뿌리 토대가 되도록 법률적 근거를 마련하고 적극 육성하지 않은 것은 또 다른 커다란 실책이었다.

산업 코르돈, 민중권력의 중핵

1973년 1월, 정부는 다시 한번 사회화정책을 제한하겠다고 천명함으로써 야당을 안심시키려 했다. 이는 작년 가을 이후 한때 주춤했던 산업 코르돈 활동을 다시 활성화시키는 계기가 되었다. 정부 발표에 발끈한 각 지역의 산업 코르돈은 광역별로 산업 코르돈 지역조정위원회를 건설하기 시작했다. 그러면 여기서 산업 코르돈이 어떤 조직인지 좀 더 자세히 펼쳐보자. 산업 코르돈은 지역 내 공장 대표들로 구성된 연대조직이었다. 각 사업장에서 노동자 총회를 통해 2~3인의 공장 대표를 선출했고, 이들이 지역별로 모여 산업 코르돈 집행부를 구성했다. 총회에는 블루칼라든 화이트칼라든, 남성이든 여성이든, 금속노동조합 소속이든 사무노동조합 소속이든 모두 참여했다.

초기부터 산업 코르돈이 과연 노동조합과 무엇이 다른지 논쟁이 있었다. 공산당이 주도하던 CUT는 처음에는 산업 코르돈에 대해 그리 적극적이지 않았다. 반면 사회당과 혁명좌파운동은 산업 코르돈을 중요시했다. 산업 코르돈과 기존 노동조합 사이의 첫 번째 차이점은, 위에서도 알 수 있는 것처럼, 산업 코르돈이 직종이나 노동조합 소속 여부와 상관없이 전체 노동자를 대표한다는 점이었다. 더군다나 산업 코르돈은 25인 이하 사업장에서도 건설돼 수많은 미조직 노동자들의 참여를 끌어냈다. 또한 산업 코르돈은 노동자들의 경제적 권익 향상을 추구하는 노동조합과는 달리 정치적 목적을 직접 추구했다. 사회적 소유 확대와 노동자의 생산통제 강화를 요구했고, 일상적으로 생산활동 자주관리와 지역 민중과의 연대에 전념했다. 따라서 조직의 주요 단위도 기업별이나 산업별이 아니라 지역별이었다.

말하자면 산업 코르돈은 대안사회를 건설하는 과정에서 나타나는 민중권력기관의 훌륭한 사례였다. 러시아 혁명 시기의 공장위원회, 독일·오스트리아 혁명 시기의 노동자평의회, 1919~1920년의 이탈리아 공장평의회가 새로운 모습으로 부활한 것이었다. 그런데 민중권력기관의 등장은 결코 기존 제도정치에 위협적이기만 한 게 아니었다. 산업 코르돈은 1973년 3월로 예정된 총선에도 열성적으로 뛰어들었다. 선거 때 투표로만 인민연합을 지지했던 노동대중이 산업 코르돈을 통해 직접 선거운동에 참여했다. 당시 인민행동통일운동의 선거운동 구호는 상징적이었다. "이 정부는 얼간이일지도 모른다. 그러나 적어도 '우리의' 정부다."

한편 기득권 세력도 총선을 인민연합 정부를 합법적 방식으로 무너뜨릴 최후의 기회로 보고 사력을 다했다. 이들의 목표는 대통령 불신임안을 가결시킬 2/3의 의석을 확보하는 것이었다. 보수 야당들은 이를 달성할 수 있으리라 자신했다. 그러나 투표함을 열어보니 선거 결과는 야당들의 기대와는 달랐다. 인민연합이 총 44%를 획득해 대선 때보다 득표율을 8%나 늘린 것이다. 비록 과반을 넘지는 못했지만, 인민연합 정부를 압박한 위기 상황을 감안하면 대단한 승리였다. 사실 민주주의 국가 어디에서도 단독으로 45% 가까이 획득하는 정치세력은 찾아보기 힘들다. 더군다나 기존 사회체제의 변화를 추구하는 세력이 말이다! 민중의 공세야말로 득표율 신장의 가장 큰 요인이었다.

반정부 세력의 수중에는 이제 비합법 수단이라는 카드만이 남았다. 그들은 이것을 사용하는 데 주저하지 않았다. 6월 29일 첫 번째 쿠데타가 시도됐다. 프라츠 참모총장의 용의주도한 지휘로 쿠데타는 진압됐지만, 이번에도 기득권 세력의 도발은 민중의 새로운 공세를 낳았다. "아옌데, 아옌데, 민중이 동지를 지킨다"고 외치며 수많은 군중이 거리로 쏟아져 나왔다. 7월까지 산업 코르돈이 총 60여 개로 늘어났고, 전체 산업 노동자의 약 50%를 포괄했다. 공장마다 '공장방위대'를 결성해 쿠데타 음모에 대항할 준비에 나섰다. 이제는 공산당도, CUT도 산업 코르돈을 인정하고 이에 적극 가담했다. 그동안 기독교민주당을 지지하던 노동자들도 곳곳에서 인민연합의 깃발에 합류했다.

민중은 패배하지 않았다, 민중의 대통령은 항복하지 않았다

> 시적인 라틴 사람이여! 당신은 결코
> 우리의 낡은 교과서 안으로 빠져들진 않느니, 약속들로 결박돼
> 안데스 고지 목초지의 가난한 자들에게 서약했지,
> 산티아고의 군중, 금속 노동자의 굳은 악수,
> 진지한 시골 여교사, 그들은 당신의 얼굴을 찾았소:
> 그들은 자기들의 문서를 들고 왔고 당신은 당신의 삶으로 서명했소.
> _ 에드워드 팔머 톰슨, 〈살바도르 아옌데 찬가〉 중에서[7]

이때가 인민연합 정부의 마지막 기회였다. 정부는 군부 내 숙청을

---

7 영국 역사학자 E. P. 톰슨Edward Palmer Thompson이 9월 11일 쿠데타 소식을 듣고 쓴 시다.

　　　　　　2차 세계대전 이후부터 20세기 말까지

단행해야 했다. 그러나 상황은 오히려 반대로 돌아갔다. 장성회의에서 프라츠 장군(그는 나중에 피노체트 정권에 의해 암살당한다)이 불신임되고, 아우구스토 피노체트Augusto Pinochet가 새로운 참모총장으로 선임됐다. 이때까지만 해도 피노체트는 중립파로 알려져 있었다. 아옌데 대통령은 장성회의 결과를 그대로 승인하는 치명적 오류를 저질렀다.

새로운 군 사령부는 공장방위대의 불법 무장을 해제한다면서 공장을 침탈하고 투사들을 투옥하기 시작했다. CIA와 해군 제독들의 쿠데타 음모를 고발한 해군 사병들이 군 당국에 불법 감금돼 고문당했다. 한때 '자유와 함께하는 혁명'을 주창했던 '민족 부르주아지의 당'(기독교민주당)은 이제 쿠데타 지지로 당론을 모았다.

정부는 대통령 재신임을 묻는 국민투표로 쿠데타 음모에 맞서려 했다. 방향은 옳았지만, 돌이켜 보면 너무 뒤늦은 시도였다. 9월 4일 아옌데 당선 3주년 기념대회에는 50만이 넘는 인민연합 지지 대중이 운집했다. 아옌데 정부는 일주일 뒤인 9월 11일에 대통령 방송 연설을 통해 국민투표 실시를 공표하기로 결정했다. 이 정보를 입수한 반정부 세력은 부랴부랴 쿠데타 계획을 앞당겼다.

9월 11일 새벽, 피노체트 장군이 지휘하는 육·해·공군이 대통령궁을 공격했다. 피노체트는 전화를 걸어 망명을 권고했지만, 아옌데 대통령은 이를 단호히 거부했다. 아옌데는 최후의 항전을 결의하는 라디오 연설을 마친 뒤, 혁명좌파운동에서 파견한 경호원들과 함께 직접 총(카스트로가 선물한)을 들었다.[8] '대통령 동지'는 그렇게 산화해갔다, 쿠데타

---

8 다음 책에 아옌데의 마지막 라디오 연설이 실려 있다. 살바도르 아옌데, 〈나

며칠 동안 학살, '실종'되거나 정처 없는 망명길에 나선 10만 명의 동지들과 더불어. 아옌데, 비록 그에게 오류와 실책이 없었던 것은 아니지만, 그는 적어도 민중이 영원히 기억하고 자랑할 만한 지도자였다.

칠레의 경험은 전 세계 진보세력에게 지나간 역사에 대한 안타까움과 함께, 어렵지만 결코 피할 수 없는 고민거리들을 숙제로 던져준다. 우선 기존 국가기구를 어떻게 변화시킬 것인가 하는 문제다. 인민연합은 가장 중요한 국가기구 중 하나인 군대에 대해 현실적인 정책을 갖고 있지 못했다. 공산당과 아옌데는 평화적 이행을 주장하면서도 군부 내 입헌파를 제대로 엄호하지 못했다. 군부 내 분파들에 대해 세밀하게 대응하기보다는 군부 전체를 마치 하나의 정치세력처럼 보면서 협상하려 했다. 한편 사회당이나 혁명좌파운동은 군대 전체를 대결의 대상으로만 바라봤다. 그러면서 부사관이나 사병들을 조직하려는 노력을 게을리했다.

군대 문제만이 아니었다. 위에서 이미 지적했듯이, 〈인민연합 기본강령〉의 약속과는 달리 개헌은 추진되지 않았다. 인민연합 정부가 집권 초기에 의회와 사법부, 심계원에 대한 민주적 개혁을 들고 나왔다면, 정국이 다르게 전개됐을지도 모른다. 진짜 투쟁은 집권 전이 아니라 그 후에 시작되는 것이었다. 집권 후 헌법 개정을 통해 개혁의 기선을 잡은 2000년대 베네수엘라의 차베스 정부나 볼리비아의 모랄레스 Evo Morales 정부는 분명 칠레 사례로부터 교훈을 얻었을 것이다.[9]

───── 는 결코 사임하지 않는다〉, 장석준 엮음, 《혁명을 꿈꾼 시대》, 살림, 2007.

9   모랄레스 대통령이 속한 현재 볼리비아의 여당 '사회주의운동MAS'에 대해서는 다음 책을 참고할 수 있다. 스벤 하르텐, 《탐욕의 정치를 끝낸 리더십, 에보 모

또 다른 문제는 노동자계급과 중간계층 사이의 동맹을 어떻게 확보할 것인가이다. 변혁은 대결일 뿐만 아니라 항상 동맹의 과정이기도 하다. 인민연합 정부가 이 점을 진지하게 고민하지 않은 것은 아니었다. 하지만 초기에 경제가 순조롭던 시기에 이뤄진 개혁조치들이 무차별 시혜 형태로 나타난 것이 문제였다. 일련의 개혁은 이로부터 이득을 보는 계층·집단을 인민연합 정부 지지기반으로 조직하는 과정과 함께해야 했다. 경제적 혜택만 제공된다면 쉽게 정부를 지지하리라는 가정은 잘못된 것이었다.

세 번째는 인민연합 내에서 가장 첨예한 쟁점이었던 민중권력의 문제다. 아옌데 대통령과 공산당은 민중권력의 출현에 대해 지나치게 소극적인 태도를 보였다. 현실적인 경제정책을 추구했다는 점에서는 이들이 인민연합 좌파에 비해 유능했지만, 이 문제에서는 인민연합 좌파의 기본관점이 옳았다. 대중의 참여와 자치, 그리고 이를 구현하는 민중권력기관의 등장과 성장은 대안사회 건설의 핵심과제다. 칠레의 사례를 보면, 좌파 정부가 진지하게 개혁을 추진하는 과정에서 기존 지배세력과의 대립이 격렬해지면 대중의 전례 없는 참여와 성장이 시작된다는 것을 확인할 수 있다. 어쩌면 이것이 '혁명'의 현대적 의미와 양상이 아닐까. 칠레 경험을 검토하면서 영국 정치학자 랠프 밀리밴드 Ralph Miliband는 다음과 같이 주장했다.

정부가 가진 것은 단지 하나의 중요한 원천, 즉 정부에 대한 민중의 지지뿐

━━━━━ 랄레스》, 문선유 옮김, 예지, 2015.

이다. 그러나 선거에서 표방된 이러한 지지는 극히 어려운 시기를 지나면서도 유지되어야 하며 '동원'되어야 한다. 정부를 지지하는 정당들은 당원들에 대해서 그렇게 할 것이며, 혹은 하도록 노력할 것임을 의심할 바 없다. 또 노동조합과 같은 노동자계급 조직도 일조할 것이다. 그러나 필요한 것은 그런 조직에 의해 제공되는 것보다 훨씬 큰 어떤 것, 즉 국가를 '대체'하는 것이 아니라 '보완'하려는 의도를 가지면서 전 시민사회를 관통하는 인민참여기관의 유연하고도 복잡한 조직망이다. 이것은 인민참여기관이 정부에 도전한다는 의미에서가 아니라, 해야 할 일이 극도로 산적해 있는 준혁명적 상황에서 공격적·방어적이며 일반적으로 지원적인 역할을 한다는 의미에서, '이중권력'이라는 [레닌의 – 인용자] 개념을 적용한 것이라 할 수 있다.[10]

하지만 숙제는 숙제고, 우리가 잊지 말아야 할 것은 기존 제도정치의 차가운 대리석을 뚫고 그토록 간절하게 민중들의 이상과 열정이 분출했다는, 그럴 수 있다는 사실이다. 그날의 쿠데타로부터 40년 뒤인 2013년 11월 칠레 총선[11]에서 사회당, 기독교민주당,[12] 공산당 등의 공동 대선후보 미첼 바첼레트Michelle Bachelet(사회당 소속)가 대통령에 당선됐다. 피노체트 정부 이후 계속된 교육 시장화정책에 항의하며 대

---

10 랄프 밀리반드, 《마르크스주의 정치학입문》, 정원호 옮김, 풀빛, 1989, 221쪽. 번역 일부 수정.

11 1988년 민주화 이후 칠레는 대통령선거와 의회선거를 동시에 실시한다.

12 기독교민주당은 피노체트의 군부 파시즘 정권 아래서 사회당과 연대해 반독재 투쟁을 벌였다. 쿠데타에 찬동했던 전 대통령 프레이는 1982년에 군부 정권에 의해 독살당했다.

2차 세계대전 이후부터 20세기 말까지

학교육의 무상공공화를 주장한 학생운동이 바첼레트의 당선을 이끈 주된 힘이었다.

피노체트가 아옌데 정부의 구조개혁을 총칼로 짓밟고 세계 최초로 신자유주의를 실험한 지 한 세대 만에 칠레의 거리는 다시 El pueblo unido jamás será vencido!(단결한 민중은 결코 패배하지 않는다!)라는 함성으로 가득 찼다. 이는 바로 〈인민연합의 노래〉의 한 구절이었다. "아옌데, 아옌데, 민중의 대통령"을 연호하며 칠레의 민중들이 부르던 그 노래─칠레의 전투는 끝나지 않았다.

[더 읽기]

이 장을 집필하는 데 주로 다음 책들을 참고했다.

강문구 엮음,《자본주의 체제하의 사회변혁운동: 칠레혁명과 아옌데 노선 연구》, 친구, 1990.

서병훈,《다시 시작하는 혁명: 아옌데와 칠레식 사회주의》, 나남, 1991.

이성형,《라틴아메리카 자본주의논쟁사》, 까치, 1990,〈제4장 칠레 사회변혁 논쟁〉.

P. 오브라이언 엮음,《칠레혁명과 인민연합》, 최선우 옮김, 사계절, 1987.

Benny Pollack & Hernan Rosenkranz, *Revolutionary Social Democracy: The Chilean Socialist Party*, Palgrave Macmillan, 1986

Carmelo Furci, *The Chilean Communist Party and the Road to Socialism*, Zed Books, 1984.

Edward Boorstein, *Allende's Chile: An Inside View*, International Publishers, 1977.

Jonathan Haslam, *The Nixon Adminstration and the Death of Allende's Chile*, Verso, 2005.

Lubna Z. Qureshi, *Nixon, Kissinger and Allende: U.S. Involvement in the 1973 Coup in Chile*, Lexington Books, 2009.

Paricio Mellor, *The Unidad Popular and the Pinochet Dictatorship: A Political Analysis*, Palgrave Macmillan, 2000.

Peter Winn, *Weavers of Revolution: The Yarur Workers and Chile's Road to Socialism*, Oxford University Press, 1989.

Salvador Allende, *Salvador Allende Reader: Chile's Voice of Democracy*, Ocean Press, 2000.

Stefan De Vylder, *Allende's Chile: Political Economy of the Rise and Fall of the Unidad Popular*, Cambridge University Press, 1976.

Voctor R. Clark, *Salvador Allende: Revolutionary Democrat*, Pluto Press, 2013.

다음의 국내 연구 성과들로부터도 큰 도움을 받았다.

박우득,〈칠레 인민연합시기 산업 코르돈의 조직과 활동〉, 동아대학교 사학과 석사학위 논문, 1994.

최향숙,〈칠레 인민연합 정부 시대의 농지개혁과 농촌사회변화에 대한 연구〉, 한국외국어대학교 중남미지역연구과 석사학위 논문.

다음 논문은 짧은 분량 안에 인민연합 정부에 대한 균형 있는 평가를 담고 있다.

마르타 아르네케르, '미래를 만들기 위해 과거를 이해하자: 아옌데 정부에 대한 고찰', 〈이론
과 실천〉 2003년 10월호.

다음 책은 이 장의 내용을 보다 상세하게 다룬다.

장석준, 《신자유주의의 탄생: 왜 우리는 신자유주의를 막을 수 없었나》, 책세상, 2011, 제3장
"칠레의 전투".

아옌데의 훌륭한 전기도 번역돼 나와 있다.

빅터 피게로아 클라크, 《살바도르 아옌데: 혁명적 민주주의자》, 정인환 옮김, 서해문집, 2016.

(위 Victor Clark, *Salvador Allende*의 국역본)

아옌데 정부와 9·11 쿠데타에 대한 회고로는 다음 책들이 있다.

살바도르 아옌데 외, 《기억하라, 우리가 이곳에 있음을: 칠레, 또 다른 9·11》, 정인환 옮김, 서
해문집, 2011.

G. 가르시아 마르케스, 《칠레의 모든 기록》, 조구호 옮김, 크레파스, 2000.

아리엘 도르프만, 《남을 향하며 북을 바라보다: 아리엘 도르프만 회고록》, 한기욱·강미숙 옮
김, 창비, 2003.

**피노체트 독재에 맞선 투쟁과 민주화 과정에 대해서는, 아옌데 정부의 장관이었고 민주화
이후 칠레 대통령을 역임한 리카르도 라고스Ricardo Lagos (사회당 소속)의 회고록을 참고할
수 있다.**

리카르도 라고스, 《피노체트 넘어서기: 칠레 민주화 대장정》, 정진상 옮김, 삼천리, 2012.

인민연합 정부와 칠레 민중의 고투를 가장 생생히 접할 수 있는 자료는 다음의 다큐멘터리다.

파트리시오 구스만 감독, 〈칠레 전투〉 1~4부 (DVD)

신자유주의의 등장에 맞선 구조개혁 좌파

/

영국 노동당의 벤좌파운동

13

"우리는 어디에서나 토니를 만날 수 있었다.
라디오, 텔레비전, 책, 그리고 영국 전역의
대중 집회에서 말이다. 수백 명, 때로는 수천
명의 청중들이 그의 분석과 설명, 전망을
경청했고, 사회주의를 쟁취할 수 있다는
확신을 얻었다. 그렇다, 그 수많은 청중들은
정말로 그러한 확신을 얻었다."

영국은 신자유주의 공세의 진원지 중 하나다. 흔히 1979년에 영국에서 마거릿 대처Margaret Thatcher가 이끄는 보수당 정부가 출범한 것을 신자유주의의 기점 중 하나로 이야기하곤 한다. 물론 영국에는 이에 맞설 만한 진보정당이 있었다. 노동당이다. 그러나 결과적으로 노동당은 대처의 신자유주의 '혁명'을 막지 못했다. 노동당 자신이 이 때문에 18년 동안이나 야당에 머물러 있어야 했다.

1997년 총선에서 노동당은 젊은 대표 토니 블레어Tony Blair를 내세워 오랜만에 여당이 됐다. 한데 신임 총리는 자기 당을 굳이 '신'노동당이라 부르며, 신자유주의도 아니고 정통 사회민주주의도 아닌 '제3의 길'을 추구하겠다고 선언했다. 전임 보수당 정권의 사유화 및 복지 축소 정책을 중단시키기는 했지만, 그렇다고 복지를 다시 획기적으로 늘리지도 않았고 금융 중심 경제기조는 보수당과 판박이였다. 2000년대 중반까지 신자유주의가 전성기를 구가할 때는 이러한 '신'노동당 노선이 승승장구하는 것 같았지만, 2008년 금융위기가 닥치자 집권 노동당은 신자유주의가 낳은 위기의 책임을 모두 떠안게 됐다. '노동'을 당명으로 내세운 정당이 가장 반동적인 자본주의 질서의 수호자라는 오명을 덮어쓴 것이다.

어쩌다 이 지경까지 이른 것일까? 노동당 안에 신자유주의에 맞서는 흐름은 없었는가? 과연 '제3의 길'이 지금 노동당의 전부인가? 이런 물음의 답을 정리하기도 전에 영국 노동당은 다시 한번 곡예를 보여주었다. 2015년, 그동안 '제3의 길' 노선에 가려 눈길조차 제대로 받지 못하던 당내 급진좌파 성향의 제러미 코빈Jeremy Corbyn 의원이 당 대표로 선출됐다. 대다수 영국 언론은 코빈이 '벤좌파'의 유산을 이어받은 인물이라며 경악했다. 도대체 '벤좌파'는 무엇이고, 이는 영국 노동당을 둘러싼 물음과 어떤 관련이 있는가?

노동조합이 만든 진보정당

영국은 17세기 청교도 혁명 이후 한 번도 정치적 격변이 없었던 나라다. 토지 귀족과 산업 자본가들 사이의 세력 교체는 의회라는 사교 클럽 안에서 지루하고 조용하게 이뤄졌다. 의회는 이 나라에서 '정치'의 모든 것이었다.

노동운동도 뭔가 유럽 대륙과는 동떨어진 모습이었다. 18세기 말부터 산업자본주의가 시작된 이 나라에서는 사회주의가 모습을 갖추기 훨씬 전부터 직업별 노동조합이 번성했다. 사회주의 정당이 노동조합보다 먼저 발전하거나 둘이 서로 엇비슷하게 성장한 유럽의 다른 나라들과는 달리 영국에서 노동계급의 조직은 당이 아니라 우선 노동조합이었다.

2차 세계대전 이후부터 20세기 말까지

1900년 2월에 노동조합과 소규모 좌파정당·단체의 대표들이 모여 노동자 정치세력화를 추진할 '노동대표위원회LRC'를 건설했을 때도 가장 커다란 동기는 사회주의 이념의 실현이 아니라 노동조합 활동의 자유를 법적으로 보장받으려는 것이었다. 노동대표위원회는 1906년에 비로소 '노동당'이라는 정당으로 탈바꿈했다. 유럽에서 가장 늦었지만, 어쨌든 미국과는 달리 노동운동의 전폭적 지지를 받는 진보정당을 건설하기는 한 것이다.

하지만 노동조합이 만든 당이기 때문에 유럽의 다른 진보정당들에서는 볼 수 없는 특징들이 나타났다. 무엇보다도 노동당은 초기에 집단가입제도에 의존했다. 지지자들이 개별입당하는 게 아니라 노동당에 '가입'한 노동조합의 조합원들이 곧바로 당원으로 인정되는 제도다. 물론 대륙의 몇몇 좌파정당들에서도 이런 식의 입당제도는 존재했다. 다만 어디까지나 노동자들의 개별입당을 독려하기 위한 보조 수단이었을 뿐이다. 하지만 영국에서는 이것이 주된 입당 경로였다.

영국식 집단가입제도 아래서 노동자들은 당과 직접 관계 맺는 게 아니라 노동조합 간부들을 통해 간접적으로 교류했다. 또한 당의 이념, 노선을 토론하거나 일상활동에 결합할 필요 없이 조합 기금을 당비로 제공하고 선거 때 지지해주기만 하면 됐다. 그래서 대륙의 좌파정당들이 노동대중에게 스며드는 데 사회주의 이념이 결정적인 역할을 한 것과는 달리, 영국에서는 노동당이 등장한 뒤에도 유럽 대륙에 비해서는 대중적인 사회주의운동이 존재한다고 말하기 힘들었다. 형식상 노동당원인 대다수 노동자들의 이념은 사회주의라기보다는 노동조합주의였고, 노동당은 의회 안에서 노동조합주의를 대변했다. 이것이 영국 노

동당의 중요한 태생적 한계였다.[1]

　한데 영국식 당-노동조합 관계에는 또 다른 얼굴도 있었다. 다른 나라 진보정당들에 비해 노동조합이 당 내부에 깊숙이 관여했기 때문에 노동조합운동의 변화가 당에 직접적이고 즉각적인 영향을 끼쳤다. 만약 노동조합운동이 상층 간부들조차 급진화할 정도로 가열된다면, 영국 노동당은 갑자기 유럽 대륙의 진보정당들보다 훨씬 더 급진적인 자세를 취할 수도 있었다.

　실제로 그런 일이 벌어졌다. 1차 세계대전 직후 산업별 노동조합운동이 활성화되자 노동당은 1918년 대의원대회에서 창당 이후 최대의 환골탈태를 단행했다. 이 대의원대회에서 저 유명한 당헌 4조가 채택됐다. 당헌 4조는 노동당의 과제가 "생산·분배·유통 수단 공동소유, 산업·서비스의 통제"라는 점을 분명히 했다.[2] 즉, 노동당은 이때부터 비로소 '사회주의' 정당이 되었다. 또한 이 대의원대회에서 처음으로 개별입당제도가 도입됐다.

　하지만 이런 1차 혁신에도 불구하고 창당 당시의 구조가 크게 변한 것은 아니었다. 주된 당원 확충 경로는 여전히 노동조합을 통한 집단입당이었다. 개별입당 당원은 가장 많을 때도 60만 명 수준에 머문 반

1　영국 노동당 외에도 다른 영어권 국가들의 주류 진보정당도 비슷한 특징을 보인다. 이들 나라에서도 노동조합이 당을 만들었기 때문이다. 아일랜드 노동당, 오스트레일리아 노동당, 뉴질랜드 노동당 등이 그런 예다.

2　1995년에 개정되기 전, 당헌 4조는 다음과 같았다. "육체 및 지식 노동자들에게 그들 산업의 모든 결실과 그 가장 공평한 분배를 보장하기 위해, 이를 가능케 할 생산, 분배 및 유통 수단의 공동소유와, 가능한 한 최선의 행정 시스템, 각 산업 혹은 서비스의 통제를 실시한다."

면, 집단가입한 조합원 수는 최대 600만 명을 넘어섰다.

진보정당과 노동조합 사이의 기이한 분업관계는 이후 더욱 깊이 뿌리를 내렸다. 노동당의 최고 의사결정기구는 1년마다 열리는 대의원대회다. 그런데 대의원대회에서 노동조합 측 대의원들의 표는 그들이 대표하는 조합원 수에 따라 수십만, 수백만 표로 환산해 집계됐다. 따라서 이들의 표가 대의원대회 전체 투표의 90%를 차지했다. 그런데 문제는 대의원들의 투표 방향이 대의원 개인 의사나 조합원들 사이의 토론 및 투표의 결과가 아니라, 집행부의 의중에 따라 결정됐다는 것이다(노동조합 블록투표). 결국 노동당 대의원대회 결과를 실제 좌지우지한 것은 소수의 노동조합 최고위층이었다. 그 성향이 온건하든 급진적이든 말이다. 노동조합의 영향력은 당 집행부 구성에서도 나타났다. 노동당 당헌상 최고 집행기관은 대의원대회에서 선출하는 집행위원들로 구성된 '전국집행위원회NEC'다. 그런데 이 중 거의 절반이 노동조합 몫으로 할당됐고, 나머지가 지구당과 의원단, 여성 부문 등이었다.

이러한 복잡한 장치들은 겉으로는 노동당의 노동계급 중심성을 보장하는 버팀목들인 것처럼 보였다. 그러나 실상은 그렇지 않았다. 노동당을 실제 움직이는 것은 이런 복잡한 장치들과는 아무 관련도 없는 의원단이었다. 대의원대회와 전국집행위원회는 점점 요식행사나 명예기관으로 전락했고, 당의 일상활동은 모두 하원의원들이 결정했다. 집권 시에는 내각이, 야당일 때는 그림자 내각이 실질적인 당 집행부 역할을 했다(물론 모두 하원의원들로 구성된다). 흔히 '당수leader'로 불리는 대표(총리 혹은 총리 후보)는 20세기 내내 의원단 내 선거로 뽑혔다. 당의 최대 주주인 노동조합 상층 간부들은 이런 의원단의 영향력에 의문을 제기하지 않았다. 아니 오히려 이를 묵인하거나 조장했다. 이들에게는 소수 원내 지도자와 소통하는 것보다 더 효과적인 정치활동이 없었다.

결국 영국 노동당은 다른 진보정당들보다 더 노골적으로 의원단의 정당이 되어갔다. 당 활동은 곧 의원들의 활동이었고, 당의 원외 부분은 선거운동 조직으로만 의미가 있었으며, 당원 활동은 선거운동과 투표로 제한되었다. 물론 2차 세계대전 후 대부분의 서유럽 사회민주주의 정당들에 이런 모습이 나타났지만, 영국만큼 심한 곳은 없었다. 노동당이 진정 당헌 4조의 이상대로 영국 사회를 바꿀 수 있으려면, 이 당은 우선 자기 자신부터 바꾸어야만 했다.

노동당 신좌파의 등장과 토니 벤

노동당이 당헌 4조의 이상을 적극 반영한 선거공약으로 처음 집권한 것은 1945년 2차 세계대전 종전 직후의 총선에서였다. 이때 등장한 애틀리Clement Attlee 정부는 무상공공의료 체계인 '국민보건서비스NHS'를 도입했고, 공공임대주택을 대규모로 건설했다. 이런 개혁 성과는 지금도 노동당 지지의 굳건한 지반이 되고 있다.

그러나 개혁은 이 정도 수준에서 일단락됐다. 복지제도 도입과 공공부문 확장은 대영제국의 낡은 유산을 지키려는 지배세력이 용인할 수 있는 수준을 넘어서지 못했다. 영연방 내에서 파운드화의 국제결제 통화 지위를 유지하기 위해 드는 비용이 컸을 뿐만 아니라, 냉전이 시작된 후에는 핵무장과 한국전쟁으로 국방예산이 늘어났다. 군사 지출이 늘어나는 만큼 복지예산은 줄어들었다. 보건부 장관으로서 국민보건서비스 구축에 앞장섰던 나이 베번Aneurin(Nye) Bevan 의원을 중심으로 당내 좌파(베번좌파)가 반발했지만, 의원단 내 다수는 우파였다.

애틀리의 뒤를 이어 대표가 된 휴 게이츠켈Hugh Gaitskell과 원내 다수파는 '현대 사회주의란 전후에 구축된 혼합경제의 범위 안에서 소득 재분배를 계속 추진하는 것'이라는 토니 크로슬랜드의 신수정주의를 지지했다. 게이츠켈 집행부는 당헌 4조 폐기를 시도하기까지 했다. 다행히 이 시도는 노동조합 진영의 동의를 얻지 못해 실패로 끝났다.

전후 두 번째 노동당 정부(1964~1970)의 총리 해럴드 윌슨Harold Wilson은 이러한 당의 우경화를 비판하면서 대표로 당선된 인물이었다. 그러나 윌슨 정부의 성적은 너무나 실망스러운 것이었다. 윌슨 정부는 애당초 국제 금융자본의 거점이 되고 있던 런던 금융가(시티)[3]를 제압하겠다고 공언했지만, 집권 후에는 대결을 회피했다. 오히려 인플레이션을 잡는다며 임금인상투쟁을 억제하는 노동법 개정을 시도했다가 노동조합의 불신만 샀다. 이 때문에 노동당은 1970년 총선에서 패해 야당이 됐다.

그러나 이 뼈아픈 경험은 노동당에 변화의 바람을 불러일으켰다. 운수일반노동자연합TGWU 같은 거대 노동조합에 좌파 집행부가 들어서서 노동당에 압력을 넣기 시작했다. 또한 1960년대 말 신좌파 학생운동의 세례를 받은 젊은 당원들이 지구당 활동가로 유입됐다. 이런 압력에 윌슨 정부의 각료였던 중진 의원 한 명이 적극 화답했다. 토니 벤

---

3 런던의 원도심인 시티City에 금융기관들이 밀집해 있기 때문에 영국에서 City는 곧 금융세력을 뜻한다.

Anthony(Tony) Wedgwood Benn이 바로 그 사람이었다.[4] 그는 전국집행위원으로서 산하 국내정책위원회의 의장을 맡아 이 위원회를 좌파 지식인들의 활기찬 토론장으로 만들었다. 스튜어트 홀랜드Stuart Holland 같은 젊은 정책가들이 창의적인 발상을 쏟아냈다.

1973년 전국집행위원회는 국내정책위원회가 제출한 일련의 급진적 정책들을 차기 총선 공약 초안으로 채택했다. 이에 따르면, 차기 노동당 정부는 은행·보험회사 등 주요 금융기관을 국공유화한다. 국가가 소유하고 노·사·정 대표가 이사회를 맡는 국영지주회사 '국민기업위원회NEB'를 설립해서 25대 대기업의 지배 지분을 확보한다. 1970년대 무렵 영국의 거대 자본은 제조업에서 철수해 해외 금융 투자에 몰두했다. 자본이 이렇게 국경을 넘기 시작하면서 노동의 대항력·교섭력이 약화되고 복지국가가 흔들릴 조짐이 보였다. 국민기업위원회의 핵심목표는 각 산업 부문의 대표 기업들을 통제해 이러한 신자유주의의 초기 양상을 제어하려는 것이었다. 노동당의 새 정책은 국민기업위원회에 더해, 정부가 100대 민간 기업 및 공기업들과 계획 협약을 맺어 경제계획에 따르도록 하고 노사관계 민주화를 압박한다는 방안도 제시했다.

이들 정책은 '대안경제전략AES'이라는 이름으로 불렸다. 이는 대자본을 사회의 힘에 복속시킴으로써 복지국가의 위기에 맞서겠다는 '영국판 구조개혁' 방안이었다. 홀랜드는 '비개혁주의적 개혁'이라는 프랑스 좌파 사상가 앙드레 고르André Gorz의 급진적 구조개혁론을 직접

---

4 마이클 무어 감독의 다큐멘터리 〈식코〉에 생전의 벤이 출연한다. 무어 감독이 "대처가 왜 국민보건서비스를 없애지 않았냐"고 묻자 "만약 그랬다면 혁명이 일어났을 테니까"라고 답하는, 노老 정치인이 토니 벤이다.

인용했고, 이론적 뿌리를 찾아 장 조레스의 '혁명적 개혁주의'로까지 거슬러 올라갔다. 대안경제전략의 내용이 담긴 노동당의 1974년 총선 공약집은 차기 정권의 핵심과제를 다음과 같이 인상적으로 요약했다. "권력과 부의 불균형을 일하는 사람들과 그들의 가족에게 유리한 방향으로, 더 이상 돌이킬 수 없게끔 근본적으로 바꾼다."

주요 대기업 국유화를 내건 급진적 선거공약에도 불구하고 노동당은 1974년 2월 총선에서 승자가 됐다. 다시 총리가 된 윌슨 대표는 벤을 산업부 장관으로 임명했다. 벤은 이 직책을 선거공약을 진지하게 실천할 기회로 받아들였다. 그러나 윌슨과 대다수 각료는 결코 그렇게 생각하지 않았다. 보수언론이 벤을 빗발치듯 비난했지만, 내각의 동지들은 그를 옹호하기는커녕 언론의 공격에 맞장구쳤다. 벤이 이에 반발하자 총리는 '당의 단합'을 내세우며 그를 산업부 장관에서 해임했다. 집권 전에는 당을 급진화하는 데 한몫했던 좌파 노동조합 간부들조차 정권 유지를 위해 이를 묵인했다.

그러나 벤의 고투와 대안경제전략의 좌절은 오히려 제2차 윌슨 정부에 실망한 많은 당원들에게 새로운 희망의 구심을 제공하는 역할을 했다. 대중 정치가가 있고 정책 대안이 있고 당 안팎의 활동적 지지자들이 있었다. 삼박자가 맞아떨어진 것이다. 새로운 세대와 그 문화로 무장한 당내 좌파가 형성되기 시작했다. 세상은 이들을 '벤좌파'라 불렀다.

사실 벤은 '급진좌파'라는 이미지와 딱 맞아떨어지는 인물은 아니었다. 1960년대까지만 해도 그는 윌슨의 가장 유력한 후계자로 촉망받던 화면발 잘 받는 젊은 정치인이었다. 이 점에서는 어쩌면 토니 블레어의 선구자 격이었다. 그러나 참으로 어처구니없는 고난이 그의 이력

노동당 청년조직 집회에서 연설하는 토니 벤(1970년대).

마이클 무어의 다큐멘터리 영화 〈식코〉에서 영국 NHS에 대해 설명 중인 만년의 토니 벤.

2차 세계대전 이후부터 20세기 말까지

을 뒤흔들었다.

벤이 이미 하원의원으로 당선돼 활약하고 있던 1960년에 종신 상원의원이던 그의 아버지 윌리엄 벤William Wedgwood Benn(자유당의 주요 정치인이었다가 노동당으로 전향한 인물)이 사망했다. 그런데 영국 법률상 상원의원직은 장자에게 계승돼야 했고, 상원의원이 되면 하원의원은 될 수 없었다. 벤은 본래 차남이었지만 형이 2차 세계대전에서 전사했기 때문에 자신의 의사와 상관없이 하원에서 쫓겨나 귀족들의 사교장인 상원에 처박혀야 할 운명이 됐다. 벤은 이를 받아들이지 않고 3년간 투쟁했다. 그는 마침내 중세의 유산인 낡은 법 자체를 바꾼 뒤 하원의원으로 다시 당선됐다.

이런 일을 겪으며 그는 영국의 의회민주주의 제도에 커다란 의문을 품기 시작했다. 그리고 이런 고색창연한 관행을 별로 문제시하지 않으면서 '사회주의'를 이야기하는 노동당도 비판의 눈으로 돌아보게 됐다. 영국 사회의 반민주적 질서는 혹시 사회 변화를 추구한다는 당 안에서도 그대로 반복되고 있는 것은 아닐까? 이러한 질문을 계기로, 한 정치엘리트의 출세가도는 전혀 다른 방향, 전혀 다른 풍경의 길로 바뀌었던 것이다.

방향을 잃은 당과 당 혁신운동의 소용돌이

1976년 가을, 거대한 폭풍이 영국을 덮쳤다. 브레턴우즈 체제 붕괴로 등장한 국제 외환시장에서 파운드화 투매가 벌어져, 달러 대비 파운드 가치가 곤두박질쳤다. 외환위기였다. 사실 이 사건 자체는 그리 심각한 것이 아니었다. 국제통화기금IMF으로부터 구제금융을 받으면 되기 때문이었다.

하지만 문제는 IMF의 대주주인 미국 정부가 이제까지와는 전혀 다른 태도로 나왔다는 것이다. 미국 재무부는 IMF 출범 후 처음으로 우방국(그것도 소위 '혈맹'이라는 나라의) 정부에 구제금융의 전제조건을 요구했다. 복지에 재정을 쏟아붓는 대신 긴축기조로 돌아서라는 것이었다. 이미 금융화에서 생존 방도를 찾은 미국 엘리트들은 영국 노동당 정부가 금융시장 부양에 쓰일 돈을 케인스주의적 재정확장 정책을 통해 복지에 투입하는 게 영 불만이었다. 외환위기를 기회로, 이들은 외국 정부의 경제정책 기조를 규율하려 들었다. 1997년에 한국 정부가 경험하게 될 상황의 원형이 상연되려는 참이었다. 신자유주의 물결이 역사의 장막을 뚫고 튀어나오는 순간이었다.

노쇠한 윌슨의 뒤를 이어 짐 캘러헌James(Jim) Callaghan이 총리를 맡고 있던 노동당 정부는 일대 혼란에 빠졌다. 벤의 국내정책위원회는 자본이동 통제를 주 내용으로 하는 '대안경제전략' 버전 2.0을 제출하면서, 구제금융 전제조건을 수용해선 안 된다고 호소했다. 그러나 캘러헌 총리와 데니스 힐리Denis Healey 재무부 장관은 IMF 요구조건을 모두 받아들였다. 40억 파운드의 구제금융을 받아들이는 대가로, 금리를 15%로 인상했고, 대공황 이후 최대규모로 정부 예산을 삭감했다. 이로써 영국에서 케인스주의 시대는 끝났다. 신자유주의는 결코 대처 정부에서 처음 시작된 게 아니었다.

노동당은 방향을 상실했다. 이제는 지난 30년간 안주해온 전후체제를 계속 끌고 갈 수 없게 되었다. 물론 좌파는 이미 대안을 제시한 상태였다. 대안경제전략이 그것이었다. 그러나 이것이 진지하게 추진되자면 사회적 격변 이전에 당의 격변이 필요했다. 당내 우파는 막상 케인스주의라는 무기는 버렸지만, 그렇다고 구조개혁 대안이라는 새 무기를 받아들일 수는 없었다. 후자를 선택할 경우 그간 익숙했던 의회주의와는 다른 방식의 정치활동을 감행해야 한다는 것을 잘 알았기 때문이다. 이들은 벤좌파의 도전에 신경질적으로 반응할 뿐이었다.

그나마 비전 있는 우파 의원들이 찾은 유일한 해결책은 영국 경제를 유럽경제공동체EEC에 하루빨리 통합시키는 것이었다. 하지만 이것은 당내 좌파가 받아들일 수 없는 선택지였다. 이들이 보기에 유럽 경제통합이란 그나마 민주적인 국민국가의 경제운영 권한을 유럽연합의 비선출직 엘리트들에게 넘겨주는 것이기 때문이었다. 물론 이런 시선에는 영국 좌파 특유의 민족주의 정서가 깔려 있기도 했다. 그러나 수십 년 뒤 그리스 경제위기 등을 통해 밝혀진 대로, 유럽 경제통합에 대한 벤좌파의 비판에는 시대를 뛰어넘은 혜안도 담겨 있었다.

아무튼 노동당이 이렇게 길을 잃고 헤매는 가운데, 1979년 5월 총선에서 마거릿 대처의 보수당이 집권했다. 새로 등장한 대처 정부는 전후의 다른 보수당 정부들과는 전혀 달랐다. 경제권력을 의도적으로 금융시장에 넘겼고, 이에 맞서는 노동운동의 성과들을 하나하나 회수했다. 그러나 이 소용돌이 속에서 이와 정반대 되는 움직임도 무르익고 있었다. 그것은 노동당 혁신운동의 등장이었다.

1973년 1월에 블라디미르 더러Vladimir Derer를 중심으로 한 200명가량의 노동당 지구당 활동가들이 '노동당 민주화운동CLPD'이라는 조직을 결성했다. 여기에 모인 활동가들은 영국같이 의회제라는 이름 아래 엘리트 통치가 고착된 나라에서 추상적인 사회주의 선전만으로는 사회를 바꿀 수 없다고 믿었다. 어쨌든 급진적 개혁을 공약한 정부가 들어서야 한다. 이 정부가 개혁을 진지하게 추구하다가 자본주의의 한계와 충돌할 때만 대중운동의 도약이 가능하다. 그렇다면 우선 급진적 개혁정부가 출범하도록 만드는 게 급선무다. 그런데 노동당은 거듭 급진개혁 약속을 위반했다. 지난 몇 차례의 노동당 정부는 영국판 아옌데 정부와는 한참 거리가 멀었다. 그 원인은 대의원대회 결정사항들을 쉽게 무시하고 뒤집는 의원단 독재에 있다. 우선 이것을 깨버리는 데서 출발해야 한다. 이것이 노동당 민주화운동의 기본구상이었다.

노동당 민주화운동은 몇 가지 당면 혁신과제를 추린 뒤, 대의원대회 전에 이를 활동가들에게 집중적으로 설명하고 토론을 조직했다. 그리고 그 결과를 대의원대회에 안건으로 제출했다. 현직 하원의원에 대해서도 임기 중에 반드시 지구당 내 재신임 투표를 실시해서 한번 의원이 되면 계속 해먹는다는 풍토를 깨자, 의원단 내 선거가 아니라 대의원대회 투표로 대표를 뽑자, 전국집행위원회에 실질적 권한을 부여해서 내각 혹은 그림자 내각이 당정책을 좌우하는 관행을 바로잡자, 이런 것들이 노동당 민주화운동의 당 혁신 요구였다. 한마디로 의원단 중심의 당을 풀뿌리 당원의 당으로 바꾸자는 것이었다.

노동당 민주화운동이 특히 중요시한 것은 하원의원에 대한 의무적 재신임 투표 방안이었다. 지구당 활동가들은 내각에서 총선 공약(대안경제전략)을 반대하고 무력화하는 데 앞장선 당내 우파 성향 의원들을 심판하는 수단으로 이를 활용하려 했다. 하지만 당헌 개정은 쉽지 않았다. 1970년대 내내 노동조합 블록투표의 방향은 대개 개혁에 반대하거나 방관하는 쪽이었다. 한 세기 가까운 역사를 지닌 당을 바꾸는 것이 쉬울 수는 없는 법이었다.

한편 1978년에는 또 다른 당 혁신운동 기구가 출범했다. 역시 지구당 활동가들의 조직인 '노동당조정위원회LCC'가 그것이었다. 이 조직은 당내 민주화에 치중한 노동당 민주화운동과는 달리 대안경제전략을 이론적으로 더욱 발전시키고 교육·홍보하는 데 앞장섰다. 그전까지 노동당은 대의원대회에서 채택한 공식 정책을 대중에게 제대로 알리는 작업조차 하지 않았던 것이다.

대격돌

시간은 걸렸지만, 노동당 민주화운동의 당 혁신안에 대한 지지는 점점 확산되어갔다. 그 성과로, 1979년 대의원대회에서 400만 표 대 300만 표로 하원의원에 대한 의무적 재신임 투표안이 통과됐다. 5년간의 노고 끝에 얻은 성과였다. 윌슨-캘러헌 정부의 경험에 대한 환멸 때문에 TGWU, 전국공공노동자연합NUPE 같은 거대 노동조합의 블록투표가 혁신세력 쪽으로 움직인 결과였다.

노동당 민주화운동과 노동당조정위원회는 다음해 대의원대회를 준비하면서 서로 연합해 '풀뿌리운동위원회RFMC'를 결성했다.[5] 벤좌파를 대표할 조직이 등장한 것이었다. 풀뿌리운동위원회의 압력 속에

---

5 영국 노동당은 매년 가을에 정기 대의원대회를 연다. 영국 내 다른 정당들도 비슷한 시기에 대의원대회를 연다.

1980년 10월의 블랙풀 대의원대회는 또 다른 당헌 개정안을 채택했다. 그것은 대의원대회에서 대의원들로 선거인단을 구성해서 대표와 부대표를 선출한다는 것이었다. 하지만 구체적인 선거인단 구성 방식은 다음해 1월에 열릴 임시대의원대회로 위임되었다. 여기에는 당 집행부의 책략이 숨어 있었다. 지난 총선에서 패배한 캘러헌 대표는 어차피 사임해야 했는데, 새 방식으로 대표를 선출할 경우 벤이 당선될 가능성이 작지 않았다. 그래서 캘러헌은 대의원대회가 끝나자마자 대표직을 사임해서 임시대의원대회가 열리기 전에 기존 의원단 호선 방식으로 차기 대표를 선출하도록 만들었다.

이 선거에서 〈트리뷴Tribune〉 그룹의 마이클 푸트Michael Foot가 대표로 선출되었다. 〈트리뷴〉 그룹은 당헌 4조 고수를 주장하며 〈트리뷴〉이라는 주간지를 발간하던 당내 좌파 의원들의 모임이었다. 벤좌파와는 달리 과거 베번좌파의 명맥을 이은 집단으로, 대안경제전략에 동조하기는 했지만 의원단 중심의 당 구조를 바꾸는 데는 소극적이었다. 어쨌든 이런 성향의 푸트가 대표로 당선됐다는 것은 그만큼 당내 좌파의 도전이 거센 탓이었다. 좌파 활동가들도 이 결과를 환영했다.

이때가 노동당 내 신좌파운동의 최전성기였다. 노동당 민주화운동의 회원은 1200명으로 늘었고, 노동당조정위원회는 800명으로 성장했다. 전국적으로 유급 상근 활동가가 70여 명밖에 되지 않는 당에서 이는 대단한 숫자였다. 그리고 노동당 민주화운동을 지지하는 산업별 노동조합 지역지부도 112개로 증가했다.

그러나 벤좌파의 급속한 성장은 우파 성향 의원 및 노동조합 간부들의 반격을 자극하기도 했다. 로이 젠킨스Roy Jenkins를 중심으로 한 당내 우파 의원 28명은 1981년 4월 노동당을 탈당해 사회민주당SDP을 창당했다. 사회민주당은 케인스주의 고수와 EEC 경제통합 가속화를 내세우며 노동당 표를 잠식하려 했다.[6] 당에 잔류한 우파 의원 150명도 벤좌파에 대항하기 위해 '노동당연대캠페인'이라는 조직을 만들었고, 노동조합 진영에서는 우파 간부들이 '노동당 승리를 위한 노동조합간부조직'을 결성해 노동조합 블록투표를 관리하려 애썼다.

예고된 대로 임시대의원대회에서 대표 선출 선거인단의 구성 방식이 확정됐다. 노동조합에 40%가 할당됐고, 지구당과 의원단에 각각 30%가 할당됐다. 대표는 이미 선출했기 때문에 부대표를 새로운 방식으로 선출해야 했다. 사실 부대표직 자체는 별다른 실권이 없는 자리였지만, 벤은 당헌 개정의 의의를 공고히 하기 위해 출마를 결심했다. 반대 진영에서는 전임 재무부 장관 힐리가 나섰다. 외환위기 당시 IMF의 구제금융 전제조건을 놓고 격돌했던 장본인들이 다시 대결하게 된 것이다.

노동당의 오랜 역사에서 이렇게 당원들이 대거 참여하는 경선이 이뤄진 것은 처음이었다. 게다가 두 진영 모두 사뭇 비장하게 싸움에 나설 만한 이유가 있었다. 벤은 당시 와병 중이었음에도 불구하고 전국을 돌며 유세를 벌였다. 특히 일반 노동조합원을 대상으로 선거운동을 벌여 노동현장에서 정치적 관심에 불을 붙였다. 당시 벤좌파가 부대표 경선에 어떤 마음가짐으로 임했는지는 다음의 성명 내용에서 짐작할

---

6 사회민주당은 1988년에 자유당과 통합해서 자유민주당이 됐다. 이 당은 보수당과 노동당 사이의 중도를 표방하지만, 노동당이 블레어 시기에 지나치게 우경화됐을 때는 한때 자유민주당이 노동당보다 왼쪽에 있다고 평가받기도 했다.

수 있다.

우리가 패배한다면 북대서양조약기구NATO와 워싱턴에까지 박수 소리가
울려 퍼질 것이다. 노동운동을 민주화하려는 우리의 투쟁은 노동운동이 보
다 강력한 행동으로 나아가게 하는 투쟁과 결코 분리된 것이 아니다.

_풀뿌리운동위원회 성명서

그러나 힐리 진영도 벼랑 끝에서 싸우기는 마찬가지였다. 특히 이들
은 보수언론에 끊임없이 정보를 흘려 벤 진영에 대해 마녀사냥을 벌일
수 있도록 조장했다. 당내 우파와 보수언론들은 벤 진영에 참여한 일
부 운동권의 행태를 벤좌파 전체의 이미지로 확대해 덧씌웠다. '미치광
이 좌파'라는 말이 거의 매일같이 주요 신문 1면 헤드라인을 장식했다.
당권파는 그렇게 해서 위상을 실추하는 게 당내 좌파만이 아니라 당
전체라는 점은 안중에도 없는 것 같았다.

1981년 5월 지방선거에서 노동당 좌파가 런던광역시 등 주요 도시
의 다수당이 돼 '도시 사회주의' 시대를 연 것은 벤 진영에게 희망의 조
짐이었다.[7] 그해 9월 27일에 열린 제80차 대의원대회에서 드디어 긴
전투가 끝났다. 최종 결과는 힐리의 당선이었다. 그러나 힐리는 50.4%
를 얻고 벤은 49.5%를 얻어 둘의 차이는 0.9%에 불과했다.

내용적으로는 벤의 승리라고 해도 과언이 아니었다. 벤은 지구당 부

━━━ 7 영국은 지방자치단체에서도 내각책임제 방식으로 다수당이 시 정부를 구성
한다. 단, 2000년부터 런던광역시장은 직접 선출한다.

문에서 80% 이상을 득표한 것은 물론, 노동조합 부문과 의원단 부문에서도 각각 40%와 30%를 차지했다. 노동조합 부문을 보면 전통적 방식대로 상층 간부들이 블록투표 지침을 결정한 경우에는 힐리에게 패했지만, NUPE같이 자체 조합원 투표를 통해 입장을 정한 경우에는 승리했다. 0.9%의 표차는 구좌파인 〈트리뷴〉 그룹의 의원 18명이 투표에 불참한 데서 비롯된 것이었다.

힐리의 당선이 결정된 순간, 그의 정책보좌관 질스 래디스Giles Radice는 "힐리가 노동당을 구했다!"고 외쳤다. 하지만 아직까지는 신좌파의 전진이 중단된 것은 아니었다. 다만 한 가닥 어두운 그림자를 드리운 것은 모두들 부대표 경선에 정신을 판 사이에 '노동당 승리를 위한 노동조합간부조직' 소속 노동조합 간부들이 조용히 전국집행위원회의 다수를 장악했다는 사실이었다.

노동당 '신'좌파의 너무도 이른 쇠퇴?

나의 신념은 지금 존재하는 권력의 세 중심, 즉 자본 소유권, 노동 조직, 투표함, 이 셋 중에서 첫 번째 것이 두 번째, 세 번째 것, 즉 투표함과 노동의 주도권으로 교체되어야 한다는 것이다. 이는 1945년도 노동당 선거공약에서는 최종 목표가 아니라 당면 현실 과제였다.

_토니 벤(1990년)

대안경제전략과 벤좌파의 등장은 영국만의 유별난 현상은 아니었다. 같은 시기에 프랑스, 독일, 스웨덴 등의 진보세력 안에서도 대안경제전략과 비슷한 구조개혁안이 제출됐다. 영국의 경우에 독특했던 것은 구조개혁을 실제 관철하기 위해 반드시 돌파해야 할 중대한 문제에 주목했다는 점이다. 그것은 기존 국가기구를 민주적으로 변혁하지 않고는 급진적 개혁을 밀어붙일 수 없다는 사실이었다. 벤좌파는 이를 '국가 **안에서** 국가에 **맞서는**in and against' 전략이라고 정리했다.

총리가 바뀌고 새 내각이 들어서는 것만으로는 부족하다. 기존 대의제 구조를 뜯어고치고, 정부의 정보들을 공개하며, 노동현장과 지역사회에서 풀뿌리 민주주의를 북돋워야 한다. 즉, 현존 민주주의 안에서 출발하되 그것을 넘어 민주주의를 확대해야 한다. 벤좌파는 '사회민주주의'와 구별해서 '민주적 사회주의'를 내세웠다. 여기에서 '민주적'이란 단순히 의회민주주의만을 뜻하는 게 아니라 대중참여 민주주의를 지향하는 것이었다.

이러한 새로운 영감의 핵심에 다름 아닌 토니 벤 자신이 있었다. 그가 국가기구 민주화를 말할 때, 이는 내각의 일원으로 참여했던 생생한 경험에서 나온 것이었다. 그는 대안경제전략의 창안자들뿐만 아니라 노동당 민주화운동, 노동당조정위원회의 주요 지도자들과 당 밖 좌파 지식인들까지 '일요 모임'이라는 정책 토론 모임으로 묶어 하나의 유파를 형성했다.[8] 그의 관심망에는 노동운동뿐만 아니라 당시 막 부

---

8 벤 외에 정치학자 랠프 밀리밴드가 이 모임의 좌장 역할을 했고, 〈뉴 레프트 리뷰New Left Review〉 편집진과 런던광역시 정부 정책 담당자 힐러리 웨인라이트Hilary Wainwright 등이 적극 참여했다. 이 모임은 이후 공개조직인 '사회주의 협회'로 발전했다가 다시 좌파 월간지 〈레드 페퍼Red Pepper〉로 이어졌다. 〈레드 페퍼〉는 현재도 발행되고 있다.

2차 세계대전 이후부터 20세기 말까지

상하던 성문헌법제정운동, 여성운동, 환경운동, 흑인운동 등도 포함되었다.

이 시기 벤은 진정한 전도사였다. 조금이라도 청중이 모인 곳에서라면 항상 그의 목소리, 대처 정부의 시장지상주의 공세를 비판하면서 대안은 "있다"고 외치는 목소리를 들을 수 있었다. 벤좌파 성향으로 런던광역시 정부GLC를 이끈 켄 리빙스턴Ken Livingstone은 이렇게 회고한다.

이 열광의 시대에 우리는 어디에서나 토니를 만날 수 있었다. 라디오, 텔레비전, 책, 그리고 영국 전역의 대중 집회에서 말이다. 수백 명, 때로는 수천 명의 청중들이 그의 분석과 설명, 전망을 경청했고, 사회주의를 쟁취할 수 있다는 확신을 얻었다. 그렇다, 그 수많은 청중들은 정말로 그러한 확신을 얻었다.

중요한 것은 '시간'이었다. 한 세기 가까운 역사를 지닌 당을 혁신한다는 장기적 과업을 과연 중단 없이 지속할 수 있을지가 관건이었다. 벤 스스로 "기나긴 투쟁"을 각오해야 한다고 호소했다.

그러나 시간은 그들 편이 아니었다. 벤좌파의 급작스러운 쇠퇴는 1983년 6월 총선의 참담한 패배와 함께 찾아왔다. 이 선거에서 노동당은 사회민주당보다 불과 2%가 많은 27.6%만을 얻었다. 당내 우파와 보수언론은 패인이 좌파 때문에 선거공약이 너무 과격해진 탓이라고 평가했지만, 이는 사실과 거리가 멀었다. 1983년 노동당 총선 공약집은 1974년의 그것에 비하면 그다지 급진적인 것도 아니었다. 더군다나 같은 해에 프랑스에서는 주요 제조업 그룹과 은행 국유화를 내건 사회당의 미테랑이 대통령에 당선됐다. 실제로 노동당은 차기 선거공약이 이미 확정된 1981년 무렵까지도 지지도 조사에서 대처의 보수당을 10%나 앞서며 50%의 지지율을 보였다.

주된 패인은 다른 데 있었다. 첫 번째 타격은 사회민주당 창당에서 비롯됐다. 우파 일부의 분당으로 인해 노동당 표가 갈렸다. 더 큰 타격은 1983년 초의 포클랜드 전쟁이었다. 느닷없는 애국주의 열풍으로 역사상 가장 인기 없던 총리(대처)는 일약 영웅이 됐다. 약 7%의 표가 보수당으로 넘어갔다. 여기에 중요한 한 가지 요인을 더한다면, 푸트 대표가 총리감으로는 매력이 없었다는 점을 들 수 있었다.

어쨌든 1983년의 패배는 당에 커다란 상처를 남겼다. 벤좌파 활동가들도 마찬가지였다. 이제는 다른 무엇보다도 다음번 총선에서 최악의 우파 정부(대처 정부)를 격퇴하는 게 급선무가 됐다. 당 혁신에는 "기나긴 투쟁"이 필요하다는 벤의 호소는 이러한 강박 앞에서 힘을 잃었다. 더군다나 양당 원내대표들이 의도적으로 벤의 선거구를 분할하는 바람에 벤 자신이 1983년 총선에서 낙선하고 말았다. 벤은 1년 후 보궐선거에서 선거구를 옮겨 곧바로 의원에 재선됐지만, 한때 당을 뒤흔들었던 신좌파는 서서히 와해됐다. 다음 총선에서 승리하려면 어쩔 수 없다는 분위기 속에 대다수 당원들은 당 집행부의 우회전을 묵묵히 따랐다. 벤좌파의 마지막 보루는 리빙스턴이 이끄는 런던광역시 정부였다. 이들은 지역 차원에서 대안경제전략을 실시하면서 대중 참여에 의한 혁신적 시정을 펼쳤다. 그러나 이마저도 1985년에 대처가 광역지방자치단체를 폐지함으로써 해체되고 말았다.

한 세대 만에 되돌아온 노동당 신좌파의 메아리

1995년 노동당은 당헌 4조에서 "공동소유, 통제" 등의 언급을 삭제했다. 대신 '제3의 길'이라는 새로운 노선으로 1997년 드디어 집권에 성공했다. 이후 10여 년간 이 당은 유럽 사회민주주의 정당들 중에서도 유독 신자유주의를 적극 수용했다. 블레어처럼 대중매체를 통해 대중의 지지를 모으는 데 익숙한 정치가들이 이런 흐름을 이끌었다. 첫머리에서 언급했듯이, 이로 인해 노동당은 2008년 금융위기가 터지자 그 책임자로 낙인찍혔고 다음해 총선에서 패배한 뒤 지금까지도 계속 야당이다. 대처의 대안이 돼야 할 당이 대처주의의 공범 신세가 된 것이다!

2009년 총선 패배 후 대표로 선출된 에드 밀리밴드Edward Miliband[9]는 '제3의 길'의 잔재를 벗고 정통 사회민주주의로 복귀하려고 노력했다. 그러나 수십 년간 쌓인 체질을 극복하기란 쉬운 일이 아니었다. 노동당은 야당으로서 보수당–자유민주당 연립정부의 긴축정책에 제대로 맞서 싸우지 못했다. 그 결과, 2015년 5월 총선에서 다시 참패하고 말았다. 밀리밴드는 패배의 책임을 지고 사임했고, 새 대표를 선출하게 됐다.

이 선거는 처음에는 별로 주목받지 못했다. 노동당을 좀 안다는 사람들은 다들 밀리밴드의 시도가 실패했으니 '제3의 길' 노선이 복권되리라 내다봤다. 그러나 갑자기 돌발 변수가 생겼다. 당내 급진좌파 의

---

9 토니 벤의 막역한 동지였던 랠프 밀리밴드의 아들이다.

원 모임인 '사회주의 캠페인 그룹' 소속의 제러미 코빈 의원이 후보로 나서서 바람을 일으키기 시작한 것이다. 코빈 의원은 2014년에 작고한 토니 벤의 정치적 후계자와도 같은 사람이었다. 악명 높은 1983년 총선에서 처음 하원의원이 된 그는 '제3의 길' 시기 내내 벤과 함께 의사당보다 시위에 더 열심히 출석하며 벤좌파의 이상을 지켜왔다. 1990년대나 2000년대였다면, 이런 인물이 대표 경선에서 주목받는 일은 없었을 것이다.

그런데 이번에는 달랐다. 소셜 미디어를 중심으로 젊은이들 사이에서 코빈 바람이 일더니 그가 대표 후보들 중 선두를 달린다는 여론조사 결과가 발표됐다. 이 소식에 노동당 주류는 발칵 뒤집혔다. 노동당 지지 성향의 일간지 〈더 가디언The Guardian〉을 포함해 거의 모든 매체가 코빈을 공격했고, 블레어 등 노동당의 명망가라는 명망가는 모두 나서서 당원들에게 코빈을 지지하지 말라고 호소했다. 마치 1981년 부대표 경선에서 벤 진영에게 쏟아진 비난과 공격이 반복되는 것만 같았다. 하지만 그럴수록 소셜 미디어에서는 코빈의 인기가 오히려 더 올라갔다. 마침내 9월 10일 개표 결과, 코빈은 4명의 후보 중 59.5%라는 압도적인 지지를 얻으며 대표로 선출됐다. 벤좌파 운동이 부대표 경선에서 패배를 맛본 이후 거의 한 세대 만에 그 계승자가 노동당 대표가 된 것이었다.

벤이 가로막힌 곳에서 코빈은 한 걸음 더 나아갈 수 있었다. 어떻게 가능했던 것일까? 코빈은 21세기판 대안경제전략이라 할 만한 정책들을 내걸었다. 그의 정책들—대처 시절 사유화된 철도의 재국유화, 공공투자은행을 통한 경제 활성화, 대학까지 무상교육('국민 교육 서비스'),

2차 세계대전 이후부터 20세기 말까지

벤좌파 노선의 계승자인 현 노동당 대표 제러미 코빈. 2016년 반전 집회에서 연설하는 모습.

주택 임대료 통제, 핵무장 철폐 등은 '제3의 길' 이전의 당 정책기조를 연상시킨다. 하지만 단순한 회고 취미는 아니다. '제3의 길'이 사회적 투자를 강조했던 것을 계승한다든가 청년층의 문제(교육, 주거 등)에 주목했다는 점에서 알 수 있듯이 그동안의 시대 변화에 맞게 진화한 내용이었다.

이런 정책에 누구보다 청년층이 화답했다. 이들은 신자유주의 체제에서 성장하고 금융위기를 겪으며 이 질서의 한계를 체감한 세대다. 그러면서 지식 정보화를 통해 이전 세대가 갖지 못한 소통 능력을 갖춘 세대다. 2015년 노동당 대표 경선에서는 이들이 쉽게 참여할 수 있는 통로가 처음 열렸다. '제3의 길' 시기에 당 집행부는 대표 선출 방식을 철저히 1인 1표 원칙에 따른 당원 투표로 바꿨다. 이는 당 혁신 요구를 일정하게 수용한 것이기도 하지만, 동시에 노동조합의 영향력을 약화시키려는 포석이기도 했다. 이에 더해 2015년 선거부터 현 당원이 아닌 지지자도 3파운드(약 5000원)만 내면 투표에 참여할 수 있는 제도를 신설했다. 그런데 이것이 코빈의 정책에 귀 기울이는 젊은 세대의 참여 통로가 됐다. 애초에 이런 선거제도를 도입한 이들은 매스 미디어의 영향에 따라 표심이 결정되리라 기대했지만, 청년층은 소셜 미디어를 통해 자신들의 여론을 형성했다. 이들의 참여는 당의 급진화로 이어졌다. 대중참여 민주주의만이 신자유주의 반동에 맞설 수 있는 무기라는 벤좌파의 신념이 예기치 않은 방식으로 입증된 셈이다.

물론 노동당은 아직도 더 많은 것을 혁신해야 한다. 코빈 신임 대표의 정책들을 실현하려면 노동당은 더욱더 대중운동에 익숙한 당이 되어야 한다. 반면에 의원단 내 주류는 그러한 당의 변화를 막기 위해 코빈 대표와 사사건건 충돌하고 있다. 노동조합 상층의 영향력은 많이 약해졌지만, 의원단의 권한은 여전히 막강하다. '코빈좌파'는 이 장벽을 돌파해야 한다. 결말은 아직 누구도 알 수 없다.

하지만 한 가지는 분명하다. 한때 지나간 추억 정도로 치부됐던 노동당 신좌파운동은 결코 한 번의 패배로 끝나버린 게 아니었다. 단지 좀 긴 휴지기를 거쳤을 뿐, 싸움은 오히려 지금부터다.

이 장을 집필하는 데 주로 다음 책들을 참고했다.

H. 펠링, 《영국 노동당의 기원》, 최재희·염운옥 옮김, 지평문화사, 1994.

Andrew Mullen, *The British Left's 'Great Debate' on Europe*, Bloomsbury Academic, 2007.

Colin Leys & Leo Panitch, *The End of Parliamentary Socialism: From New Left to New Labour*, Verso, 2001.

David Powell, *Tony Benn: A Political Life*, Bloomsbury Academic, 2001.

Florence Faucher-King, *Changing Parties: An Anthropology of British Political Party Conferences*, Palgrave Macmillan, 2006.

Geoff Hodgson, *Labour at the Crossroads*, Blackwell, 1981.

Hilary Wainwright, *Labour: A Tale of Two Parties*, The Hogarth Press, 1987.

Iain Dale(ed.), *Labour Party General Election Manifestos 1900-1997*, Routledge, 2007.

John Callaghan, *The Retreat of Social Democracy*, Manchester Uiversity Press, 2001.

John McIlroy, *Trade Unions in Britain Today*, Manchester University Press, 1988.

John Medhurst, *That Option No Longer Exists: Britain 1974-76*, Zero Books, 2014.

Mark Wickham-Jones, *Economic Strategy and the Labour Party: Politics and Policy-making, 1970-83*, Palgrave Macmillan, 1996.

Michael Foot, *Aneurin Bevan: A Biography I · II*, Faber Finds, 2011.

Michael Hatfield, *The House the Left Built: Inside Labour Policy Making 1970-1975*, Littlehampton Book Services, 1978.

Nicklaus Thomas-Symonds, *Attlee: A Life in Politics*, I. B. Tauris, 2012.

Patrick Seyd & Paul Whiteley, *Labour's Grass Roots: The Politics of Party Membership*, Oxford University Press, 1992.

Patrick Seyd, *The Rise and Fall of the Labour Left*, Palgrave Macmillan, 1988.

Russell Lewis, *Tony Benn: A Critical Biography*, Associated Business Press, 1978.

Stuart Holland, *The Socialist Challenge*, Quartet Books, 1975.

Tony Benn, *Argument for Democracy*, Jonathan Cape, 1981.

Tony Benn, *Argument for Socialism*, Penguin Books, 1980.

Tony Benn, *Fighting Back: Speaking Out for Socialism in the Eighties*, Hutchinson,

1988.

Tony Benn, *Parliament, People and Power: Agenda for a Free Society*, Verso, 1983.

Tony Benn, *Speeches by Tony Benn*, Spokesman, 2012.

Tony Benn, *The Benn Diaries(New Single Volume Edition)*, Hutchinson, 1995.

다음 책은 이 장의 내용을 보다 상세하게 다룬다.
장석준,《신자유주의의 탄생: 왜 우리는 신자유주의를 막을 수 없었나》, 책세상, 2011,〈제4장 영국의 '불만의 겨울'〉.

다음 책은 영국 노동당의 역사 전반에 대한 결정적 저작이지만, 아쉽게도 현재는 절판 상태다.
고세훈,《영국 노동당사: 한 노동운동의 정치화 이야기》, 나남, 1999.

다음 책은 1981~1986년에 벤좌파 성향의 런던광역시 정부가 펼친 혁신적 시정을 분석·소개한다.
서영표,《런던코뮌: 지방사회주의의 실험과 좌파 정치의 재구성》, 이매진, 2009.

'제3의 길' 노선에 대한 비판적 분석으로는 다음 책을 권한다.
엔뉘 안데르손,《도서관과 작업장》, 장석준 옮김, 책세상, 2016.

벤좌파 노선에 따라 영국 노동당을 변화시키고 있는 제러미 코빈 대표에 대해서는 다음 책을 참고할 수 있다. 다만 저자가 우파 신문의 기자라는 점을 감안하고 읽어야 한다.
로자 프린스,《코빈 동지: 세상이 변화하기를 바라는 열망, 그 중심에 서다》, 홍지수 옮김, 책담, 2016.

일본 사회당의 조용한 죽음
/
일본 사회당

14

노동대중 사이에 진보정치의 이념,
운동, 문화를 뿌리내리는 것이야말로
진보정당운동의 가장 중요한 토대다.
이런 토대 없이는 한때 성공한 듯 보였던
진보정치도 순식간에 해체될 수 있다는 것을
일본 사회당의 역사는 우리에게 말해준다.

동아시아에는 지금 힘 있는 진보정당이 없다. 20세기에 민족해방투쟁을 이끌었던 당들은 개발독재의 도구가 돼 있거나 역사를 열어나갈 에너지를 상실했다. 한국의 진보정당운동은 이러한 지역에서 새로이 뿌리를 내리려 하고 있다. 그렇기에 더욱 외롭고 힘들다. 상황이 예전에도 이랬던 것은 아니다. 동아시아 자본주의의 최선두주자였던 일본에는 유력한 진보정당이 존재했었다. 바로 일본 사회당이다. 이 당은 한때 집권을 넘보기까지 했다. 그러나 지금은 폐허만 남아 있다. 도대체무슨 일이 벌어졌던 것일까?

일본 사회당의 영광의 시절

일본에서는 1차 세계대전 이후부터 노동운동이 성장하고 좌파정당들(일본에서는 보통 '혁신정당'이라고 한다)이 나타났다. 하지만 그 힘은 유럽만큼 강력하지 못했다. 천황을 정점으로 한 억압적 정치체제는 한편으로는 공산당JCP 등 급진파를 역사상 유례가 없을 정도로 극심하게 탄압하면서 다른 한편으로는 남성 보통선거제도를 도입해서 온건파를 포섭하는 용의주도함을 보였다. 이 때문에 좌파는 혼란과 분열에 빠졌다. 합법 진보정당 중에는 체제에 협조하거나 포섭된 사회민중당, 일본 노농당이 있었는가 하면, 제국주의와 전쟁에 반대하다가 소속 국회의원이 암살당하는 수난을 겪은 노동농민당도 있었다.[1]

일본 노동운동의 봄은 스스로의 힘이 아니라 점령군을 통해 왔다. 미국 점령군은 일본 군국주의의 사회적 기반을 제거하기 위해 초기에는 진보적 정책을 펼쳤다. 전시 파시즘 체제의 경제적 기반이었던 재벌을 해체했고, 해묵은 숙제였던 농지개혁을 단행했다. 공산당을 비롯한 좌파가 공공연히 정치활동을 벌이기 시작했고, 노동운동이 들불처럼 타올랐다. 이런 분위기 속에서, 전쟁 전 서로 반목하던 비공산당 계열 좌파 세력들은 그들 스스로 '연합전선당'이라고 칭한 새로운 당을 건설했다(1945. 11. 11). 이것이 바로 '일본 사회당JSP'의 시작이다.

연합전선당이라는 말에서도 알 수 있듯이 사회당 안에는 전쟁 전 사회주의운동의 좌·우파가 불안하게 동거하고 있었다. 이들이 불신과 반목 속에서도 서로 합친 것은 미 군정에 의해 열린 자유선거의 가능

---

[1] 1929년 야마모토 센지山本宣治 의원이 국회에서 치안유지법 개정안에 반대하는 연설을 한 후 암살당했다. 치안유지법 개정은 일본이 전시 파시즘 체제로 넘어가기 위해 반드시 거쳐야 할 조치였다. 야마모토 의원은 이에 홀로 맞서다 살해당한 것이다. 그의 기념비에는 그가 국회에서 한 마지막 발언이 새겨져 있다. "야마모토 센지, 한 사람이 마지막 보루를 지킨다. 그러나 외롭지는 않다. 배후에서 대중이 지지하고 있기 때문에." 다음 책을 참고할 것. 우지 야마센회,《야마센 홀로 지키다: 약자와 연대한 뜨거운 양심, 야마모토 센지》, 황자혜 엮음, 건강미디어협동조합, 2019.

성에 적극 대응하기 위해서였고, 노동운동에 세력을 뻗치며 급성장하는 듯 보이던 공산당과 경쟁하기 위해서였다.

시작은 좋았다. 창당 1년 만에 사회당의 지지율은 41%를 기록했다. 일본의 비무장을 규정한 새 헌법이 통과된 뒤 실시된 1947년 첫 총선에서 사회당은 143석을 획득해 원내 제1당이 되었다. 사회당의 가타야마 데쓰片山哲 위원장은 보수정당인 민주당, 국민협동당과 연립정부를 구성했다. 일본에서, 아니 동아시아에서 처음으로 진보정당이 선거를 통해 집권한 것이다. 그러나 다음해에 끝난 짧은 집권 경험은 사회당의 역사에 커다란 상처를 남겼다. 준비 안 된 집권은 당내 좌우 대립의 격화와 대중의 실망만 초래했다. 가타야마 내각은 전쟁 전 파시즘 체제를 이끈 전범 집단인 보수정당들에게 포위되어, 할 수 있는 게 별로 없었다. 유일한 진보적 정책이었던 석탄산업 국유화도 성공하지 못했다. 이는 전쟁 직후 좌파 주도로 상당한 수준의 개혁을 성취한 서유럽 상황과는 전혀 다른 것이었다.

가타야마 내각의 실패 후 당 지지율은 19%까지 급락했다. 마침 이때부터 미국의 정책도 급변했다. 맥아더Douglas MacArthur 사령부는 보수정당들(특히 자유당)과 협력해 공산당을 탄압하고 노동운동을 억누르기 시작했다. 미국은 과거 적국이었던 서독과 일본을 냉전 동맹세력으로 만드는 쪽으로 점령정책의 방향을 틀었다. 이른바 '역코스' 정책의 시작이었다. 그 일환으로 1951년, 소련·중국을 배제한 채 일본과 강화조약을 체결했고, 이 조약이 체결된 날 미일 안전보장조약도 맺었다. 이후 1954년에는 비무장을 명시한 헌법 9조²에도 불구하고 자위대가 창설됐다. 땅속에 묻힌 줄 알았던 제국주의 전쟁국가가 다시 머리를 내밀었다.

　패전 후 대중적 정치세력으로 성장한 민주진보파는 위기감을 느꼈다. 사회당은 '소련과 일본을 포함한 전면강화조약 체결, 대외 중립, 미군기지 반대'라는 '평화 3원칙'을 주창했다. 당면과제는 호시탐탐 평화헌법, 즉 헌법 9조의 개정을 노리는 우파세력을 저지하는 것이었다. 여기에는 사회당보다도 총평, 즉 일본노동조합총평의회가 더욱 적극적이었다. 원래 총평은 공산당 주도의 산업별 노동조합운동을 깨기 위해 미 군정이 물심양면으로 지원해 만든 제1노총이었다. 그러나 총평의 주도 세력은 비록 노동조합이 공산당의 지령을 받는 데는 반대했지만 정치적으로는 사회당 좌파를 지지한 원칙 있는 활동가들이었다. 이들은 사회당의 평화 3원칙에 "일체의 무장 반대"라는 내용을 더해 '평화 4원칙'을 천명했고, 사회당도 보다 확실한 입장을 취할 것을 요구했다. 이러한 분위기는 사회당 내 좌우파의 긴장을 부채질했다. 좌파는 총평의 요구를 수용하려 한 반면, 우파는 '평화 3원칙'에도 소극적인 태도를 보였다. 마침 한국전쟁이 일어나면서 이런 입장 차이는 격렬한 대립으로 비화했다. 결국 창당한 지 6년 만인 1951년, 당은 좌파 사회당과 우파 사회당으로 양분됐다.

　하지만 그래도 반동 공세에 대한 투쟁은 계속됐다. 특히 1955년 중

2　일본국 헌법 제2장 9조는 다음과 같다. "1. 일본 국민은 정의와 질서를 기조로 하는 국제 평화를 성실히 희구하고, 국권의 발동에 의거한 전쟁 및 무력에 의한 위협 또는 무력의 행사는 국제분쟁을 해결하는 수단으로서는 영구히 포기한다. 2. 전항의 목적을 성취하기 위하여 육해공군 및 그 이외의 어떠한 전력도 보유하지 않는다. 국가의 교전권 역시 인정치 않는다."

의원(일본의 하원) 선거는 기념할 만했다. 이 선거에서 좌우 사회당의 의석수가 1/3을 넘음으로써 보수세력은 2/3를 넘어야 가능한 헌법 개정 시도를 포기하지 않을 수 없었다. 이때부터 지금까지 우파는 개헌 의지를 버린 적이 없지만 평화헌법은 어쨌든 바뀌지 않았다. 최소한 전체 유권자의 1/3 수준을 유지한 '반전평화블록'이 평화헌법을 지킨 주된 힘이었다. 비록 집권 기반으로까지 확대되지는 못했지만, 이 블록은 동아시아 전체의 역사가 어떤 방향으로 나아갈지 결정하는 주요 변수 중 하나였다. 사회당은 초기에 이 블록을 정치적으로 결집했다는 것만으로도 중대한 역사적 역할을 했다고 할 수 있다.

1955년 중의원 선거의 성과는 사회당의 재통합 열기를 고조시켰다. 그해 10월 13일, 좌우 사회당은 다시 하나의 사회당으로 재통합했다. 과거와 다른 점은 이번에는 좌파가 당내 주도권을 잡았다는 점이었다. 한편 이러한 사회주의 세력의 대통합은 자본 진영을 자극했다. 일본경영자단체연합의 압력 속에 양대 보수정당인 자유당과 민주당이 한 달 뒤에 합당을 성사시켰다. 이렇게 해서 자유민주당LDP(이하 자민당)이 출범했다. 자민당과 사회당의 양당체제를 흔히 '55년 체제'라 부른다. 그리고 일본의 전후 정치는 55년 체제의 지속이라고 말한다. 그런데 이는 엄밀히 말하면 양당체제가 아니었다. 자민당 창당 직후 실시한 여론조사에서 자민당은 48%의 지지를 얻었고 사회당은 31%를 기록했다. 이 격차는 이후 결코 극복되지 못했다. 말하자면 여당과 야당이 늘 정해져 있는 양당체제였고, 따라서 '2당체제'라기보다는 '1.5당체제'라고 해야 맞았다.

그러나 원내의 열세에도 불구하고 이 당시 사회당은 꽤 효과적인

1960년 안보투쟁 당시 중의원 의장석을 점거한 사회당 의원들.

정치활동을 펼쳤다. A급 전범 기시 노부스케岸信介가 이끌던 자민당 정부의 반동정책들에 사회당은 공산당, 총평, 평화운동 세력 등과 손잡고 대중투쟁으로 맞섰다. 그 절정은 1960년의 미일 안전보장조약 개정 반대투쟁이었다(안보투쟁). 이때 사회당은 '안보조약개정 저지 국민회의'를 조직해 1959년부터 2년간 가두 대결을 벌였다. 조약 개정이 2주일 앞으로 다가온 1960년 6월 6일, 사회당 의원들은 전원 사직서를 냈다. 곧이어 총평이 총파업을 벌여 600만 노동자가 파업에 참여했다. 6월 19일에는 국회 앞에 30만 명의 군중이 운집했고, 일부 학생 대오는 국회 안까지 진입했다.

비록 미일 안전보장조약은 미국과 일본 정부의 별도 협상 없이 자동 연장됐지만, 이 때문에 기시 내각은 퇴진해야 했다. 자민당은 노골적인 재군비정책을 일단 뒤로 미뤄야만 했다. 선거에서 확인된 '반전평화블록'이 일본 군국주의의 부활을 막기 위해 대중운동으로 폭발할 수도 있다는 게 드러났다. 덕분에 동아시아의 악몽, 즉 일본의 재무장은 적어도 몇십 년간 지체될 수 있었다. 하지만 나중에 밝혀진 대로, 이는 불안한 승리였을 뿐이다.

사회당의 태생적 약점 – 총평 정당, 관공노 정당

"5만 당원으로 1000만 표를 모으는 불가사의한 당." 한 정치학자는 사회당을 이렇게 묘사했다. 실제로 사회당 당원 수는 원내에 다수 의석을 확보한 진보대중정당 치고는 너무나 적었다. 1969년 당원 재등록 기간 중에 확인된 당원 수는 고작 3만 명이었다. 이 중 5000명가량이 국회의원과 지방의원이었다는 점을 감안하면, 사회당에는 간부만 있고 평당원은 거의 없었다고 해도 과언이 아니다.

굳이 유럽 진보정당들과 비교할 필요도 없었다. 보수정당인 자민당의 당원 수가 500만 명이었고(진성당원이라고 보기는 힘들겠지만), 공산당이 49만 명이었다. 사회당은 1970년대부터 줄곧 '100만 당원 확보운동'을 벌였지만, 1989년의 12만 5000명이 최대치였다. 당 재정은 더 취약했다. 가뜩이나 적은 당원 중에서 당비를 납부하는 당원이 불과 10%였다. 1988년 당시, 사회당의 정치자금 수입은 약 47억 엔으로, 공산당의 262억 엔, 자민당의 222억 엔과 비교가 되지 않았다.

그런데도 사회당이 존립하고 또한 제1야당으로 버틸 수 있었던 요인은 단 하나, 바로 총평이었다. 총평은 선거 기간에 사회당의 자금과 조직 동원을 떠맡았다. 대신 사회당 국회의원 대다수는 총평 간부 출신이었다. 총평, 그중에서도 공무원과 공공부문 노동자들의 조직인 일본관공청노동조합협의회(약칭 관공노, 총평 조합원의 60%)가 사회당을 적극 지원했다. 관공노 소속 조합원은 전체 조직 노동자의 10%, 전체 노동자의 3.4%에 불과했지만, 선거운동을 할 때는 가장 효과적으로 당을 지원할 수 있는 집단이었다. 사회당은 어떤 면에서 '관공노의 정치위원회'라고 해도 과언이 아니었다.

사실 진보정당이 노동조합과 긴밀한 관계를 맺는 것 자체는 너무도 당연한 일이다. 다만 그 관계가 얼마나 건강하고 지속 가능한 방식인지가 문제다. 이 점에서 일본 사회당은 영국 노동당보다 더 부정적인 사례였다. 영국 노동자들은 비록 노동당에 개별입당해서 일상활동에 적극 참여하지는 않았지만, 집단가입제도를 통해 적어도 대의원대회나 선거 때는 당에 관심을 갖고 또 소속감도 느꼈다. 그러나 일본 노동자들은 당에 개별입당하지도 않았고 그렇다고 집단가입제도가 존재한 것도 아니었다. 오직 총평 간부들만 사회당에 입당하고 당과 관계를 맺었다. 비록 총평 간부들이 급진적 성향을 지녔다고는 해도, 이렇게 의원과 의원 지망자, 노동조합 간부들로만 이뤄진 진보정당이 오래도록 건강하게 발전하기란 불가능했다. 더군다나 일본의 노동조합은 산업별이 아닌 기업별이었다. 일본 노동조합운동은 조직률이 50%를 넘던 전쟁 직후의 전성기에 산업별 노동조합으로 전환하는 데 실패했다. 자본가들은 연공서열임금제, 종신고용제, 생산성 향상 운동 등을 도입해서 노동자들을 회사에 종속시키려 했다. 불행히도 이 시도들은 먹혀들었다. 자동차산업노동조합같이 그나마 존재하던 소산별노동조합도 결국은 해산하고 말았다.

총평은 기업별 노동조합의 단점을 잘 알고 있었고, 이를 극복하기 위해 노력했다. 하지만 조직체계를 전환하려는 시도는 번번이 실패로 끝났다. 여러 가지 이유가 있었겠지만, 총평을 만든 활동가들이 주로 기업별 노동조합들의 지역본부에 기반을 두고 있어서 이 기반을 무너뜨리고 싶지 않았던 탓도 있었다. 총평 지역본부는 지역 정치투쟁의 거점 역할을 하는 등 나름대로 긍정적 기능을 했지만, 그렇다고 이것이 기업의 울타리를 뛰어넘는 단결을 장기간 보장해줄 수는 없었다.

기업별 노동조합 체제는 일본 노동운동을 불구 상태에 빠뜨렸다. 춘투春闘[3] 과정에서 아무래도 대규모 사업장이 주된 역할을 하다 보니 대기업 노동조합이 전체 노동운동을 좌지우지하게 됐다. 대기업 노동조합의 성향 변화에 따라 전체 노동운동이 좌우될 수 있는 상황이 됐다. 또한 영세 산업의 미조직 노동자들은 영원히 노동조합의 조직 대상에서 배제되고 말았다.

이 모두는 물론 사회당에게도 재앙이었다. 대기업 노동조합은 점점 사회당에서 벗어나 자민당 정부와 직접 거래하려 들었고, 그러면 그럴수록 사회당은 관공노만의 노동자 정당이 되어갔다. 게다가 대다수 미조직 노동자에게는 '남의 당'이었다. 이런 사회당을 국민들이 수권능력을 갖춘 당이라고 볼 리 만무했다. 사회당은 자민당의 대안이 아니라, 그 지나친 횡포를 견제하는 수단일 뿐이었다. 물론 사회당도 이를

---

3 일본의 기업별 노동조합들은 단체교섭에서 협상력을 높이기 위해 교섭 시기를 봄에 집중했다. 그래서 이 시기 집중 투쟁을 '춘투'라 불렀다.

뼈저리게 인식했다. 1963년 중의원 선거 패배 직후, 당시 사무총장이었던 나리타 토모미成田知巳는 사회당이 극복해야 할 3대 문제점을 지적했다. "당원들의 일상활동 부재, 의원정당 체질, 노동조합에 대한 과도한 의존"이 그것이었다. 하지만 당은 다른 두 가지 문제, 즉 일상활동 부족과 의원정당 체질을 극복한다면서 또 다른 문제, 즉 총평 의존 성향을 더욱 강화했다.

다른 길, 그러니까 당이 노동현장에 직접 뿌리내리는 일은 제대로 시도되지 못했다. 현장에 사회당원협의회라는 조직이 있긴 했지만, 이는 총평 다수파의 노동조합 활동가 조직일 뿐이었다. 총평 내에서 정파 활동을 벌이기 위한 조직이었지 노동현장에서 당 활동을 펼치는 게 목적은 아니었다. 결국 노동계급과 연계하는 가장 편한 길인 것 같았던 당과 노동조합 간부들 사이의 상층 중심 관계는 실은 사회주의운동이 노동대중에 뿌리내리는 데 가장 험난한 길이었음이 드러났다.

무산된 기회 1 – 구조개혁 논쟁

안보투쟁과 함께 밝아온 1960년대의 벽두에 자민당의 책략가 이시다 히로히데石田博英는 자민당에게는 참으로 우울한 전망을 내놓았다. 현재의 노동조합 조직률로 봤을 때 10년 후에는 사회당이 자민당을 앞서리라는 것이었다. 이시다는 '당근과 채찍'으로 노동운동을 밑으로부터 허물어뜨려야 한다고 주장했다.

기시 노부스케의 사퇴로 새로 등장한 자민당의 이케다 하야토池田勇人 내각은 이 제안을 받아들였다. 새 내각은 '소득배증계획'이라는

2차 세계대전 이후부터 20세기 말까지

것을 발표했다. 1955년 이후의 초고속 성장을 이어서 10년간 연평균 9%의 성장을 유지하고, 사회보장도 강화하겠다는 것이었다. 자민당이 이제 노골적인 군국주의 부활보다는 독점자본 육성에 주력하면서 노동운동을 무장해제하겠다는 신호였다. 사회당 쪽도 가만히 있었던 것은 아니다. 진보 진영에서도 새로운 물결이 일고 있었다. 1958년부터 사회당과 공산당의 일부 이론가들이 공동연구모임을 만들어 이탈리아 공산당 노선을 연구하기 시작했다. 이들은 팔미로 톨리아티의 구조개혁론을 받아들였다. 혁명의 때만 기다릴 게 아니라 지금부터 국가독점자본주의의 발전 성과를 노동계급의 것으로 만드는 개혁투쟁을 벌이겠다는 것이었다. 노동운동의 주체적 역량에 따라 경제성장의 열매는 독점자본가의 것이 될 수도 있고 노동자의 것이 될 수도 있다는 게 이들의 주장이었다.

구조개혁론이 처음 공식노선으로 언급된 것은 안보투쟁 이후 사회당의 첫 대의원대회였던 1960년 10월 임시대의원대회였다. 대회 전날 아사누마 이네지로淺沼稻次郎 대표가 안보투쟁의 보복을 노린 한 극우 청년에게 암살당하는 사건이 벌어졌지만, 대의원대회는 강행됐다. 당 개혁을 부르짖어 젊은 당원들의 지지를 한 몸에 받던 에다 사부로江田三郎 사무총장은 대회 석상에서 "생활향상·반反독점·평화중립"을 3대 축으로 하는 구조개혁 노선을 주창했다.

생활향상·반독점·중립의 축은 서로 뗄 수 없는 구조개혁의 축이다. 이러한 3개의 체계화된 요구는 현재의 자본주의 경제 태내胎內에서 실시할 수 있는 변혁이며, 또한 일본의 보수정당으로서는 스스로 문제 삼을 수 없는 독점적 경제구조를 국민이 나서서 제한하는 문제다. 따라서 이들 요구는 우리가 정권에 참여하기 전에라도 보수정권에 대하여 정책 전환의 요구로서 강대한 대중운동을 배경으로 촉구해야 하는 변혁이다.[4]

에다 사무총장이 제시한 구조개혁의 구체적인 정책들은 복지 확충, 완전고용, 최저임금제, 노동시간 단축, 대외무역 통제 등이었다. 한마디로 서유럽에서 이미 자리를 잡고 있던 복지국가를 일본에 실현하겠다는 것이었다. 그리고 이를 위해 미소 양대 진영에 대해 평화 중립 입장을 취하면서 독점자본 중심의 경제구조에 손을 대겠다는 것이었다. 이러한 에다 구상은 대의민주제를 갖춘 발전된 자본주의 사회에 적합한 사회주의운동 전략을 찾으려는 나름 진지한 시도였다. 이후 총리가 되는 자민당의 거물 정치인 다나카 가쿠에이田中角榮는 에다가 사회당 대표가 돼 구조개혁을 당론으로 추진한다면 자민당에 실질적인 위협이 될 수 있다며 우려를 표하기도 했다.

하지만 사회당 일각의 구조개혁론은 아직 다분히 선언적인 것이었다. 구조개혁 노선을 주장하는 사람들 사이에서도 여러 사조들이 혼란스럽게 뒤섞여 있었다. 에다 자신이 그랬다. 그는 1962년 격주간 기관지 〈사회신보社會新報〉에 '미국의 높은 평균 생활수준, 소련의 철저한 사회보장, 영국의 의회제 민주주의, 일본의 호헌평화'가 인류의 4대 성취라는 요지의 글을 발표했다. 그중에서 '미국의 높은 평균 생활수준'

---

4 에다 사부로, '총선거와 당의 승리와 전진을 위하여', 한석종 옮김, 1960. 〈80년대 일본 사회당의 노선변화와 전망〉(서울대학교 정치학 석사학위 논문, 1993)에서 재인용, 번역 일부 수정.

을 들먹인 게 평지풍파를 일으켰다. 안
보투쟁의 여운이 사라지지 않은 상황
이었기 때문에 당 활동가들이 민감하
게 반응한 것이다. 일부 당 활동가들은
대표가 미국을 모범사례 가운데 하나
로 언급하는 것 자체를 용납하지 못했
다. 그해 11월에 열린 사회당 제22차
대의원대회는 에다를 성토하는 자리가
됐고, 결국 그는 사무총장직을 사퇴했
다.[5] 이와 함께 구조개혁론의 당내 확산

일본 사회당식 '구조개혁 노선'을
주창한 에다 사부로 사무총장.

도 중단됐다. 일상 실천 방침이 논의되기보다는 구조개혁론을 지지하
는지 반대하는지 여부를 놓고 분파 투쟁만 격화됐다. 그리고 분파 투
쟁은 점점 노선 논쟁이 아닌 당 요직 쟁취 투쟁으로 비화됐다.

구조개혁론이 한발 물러선 틈에 당의 이념을 좌우한 것은 사회주의
협회였다. 사회주의협회는 원래 규슈대학 경제학 교수 사키사카 이츠
로向坂逸郎를 중심으로 한 단순한 마르크스주의 연구집단이었다. 그
러나 구조개혁론 반대의 선봉에 서면서 당내 활동가 집단으로 떠올
랐다. 이들은 1964년 대의원대회에서 채택된 〈일본에서 사회주의의
길〉(이하 〈길〉)이라는 강령적 문서를 기초했다.

---

5 에다는 사회당 안에서 계속 현실적 전략 수립을 주장하며 당권에 도전하다가
1976년 제명됐다. 출당 후 그는 사회시민연합SCF이라는 독자정당을 창당해 사
회당 바깥에서 사회당의 혁신을 주장했다. 2010~2011년에 민주당 소속으로 총
리를 역임한 간 나오토菅直人가 사회시민연합 출신이다.

〈길〉은 사회당의 집권은 일본 자본주의의 위기와 연동된다고 못 박았다. 그때에야 혁명적 강령을 실천할 수 있다는 것이었다. 지난 세기에 작성된 독일 사회민주당의 〈에르푸르트 강령〉을 연상시키는 전망이었다. 한데 당시 일본 자본주의는 한창 고도성장을 구가하고 있었다. 그렇다면 사회당은 지금 당장 무엇을 해야 하는가? 구조개혁론에서 이야기하는 대로 복지국가를 건설해야 하는가? 〈길〉은 이를 단호히 부인했다. 복지제도는 국가독점자본주의가 노동계급을 포섭하는 수단일 뿐이다. 그럼 남는 것은 무엇인가? 1970년으로 예정된 미일 안전보장조약 재개정을 저지해서, 일본 사회가 반동화하는 것을 막는 것이다. 이렇게 반전평화블록 유지에 진력하면서 위기가 닥치길 기다리면 된다.

1968년, 일본의 GDP는 드디어 서독을 능가하며 세계 2위가 되었다(세계은행 통계로서, 소련 등 현실사회주의 국가들은 제외한 순위다). 대중은 이제 외교 문제가 아니라 물가, 복지, 공해 등에 더 관심을 기울였다. 바로 이때 자민당은 사회복지 확장에 선수를 쳤다. 이들은 철저히 정치 논리에 따라 각 계층에게 국가예산을 배분해주고 자민당의 지지기반으로 포섭했다. 반면 사회당은 1970년 안보투쟁만 바라보았다. 결국 복지 확대 과정은 노동계급 형성의 계기가 되기는커녕 자민당의 수혜층·지지층만 양산하는 결과를 낳았다.

물론 사회당은 항상 전투적 야당이었다. 〈길〉은 대중투쟁을 무엇보다 강조했다. 자민당의 법안을 막기에는 항상 의석이 모자랐던 사회당 의원들은 의장석을 점거하기 일쑤였고 자민당 의원들과 난투극을 벌이는 데 이골이 나 있었다. 그러나 과장된 원내활동은 사회당이 진정한 '대중'투쟁을 만들어내지 못하고 있음을 보여주는 징표일 뿐이었다. 대중운동의 바람은 중앙정치 바깥에서 불어왔다.

1963년 지방선거에서 78명의 진보 시장(일본에서는 주로 '혁신 시장'이라 불렀다)이 당선되는 이변이 일어났다. 이는 그동안 지역 차원의 연합전선 활동으로 다져진 각지의 진보세력들이 복지, 공해 등의 새로운 쟁점을 바탕으로 선거에서 힘을 발휘한 덕분이었다. 사회당, 공산당, 노동조합, 시민운동 단체들이 공동후보를 내어서 자민당을 이겼다. 진보 시장들은 전국혁신시장회를 결성했고, 언론은 이들을 '제3당'이라고까지 불렀다.

1967년에 실시된 다음번 지방선거에서는 진보 공동후보 미노베 료키치美濃部亮吉가 도쿄 시장에 당선됐다. 1973년 지방선거에서는 진보 시장이 이끄는 도시가 전체 도시 인구의 43.5%를 차지하기에 이르렀다. 전국 지방자치단체의 1/4이 전국혁신시장회에 가입했다. 지방의 좌파 정부가 중앙의 우파 정부에 맞서는 형국이 됐다. 이는 같은 시기 이탈리아 정치의 양상과도 비슷한 데가 있었다. 두 나라 모두 제1좌파 정당이 집권의 길을 찾지 못하고 있었고, 이런 답답한 상황에서 진보세력이 지방정치에서 돌파구를 발견했던 것이다.

물론 진보 지방자치단체들은 가능성만큼이나 한계도 많았다. 아무리 시장이 진보파라고 해도 시의회는 여전히 풀뿌리 보수세력의 지배 아래 있었다. 그럼에도 불구하고 진보적 지방자치 바람은 중앙정치에서 꽃피지 못한 구조개혁론의 문제의식이 우회적으로 시도된 것이라 할 수 있었다. 진보 지방자치단체들은 사회당이 놓치고 있던 복지나 환경문제를 끌어안았다. 실제로 사회당과 공산당 양쪽으로부터 배척당한 구조개혁론자들이 지방정치에 적극 참여하기도 했다.

한편 이런 지방선거의 쾌조와는 정반대로 사회당은 1969년 중의원 선거에서 의석이 140석에서 90석으로 급락하는 참패를 겪었다. 불행히도 이시다의 전망은 실현되지 않았다. 사회당은 1960년대의 10년을 허비해버렸다.

무산된 기회 2 – 비자민당 연립정부 시도

하지만 사회당의 운이 벌써 다한 것은 아니었다. 1972년 중의원 선거는 예상외의 결과를 보여주었다. 자민당이 패배하고, 사회당 의석이 다시 100석 이상으로 늘었다. 더 놀라운 것은 군소 야당들의 약진이었다. 1960년에 사회당 우파 일부가 탈당해 만든 민주사회당DSP(이하 민사당), 불교 단체가 만든 중도 성향의 공명당CGP[6], 그리고 공산당이, 자민당과 사회당 사이에 80석 이상의 넓은 중간지대를 만들었다. 특히 공산당은 1960년대부터 온건한 의회주의를 천명한 탓인지 10% 이상을 득표하고 38석을 획득했다. 공산당은 조직 노동운동의 지지를 받지 못한 한계를 당조직 확대와 지역 시민운동에 대한 접근으로 돌파했다. 아무튼 진보적 지방자치단체 바람이 중앙정치에까지 불어닥친 게 이변의 주요인이었다는 평가였다.

총선 후 너나없이 사회당을 중심으로 한 진보적인 비자민당 연립정부의 가능성을 이야기하기 시작했다. 사회당으로서는 천재일우의 기

----
6 지금은 자민당의 연립정부 파트너지만, 창당 초기에는 '중도좌파'를 표방했다.

회였다. 구조개혁론자들뿐만 아니라 〈길〉조차 이러한 정부를 수립할 가능성을 배제하지 않았기 때문에 당 안에서 문제 될 것은 없었다. 사회당은 1974년 제36차 대의원대회에서 연립정부 구상을 담은 〈국민통일강령〉을 제시했고, 공산당·공명당·민사당도 잇따라 진보연립정부 구상을 내놓았다.

　1976년 중의원 선거에서는 때마침 자민당 다나카 가쿠에이 전 총리의 록히드 뇌물수수 사건이 터져 역사의 바람이 더욱더 사회당 쪽으로 방향을 트는 듯싶었다. 자민당은 처음으로 원내 과반수 확보에 실패했고, 무소속까지 영입해서야 겨우 내각을 구성할 수 있었다. 이때 사회당의 연정 구상은 돌연 벽에 부딪혔다. 사회당의 입장은 공산당을 포함한 모든 야당을 총결집해 비자민당 정부를 구성하자는 것이었는데, 공명당·민사당이 공산당을 포함한 연정에 극렬히 반대했기 때문이다. 사회당으로서는 안보투쟁과 진보 지방자치단체 운동의 동지인 공산당을 버릴 수도 없었고, 그렇다고 집권 기회를 날려버릴 수도 없었다. 그러면서 시간만 보냈다. 결국 당론은 사회당·공명당·민사당만의 연립정부 쪽으로 선회했다. 하지만 이때쯤에는 이미 자민당이 정치개혁을 선수 치면서(예비경선제 도입 등) 재기의 몸부림을 하고 있었다. 더구나 기회주의적인 민사당이 자민당과 협력하기 시작했다. 결국 사회당 주도의 정권교체는 불발로 끝나고 말았다.

　이제 와서 돌이켜 보면, 비록 민사당·공명당이 반대했다고 하더라도 사회당이 압력을 행사해 공산당과의 공동집권을 받아들이게 할 수 있지 않았을까 하는 생각이 든다. 하지만 안타깝게도 이 무렵 사회당은 그럴 경황이 없었다.

어느 때보다 집권 가능성이 높았던 이때에 사회당은 당 역사상 최대의 내부 분란으로 시끄러웠다. 사회주의협회 활동가들이 상근 당직을 독차지하며 과도하게 조직을 장악하자, 노선의 좌우를 가릴 것 없이 당 안의 모든 비협회 세력들이 연합해 숙정운동을 벌였다('77년 항쟁'). 협회파 활동가들은 두 손 들고 항복했다. 사회주의협회는 다시 연구집단으로 돌아가겠다고 선언했다. 사실 사회주의협회가 당 안에서 급성장할 수 있었던 것은 오직 이들만이 당원과 조합원들을 교육하고 활동가를 양성하며 정력적으로 기관지를 발행했기 때문이었다. 당의 다른 부분이 못하는 것을 그들만 하고 있었다. 하지만 애석하게도 이들은 이탈리아 공산당의 잉그라오 좌파나 영국 노동당의 벤좌파가 추구한 급진성과 현대성의 결합과는 거리가 멀었다. 이들의 마르크스주의는 너무 구식이었다.

이런 사회당의 정통 마르크스주의는 1960년대 신좌파 학생운동을 경험한 젊은 세대에게는 매력이 없었다. 이들은 사회당, 공산당을 모두 멀리하면서 소규모 사회주의 정파들로 갈라졌다. 서독 학생운동 세대가 녹색당으로 정치세력화하고 영국의 비슷한 세대가 벤좌파에 결합한 것과 달리, 일본의 신좌파 세대는 계속 제도정치 바깥에 머물렀다. 이로 인해 학생운동의 에너지가 사회 전체에 스며들지 못했고, 기존의 사회당·공산당 역시 새로운 세대로 생명력을 이어가지 못한 채 조로早老하기 시작했다.

1970년대 말에 사회당의 운신의 폭이 좁았던 또 다른 이유는 총평계 노동운동의 위기였다. 1974년 세계 대불황의 여파가 일본에도 어김없이 상륙하자 총평은 야심 찬 투쟁에 나섰다. 총평은 24.5%의 물가

급등에 맞서 '국민춘투 공동투쟁위원회'를 결성했다. 대기업 노동조합 중심으로 정체되어가던 춘투 분위기를 일신해서 노동조합운동의 새로운 도약을 이루려는 시도였다. 국민춘투의 주된 요구는 최저임금제 확대, 연금제도 개선, 각종 복지수당 확대, 공무원·공공부문 노동자의 파업권 보장 등이었다. 1970년대 초반 서유럽 노동운동이 급진화한 것과 비슷한 흐름이었다.

그러나 자민당 정부는 이에 기민하게 대응했다. 고용보험법 등 복지제도를 알아서 강화해주는 한편, 총평을 대화 상대에서 배제했고 관공노의 파업은 철저히 탄압했다. 1975년에 파업권 쟁취를 내건 관공노의 총파업이 실패하자 총평의 지도력도 땅에 떨어졌다. 이것은 곧 사회당의 저변이 허물어지고 있다는 의미였다. 1970년대의 '기회'는 '위기'의 다른 쪽 얼굴이었다.

총평이 무너지자 사회당도 무너지다

1980년 중의원 선거에서 자민당은 예상을 깨고 대승을 거두었다. 곧이어 등장한 나카소네 야스히로中曾根康弘 정부는 팽창재정을 통해 노동대중을 포섭하던 기존 일본형 케인스주의를 신자유주의적 긴축 기조로 전환했다. 대신 군국주의 열풍을 조장했고, 전투적 노동조합 운동을 해체하려 들었다. 나카소네 정부는 1987년 '국철國鐵 개혁'이라는 구호 아래 공공철도 사유화를 단행했는데, 이는 신자유주의 정책의 일환이면서 동시에 총평의 핵심인 공공부문 노동조합을 깨려는 것이었다.

같은 해에 민간 대기업 노조의 실리주의적 분위기를 대변하는 새로운 노총인 일본노동조합연합(약칭 '렌고連合')이 800만 조합원을 자랑하며 출범했다. 2년 뒤에 총평은 결국 해산했고, 산하 노동조합들은 렌고에 흡수 통합됐다. 렌고의 노선은 총평과 정반대라고 할 수 있었다. 이상보다는 실리였고, 투쟁보다는 협상이었다. 지금껏 자신의 힘으로 노동대중에 뿌리내리지 못하고 총평에 의존해왔던 사회당으로서는 삽시간에 지지기반이 무너져버린 셈이었다. 사회당이 노동계급의 대변자라는 위상을 유지하자면 이제 렌고에 자신을 맞추는 수밖에는 없었다.

노동조합운동의 우경화와 함께 노동자들의 사회당 지지율도 지속적으로 하락했다. 총평이 해산하기 전에 이미 총평 조합원 중 사회당 지지층은 절반 수준으로 줄어들었고, 민간부문 노동조합에서는 자민당이 최대 지지 정당이 됐다. 게다가 불황이 지속되자 복지 지출도 줄어들었고, 이에 따라 진보 지방자치단체 바람도 위력을 상실했다. 사회당 당세의 추락이 어느 정도였는가 하면, 1986년 총선 당시 중선거구제 아래서 복수후보를 출마시킨 선거구가 총130개 선거구 중 15개에 머물렀다. 한 선거구에서 단순득표순으로 복수의 당선자를 내는 일본식 중선거구제에서는 많은 선거구에 복수의 자당 후보를 내서 당선시키지 못하면 집권을 노릴 수 없다. 자민당은 실제 그렇게 했다. 그러나 사회당은 복수후보 출마 선거구가 점점 줄어들었다. 이는 사회당이 이미 집권을 포기하고 만년 제1야당 노릇에 안주하고 있음을 말해주는 것이었다. 더구나 1980년대에 들어서는 사회당 당선자 중 3, 4위로 당선된 이들이 1, 2위로 당선된 이들보다 훨씬 많아졌다.

사회당의 자구 노력은 〈길〉을 폐기하고 새로운 강령적 문서 〈신新선언〉을 채택하는 것으로 나타났다(1986). 〈신선언〉은 1960년대 구조개혁론을 뒤늦게 인정한 것이었다. 사회당이 비로소 사회민주주의 노선을 분명히 했다는 해석이 많았지만, '경제의 사회화' 등을 못 박은 것을 보면 '우파' 사회민주주의보다는 '좌파' 사회민주주의에 더 가까웠다. 이와 함께 대표도 시민운동 출신의 여성 정치가 도이 다카코土井たか子로 바뀌면서 과거의 이미지를 탈피했다.

이러한 노력이 결실을 맺은 것인지 1989년 참의원(상원) 선거와 1990년 중의원 선거에서 사회당은 오랜만에 약진하는 의외의 모습을 보여주었다. 사회당 득표율은 다시 20%를 넘어섰다. 도이 대표의 인기는 '마돈나 열풍'이라 불릴 정도로 인상적이었다. 자신감을 얻은 도이 주도의 사회당은 자위대의 존재를 인정하는 대신 군비축소를 주장하는 등 현실적 정책을 내걸고 다시 기지개를 켰다.

그러나 이때의 약진은 자민당의 실정으로 인한 반사이익 성격이 강했다. 리쿠르트 사건 등 자민당의 부패 사건이 속출하고 재정 건전화 명목으로 소비세가 신설된 데다 미국의 압력으로 농산물 수입이 개방되자, 자민당의 전통적 지지층인 자영업자와 농민들이 일시적으로 자민당에 등을 돌린 것이었다. 게다가 사회당의 약진은 예기치 않은 반작용을 낳았고, 이 때문에 사회당은 오히려 궁지에 몰리게 됐다. 사회당에 표를 빼앗긴 민사당과 공명당이 자민당과 유착하기 시작한 것이다. 이를 신호탄으로 자민당 내 불만세력이 이끄는 보수파 주도의 정계개편에 시동이 걸렸다.

렌고는 이런 흐름을 부채질했다. 렌고의 야마기시 아키라山岸章 위원장은 "사회민주주의와 리버럴 세력의 총결집"을 주장하며 노골적으로 사회당을 해체하고 중도정당을 건설하자고 주창했다. 야마기시 위원장과 연합한 사회당 내 우파는 이미 당 규율과 상관없이 자민당과 일상적으로 거래·합작했다. 1992년 참의원 선거 패배 책임을 지고 물러난 도이의 뒤를 이어 대표가 된 다나베 마코토田邊誠가 그 대표적인 인물이었다.

자민당에서 떨어져 나온 일본신당, 신생당 등 보수 계열 신당이 대거 선거에 참여한 1993년 7월 중의원 선거는 사회당 붕괴의 제1막이었다. 사회당의 의석은 136석에서 70석으로 절반이 줄었다. 총선 직후 렌고 지도부의 압력으로 일본신당 소속 호소카와 모리히로細川護熙 총리가 이끄는 비자민당 연립정부가 들어섰다. 사회당의 영광으로 예고됐던 것이 신세대 보수 정치인의 몫이 된 셈이었다. 이 연정에 사회당도 무라야마 도미이치村山富市 신임 대표가 입각했지만, 연립정부를 주도한 것은 어디까지나 보수세력이었다.

1994년 6월에는 무라야마가 총리를 맡고 자민당이 참여한 새 연립정부가 구성됐다. 제1당이었지만 중의원 과반수에 미달한 자민당이 제2당 사회당을 앞세워 좌우 연립정부를 구성하며 비자민당 연립정부를 피하려 한 것이다. 가타야마 연립정부 이후 거의 반세기 만의 집권이었지만, 이는 가타야마 연정의 실패를 고스란히 반복할 운명이었다.[7] 같은 해 9월, 무라야마 총리는 자민당과의 연정을 유지하기 위해 '자위

---

7 그래도 한국 입장에서는 사회당이 잠시나마 집권한 게 의미가 없지 않았다. 1995년 8월 15일에 무라야마 총리가 일본의 전쟁 범죄를 분명히 규정하고 사죄한 '무라야마 담화'를 발표했기 때문이다.

대 합헌, 미일 안전보장조약 유지'로 당론을 전환했다. 이는 기존 사회당 지지층에게 큰 실망을 안겨주었다. 보수파와의 공동집권을 위해 수십 년간 지켜온 핵심이념을 포기한 것으로 보였기 때문이었다. 사회당의 영혼이 사라진 그곳에 더 이상 대중적 좌파는 존재하지 않았다. 일본 사회의 총보수화가 시작된 것이다.

진보정당운동의 반면교사, 일본 사회당

1990년대에 일본의 진보정치 공간은 초토화됐다. 같은 시기에 이탈리아 정치판에서 벌어진 일들이 일본에서도 전개됐다. 사회당은 1996년 1월 사회민주당SDPJ으로 당명을 바꾸고 새 출발을 모색했다. 그러나 정작 의원들 중 다수(48명)는 렌고의 권유에 따라 1998년 신생 중도정당 민주당DPJ에 합류했다. 사회당 노선을 잇겠다는 좌파 일부도 탈당해 신사회당NSPJ을 창당했다. 결과적으로 사회당이 세 흐름으로 나뉜 셈이었다. 이 중 이탈리아 민주당의 일본판이라 할 수 있는 민주당은 더 이상 진보정당의 범주에 들지 않는다. 그렇다고 이탈리아 민주당처럼 현실 정치에 성공한 것도 아니어서 2009년부터 3년간 집권한 동안 큰 실망을 안겨준 후 현재는 자민당에 크게 뒤처진 야당 신세다(현재 당명은 입헌민주). [8] 다른 두 계승자를 보면, 일단 신사회당은 원외정당이

---

8 이탈리아 민주당과 일본 민주당 사이에는 중요한 차이도 있다. 이탈리아 민주당에서는 구 공산당 출신 정치인들이 중요한 역할을 하는 반면, 일본 민주당은 구 자민당 출신이 주도했다. 이는 노동운동 기반의 차이로 설명할 수 있다. 이탈리아에서는 좌파 성향 제1노총인 CGIL이 건재하기 때문에 민주당이 일정하게

다. 사회민주당은 점차 공산당에 비해서도 지지율과 의석이 줄어들어 2017년 중의원 선거의 정당투표 득표율이 1.69%, 당선자는 총2명에 불과하다. 그나마 이어오던 사회당의 여진餘塵도 다 소진된 것이다.

물론 공산당이 버티고 있기는 하다. 공산당은 제도정치 안에서 군국주의 부활과 신자유주의의 폐해에 거의 홀로 맞서 싸우고 있다. 그러나 아직은 공산당이 과거 사회당의 지위를 차지하거나 민주당을 대체할 가능성은 크지 않아 보인다(2017년 총선에서 정당투표 득표율 7.90%, 총 12명). 공산당이 최근 쌓은 긍정적 이미지 못지않게 오랜 역사를 통해 누적된 부정적 이미지가 워낙 강하기 때문이다. 뭔가 획기적인 연합이나 새 정당 창당을 시도하지 않고는 교착 상태를 뚫기 힘들어 보인다. 이렇게 진보정당운동이 무너진 틈을 타 자민당은 마음껏 군사대국화를 향해 나아가는 중이다. 지금도 일본 사회에 분명히 존재하는 '반전평화' 대중은 바로 이 단 하나의 결핍 때문에 제힘을 발휘하지 못하고 있다.

이런 일본 진보정당운동의 안타까운 경험은 후발주자인 우리에게 반면교사가 된다. 사회당은 전후 정당 구도와 일본 특유의 중선거구제로 인해, 비록 집권은 못하면서도 제2당 지위는 놓치지 않았다. 그래서 외관상 어느 정도 성공한 진보정당으로 보였다. 그러나 이 당은 노동자 당원 확대를 위한 노력도, 영국 노동당의 집단입당제나 스웨덴 사회민주노동당의 노동자 코뮌 같은 실험도 펼치지 않았다. 오직 상층 간부 수준에서 노동조합의 지원에 의존했다. 그러다 보니 선거 결과와

───── '좌파' 성향을 유지할 수밖에 없다.

의석수로 나타나는 외양에 비해 진보정치의 대중적 토대는 극히 취약
했다. 노동대중 사이에 진보정치의 이념, 운동, 문화를 뿌리내리는 것
이야말로 진보정당운동의 가장 중요한 토대다. 이런 토대 없이는 한때
성공한 듯 보였던 진보정치도 순식간에 해체될 수 있다는 것을 일본
사회당의 역사는 우리에게 말해준다.

이 장을 집필하는 데 주로 다음 책들을 참고했다.

박수룡,《일본 사회당 연구: 사회당의 발전과 침체 원인 분석》, 다솔원, 1995.

야마구치 지로·이시카와 마쓰미,《일본 전후정치사: 일본 민주주의의 보수적 기원과 전개》, 박정진 옮김, 후마니타스, 2007.

오노 코지,《일본 현대 정치사 1945-1998》, 이기완 옮김, 케이시아카데미, 2003.

이상준 엮어옮김,《현대 일본 보수 혁신 대립투쟁사》, 민맥, 1990.

G. 타튼,《일본의 사회민주주의 운동》, 정광하 외 옮김, 한울, 1997.

G. A. 호스톤,《일본 자본주의 논쟁: 마르크스주의와 일본 경제의 위기》, 김영호·류장수 옮김, 지식산업사, 1991.

小山弘健,《일본 마르크스주의사 개설》, 한상구·조경란 옮김, 이론과실천, 1991.

升味準之輔,《일본의 현대정치(下): 1955년 이후》, 이경희 옮김, 대광문화사, 1997.

다음의 국내 연구 성과들로부터도 큰 도움을 받았다.

강권찬, 〈탈냉전기 일본 공산당의 생존전략분석〉, 고려대학교 정치학 석사학위 논문, 2000.

권순미, 〈일본 사회당 실패에 관한 연구〉, 고려대학교 정치학 박사학위 논문, 2002.

김의근, 〈일본 사회당의 정책결정구조에 관한 연구〉, 연세대학교 행정대학원 석사학위 논문.

이상훈, 〈파벌분석을 통한 일본 사회당에 관한 연구〉, 한국외국어대학교 아주지역학 석사학위 논문.

정영태, 〈사민주의적 노동자운동의 전개와 정당의 관계: 일본 총평과 사회당의 관계를 중심으로〉, 〈이론〉 5호, 1993년 여름.

최희식, 〈93년 자민당 일당지배체제의 붕괴 과정 연구: 자민당과 사회당을 중심으로〉, 서울대학교 정치학 석사학위 논문, 2000.

한석종, 〈80년대 일본 사회당의 노선변화와 전망〉, 서울대학교 정치학 석사학위 논문, 1993.

다음은 현재 서점에서 쉽게 구할 수 있는 책 가운데에서 일본 사회당의 역사를 일목요연하게 정리한 거의 유일한 저작이다.

신카와 도시미쓰,《일본 전후 정치와 사회민주주의: 사회당 총평 블록의 흥망》, 임영일 옮김, 후마니타스, 2016.

사회당이 배출한 단 두 명의 총리 중 한 명이자 사회당의 마지막을 지켰던 무라야마 도미이

치의 회고록이 최근 번역됐다.
야쿠시지 가쓰유키,《무라야마 도미이치 회고록》, 박원석 옮김, 한국외국어대학교 지식출판원, 2015.

다음은 '사회' 개념을 검토하는 연구서인데, 일본 사회당의 역사에 대한 흥미로운 논평들을 담고 있다.
이치노카와 야스타카,《사회》, 강광문 옮김, 푸른역사, 2015.

다음 책은 1990년대 이후 일본 정치를 조망하면서, 자민당 왼쪽에서 현재 가능한 대안이 무엇인지 타진한다.
나카노 고이치,《우경화하는 일본 정치》, 김수희 옮김, AK, 2016.

다음 책은 패전 이후 일본 사회에서 진보파가 성장하는 과정을 소개한다.
존 다우어,《패배를 껴안고: 제2차 세계 대전 후의 일본과 일본인》, 최은석 옮김, 민음사, 2009.

일본 공산당에 대해서는 다음 책들을 참고할 수 있다.
고야마 히로타케,《전후 일본의 공산당사: 당내 투쟁의 역사》, 최종길 옮김, 어문학사, 2012.
시이 가즈오(현 일본 공산당 사무총장),《새로운 약진의 시대를 지향하며: 일본 코뮤니스트의 동북아 평화협력 구상》, 홍상현 옮김, 미래를소유한사람들, 2014.
시이 가즈오,《전쟁이냐 평화냐: 전후 70년의 동북아시아 평화》, 홍상현 옮김, 건국대학교 출판부, 2015.
시이 가즈오,《지금, 일본 공산당》, 홍상현 옮김, 이매진, 2013.

중앙정치에서 진보정치가 쇠퇴한 이후에 대안 중 하나로 등장한 지역정당운동에 대해서는 다음 책을 참고할 수 있다.
요코다 카쓰미,《어리석은 나라의 부드러우면서도 강한 시민: 생활클럽 운동그룹과 풀뿌리 민주주의 운동의 모델 만들기》, 나일경 옮김, 논형, 2004.

21세기의 실험들

신자유주의 공세는 자본 진영이 자기 입장에서 펼친 구조개혁이었다. 그 결과로 국민국가들보다 전 지구적 금융시장 네트워크가 우위에 서는 세상이 등장했다. 자본주의 중심부의 진보정당들에게는 이런 역사의 흐름을 조금이라도 다른 방향으로 돌릴 기회가 없지 않았다. 초기 신자유주의 공세의 집행자였던 신우파 정부들(가령, 미국의 레이건 Ronald Reagan 공화당 정부나 영국의 대처 보수당 정부)은 구질서를 파괴(사유화 등)하는 데 주력했기 때문에 지지층만큼이나 반대세력도 뚜렷했다. 1990년대 들어서 이런 반발은 선거를 통한 정권교체로 이어졌다. 우선 미국에서 1992년 민주당의 빌 클린턴Bill Clinton이 대통령에 당선됐다.[1]

이런 미국의 변화를 신호탄으로 서유럽에서도 우파 대신 중도좌파 정당들이 집권하기 시작했다. 1997년에 영국에서 노동당이 집권했고,

---

[1] 물론 공화당에서 민주당으로 정권이 교체됐다고 해서 월스트리트 중심 경제 질서가 바뀌지는 않았다. 시장지상주의를 일컫는 표준 용어가 '신보수주의'에서 '신자유주의'로 바뀌었을 뿐이다.

21세기의 실험들

프랑스에서는 좌파가 총선에서 승리해 사회당·공산당·녹색당 연립내각이 우파 대통령과 공존하는 '좌우 동거체제'가 들어섰다. 1998년에는 통일독일에서 사회민주당-녹색당의 적록연정이 출범했다. 같은 해 이탈리아에서는 공산당의 후신 좌파민주당이 구 기독교민주당 세력 일부와 결성한 선거연합 '올리브 나무'가 집권했다. 이탈리아에서 공산당 출신 정치인들이 권력에 참여한 것은 1948년 헌법 제정 이후 처음이었다. 이렇게 서유럽에서 가장 인구도 많고 경제 규모도 큰 네 나라에 동시에 좌파 정부가 들어선 것은 역사상 처음 있는 일이었다.

마침 2000년에 유럽 단일통화(유로)가 탄생할 예정이었다. 1992년에 체결된 마스트리히트 조약은 독일 마르크화를 기준으로 단일통화를 만들기 위해 참여국의 재정구조를 규율하기로 했다. 하지만 일국 차원의 경제정책 결정권을 제한하는 대신, 유럽연합 차원에서 어떤 진보적인 정책을 펼칠지에 대해서는 약속된 게 없었다. 유럽 사회민주주의 정당들 안에서 그래도 여전히 진지하게 탈신자유주의를 고민하던 이들은 국민국가 단위의 케인스주의가 무력화된 대신, 유럽연합 수준에서 초국적 케인스주의를 추진할 가능성에 기대를 걸고 있었다. 주요 4개국에 모두 중도좌파 정부가 들어선 1990년대 말 정세는 이런 기대를 현실로 만들 절호의 기회였다.

그러나 이 기회는 무산됐다. 4개국 중도좌파 정부들은 유럽 차원의 소득 재분배와 공공투자, 그리고 이를 실현할 거시경제 운영 방향에 합의하는 대신 미국 클린턴 정부가 추진하던 시장지상주의 버전 2.0을 따라 하기 위해 서로 경쟁했다. 새 세기와 함께 결국 재정통합 없는 통화통합이 실시됐고, 미국뿐만 아니라 서유럽에서도 자산시장 거품을 바탕으로 복지보다는 부채가 경기를 뒷받침하게 됐다. 한때는 이 질서가 과거 복지국가와는 또 다른 방식으로 '민주적 자본주의'를 구현하는 것처럼 보였지만, 2008년 금융위기와 함께 이런 기대는 신기루처럼 사라져버렸다.

그럼에도 현재 유럽연합은 경제위기 국가들에게 긴축정책을 강요할 뿐이다. 유로화의 통화가치 안정이라는 지상목표를 위해서 말이다. 사회민주주의 정당들이 적극 동참해서 만든 질서가 위기 탈출을 가로막는 가장 단단한 장벽이 되고 있는 것이다. 이들 정당 안에서는 부랴부랴 정통 사회민주주의로 돌아가자는 목소리들이 대두하고 있지만, 그들 자신이 만들어놓은 장벽을 어떻게 해결할지는 아직 알 수 없다. 이로 인해 주류 좌파정당들의 오래된 지지기반이 와해되는 전대미문의 사태가 벌어지고 있고, 불안하게도 국수주의·인종주의 극우파가 진보세력의 실패를 파고들며 급성장하는 중이다. 1930년대의 악몽을 떠올리지 않으려야 않을 수 없는 형국이다.

자본주의 중심부에서 중도좌파 정당들이 정체성 혼란에 빠져 있는 동안, 진보정당운동의 새로운 중심 무대로 떠오른 곳은 라틴아메리카였다. 이 대륙에서는 1959년 쿠바혁명이 승리한 이후 혁명과 개혁의 연쇄작용이 끈질기게 이어졌다. 기대를 모았던 칠레 인민연합 정부가 쿠데타로 쓰러졌지만, 1979년 니카라과 혁명이 성공함으로써 다시 사기가 회복됐다. 니카라과 혁명을 성공시킨 산디니스타민족해방전선 FSLN은 기존 혁명정권들과는 달리 대중조직이 변혁 과정에 적극 참여하게 했으며 자유선거와 다당제를 유지했다. 라틴아메리카 진보세력은 유럽보다 늦게 시작한 대신, 앞서간 이들의 교훈 위에서 출발할 수

21세기의 실험들

있었다. 그 교훈의 첫 번째는 "민주주의 없이 사회주의 없다"는 것이었다. 해방신학, 파울루 프레이리Paulo Freire의 참여 교육학 등, 이 대륙에서 생산된 독창적 진보 이념들도 하나같이 이러한 깨달음을 대변했다.

1980년에 창당한 브라질 노동자당은 이런 시대정신의 세례를 받으며 새세대 진보정당운동의 길을 열어갔다. 노동자당은 1990년에 브라질 최대도시이자 당시 노동자당 시정부 아래 있던 상파울루 시에 라틴아메리카 및 카리브해의 모든 진보정치 세력들을 초청했다. 여기에서 중남미 신진 진보정치 세력들의 결집체 '상파울루 포럼'이 결성됐다. 2차 세계대전 후에 진보정당들의 안정적인 국제조직으로는 사회민주주의 계열의 '사회주의 인터내셔널SI'이 거의 유일했다. 중남미에서도 오래된 사회민주주의 정당들은 이 조직에 속해 있었다. 상파울루 포럼은 이와는 구별되는 새로운 국제적 흐름을 대변했다. 그렇다고 사회민주주의 대 공산주의식 대립구도를 반복한 것은 아니었다. 하지만 차이는 분명히 있었다. 상파울루 포럼에는 혁명정당과 개혁정당이 공존했고, 어떤 노선을 취하든 대중의 각성과 참여, 주도적 역할을 강조했다.

1990년대까지만 해도 라틴아메리카에서 대세는 아직 신자유주의 공세 쪽이었다. 그러나 이 대륙에서는 금융 주도 질서가 포섭할 수 있는 집단이 중심부에 비해 한정돼 있었다. 그만큼 불만과 분노도 더 일찍 타올랐다. 1990년대에는 브라질 노동자당을 비롯해 상파울루 포럼 참여세력들이 대개 야당이었지만, 새 세기가 동터오면서 시대의 풍향이 바뀌었다. 1998년 베네수엘라 진보세력이 급조한 신생정당 '제5공화국MVR'의 우고 차베스 후보가 대통령에 당선됐다. 차베스는 취임하자마자 칠레 인민연합 정부가 시도하지 못했던 제헌의회를 소집했고, 이후 '볼리바리안 혁명'[2]이라 불리게 될(오스트리아 사회민주노동당이라면 '완만한 혁명'이라 불렸을) 개혁 과정을 시작했다. 브라질 노동자당은 2001년 1월에 시민참여예산제로 유명해진 포르투알레그리 시에서 전 세계 반신자유주의 정치세력·사회운동이 결집한 '세계사회포럼WSF'을 개최했다. 이는 흔히 '다보스 포럼'이라 불리는 국제 자본가 사교모임 '세계경제포럼WEF'에 맞서는 것이기도 했지만, 상파울루 포럼의 전 지구적 확대판이기도 했다. 그리고 다음해 10월, 드디어 노동자당의 룰라가 브라질 대선에서 승리했다.

이후 마치 도미노처럼 라틴아메리카 곳곳에서 진보정당이 집권했다. 2004년에 우루과이에서 사회[주의]당PS, 공산[주의]당PCU, 민중참여운동MPP(도시 게릴라 투쟁을 펼치던 투파마로스민족해방운동MLN-T이 합법정당으로 전환한 조직), 기독교민주당PDC 등이 결성한 정당연합 '확대전선FA'이 대통령 선거에서 승리했다. 2005년에는 볼리비아에서 원주민 사회운동에 바탕을 둔 정당 '사회주의운동MAS'의 에보 모랄레스가 대통령에 당선됐다. 모랄레스 정부는 베네수엘라 차베스 정부처럼 제헌의회를 소집해 국가기구를 개혁했고 천연가스 등 광물 자원에 대한 공적 통제를 강화했다. 영락없이 이웃나라 칠레가 30여 년 전에 시도했던 개혁의 볼리비아판이었다. 2006년에 에콰도르에서도 원주민 사회운동의 지지를 받은 급진좌파 성향의 라파엘 코레아Rafael Correa가

---

2 베네수엘라의 독립 영웅이자 남미연방 수립을 꿈꾸었던 19세기 초의 혁명가 시몬 볼리바르Simón Bolívar의 이름에서 따온 것이다.

당선돼 볼리비아와 비슷한 개혁을 추진했다. 중미에서는 2006년에 니카라과의 산디니스타민족해방전선이 오랜 야당 시절을 끝내고 다시 집권했고, 2009년에는 엘살바도르에서 파라분도마르티민족해방전선 FMLN이 기나긴 투쟁 끝에 드디어 권력을 쥐었다.

이런 중남미 좌파 집권붐에는 중도좌파와 급진좌파가 섞여 있었기 때문에 '분홍빛 물결'이라는 이름이 붙었다. 2000년대 중반 라틴아메리카의 '분홍빛 물결'은 같은 시기 유럽 진보세력의 침체와 극명하게 대비됐다. 20세기 벽두에 새시대의 깃발을 펄럭였던 게 독일 사회민주당을 중심으로 한 서유럽 제2인터내셔널 소속 정당들이었다면, 21세기에는 브라질 노동자당을 비롯한 라틴아메리카 진보정치 세력들이 그 역할을 맡는 듯 보였다.

유럽과 가장 대비된 것 중 하나는 각국에서 좌파가 동시에 집권한 예외적인 기회를 제대로 활용할 줄 알았다는 점이다. 브라질과 베네수엘라의 좌파 정부, 그리고 아르헨티나의 좌파 페론주의 정부는 북미자유무역지대NAFTA를 아메리카 대륙 전체로 확대하려는 미국의 미주자유무역지대FTAA(스페인어 약칭은 ALCA) 구상을 좌절시켰다. 대신 이들은 남미 국가들 사이의 경제통합을 추진했다. 유럽연합이 통화통합에 주력한 데 반해 남미 좌파 정부들은 대륙 차원의 공공투자를 중심으로 경제통합에 접근했다. 좌파 정부들 중에서 특히 급진좌파 성향 그룹은 쿠바와 함께 대안적 무역체제인 '우리의 아메리카 인민을 위한 볼리바리안 동맹ALBA'을 결성했다. 이 모든 시도는 국민국가들 사이의 협력을 통해 전 지구적 금융시장 네트워크와는 다른 초국적인 정치 무대를 만들 수 있다는 것을 보여주었다. 또한 21세기에는 국민국가 내부의 변혁과 이러한 노력이 반드시 병행돼야 한다는 점도 분명해졌다.

다만 라틴아메리카의 '분홍빛 물결'에는 성과만큼이나 한계도 뚜렷했다. 21세기 중남미 좌파 정부들도 과거 민족주의 개혁정부들과 마찬가지로 1차 산품 수출 중심의 경제구조를 바꾸지는 못하고 있다. 오히려 대對중국 무역 특수가 사회개혁 재원을 마련하는 주된 기반이 됐기 때문에 천연자원·농산물 수출 중심 구조가 더 심해진 측면이 있다. 이런 상황에서 2008년 이후 세계 경제가 침체하자 중남미 각국의 경제가 흔들리기 시작했다. 그리고 이는 고스란히 좌파 정부의 지지 약화와 정치 혼란으로 이어지고 있다. 한때 지구상에서 탈신자유주의의 유일 거점으로 여겨졌던 라틴아메리카에서 지금 진보세력은 다시 한번 시험에 직면해 있다.

역사의 전개란 얼마나 역설적인가. 2008년 위기 이후, 라틴아메리카 진보정치가 이렇게 주춤할 때 유럽 정치에서는 과거 수십 년간 보기 힘들었던 역동적인 광경이 연출되기 시작했다. 이것이 더 큰 혼돈을 예고하는 것인지, 아니면 진보정당운동의 대규모 혁신이 시작됐음을 알리는 것인지는 아직 확실하지 않다. 다만 지금까지 나타난 몇 가지 흐름은 다음과 같다.

첫째, 진보정치가 분열 혹은 다원화되고 있다. 하나의 거대 정당이 진보정치를 독점하던 구조는 이제 더 이상 쉽게 발견할 수 없다. 어느곳에서든 독점구조가 와해되면서 복수 진보정당들 사이의 경쟁이 나타나고 있다. 가장 인상적인 사례가 독일이다. 2차 세계대전 후 사회민주당의 영향력이 가장 막강했던 나라 중 하나가 독일이다. 그러나 1차 세계대전 중의 분열 이후 한 세기 만에 사회민주당의 지지기반 중 일부가 떨어져 나와 구동독 지역을 대변하는 민주사회[주의]당PDS과 함께 2007년 '좌파당'이라는 새 정당을 결성했다. 사회민주당 전 대표이자 총리 후보였던 오스카어 라퐁텐Oskar Lafontaine까지 좌파당으로 옮겼다. 사회민주당이 집권 시기에 신자유주의 노동·복지 개악에 나선 데 대한 반발이었다. 좌파당은 현재 독일 전체에서 평균 10% 가까운 지지율을 유지하며 기독교민주연합–사회민주당의 대연정에 맞서고 있다.

둘째, 진보정치의 중심 세력·노선이 급격히 재편되고 있다. 단지 진보정치의 독점 구도가 흔들릴 뿐만 아니라 중심이 이동하고 있다. 중심부 국가에서 처음으로 사회민주주의보다 왼쪽에 선 정당이 대표 좌파정당으로 부상하고 급기야 집권까지 했으니, 바로 그리스다. 이제까지 그리스 정치의 절반을 지배해온 사회민주주의 정당 '범그리스사회주의 운동PASOK'(이하 PASOK)은 재정위기 대응 과정에서 채권국들에게 끌려 다니기만 하다 지지기반이 붕괴하고 말았다.[3] 대신 그리스 공산[주의]당KKE에서 이탈한 개혁파가 2004년에 다른 급진좌파들과 결성한 정당연합 '급진좌파연합SYRIZA'이 그 공간을 차지해서 2015년 1월에 마침내 집권에 이르렀다.[4] 급진좌파연합은 특히 경제위기의 최대 피해자인 청년층의 지지를 바탕으로 급성장할 수 있었다.

한편 그리스와는 좀 다른 방향에서 포르투갈에도 대변화가 나타났

---

3 이로 인해 pasokification이라는 신조어까지 등장했다. 사회민주주의 정당이 붕괴하고 급진좌파 정당이 이를 대체하는 상황을 일컫는 말이다.
4 여러 정당의 연합이면서 하나의 정당처럼 활동하던 급진좌파연합은 2012년 5월에 단일정당 구조로 전환했다.

다. 이 나라에서는 2015년 10월 총선을 통해 사회[주의]당PS, 좌파블록 BE, 민주단결연합CDU(공산[주의]당PCP-녹색당PEV 연합), 3자의 좌파 연립정부가 출범했다. 이것도 예전에는 상상할 수 없었던 일이다. 사회민주주의 정당인 사회당이 공산당원, 트로츠키주의자들(좌파블록)과 공동집권한 것이다. 그리스 사회민주주의 세력의 전철을 밟지 않으려는 포르투갈 사회당의 결단이었다. 역시 남유럽을 뒤덮은 경제위기 상황이 아니었으면 가능하지 않았을 일이다.

셋째, 주로 청년층을 중심으로 한 변화의 열망이 기존 진보정당 안에서도 분출해 그 단단한 구조를 뒤흔들고 있다. 그것도 가장 바뀌기 힘들 것이라 보았던 정당에서 그런 일이 벌어졌다. 영국 노동당이다. 13장에서 소개한 대로, 2015년 9월 이 당에서는 그간 주변에 머물러 있던 당내 급진좌파 성향의 코빈 의원이 당 대표에 당선되는 이변이 일어났다.

넷째, 아예 기존 진보정치 문법에서 벗어난 진보정당 실험도 나타나고 있다. 스페인의 신생 정당 포데모스가 그들이다. 16장에서 이들의 이야기와 마주하게 될 것이다.

영국 역사학자 도널드 서순Donald Sassoon은 1996년 저작《사회주의 100년》의 〈서문〉에서 "사회주의가 최후의 몸부림을 치는지 부활의 문턱에 서 있는지는 역사학자가 대답할 수 있는 문제가 아니"[5]라고 밝혔다. 역사학자는 이렇게 겸손의 미덕을 갖춰야 하겠지만, 역사는 그

---

5 도널드 서순,《사회주의 100년: 20세기 서유럽 좌파정당의 흥망성쇠》1권, 정역목 외 옮김, 황소걸음, 2014, 51쪽.

21세기의 실험들

렇지 않다. 역사는 역사학자가 정리한 어떠한 역사책도 비껴갈 정도로 대담하다. 진보정당운동의 역사 또한 그러하다. 모처럼 진보정당운동은 '스스로를 변화'시키고 있다. '세상을 변화'시키는 데 이것만큼 좋은 소식은 없다.

[더 읽기]

최근 전 세계 진보정당운동의 여러 움직임에 대해서는 다음 책을 참고할 수 있다.

장석준, 《레프트 사이드 스토리: 세계의 좌파는 세상을 어떻게 바꾸고 있나》, 개마고원, 2014.

1990년대 말, 유럽 주요국들에서 동시에 진보정당이 집권했을 때의 상황에 대해서는 다음 책에 생생한 보고가 담겨 있다.

오스카 라퐁텐, 《심장은 왼쪽에서 뛴다》, 진중권 옮김, 더불어숲, 2000.

라틴아메리카 '분홍빛 물결'에 대한 깊이 있는 분석으로는 다음 책들을 권한다.

김은중 외, 《라틴아메리카 대안사회운동과 참여민주주의》 1·2, 높이깊이, 2010.

박정훈, 《역설과 반전의 대륙: 라틴아메리카 정치사회의 현장에서 캐낸 10가지 테마》, 개마고원, 2017.

이성형, 《대홍수: 라틴아메리카, 신자유주의 20년의 경험》, 그린비, 2009.

쿠트 웨이랜드 외, 《라틴아메리카 좌파 정부》, 하상섭 옮김, 이담북스, 2013.

비르지트 다이버 엮음, 《좌파의 정부참여, 독인가 약인가: 라틴아메리카와 유럽, 현장의 목소리》, 서울민주아카이브, 2012.

배리 캐넌·피다 커비 엮음, 《21세기 사회주의-라틴아메리카 신좌파 국가와 시민사회》, 삼천리, 2017.

다니엘 차베스 외, 《라틴아메리카 신좌파-좌파의 새로운 도전과 비전》, 그린비, 2018.

21세기의 실험들

행복을 꿈꾸길 두려워하다?
/
브라질 노동자당

15

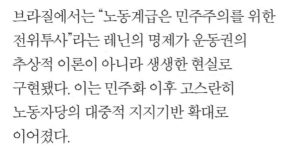

브라질에서는 "노동계급은 민주주의를 위한
전위투사"라는 레닌의 명제가 운동권의
추상적 이론이 아니라 생생한 현실로
구현됐다. 이는 민주화 이후 고스란히
노동자당의 대중적 지지기반 확대로
이어졌다.

1980년에 대서양 양쪽에서 주목할 만한 새 정당이 탄생했다. 하나는 서독의 녹색당[1]이었고, 다른 하나는 브라질의 노동자당PT이었다. 사실 둘을 함께 논하기에는 차이가 너무 크다. 녹색당은 서독 신좌파 정치세력화의 산물이기는 하지만, 스스로 '진보(좌파)정당'이라는 규정을 달가워하지 않는다. 반면 노동자당은 이름부터가 유럽에서 19세기 말에 등장한 정당들의 환생 같은 느낌이다. 그러나 이 두 당 사이에는 예상외로 비슷한 면도 있다. 둘 다 사회운동이 활발히 전개되던 시기에 그 정치적 표현으로서 등장했다. 서독 녹색당은 반핵평화운동과 핵발전소 철폐운동, 브라질 노동자당은 민주노동조합 운동과 반독재 민주화투쟁의 열기 속에서 탄생하고 성장했다. 정당이, 심지어는 좌파정당조차 대중운동과 거리를 벌려가던 20세기 말에 두 당 모두 이런 시류를 거스른 당당한 사례였다.

I 독일 녹색당에 대해서는 다음 책을 참고할 수 있다. 최백순, 《미래가 있다면, 녹색》, 이매진, 2013.

이 중에서도 브라질 노동자당은 일찍부터 한국에서도 주목을 받았다. 1980년대 말에 비합법 사회주의 조직들 사이에서 진보정당 창당 논의가 처음 시작될 때부터 주요 참고사례로 언급됐던 것이 브라질 노동자당이다. 10년 넘게 고난과 좌절이 반복된 끝에 마침내 2000년에 민주노동당이 출범했을 때도 새 당이 따라 배우고자 한 주된 모범사례는 노동자당이었다. 그도 그럴 것이 한국 진보정당운동에게 한 세기 전에 등장한 유럽 좌파정당들은 너무나 멀게 느껴졌다. 같은 신흥공업국에서 불과 20여 년 먼저 시작된 정치세력화 시도가 더 친근하게 다가올 수밖에 없었다.

그런 브라질 노동자당이 2002년 드디어 집권에 성공하자 민주노동당은 마치 자신의 일처럼 기뻐했다. 이후 브라질에서 들려오는 소식들 중에는 실망스러운 것도 많았지만, 그럼에도 노동자당이 집권을 이어가며 라틴아메리카 '분홍빛 물결'의 기둥 역할을 하는 것에 희망과 자부심을 느끼곤 했다. 한데 작금의 브라질 상황은 이런 희망과 정반대 모습이다. 룰라는 감옥에 있고 파시스트에 가까운 인물이 대통령이 돼 있다. 도대체 그동안 어떤 일들이 있었던 것일까? 아니, 그 전에 브라질 노동자당은 어떠한 정당인가?

노동자대투쟁의 결실, 노동자당

브라질은 면적으로나 인구로나 남미의 절반을 차지하는 대국이다. 하지만 풍부한 자원에도 불구하고 산업화가 늦었고, 광활한 국토에도 불구하고 농민의 다수는 땅 한 뙈기 없는 신세다. 민족주의를 표방하는

21세기의 실험들

정권들이 들어서서 시도한 개혁은 번번이 좌절됐다. 그 마지막 사례였던 조앙 굴라르João Goulart 대통령 정부는 1964년 군부 쿠데타로 무너졌다. 군부정권은 외국 자본을 유치해 남동부 해안지대에 섬유·금속·석유화학 산업을 육성하기 시작했다. 한국이 박정희 정권 아래서 공업화에 매진하던 바로 그때 브라질도 신흥공업국으로 발돋움하고 있던 것이다.

공장이 늘어나니 당연히 노동자도 늘어났다. 한국에서도 농촌 젊은 이들이 공단으로 향한 것처럼, 브라질에서도 낙후한 북동부 지역의 빈농들이 일자리를 찾아 남부로 몰려들었다. 상파울루 등 남동부 도시들은 이내 거대한 판자촌으로 뒤덮였다. 훗날 브라질 노동자당의 역사적 지도자이자 대통령이 되는 루이스 이나시우 '룰라' 다 시우바Luiz Iná-cio 'Lula' da Silva(이하 룰라)도 이렇게 입에 풀칠하려고 남쪽으로 떠밀려 온 북동부 이주민 가족의 자식이었다.

신흥 공업지대 가운데에서도 가장 규모가 컸던 것은 상파울루 인근의 ABCD 지역[2]이었다. 브라질의 울산, 창원이라고나 할까. 이 지역에서는 1970년대 내내 노동자 인구가 늘어났지만, 이들은 권리의 사각지대에 있었다. 노동조합은 군부정권의 명령을 고분고분 따르고 있었고, 오랜 역사를 자랑하는 '브라질 공산[주의]당PCB'이 있었지만 비합법 상태로 지하활동 중이었다. 그나마 노동자들이 모여서 토론하고 미래를 함께 꿈꿀 수 있는 공간은 가톨릭교회뿐이었다. 특히 상파울루 교구는 해방신학을 따르는 진보적 사제들이 이끌고 있었다. 서로 지구 반대편

─────── **2** 상파울루 인근, 공장이 밀집한 네 소도시의 약칭을 조합한 이름이다.

이기는 하지만, 1970년대 브라질과 한국의 노동운동에는 비슷한 구석이 참 많았다.

단, 브라질은 한국보다 10년 정도 더 앞서나갔다. 한국에서는 1987년 6월항쟁이 있고 나서 7월부터 노동자대투쟁이 시작됐다. 반면 브라질은 아직 군부독재 치하였던 1978년에 대중파업이 폭발했고 민주노동조합 운동이 탄생했다. 당시 전 세계를 휩쓸던 스태그플레이션이 투쟁의 도화선이 됐다. 물가가 치솟는데도 군부정권이 임금인상을 억누르는 것 외에 다른 처방을 내놓지 못하자, 그동안 쌓이고 쌓였던 노동자들의 불만이 터져 나온 것이다.

1978년에 ABCD 지역 중 한 도시인 상베르나르두에서 파업이 시작됐다. 이때 이 지역 금속노동조합 집행부를 이끌던 이들이 룰라(1945년생)와 그 또래 동지들이었다. 이들은 기존 노동조합 간부들과는 달리 파업투쟁에 앞장섰다. 군부정권이 헬리콥터까지 띄워 위협하는데도 수만 명의 파업 대오 앞에서 연설하는 수염 난 룰라의 모습은 비슷한 시기 폴란드에서 공산당 관료통치에 맞서 파업투쟁을 이끈 레흐 바웬사(Lech Wałęsa와 곧잘 비교되었다. 새로운 노동운동 흐름의 등장이었다. 이들의 주도로 1978년부터 1979년까지 2년 동안 파업 물결이 브라질 전역을 뒤덮었다. 첫해에는 6개 주에서 50만 명이 파업에 참여했고, 다음해에는 15개 주에서 3200만 명이 파업을 벌였다.

한국 노동운동과 달랐던 것은 시기상으로 앞섰다는 점만은 아니었다. 한국의 민주노동조합 세력은 1995년에 전국민주노동조합총연맹(민주노총KCTU)을 결성한 뒤에 정당 건설에 나섰다. 반면 브라질 노동자들은 새 노총을 만들기 전에 정당부터 띄웠다. 금속노동조합의 룰라

21세기의 실험들

그룹을 비롯해서 석유화학, 은행, 교직원 등의 부문에 등장한 전투적 집행부들은 대중파업이 아직 시작 단계였던 1978년 말부터 노동자 정당 창당을 추진했다.

이미 브라질에는 비합법 상태의 공산당이 있었고, 합법 공간에서 민주화투쟁을 이끌던 정당 '브라질 민주운동MDB'(이하 민주운동당, 한국으로 치면, 김영삼·김대중 세력에 해당)이 있었다. 게다가 과거 민족주의 정권을 지지하던 노동운동 흐름을 대변하는 민주노동당PDT도 있었다. 그런데도 파업 지도자들은 굳이 독자정당 창당을 원했다. 민주노동당, 공산당 모두 민주대연합을 주창하면서 민주운동당에 힘을 몰아주고 있었기 때문이다. 신세대 노동운동 지도자들은 이런 브라질판 '비판적 지지' 노선에 동의할 수 없었다. 그래서 1979년 금속노동조합 전국대회에서 독자정당 창당 방침이 부결됐음에도 불구하고 창당을 강행했다. 그 결과, 1980년 2월에 노동자당이 출범했다. 브라질의 민주노총인 노동자중앙연합CUT은 이보다 뒤인 1983년에 결성됐다.

노동자당은 창당대회에서 좌파정당 특유의 기다란 강령 대신 짧은 선언문만을 채택했다. 창당 선언문은 노동자당이 '민주적 사회주의'를 지향한다고 밝혔지만, 그 구체적인 내용이 무엇인지는 이야기하지 않았다. 다만 단호한 언급 하나가 눈에 띄었다. "민주주의 없이 사회주의 없고, 사회주의 없이 민주주의 없다."

다분히 선언적인 언명이었지만, 그 안에는 노동자당의 창당세력과 이들의 지향이 오롯이 담겨 있었다. 첫 번째 세력은 물론 룰라를 비롯한 신세대 노동운동가들이었다. 이들은 '민주주의'에서 대중의 참여와 총의로 모든 것을 결정하던 최근의 파업투쟁을 떠올렸고, '사회주의'에서 민주화투쟁의 새 중심이 되어야 할 노동자 세력을 연상했다. 다분히 경험적이고 실용적인 해석이었지만, 당시 정세에서는 어떤 이론보다 풍부한 의미를 지닌 사고방식이기도 했다. 이들은 당 초기에 각급 대의기구에서 항상 절반 이상을 차지했고, 이후에도 줄곧 당 안의 다양한 흐름들을 결합하는 구심 역할을 했다.

다음은 가톨릭교회 안의 진보적 흐름이었다. 이 무렵 브라질 곳곳의 교회에서는 해방신학에 바탕을 둔 기초공동체들이 활기를 띠고 있었다. 한국 성당에서도 흔히 볼 수 있는 신자들의 반班모임이 노동자, 도시 빈민, 땅 없는 농민들을 끌어안으며 지역 사회운동의 보금자리가 됐다. 해방신학은 자본주의와 국가사회주의를 함께 비판하면서 민중이 변혁 과정의 주역이 되어야 한다는 점을 강조했고, 기초공동체는 이런 각성을 일상생활에서 실험했다. 이런 기초공동체 운동의 상당 부분이 노동자당에 합류했다. 그 영향으로 노동자당 안의 기초공동체라 할 수 있는 누클레우('중핵'이라는 뜻)가 등장했다. 누클레우는 지구당보다 더 작은 규모의 기층 당원 조직이다. 누클레우의 한 뿌리는 분명 과거 공산당들의 세포 조직이다. 그러나 세포와는 분명 다른 데가 있다. 공산당에서 세포의 역할은 흔히 당 집행부의 결정을 실행하는 것으로 국한되곤 했다. 그러나 노동자당에서 누클레우는 주로 당원들이 당과 사회의 여러 쟁점을 토론하는 장이다. 아래로부터의 토론과 참여라는 측면이 훨씬 강조된 것이다.

마지막은 트로츠키주의, 마오[쩌둥]주의, 카스트로주의 정파들이었다. 이들은 공산당의 민주대연합 노선에 맞서 노동계급의 독자적 정치세력화를 강조했기 때문에 민주화운동 안에서도 이단적 소수파로 취

21세기의 실험들

급됐다. 이런 이들에게 노동자당 창당은 드디어 자신들의 지론을 실천할 기회가 열렸음을 뜻했다. 그래서 공산당을 제외한 거의 모든 좌파 경향들이 노동자당에 몰려들었다. 덕분에 노동자당은 풍부한 지식인 활동가들을 확보할 수 있었다. 이들 정파 중에서도 특히 제4인터내셔널 통합서기국USFI 경향[3]의 트로츠키주의자들은 이 무렵 이미 시작된 현실사회주의의 위기를 좌파 입장에서 해석하고 대응할 이념 자원('사회주의적 민주주의'의 강조)을 제공해주었다.[4]

노동자당, 민주주의의 전위 투사가 되다

노동자당도 초기에는 미래가 불투명했다. 물론 한국의 민중당이나 민주노동당보다는 훨씬 나은 조건이었다. 창당할 때부터 5명의 하원의원이 결합했고, 50만 명의 당원이 있었다. 브라질 인구가 2억이니까 전체 유권자에서 차지하는 비중은 그리 큰 게 아니었지만, 이때의 당원들은 대개 활동가 수준의 의식과 열성을 지닌 이들이었다(2019년 현재, 당원은 159만 명). 하지만 이 정도 자원에도 불구하고 1982년에 처음 선거에 뛰어들어 거둔 성적은 그리 신통치 않았다. 3.1%를 득표해 8명의 의원을 배출했지만, 이미 원내정당이었기 때문에 흥이 날 만한 결과는

---

3 트로츠키주의의 여러 국제적 경향 중 하나다. 현실사회주의를 '퇴보한 노동자 국가'로 보는 트로츠키의 입장을 그대로 계승하며, 대표적인 이론가로는 에르네스트 만델Ernest Mandel을 들 수 있다.

4 이들의 정파 명칭 자체가 '사회주의적 민주주의DS'다. 포르투알레그리 시가 주된 지역 거점이며, 이후 노동자당이 이 도시에서 시민참여예산제 실험을 펼치는 데 이 그룹이 주도적인 역할을 했다.

아니었던 것이다. 함께 실시된 상파울루 주지사 선거에 출마한 룰라는 4위(약 10% 득표)에 그쳤다.

노동자당 안에서는 회의의 목소리가 일었다. 민주화운동 진영에서 노동자당의 독자노선에 쏟아붓는 비난도 견디기 쉽지 않았다. 노동자당은 이런 초창기의 시련을 대중운동의 열기로 극복해나갔다. 우선 1983년 ABCD 지역을 넘어 전국의 민주노동조합들이 결집해 새 노총 CUT를 띄웠다. 뒤이어 1984년에는 노동자당의 또 다른 대중 기반인 '땅 없는 농업 노동자 운동MST'이 출범했다. MST는 농지를 갖지 못한 수많은 농촌 프롤레타리아트의 조직으로서, 대토지 소유자의 유휴지를 무단 점거한 뒤 정부에게 토지수용 및 분배를 요구하는 운동을 전개했다. CUT에 이어 MST가 노동자당을 적극 지지함으로써 노동자당은 드디어 남동부 대도시들뿐만 아니라 북동부 및 내륙의 농촌으로 지지를 넓혀나갈 수 있게 됐다.

노동자당은 첫 선거 결과의 실망감을 털어내고 다시 정치투쟁의 고삐를 당겼다. 마침 1983년 총선 이후 대통령 직선제 요구운동에 불이 붙고 있었다. 노동자당의 룰라 집행부는 다른 민주화투쟁 세력들과 함께 '지금 당장 직선제를!' 운동에 착수했다. 마치 몇 년 뒤 한국의 대통령 직선제 쟁취운동처럼 브라질 전역에서 집회가 잇달아 열렸고, 그때마다 룰라와 노동자당이 맨앞에 섰다. 운동이 절정에 이른 1984년에는 상파울루 등의 거리가 노동자대투쟁 이후 몇 년 만에 다시 수십만 명의 시위 인파로 가득 찼다. 룰라가 ABCD 지역을 넘어 브라질 전역에 대중 정치가로 널리 알려지기 시작한 것도 이 투쟁을 통해서였다.

바로 이 대목에서 신세대 노동운동가들이 노동자당을 조기 창당한

21세기의 실험들

결정이 얼마나 중대한 역사적 의미를 지니는지 확인할 수 있다. 브라질 노동자당은 군부정권이 물러나고 대통령 직선제가 다시 실시되기 전에 등장했다. 그래서 민주운동당만이 아니라 노동자당도 반독재 민주화투쟁의 한 축을 맡을 수 있었다. 브라질에서는 "노동계급은 민주주의를 위한 전위투사"라는 레닌의 명제[5]가 운동권의 추상적 이론이 아니라 생생한 현실로 구현됐다. 이는 민주화 이후 고스란히 노동자당의 대중적 지지기반 확대로 이어졌다.

반면 한국에서는 6월항쟁 이후에야 새세대 노동운동이 등장했을 뿐 아니라, 그리고 나서도 한참 뒤에야 민주노동당이 출범했다. 그래서 김영삼·김대중 세력이 민주화의 제1공신이 됐고, 대통령 직선제 부활 이후 한동안 이들 세력이 제도정치에서 노동대중의 지지를 독점했다. 이런 두 나라 노동자 정치세력화의 차이가 두 나라 정치지형의 결정적 차이를 낳았다. 민주노동조합 운동은 브라질이 한국보다 10년 빨랐을 따름이지만, 진보정당운동의 격차는 10년이 아니라 20년, 아니 그보다 더 벌어지게 됐다.

헌법 개정을 통한 민주화 과정도 두 나라가 크게 달랐다. 브라질에서는 1985년에 기존의 대통령 간선제를 통해 문민정부가 들어섰다(노동자당은 선거 불참). 그리고 새 정부는 의회를 해산하고 총선을 다시 실시했다. 이렇게 해서 구성된 의회가 1987년 2월부터 헌법 제정 작업에 돌입했다. 즉, 제헌의회가 소집된 것이다. 한국에서는 민주화투쟁 와중에 대통령 직선제 개헌을 주장하는 흐름(민족해방파NL)과 제헌의회 소

---

5 V.I. 레닌,《무엇을 할 것인가?》, 최호정 옮김, 박종철출판사, 2001, 102-123쪽.

집을 주장하는 흐름(제헌의회파CA)이 확연히 갈렸다. 그리고 실제 헌법 개정 작업은 기존 국회 내 보수정당들 사이의 협상으로 진행됐다. 브라질에서는 제헌의회를 통해 나름대로 전 사회적 토론을 헌법에 반영한 데 반해 한국에서는 밀실협상과 합의를 통해 헌법이 개정된 것이다. 한쪽은 헌법 제정 과정에서 거리의 대중운동이 직접 목소리를 냈다면, 다른 한쪽에서는 오직 협상장 바깥의 소음으로만 간접적인 영향을 끼쳤을 뿐이다.

노동자당은 18명의 제헌의회 의원을 당선시켰다(총 570석). 노동자당의 주장을 새 헌법에 그대로 반영시키기에는 턱없이 적은 의석이었다. 그러나 노동자당은 의회 내 심의와 대중운동의 압박을 결합하는 전술을 통해 영향력을 증폭시켰다. 덕분에 브라질 헌법에는 우리의 경우 근로기준법의 내용에 해당하는 상세한 노동권 조항들(파업권 완전 보장, 120일의 유급 출산휴가, 여성 및 가내 노동자의 노동권 보장 등)이 담기게 됐다. 또한 노동자당이 쟁점화한 진보적 요구들(군부 정치개입 전면금지, 농지개혁, 외채 문제에 대한 국민투표 실시 등)은 비록 관철되지는 못했지만 대중에게 노동자당의 존재를 부각시키는 역할을 했다.

개헌 이후 첫 선거였던 1988년 11월 지방선거에서 노동자당의 약진이 확인됐다. 전국 36개 도시에서 노동자당 후보가 시장으로 당선됐다. 별로 많지 않은 듯 보일 수도 있지만, 대부분 대도시이자 공업도시였기 때문에 노동자당 집권 지역이 브라질 GNP에서 차지하는 비중은 30%나 됐다. 지난 선거에서 179명이었던 지방의원 당선자는 1000명 이상으로 늘었다. 가장 충격적인 결과는 브라질 최대도시 상파울루에서 노동자당의 루이자 에룬디나Luiza Erundina 후보가 시장에 당선된

것이었다. 나중에 노동자당의 성
장에 중요한 역할을 하게 되는 히
우그란지두술 주의 주도州都 포
르투알레그리에서는 은행노동
조합 위원장으로 노동자당 창당
에 앞장선 올리비우 두트라Olívio
Dutra가 시장에 당선됐다.

지방선거의 노동자당 바람은
다음해에 오랜만에 부활한 대통
령 직접선거에서 룰라 열풍으로
이어졌다. 군부정권 계승 세력은
다 고만고만한 인물들뿐이었고
민주운동당은 역사적 지도자 탕

하원 헌법 심의 토론에서 발언하는 룰라
(1980년대).

크레두 네베스Tancredo Neves가 사망한 상태였기 때문에 어느 쪽이든
쉽게 승리할 만한 후보가 없었다. 보수우파가 결국 찾아낸 후보는 북
동부 출신에다 룰라보다 더 젊은(1949년생) 페르난두 콜로르 지 멜루
Fernando Collor de Mello였다. 처음에는 재계와 언론의 전폭적 지지를
받은 콜로르 후보가 쉽게 압승할 것 같았다. 그러나 1차 투표 결과가
불길했다. 콜로르 후보가 28%를 얻어 1위를 하기는 했지만, 2위로 그
뒤를 이은 것이 다름 아닌 노동자당의 룰라 후보였다(16.5%). 브라질
기득권층이 가장 기피하는 후보가 결선투표에 진출하게 된 것이다.

콜로르와 룰라가 맞붙은 2차 투표는 기존 지배세력 대 노동대중의
한판 대결이었다. 1차 투표 때까지만 해도 사회민주주의자라 자처하

던 콜로르는 갑자기 반공 선동가로 돌변했다. 반면 룰라는 "행복해지길 두려워하지 말자"는 구호를 내걸고 외채 이자 지불 중단, 공공부문 사유화 대신 민주화, 최저임금 인상 및 복지 확대, 농지개혁, 군부 규제 등을 약속했다. 룰라의 마지막 선거운동 집회에는 약 40만 명이 모였고, 콜로르와 룰라 사이의 여론조사 지지율 격차는 1%로까지 좁혀졌다(46 대 45). 전 세계의 이목이 브라질 대선에 집중됐다.

결과는 53%를 획득한 콜로르의 승리였다. 하지만 룰라 후보가 거둔 성과는 참으로 대단한 것이었다. 창당한 지 10년도 되지 않아 47%, 3100만 명의 지지를 얻었으니 말이다. 더구나 당시는 대서양 반대쪽에서 현실사회주의 국가들이 붕괴하던 무렵이었다.

세 번의 대선 패배를 이겨낸 힘
─ 참여민주주의 실험의 성공

콜로르 정부는 브라질 사회의 관심을 '민주화'에서 '자유화'로 옮겨놓았다. 긴축정책을 실시했고, 공공부문 사유화에 착수했다. 한때 민주화투쟁에 동참했던 많은 이들도 관치를 시장으로 대체하는 게 '민주화'라며 맞장구를 쳤다. 군부독재가 끝나자 곧바로 시장독재 시대가 시작된 것이다. 이 역시 1990년대 한국 사회와 너무도 비슷한 모습이었다.

콜로르 정부 자체는 오래가지 못했다. 콜로르 대통령은 부패 혐의로 상·하원이 탄핵 절차에 돌입하자 1992년에 스스로 대통령직에서 사임했다. 1994년 대선은 이런 헌정위기 끝에 실시되는 선거였기 때문에

21세기의 실험들

1989년보다 더 기득권 세력이 벼랑 끝에 몰려 있었다. 한때 룰라의 대통령 당선이 당연시되기도 했다.

그러나 지배 엘리트들은 기민하게 움직였다. 이들은 민주운동당에서 갈라져 나온 소규모 정당 '브라질 사회민주[주의]당PSDB'(이하 사회민주당)[6] 소속의 페르난두 엔히키 카르도주Fernando Henrique Cardoso (별칭 FHC)에게 주목했다. 카르도주는 브라질의 대표적인 좌파 사회학자로서 룰라와도 막역한 사이였다. 다만 민주대연합 노선을 주장하며 노동자당 창당에는 반대했었다. 그런 그가 재계와 언론의 간택을 받아 대선에 룰라의 대항마로 나섰다. 룰라 지지층이 카르도주 쪽으로 대거 이동하는 바람에 결선까지 갈 필요 없이 1차 투표에서 승패가 갈리고 말았다. 카르도주가 54.3%를 획득해 룰라(27.0%)를 가볍게 제쳤다.

이때의 참패는 노동자당에 커다란 충격을 주었다. 브라질 사회에 끼친 영향도 컸다. 카르도주 대통령은 '좌파' 이론가였다는 전력이 무색하게 신자유주의 구조개혁에 앞장섰다. 콜로르 정부가 시작한 공공부문 사유화를 확대 실시했고, 통화가치 안정을 절대목표로 삼아 20% 이상의 높은 이자율을 유지하며 긴축기조를 이어갔다. 초기 몇 년간은 인플레이션이 진정되고 경기도 활성화됐기 때문에 1998년 대선에서도 카르도주가 1차 투표에서 무난히 승리했다(53.1%). 룰라(31.7% 득표)로서는 세 번째 대선 패배였다.

---

6 이 당은 이름과는 달리 카르도주 집권 이후 브라질에서 대표적인 신자유주의 우파정당 역할을 하고 있다.

1990년대는 노동자당에게 시련기였다. 하지만 후퇴만 거듭한 것은 아니었다. 몇 군데 틈에서 빛이 새어 나왔다. 그중 하나는 1988년에 노동자당이 집권한 지방자치단체 가운데 하나인 포르투알레그리에서 거둔 성과였다. 안타깝게도 노동자당 시정부 중 다수는 다음 선거에서 권력을 내주어야 했다. 다들 공약을 제대로 실현하지 못했기 때문이었다. 비록 시장은 노동자당 소속이라도 시의회 다수파가 보수우파라서 시정부가 할 수 있는 게 별로 없었던 것이다. 한데 포르투알레그리에서는 이런 어려움에도 불구하고 노동자당이 재선에 성공했다. 이곳에서는 두트라 시장이 이끄는 노동자당 시정부가 독특한 실험을 통해 이 난관을 돌파했다.

포르투알레그리의 노동자당 당원들은 당의 여러 문서들에 반복적으로 언급되는 문구에서 보수적인 시의회에 맞설 무기를 찾았다. 바로 '참여' 원칙이었다. 이들은 생각했다. '시민들이 직접 참여해서 예산안을 짜게 하자. 그러면 시의회도 쉽게 반대하지 못할 게 아닌가.' 이런 발상에 따라, 우선 각 구마다 시민총회를 소집했다. 이 자리에서 주민들의 요구를 취합한 뒤 투표를 통해 우선순위를 매기고 대의원들을 선출했다. 이들 대의원이 모여 시의회와 별도로 참여예산평의회를 구성했다. 참여예산평의회는 각 구에서 제출한 요구 목록들을 종합해 경상경비 이외 항목의 예산안을 짰다. 두트라 시장은 이렇게 작성된 예산안을 그대로 시의회에 제출했다. 시의회는 처음에는 이 예산안에 완강히 반대했다. 그러나 예산 작성 과정에 참여한 시민들이 시위를 벌이며 시의회를 압박했다. 결국 시의회가 굴복했다. 1989년, 시민들이 참여해 만든 첫 번째 예산안이 통과됐다.[7]

21세기의 실험들

이후에도 포르투알레그리 시는 계속 이런 방식으로 예산을 수립했다. 비록 조례로 제정된 바도 없고 나중에는 시의회에서도 노동자당이 다수가 되지만, 그래도 해마다 시민들이 참여해 예산을 짰다. 어느덧 '시민참여예산제'라는 이름까지 생겼다. 시민들이 바란 공공투자 대상은 대개 복지, 교육, 문화 인프라였다. 따라서 시민참여예산제를 매년 거듭 시행할수록 포르투알레그리 시의 복지기반이 강화됐다. 1989년에 49%에 그쳤던 상수도 보급률은 1995년에 85%로 늘어났다. 공립학교는 1988년 29개에서 1995년에 86개로 늘어났고, 초등학교 학생 수가 2배로 증가했다.

이것만큼 중요한 또 다른 성과는 지역 시민사회가 바뀌었다는 것이다. 포르투알레그리에서 시민총회 등에 참석하는 시민 수는 1996년 당시, 전체 인구의 8%인 10만 명 수준에 이르렀다. 이들은 지역의 문제들을 함께 토론하고 해결책을 찾는 과정에서 정치적으로 성장했다. 예산 작성 과정에 참여한 시민의 60% 정도는 이후에도 지역 사회운동에 적극적으로 결합했고, 이에 따라 주민운동, 협동조합운동이 새삼 활기를 띠었다. 시민참여예산제를 통해서 복지 기반이 강화된 동시에 진보적인 정치문화가 뿌리를 내린 것이다.

포르투알레그리의 성과가 브라질 전역에 알려지면서 노동자당에 대한 평가도 달라졌다. 민주주의를 요구만 하는 정당이 아니라 민주주의를 혁신적으로 운영할 능력이 있는 정당이라는 신뢰가 생긴 것이다.

---

7 시민참여예산제에 대한 보다 상세한 내용은 다음 책을 참고할 것. 마리옹 그레·이브 생또메,《뽀르뚜알레그리, 새로운 민주주의의 희망》, 김택현 옮김, 박종철출판사, 2005.

실은 포르투알레그리 말고도 라틴아메리카 여러 도시에서 비슷한 실험들이 있었다. 1980년대에 남미 곳곳에서 군부독재가 종식된 뒤에 지방자치제가 복구됐다. 민주화투쟁을 통해 이제 막 성장 중이던 진보세력은 중앙정부 이전에 우선 지방자치단체에서 여당이 됐다. 지방정부를 장악한 진보정당들은 포르투알레그리의 노동자당처럼 시민 참여와 분권화를 추진했다. 연합좌파U가 집권한 페루의 수도 리마, 확대전선이 집권한 우루과이의 수도 몬테비데오, 나중에 차베스 정부에 영향을 끼치는 좌파정당인 '급진적 이상LCR'이 집권한 베네수엘라의 수도 카라카스가 그런 사례들이었다. 하지만 이 중에서도 가장 성공적인 곳은 포르투알레그리였다. 민중 참여를 일회적인 사건이 아니라 일상적 관행으로 정착시킨 점, 기존 대의민주제를 혁신해서 참여민주주의와 효과적으로 결합시킨 점 등이 다른 실험들에 비해 돋보였다.

노동자당은 이 성과를 반격의 발판으로 삼았다. 2001년에 세계사회포럼의 첫 대회를 포르투알레그리에서 개최한 것부터가 이 도시가 노동자당에게 어떤 의미를 지니는지 잘 보여준다. 점차 다른 노동자당 지방자치단체들도 시민참여예산제를 실시했다. '포르투알레그리를 전국으로!'가 노동자당의 주요 구호 중 하나가 됐다.

이는 실제 선거에서도 위력을 발휘했다. 우선 포르투알레그리에서 노동자당이 연이어 집권했다. 1998년에는 포르투알레그리의 첫 번째 노동자당 소속 시장이었던 두트라가 히우그란지두술 주지사에 당선됐다. 비록 함께 실시된 대선에서는 룰라가 패배했지만, 두트라의 주지사 당선은 노동자당에 커다란 위안이 됐다. 이 추세가 2000년 지방선거로 이어져 노동자당은 8년 만에 다시 상파울루 시장을 배출하는 등

21세기의 실험들

주요 도시들에서 집권당이 됐다.

금융세력에 굴복한 채 출발한 노동자당 정부

마침 카르도주 정부의 인기는 추락하고 있었다. 1998년 대통령 선거가 끝난 지 한 달 만에 헤알화 환율이 폭락했다. 통화가치 안정을 최대치 적으로 내세운 정권에 외환위기가 닥쳤고, 덩달아 외채가 급증했다. 그러자 그간 카르도주 정부가 추진한 경제정책의 다른 쪽 얼굴이 선명히 드러났다. 살인적인 이자율, 늘어만 가는 외채 이자 지불액, 비정규직 과 실업의 증가, 그리고 이에 따른 경기침체 등등. 이런 상황에서 2002 년 대통령 선거가 다가왔다.

룰라는 이제 대권 4수생이었다. 세 번째 도전에 실패하고 나서 그는 곧바로 독립 싱크탱크인 시민연구소를 설립해서 대선 공약을 준비하기 시작했다. 시민연구소는 신자유주의 비판을 대중적 담론으로 구체화하려 했다. 그래서 제시한 것이 '생산 대 투기' 구도였다. 현재 브라질 사회의 모순은 투기자본의 이익을 위해 나머지 모든 사회세력이 희생을 강요받는다는 데 있다. 따라서 생산활동을 대변하는 모든 세력이 동맹해야 한다. 시민연구소는 여기에 노동자, 농민, 중소자본뿐만 아니라 내수 중심 대자본, 심지어는 생산 부문에 투자한 초국적 자본까지 포함시켰다. 이러한 생산동맹이 집권해서 국가 주도 발전정책을 추진하고 이를 바탕으로 브라질형 사회국가를 건설해야 한다는 것이었다.

룰라는 브라질판 사회국가를 간단히 한 문장으로 요약했다. "브라질 사람이라면 누구나 하루 세 끼는 먹어야 한다." 그는 빈곤 가구에게 식비를 보조하거나 무상급식을 실시하는 '기아 제로' 프로그램을 핵심공약으로 내세웠다. 그만큼 수천만 극빈층에 대한 생활보장이 시급했다.

룰라 진영은 철저히 '생산 대 투기' 구도에 따라 2002년 대선에 임했다. 노동자당은 공산당, 녹색당PV부터 자유당PL에 이르는 선거연합을 구성했다. 자유당은 내수 중심의 국내 산업자본을 대변하는 정당이었다. 심지어는 자유당 소속의 섬유산업 대자본가 조제 알렝카르José Alencar가 부통령 후보로 지명됐다. 노동자당 안에서는 당연히 당내 좌파를 중심으로 반발이 일었다.

하지만 대선 필승을 위해서는 어쩔 수 없는 측면이 있기도 했다. 2002년 대선이 룰라에게 어느 때보다 유리했던 것은 사실이다. 카르도주까지 써먹은 브라질 지배세력에게는 이제 룰라의 대항마로 내세울 인물이 별로 없었다. 그렇다고 룰라의 승리를 장담할 수 있는 것은 아니었다. 브라질에는 아옌데 시절의 칠레에는 없던 결선투표제가 있었다. 노동자당 홀로 얻을 수 있는 득표율 최대치는 30%대였다. 결선투표라는 마지막 관문을 통과하자면 반드시 가능한 한 최대범위의 선거연합을 구성해야만 했다. 그 결과가 룰라-알렝카르 후보 조합이었다.

돌이켜 보면, 여기까지만 해도 그다지 문제는 아니었다. 진짜 문제는 룰라 진영이 공적公敵으로 지목한 '투기자본'의 공세였다. 브라질 대선을 앞두고 국제 금융시장에서는 '룰라 리스크'라는 말이 유행했다. 해외 자본이 브라질에서 철수하기 시작했고, 헤알화 투매가 벌어졌다. 급기야 2002년 7월, 헤알화 가치가 폭락했다. 룰라 후보는 부랴부랴 성명서를 발표했다. '브라질 국민에게 드리는 편지'라는 제목의 이 성명서를 통해 외채 재협상은 없다고 약속했다. 노동자당이 집권하더라

21세기의 실험들

도 기존의 외채상환 조건을 그대로 받아들이고 이자도 성실하게 지불하겠다는 것이었다. 본래 창당 당시 외채 문제에 대한 노동자당의 입장은 외채상환 여부를 국민투표로 결정하자는 것이었다. 이것이 1990년대 들어 외채상환 조건을 재협상한다는 당론으로 바뀌었다. 그러나 룰라 후보의 성명서를 통해 이마저 폐기되고 말았다. 룰라 진영은 투기자본을 공격하면서도, 집권도 하기 전에 바로 그 투기자본에게 굴복한 셈이었다.

어쨌든 금융시장은 진정됐다. 10월의 1차 투표에서 룰라 후보는 4000만 표에 가까운 득표(46.4%)로 2위인 사회민주당의 조제 세하José Serra 후보(23.2%)를 압도했지만, 과반은 넘지 못해 결선투표에 돌입했다. 그는 결선투표에서는 5277만 표, 61.3%를 득표했다. 이로써 13년의 도전 끝에 룰라가 대통령에 당선됐다. 노동자당으로서는 창당 22년 만의 집권이었다.

그러나 새 정부에 대한 기대와 흥분은 오래가지 못했다. 금융세력에 대한 굴복 때문이었다. 룰라 대통령은 선거운동 핵심참모 중 한 명이었던 안토니우 팔로시Antonio Palocci를 재무부 장관에 임명했다. 팔로시는 노동자당 소속 지방자치단체장들 중 한 명이었지만, 재무부 장관이 된 뒤에는 국제 금융기관들과 약속한 정책기조의 충실한 집행자 노릇을 했다. 룰라 대통령의 반대 의사에도 불구하고 신임 대통령 취임 직후 이자율이 오히려 인상됐다. 새 정부가 추진한 첫 번째 개혁은 복지 확대가 아니라 공공부문 연금 삭감이었다. 공무원 연금 수준에 대해서는 논란이 많았지만, 아무튼 정책의 우선순위가 뒤바뀐 것만은 확실했다. 노동자당 내 좌파 일부는 이에 반발해 2004년에 '사회주의와 자유의 당PSOL'을 새로 창당하게 된다.

가뜩이나 실망감이 팽배하던 상황에서 2005년 6월에 부패 스캔들이 터졌다. 룰라 정부가 법안 통과를 위해 다른 정당 소속 의원들을 매수했다는 것이었다. 노동자당은 비록 여당이었지만 룰라 대통령 첫 임기 중에 하원 의석이 총513석 중 91석에 불과했다. 제1당인데도 그랬다. 그만큼 정당들이 난립했다. 상원에서는 아예 제3당으로, 총81석 중 14석이었다. 그렇게 복잡한 연립정부 구성 때문에 법안이나 예산안을 통과시키기 힘들었다. 이 문제를 근본적으로 해결하려면 정치개혁이 필요했지만, 룰라 정부는 이를 시도하기보다는 막후 거래에 안주했다. 이 선택은 부패 사건이라는 덫이 돼 룰라 정부의 발목을 잡았다. 창당 이후 줄곧 노동자당 안에서 룰라의 오른팔이었던 조제 디르세우 José Dirceu 국무장관이 비리의 몸통으로 밝혀졌다.

룰라 대통령은 정책 전환으로 이 위기를 정면돌파했다. 2006년 3월, 그는 재무부 장관을 기두 만테가Guido Mantega로 교체했다. 그는 전임자 팔로시와 달리 소신 있는 발전주의자였다. 만테가 장관은 공공투자 및 재분배정책에 주력했다(성장가속화 프로그램PAC). 마침 대對중국 무역이 호황이었기 때문에 국제 금융세력이 요구하는 재정운영 원칙과 충돌하지 않고도 이런 정책을 펼칠 재원을 확보할 수 있었다. 덕분에 룰라 정부의 지지도가 급속히 회복됐다.

그럼에도 2006년 10월 대선은 힘겨운 싸움이었다. 룰라 대통령은 1차 투표 득표율을 48.61%로 늘렸지만, 사회민주당의 제라우두 아우크민Geraldo Alckmin 후보가 41.64%를 얻어 턱밑까지 쫓아왔다. 결선 투표에서 룰라는 지난번보다 조금 줄어든 60.83% 득표로 재선에 성공

21세기의 실험들

했다. 놀라운 것은 지역별 득표율 분포였다. 2002년 대선에서는 노동자당의 전통적 거점인 남동부가 룰라의 주된 지지기반이었다. 그러나 2006년 대선에서는 북부나 내륙의 빈곤한 주들에서 룰라가 압승을 거두었다. 노동자당 정부의 주된 지지계층이, 보다 가난한 이들, 즉 불안정 노동자, 도시 빈민, 빈농으로 바뀐 것이었다. 지난 4년간 이어진 빈곤층 복지정책의 성과였다.

노동자당 정부의 대차대조표

2011년 1월에 룰라가 두 번째 대통령 임기를 마칠 때 그의 지지율은 87%를 기록했다. 임기 초기가 아니라 종료 시점에 이렇게 지지율이 치솟은 대통령은 전 세계를 통틀어도 드물 것이다. 룰라의 인기에 힘입어 노동자당은 집권을 연장했다. 디르세우 사임 후 국무장관을 맡아온 지우마 호세프Dilma Rousseff[8]가 2010년 대선, 2014년 대선에서 거듭 승리해 브라질 최초의 여성 대통령으로서 노동자당 정부를 이어갔다.

그럼 룰라 정부가 성취한 것은 무엇이었고 한계는 무엇이었는가? 가장 혁혁한 성과를 남긴 것은 외교 분야다. 룰라 정부는 미국의 이라크 침략에 단호히 반대했다. 또한 다른 남미 좌파 정부들과 협력해서 미국의 미주자유무역지대 구상을 좌절시켰다. 대신 남미 국가들의 경

---

8 1947년생으로 군부독재 시절에는 도시 게릴라 활동을 벌였다. 본래는 민주노동당 창당 주역이었으나 1998년에 두트라 주지사가 이끄는 히우그란지두술주의 연립정부에 민주노동당 몫으로 참여한 뒤에 노동자당으로 당적을 옮겼다.

제통합을 추진했다. 기존 남미공동시장Mercosur의 결속을 강화했고 베네수엘라를 회원국으로 받아들였다. 2008년에는 브라질을 비롯한 12개 국가가 남미연합UNSAUR을 결성했다. 유럽연합이 통화동맹을 추구한 데 반해 남미연합은 회원국 간 합작으로 대륙 차원의 공공사업(남미 가스관 등)을 추진하는 데 주력했다. 이를 위해 2009년에는 남미은행BancoSur을 설립했다. 전 지구적 차원에서도 브라질 정부는 '20개국 모임'을 결성해 WTO 협상에서 개발도상국의 목소리를 높였다.

　때마침 중남미 전역에 좌파 집권 붐이 일어났기 때문에 가능했던 업적들이기는 하다. 하지만 브라질 노동자당 정부는 단순히 '분홍빛 물결'의 여러 배역들 중 하나만은 아니었다. 브라질의 역할은 결정적이었다. 남미 밖 논평가들은 중남미 좌파 정부들을 브라질 중심의 '온건좌파'와 베네수엘라 중심의 '급진좌파'로 나누고 둘 사이의 경쟁을 강조했다. 물론 그런 노선 차이가 있기는 했다. 그러나 둘은 서로 경쟁하기보다는 협력했다. 애써 둘의 대립을 강조한 이들은 실은 이러한 협력이 못마땅했던 것이다. 베네수엘라, 볼리비아 등에서 미국의 사주를 받은 쿠데타 설이 나돌 때마다 브라질 정부는 이를 좌시하지 않겠다고 공언했다. 또한 브라질 정부는 미국이 쿠바와 관계를 개선하도록 압박했다. 아옌데 시절에는 공상 속에서나 가능했던 이런 일들이 아니었다면 '분홍빛 물결' 자체가 존립할 수 없었을 것이다.

　노동자당 정부의 이런 혁신적인 외교정책에는 라틴아메리카 좌파의 오랜 역사적 경험과 각성이 담겨 있었다. 외무부 장관 셀수 아모링Celso Amorim과 함께 노동자당 정부의 외교정책을 이끈 대통령 외교정책보좌관 마르쿠 아우렐리우 가르시아Marco Aurélio Garcia는 젊었을 적 칠레에서 혁명좌파운동에 가입해 활동한 이력이 있는 인물이었다. 그는 21세기 사회주의의 가장 중요하고 우선적인 과제는 국제주의라고 단언했다. 그에 따르면, 브라질 정부의 목표는 국제 금융기관들, 즉 IMF와 세계은행에 맞설 남미 지역 내 기구들을 구축함으로써 국가들 사이의 힘의 불균형을 시정하는 것이었다.

그런데 국내 정책으로 눈을 돌리면, 칭찬보다는 비판할 대목이 더 많다. 분명히 무시할 수 없는 진보적 성과들이 있었다. 비록 '기아 제로' 프로그램 중 일부는 실망스러운 결과를 낳았지만, 그중 가족수당(포르투갈어로는 '보우사 파밀리아')은 엄청난 성공을 거두었다. 2011년 기준, 브라질 인구의 26%, 1200만 가구가 이 제도에 따라 현금을 지급받고 있다. 또한 노동자당 정부는 최저임금을 지속적으로 인상했고, 정규직 고용 비중을 늘렸다. 이들 정책을 수행하는 과정에서 국가기구 내에는 발전 및 재분배정책을 전담하는 기관들이 신설됐다. 이런 노력의 결과로 2007년에는 소득을 다섯 등급으로 나눴을 때 3등급에 해당하는 계층이 전체의 47%로 늘어났다. 그전에는 4, 5등급이 이 정도 비중을 차지하고 있었다. 브라질의 사회개혁은 중국의 경제성장 다음으로 전 세계 극빈층 인구 격감에 기여했다고 할 수 있다. 이 정도면 '열대의 스웨덴'을 향해 나아가는 것 아닌가 싶기도 했다.

그러나 중국의 경제성장이 시장자본주의와 국가사회주의가 어지럽게 혼합된 하이브리드인 것만큼 브라질의 개혁도 하이브리드였다. 한편에서는 거대한 재분배 실험이 진행 중이었지만 다른 한편에서는 2002년 대선에서 노동자당이 대적하겠다고 선포한 '투기자본'의 힘이 더욱 강대해졌다. 초국적 금융세력은 노동자당 집권 전과 마찬가지로 브라질에서 자유를 만끽했다. 브라질 중앙은행은 정부 방침과 상관없이 움직였으며, 이자율은 여전히 높았고, 금융 수익은 세금으로부터 자유로웠다. 해외 자본이 수출용 농업(특히 바이오 에탄올 생산과 유전자 변형GMO 콩 재배)에 집중 투자하면서 소농은 설 땅을 잃었다. 당장의 경제지표 개선을 위해 농지개혁이나 열대우림 보호는 뒷전으로 밀려났다. 더구나 이로 인해 1차 산품 수출에 의존하는 경제구조가 더욱 강화됐다.

　문제는 노동자당 정부가 2002년 대선 직전에 금융세력에게 굴복한 이후 줄곧 이 세력균형에 손을 대지 않았다는 것이다. 금융세력의 이익을 보장하면서 그 테두리 안에서 발전 및 재분배정책을 추진하는 불안한 타협을 이어갔을 뿐이다. 노동자당 정부가 10년 넘게 집권했는데도 조세제도가 별로 바뀌지 않은 게 다 이런 이유 때문이었다. 가족수당제도의 재원은 증세로 확보한 게 아니었다. 수출 호황으로 늘어난 세수가 기반이었다. 그래서 2008년 이후 세계 경제가 침체되자 당장 정부 재정이 악화됐다. 재정구조를 바꾸지 않고 복지 지출만 늘려왔기 때문이었다. 노동자당 정부는 될 수 있는 한 '구조적이지 않은' 개혁만 추진한 셈이었다. 그 결실은 안타깝게도 그리 오래가지 못했다.

　물론 근본적인 어려움이 있었다. 브라질처럼 해외 금융자본에 크게 의존하는 나라에서 과연 어떻게 사회개혁을 추진할 수 있는지는 여전히 난제로 남아 있다. 최근에는 그리스의 급진좌파연합 정부가 같은 문제에 직면했다가 결국은 브라질 노동자당과 마찬가지로 금융세력에게 무릎을 꿇고 말았다. 패배는 어디까지나 패배이고, 굴복은 굴복일 뿐이다. 그러나 이들이 맞부딪힌 도전의 엄청난 무게를 무시할 수는 없다. 두 나라 좌파 모두, 국민국가의 경계를 넘어선 진보정치의 무대가 열리지 않고는 이에 제대로 맞설 수 없음을 절감했다. 이것은 21세기 세계 진보정낭운동 모두의 숙제다.

다만 노동자당 정부가 포르투알레그리에서 시도했던 해결책을 전국적 차원에서 추진하지 않은 것은 참으로 아쉽다. 포르투알레그리의 노동자당 시정부는 보수적인 시의회라는 단단한 장벽에 대중 참여로 맞섰다. 금융세력의 헤게모니는 시의회보다 훨씬 더 단단한 장벽임이 분명하다. 하지만 그래도 연방정부가 조세·복지 등의 영역에서 시민참여예산제 같은 실험을 펼쳤더라면, 이러한 장벽에 맞설 대중적인 힘을 키워나갈 수 있었을 것이다. 적어도 노동자당 정부가 더 적극적으로 반격에 나설 여지가 더 많아졌을 것이다. 노동자당 스스로 2002년 대선에서 공언한 다음의 약속을 지키지 못한 것, 그것이 최대 패착이었다.

대안 경제모델을 창조해서 사회적 배제라는 역사적 도전에 맞서고 이를 극복한다는 거대한 과업을 실현하기 위해서는, 독점과 과두지배라는 야만적 행태를 피하는 것을 전제로 국가가 경제에 적극 개입하고 조절해야 한다. 지역사회에 대한 실질적 통제권을 지닌 사회적 참여를 통해서 우리는 보건·교육·사회보장·주거·공공서비스 영역 전반에 공공정책 계획과 실행의 투명성과 효율성을 높일 것이다. 주 정부와 지방자치단체 수준에서 이뤄진 참여예산제의 놀라운 성과를 보건대 이는 연방정부 수준에도 적용되어야 한다. 복잡한 여러 문제들이 예상되더라도 말이다. 달리 말하면, 우리의 정부는 민주주의에 역동성을 부여하는 새로운 권리와 책임들을 적절히 보장하는 장으로서 공론장의 확장을 추진할 것이다.

_〈집권 프로그램 2002〉[9]

노동자당의 부활은 가능할까

노동자당 정부의 한계는 2016년 마침내 호세프 대통령 탄핵 사태로
폭발했다. 이 무렵 사법 당국은 '세차' 작전이라는 이름으로 정치권의
불법 정치자금을 수사하고 있었다. 수사 대상에는 우파정당 정치인이
압도적으로 많았지만, 노동자당 유력 인사도 있었다. 사법 엘리트들은
별다른 증거도 없이 이 목록 안에 룰라 전 대통령과 호세프 대통령까
지 포함시켰다. 우파야당들은 이를 빌미로 호세프 대통령 탄핵안을 제
출했다. 탄핵 사유로 든 것은 애꿎게도 정부 예산안 관련한 실정법 위
반이었다. 호세프 대통령이 부패 혐의에 연루됐다는 증거를 끝내 찾지
못한 것이다. 그럼에도 탄핵안은 결국 통과됐다. 노동자당이 2014년
대선에서 선거연합 상대로 삼아 부통령을 배출한 민주운동당이 등을
돌린 탓이었다.

헌법이 정한 절차에 따른 탄핵이었지만, 실상은 '쿠데타'였다. 겉으
로는 노동자당 정부와 타협하면서도 속으로는 노동자당 재집권을 어
떻게든 막고 싶어 한 기득권 세력의 총궐기였다. 물론 배후에는 미국
이 있었다. 미국은 브라질 노동자당 정부의 붕괴를 신호로 다시 라틴

---

9 브라질 노동자당의 2002년 대선 강령이다. 이에 대해서는 다음 글을 참고
할 것. 장석준, '브라질 노동자당의 개혁프로그램과 그 딜레마: 〈집권프로그램
2002〉를 중심으로', 〈시민과 세계〉 제3호(2003 상반기)에서.

21세기의 실험들

2018년 룰라의 재판을 앞두고 그의 무죄를 주장하는 노동자당과 대중조직들의 가두 행진.

아메리카 여러 나라 위에 군림하기 시작했다. 대륙 전체의 정치적 풍향이 2000년대와는 정반대로 기울었다. 브라질이 무너지자 대번에 베네수엘라 좌파 정부가 미국의 공세에 포위된 신세가 되고 말았다.

그럼에도 노동자당에게는 마지막 반전 카드가 남아 있었다. 호세프 대통령 탄핵 후 첫 선거인 2018년 총선거가 다가왔다. 룰라가 다시 노동자당 대통령 후보로 나섰고, 여론조사마다 압도적 1위를 기록했다. CUT, MST 같은 사회운동 세력들도 룰라를 지지하며 재결집했다. 지난 몇 년간의 시련을 이겨내고 노동자당 정부가 부활할 것처럼 보였다. 하지만 사법 당국은 건설회사로부터 뇌물을 받았다는 혐의로 룰라 후보를 구속했다. 룰라는 혐의를 한사코 부인하며 옥중 출마까지 각오

했지만, 사법 엘리트들은 출마 자격이 없다고 판결 내렸다. 룰라 없는 대선에서 최종 승자가 된 것은 파시스트 성향의 극우 정치인 자이르 보우소나루Jair Bolsonaro였다.

참혹한 후퇴다. 10년 전만 해도 라틴아메리카 대륙에서 변화의 기둥이었던 나라가 유사 파시즘의 거점이 됐으니 말이다. 룰라-호세프 정부의 지극히 온건한 개혁조치조차 받아들이지 못한 브라질 기득권 세력이 몰고 온 혼란이지만, 노동자당의 책임 역시 크다. 지금 상황은 2002년 여름의 굴복과 이후의 잇따른 선택을 되돌아보라고 요구하고 있다. 이제 노동자당은 정책기조의 대전환을 감행해야 한다. 또한 사회운동과 다시 접속해야 한다. 브라질 사회개혁을 재개하기 위해서도 노동자당은 다름 아닌 자기 자신을 철저히 개혁해야 한다.

21세기의 실험들

[더 읽기]

이 장을 집필하는 데 주로 다음 책들을 참고했다.

데니지 파라나 엮음,《다른 세계는 가능하다: 룰라 자서전》, 조일아 외 옮김, 바다출판사, 2004.

리차드 본,《대통령의 길 룰라》, 박원복 옮김, 글로연, 2012.

마리옹 그레·이브 생또메,《뽀르뚜알레그리, 새로운 민주주의의 희망》, 김택현 옮김, 박종철출판사, 2005.

브리뚜 알비스,《브라질의 선택 룰라》, 박원복 옮김, 가산출판사, 2003.

엘데르 깔데이라,《브라질 첫 여성 대통령 지우마 바나 후세피》, 김용재 옮김, 해와달, 2012.

정관용, 〈브라질의 변혁운동과 노동자당〉, 한국사회연구소 엮음,《대중정당》, 백산서당, 1989.

조돈문,《브라질에서 진보의 길을 묻는다: 신자유주의 시대 브라질 노동운동과 룰라 정부》, 후마니타스, 2009.

켄 실버스타인·에미르 사데르,《다른 세계는 가능하다: 브라질 노동자당에서 배운다》, 최규엽 옮김, 책갈피, 2002.

M. 로위, 〈민주화와 민중정당: 브라질 노동자당(PT)의 경우〉, 한국정치연구회 이론분과 엮음,《반파시즘 민주혁명론》, 이성과현실, 1989.

Daniel Bensaïd, *An Impatient Life: A Political Memoir*, Verso, 2013. Chapter 15. "E agora, Zé?".

Daniel Chavez & Benjamin Goldfrank, *The Left in the City: Participatory Local Government in Latin America*, Latin America Bureau, 2004.

Emir Sader, *The New Mole: Paths of the Latin American Left*, Verso, 2011. Chapter 3. "The Lula Enigma".

Gianpaolo Baiocchi, "Participation, Activism and Politics: The Porto Alegre Experiment", Archon Fung & Erik Olin Wright, *Deepening Democracy: Institutional Innovations in Empowered Participatory Governance(The Real Utopia Project IV)*, Verso, 2004.

Gianpaolo Baiocchi(ed.), *Radicals in Power: The Worker's Party (PT) and Experiments in Urban Democracy in Brazil*, Zed Books, 2003.

Margaret E. Keck, *The Workers' Party and Democratization in Brazil*, Yale University Press, 1992.

Roger Burbach, Michael Fox & Federico Fuentes, *Latin America's Turbulent Transitions: The Future of Twenty-First-Century Socialism*, Zed Books, 2013. Chapter 7. "Brazil: Between Challenging Hegemony and embracing It".

Sue Branford & Bernardo Kucinski, *Lula and the Workers Party in Brazil*, The New Press, 2003.

다음의 국내 연구 성과로부터도 도움을 받았다.

이필두, 〈브라질의 민주화 과정과 PT〉, 한국외국어대학교 정치외교학과 석사학위 논문, 1993.

노동자당의 2002년 대선 강령에 대해서는 다음 글을 참고할 수 있다.

장석준, '브라질 노동자당의 개혁프로그램과 그 딜레마: 〈집권프로그램 2002〉를 중심으로', 〈시민과 세계〉 제3호(2003 상반기).

참여예산제에 관해서는 다음 책도 참고할 수 있다.

이안 브루스, 《포르투알레그리의 주민참여예산제도》, 최상한 옮김, 황소걸음, 2018.

다른 남미 국가의 진보정당운동에 대해서는 다음 책들을 추천한다.

베네수엘라: 안태환, 《베네수엘라 혁명은 '연대Solidaridad의 혁명이다》, 부산외국어대학교 출판부, 2008.

볼리비아: 스벤 하르텐, 《탐욕의 정치를 끝낸 리더십, 에보 모랄레스》, 문선유 옮김, 예지, 2015.

우루과이: 마우리시오 라부페티, 《호세 무히카, 조용한 혁명》, 박채연 옮김, 부키, 2016.

우루과이: 미겔 앙헬 캄포도니코, 《세상에서 가장 가난한 대통령 무히카》, 송병선·김용호 옮김, 21세기북스, 2015.

다니엘 차베스 외, 《라틴아메리카 신좌파: 좌파의 새로운 도전과 비전》, 김세건 외 옮김, 그린비, 2018.

배리 커넌·피다 커비 엮음, 《21세기 사회주의: 라틴아메리카 신좌파 국가와 시민사회》, 정진상 옮김, 삼천리, 2017.

21세기에도 진보정당운동의 도전은 계속된다

/

스페인 포데모스

16

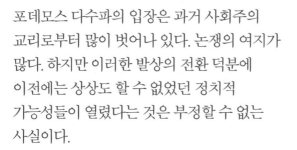

포데모스 다수파의 입장은 과거 사회주의
교리로부터 많이 벗어나 있다. 논쟁의 여지가
많다. 하지만 이러한 발상의 전환 덕분에
이전에는 상상도 할 수 없었던 정치적
가능성들이 열렸다는 것은 부정할 수 없는
사실이다.

1980년에 탄생한 두 정당, 서독 녹색당과 브라질 노동자당은 진보정당운동의 이야기가 사회민주주의 정당들의 성공과 정체, 동요로 마감된 게 아님을 보여주었다. 러시아 혁명의 유산이 70여 년 만에 붕괴한 것 역시 이야기의 전부가 아니었다. 진보정당이 깊이 뿌리내린 곳에서도, 이제 막 운동이 시작된 곳에서도 도전은 끝난 게 아니었다.

도전의 방향은 조금씩 달랐다. 서독 녹색당은 문화혁명의 신선한 바람을 몰고 왔다. 녹색당 의원들은 스웨터와 청바지 차림으로 등원했고, 노동자 평균임금만큼만 세비를 받았다. 원내정당이 됐는데도 의원 아닌 사람들이 핵심당직을 맡았고, 여성과 남성이 한 명씩 공동대표를 맡는 것도 특이했다. 이 모든 시도에는 기성 정치에 대한 68세대의 문제의식이 녹아 있었다. 녹색당은 당대 젊은이들의 주장과 사고방식, 정서가 정당정치 영역에 진입하는 통로 구실을 했다.

한편 브라질 노동자당은 신자유주의 지구화가 초래하는 새로운 현실에 대응하며 등장했다. 노동자당은 신흥공업국에서 100년 전 유럽의 1세대 진보정당을 연상시키는 젊고 활기찬 좌파정당이 탄생할 수 있다는 것을 입증했다. 처음에 조직 노동자를 중심으로 출발한 노동자당은 이후 신자유주의의 더 심각한 피해 대중, 즉 광범한 도시 빈민으로 지지층을 넓혀갔다. 브라질 노동자당뿐만 아니라 라틴아메리카의 다른 진보정치 세력들도 다양한 민중 집단들(불안정 노동자, 소농, 원주민 공동체 등등)을 결집해 그 힘을 바탕으로 권력을 향해 나아갔다.

최근에는 이런 여러 흐름들이 서로 만나고 섞이는 양상이다. 진보정당운동의 최신 흐름들이 합류하고 혼합되면서 예기치 않은 진화가 나타나고 있다. 정보화로 무장한 청년 세대가 지구자본주의의 모순을 가장 첨예하게 경험하는 곳, 특히 2008년 금융위기 이후의 남유럽에서 그런 일이 벌어지고 있다. 그중에서도 가장 유별난 사례가 이 책의 마지막 주인공, 스페인의 포데모스다.

포데모스 등장 전야 – 스페인의 경제·정치위기

스페인 진보정당운동을 이야기하면서 1936~1939년의 내전을 그냥 지나칠 수는 없다. 7장에서 이야기한 것처럼, 1936년에 스페인에서는 인민전선이 집권했다. 인민전선 참여 정당은 공화파(프랑스의 급진당에 해당), 사회[주의]노동당PSOE, 공산[주의]당PCE, 트로츠키주의 경향의 마르크스주의통합노동자당POUM이었고, 사회노동당 성향 노총인 노동자총연합UGT, 아나키스트 세력인 '전국노동총연맹-이베리아 아나키스트 연맹CNT-FAI'도 인민전선을 바깥에서 지지했다. 또한 자치 혹은 분리 독립을 바라는 카탈루냐·갈리시아·바스크의 민족주의 정당들도 인민전선을 지지했다. 지금도 대체로 이들의 후예들이 스페인의 범

21세기의 실험들

진보세력을 이루고 있다.

인민전선 정부가 들어선 지 얼마 안 돼 극우파가 쿠데타를 일으켰다. 일단 쿠데타는 실패했지만, 대신 내전이 발발했다. 안타깝게도 4년의 전쟁 끝에 승리한 것은 프랑코 장군이 이끈 파시스트 반군이었다. 2차 세계대전의 예고편이었던 이 내전에서 50만 명이 죽임을 당했고, 인민전선 쪽 45만 명이 조국을 떠나야 했다. 한국인에게 한국전쟁이 그러한 것처럼, 스페인 사람들에게 내전은 아직도 커다란 상처로 남아 있다.

프랑코 독재체제는 이후 36년을 버텼다. 그러나 프랑코 정권의 산업화정책이 성공하면 할수록 독재에 반대하는 세력도 성장했다. 어용 노총만 인정하는 상황에서도 비합법 노동운동이 확산됐고, 망명 중이거나 지하활동을 벌이던 공산당, 사회노동당과 연결된 학생운동이 계속됐다. 1975년 드디어 프랑코가 사망하자 민주화 이행이 시작됐다. 그런데 민주혁명(가령 이웃 나라 포르투갈에서는 1974년에 혁명이 일어나 독재를 끝냈다)이 아니라 철저히 위로부터 관리된 민주화였다. 프랑코의 유언에 따라 왕정이 복원됐고, 새 국왕이 지명한 총리 아돌포 수아레스Adolfo Suárez가 이행 과정을 책임졌다. 사회노동당, 공산당이 차례로 합법화됐고, 1977년에 1936년 이후 첫 자유선거가 실시됐다. 이 선거에서 수아레스 총리가 급조한 정치세력인 민주중도연합UCD과 사회노동당이 각각 34.4%, 29.3%를 득표했다. 반면 가장 치열하게 반독재 투쟁을 벌인 공산당의 득표율은 9.3%에 그쳤다. 민주화와 동시에 좌우 양대 정당이 제도정치를 반분하는 정당 구도가 구축됐다.

뒤이어 1978년에 새 헌법이 제정됐다. 헌법 초안의 여러 쟁점들은 수아레스 총리와 사회노동당의 젊은 대표 펠리페 곤잘레스Felipe González(1942년생)의 밀실 담판을 통해 일괄 타결됐다. 헌법 내용에는 사회노동당의 진보적 주장이 일부 반영됐지만, 스페인 자본주의의 기본구조를 흔들 만한 조항은 없었다. 양당 합의의 핵심은 의회 내 양대 정당의 담합으로 스페인형 자본주의와 대의민주주의의 결합을 유지해나가자는 것이었다. 이렇게 해서 '78년 체제'라 불리는 한 시대가 시작됐다.

이후 약간의 변화는 있었다. 1982년에 사회노동당이 총선에서 승리해 곤잘레스 총리가 14년 장기집권을 시작했다. 민주중도연합이 추락한 대신 그 자리는 또 다른 우파정당 인민당PP이 차지했다. 그러나 기본구도가 변하지는 않았다. 사회노동당, 인민당 모두 스페인이 유럽연합-북대서양조약기구에 가입해서 지구자본주의 질서에 철저히 적응해야 한다는 데 이견이 없었다. 공산당이 반대의 목소리를 내기는 했지만, 이들의 영향력은 10% 안쪽에 머물렀다.

문제는 스페인 사회가 지구자본주의 질서에 접속된 방식이었다. 비록 프랑코 시절에 제조업이 성장하기는 했지만, 유럽 내 경제대국들과 경쟁할 만한 수준은 아니었다. 스페인 제조업은 초국적 생산사슬 속 하청기지 역할에 만족해야 했다. 스페인이 경쟁력을 내세울 만한 것은 두 분야였다. 하나는 다른 남유럽 국가들과 비슷하게 관광산업이었고, 다른 하나는 과거 식민지였던 스페인어권 아메리카 국가들의 유휴 자본을 동원하는 금융업(산탄데르 은행Banco Santander이 대표적이다)이었다.

스페인에는 이미 프랑코 시기부터 이 두 산업을 동시에 부양하는 유용한 지렛대가 있었다. 바로 건설산업과 부동산 시장이었다. 2008년

21세기의 실험들

금융위기 전까지 스페인에서는 건설업이 GDP의 1/10을 차지했다. 스페인의 중앙정부와 각 지방정부는 끊임없는 공공사업 발주와 재건축 사업을 통해 건설업과 부동산 시장을 키웠다. 인민당·사회노동당 정치인들이 이런 정책을 결정하고 계약을 주관했다. 물론 이 과정에서 엄청난 뒷돈을 챙겼다.

상당수 유권자들은 한동안 이를 눈감아주었다. 중산층 역시 1997~2007년 사이에 220%까지 상승한 집값에서 이익을 보았기 때문이다. 이렇게 집값이 꾸준히 올라 은행 대출을 쉽게 받을 수 있는 동안은 임금이 낮은 수준에 머물러 있다거나 비정규직이 전체 일자리의 1/3을 차지한다는 사실은 잊어도 좋았다. 아무리 봐도 지구 반대편의 어느 나라와 너무나 닮은 모습이었다. 더구나 스페인의 이 전통적인 경기부양 관행은 2000년대 중반의 신자유주의 추세와도 너무나 잘 맞는 것이었다. 이 시기에는 자본주의 중심부 어느 곳에서나 부동산 가격이 천정부지로 치솟고 있었다.

잔치는 끝이 없을 것만 같았다. 2008년 이전까지는 그랬다. 그러나 천둥소리와 함께 다들 단꿈에서 깨어나야 했다. 처음에는 서브프라임 같은 황당한 대출은 스페인에는 없다며 자위했다. 하지만 GDP의 84%에 이른 가계대출(2015년 기준 한국의 GDP 대비 가계부채 비율이 84%다)은 미국과는 또 다른 방식으로 스페인 경제를 뒤흔들었다. 우선 건설업체들이 잇달아 무너졌다. 그러자 이들 업체와 거래하던 저축은행들이 파산하기 시작했다. 그대로 놔두면 스페인 경제의 주축인 대형 은행들까지 부도위기에 몰릴 판이었다. 주택을 저당 잡힌 수많은 중산층 역시 집을 빼앗기고 거리에 나앉을 위험에 처했다. 미국, 영국과 마찬가지로 스페인에서도 정부가 나섰다. 호세 사파테로José Luis Rodríguez Zapatero 총리의 사회노동당 정부는 2009년 6월 은행 구제계획을 발표하고 990억 유로(약 130조 원)를 쏟아부었다.

그러나 이로 인해 불똥이 정부로 튀었다. 유럽연합은 회원국들이 은행 구제에 엄청난 재정을 투입한 대신 긴축정책에 돌입해야 한다고 강요했다. 2010년 4월에 그리스 외채위기가 터지자 이는 거역할 수 없는 대세가 됐다. 스페인 역시 GDP 대비 정부 부채 비율이 삽시간에 60%, 70%를 넘으며 고속 상승하는 중이었다. 5월에 스페인 정부는 가혹한 긴축계획을 발표했다. 공공부문 임금은 5% 삭감됐고, 각종 복지수당과 연금 역시 깎였으며, 정년은 연장됐고, 단체협상 효력은 제한됐으며, 해고 요건은 완화됐다. 경제위기의 짐은 고스란히 노동대중의 몫이 됐다.

분노한 자들의 운동 – '지금 당장 진짜 민주주의를!'

가장 먼저 저항한 것은 노동조합이었다. 양대 노총, 즉 사회노동당 계열인 UGT와 공산당 계열의 노동자위원회CCOO가 2010년 9월에 총파업을 벌였다. 하지만 파업투쟁은 긴축의 최대 희생자가 될 비정규직으로까지 확장되지는 못했다. 양대 노총은 결국 연금 삭감과 정년 연장을 사회노동당 정부와 합의했다.

더욱 강력한 저항의 바람은 다른 곳에서 불어왔다. 2010년 12월에 지중해 건너편 튀니지에서 민주혁명이 시작됐다. 가뜩이나 전부터 실업난에 시달리던 청년들이 경제위기의 한파까지 몰아닥치자 거리로

21세기의 실험들

쏟아져 나왔다. 인터넷과 스마트폰으로 무장한 젊은이들 앞에서 언론 통제와 무력 진압은 더 이상 위력을 발휘하지 못했다. 25년 가까이 버텨온 벤 알리Zine El Abidine Ben Ali의 독재정권은 시위가 시작된 지 한 달 만에 무너졌다. 이 혁명의 파고는 곧장 이집트로 이어졌다. 이집트에서는 젊은이들이 수도 카이로의 타흐리르 광장을 점거하고 시위를 이어갔다. 2월에 이집트의 독재자 무바라크Hosni Mubarak도 권좌에서 물러나지 않을 수 없었다. 2011년 세계를 뒤흔든 '아랍의 봄'이었다.

아랍의 봄은 지중해 반대편 남유럽에 가장 먼저 충격을 주었다. 재정위기의 소용돌이 속에 있던 그리스에서는 젊은이들이 이집트 혁명을 본떠 수도 아테네의 신타그마 광장을 점거했다. 또 다른 재정위기 국가인 스페인도 이러한 연쇄작용에서 예외일 수 없었다. 아니, 전 세계를 통틀어 가장 강력한 반긴축 투쟁으로 기록될 청년 세대 운동이 땅 밑에서 꿈틀대기 시작했다.

북아프리카 혁명이 한창 진행 중이던 1월에 트위터와 페이스북에 '지금 당장 진짜 민주주의를!'이라는 온라인 플랫폼이 생겼다. 여기에 모여든 소셜 미디어 이용자들은 대개 젊은이들이었다. 대부분 청년 실업자, 비정규직 노동자인 이들은 바다 건너처럼 거리로 나설 때라고 입을 모았다. 긴축정책 시행 이후 스페인의 실업률은 20%를 넘어서고 있었다. 25세 이하 연령층에서는 실업률이 무려 40%가 넘었다. 누가 봐도 경제위기와 긴축정책의 최대 피해자는 젊은 세대였다. 동시에 이들은 지식 정보화의 세례로 이전 어떤 세대도 경험해보지 못한 소통 능력을 갖춘 세대이기도 했다. 이 두 측면이 서로 얽혀 전에 없던 사회 운동으로 폭발했다. '지금 당장 진짜 민주주의를!'에 접속한 젊은이들은 5월 15일에 주요 도시의 거리로 나와 함께 목소리를 내자고 모의했다. "우리는 정치인과 은행가가 쓰고 버리는 상품이 아니다." 이것이 이들의 첫 구호였다.

진짜로 사람들이 모여들었다. 노동조합이나 기성 사회단체들이 결합하지 않았는데도 소셜 미디어의 정보 교환만으로 전국 50개 도시에서 총 13만 명이 시위에 참여했다. 가장 많이 모인 곳은 수도 마드리드와 카탈루냐의 중심 도시 바르셀로나였다. 마드리드에서 5만 명이 가두행진을 벌인 뒤 푸에르타 델 솔 광장에 결집했다. 바르셀로나에서는 1만5000명이 자치의회를 에워쌌다.

5월 15일 집회는 일단 이것으로 끝났다. 그러나 5월 22일로 예정된 지방선거 투표일까지 이 운동을 이어가길 원한 한 무리의 젊은이들이 있었다. 이들은 5월 16일 푸에르타 델 솔 광장을 무단점거하고 농성을 벌일 천막들을 세웠다. 바르셀로나에서도 중심 광장인 플라사 카탈루냐에 천막촌이 등장했다. 경찰은 몇 차례 천막을 철거하고 농성자들을 연행했지만, 그때마다 다른 젊은이들이 다시 광장을 채우고 점거시위를 이어갔다. 어느새 이들에게는 이름까지 생겼다. 인디냐도스Indignados, 즉 '분노한 자들'이었다. 이것은 농성장에서 가장 인기 있던 구호와 잘 어울리는 이름이었다. "집도 없고, 일자리도 없고, 연금도 없다. 그러니 무서울 것도 없다." 분노한 자들은 모든 것을 총회를 소집해 결정했다. 결정 방식은 투표가 아니라 전원합의였다. 한 사람이라도 이의를 제기하면 토론을 다시 해야 하는 번거로운 방식이었다. 하지만 덕분에 누구나 자신이 의사결정 과정에 진짜로 '참여'하고 있다는 느낌을 받았다. 농성 참여자들은 토론을 통해 〈지금 당장 진

21세기의 실험들

짜 민주주의를!' 선언〉을 정리·발표했다. 〈선언〉은 다음 같은 요구를
담았다.

- 정치 엘리트의 특권을 폐지하라. 부패를 일소하라.
- 선거제도(특히 '폐쇄형' 정당명부비례대표제')를 개혁하라.
- 유럽은행과 IMF가 강요하는 긴축정책을 철회하라.
- 실업 문제를 해결하라.
- 주거권을 보장하라.
- 교육, 의료, 대중교통 등의 공적 서비스를 개선하라.
- 은행업 규제를 강화하라. 필요하면, 국유화하라.
- 시민권과 참여민주주의를 활성화하라.
- 국방예산을 줄여라.

푸에르타 델 솔의 점거시위는 지방선거 며칠 뒤에 일단 종료됐다.
그러나 이것으로 끝이 아니었다. 5월 15일 이후의 대중운동으로 자신
감을 얻은 젊은이들은 긴축정책 철회와 정치개혁을 요구하는 집회와
점거시위를 반복했다. 이러한 지속적인 투쟁은 다른 계층·세대에게도
대중운동에 나설 용기를 주었다. 과거 노동조합의 몫이었던 사회운동

I 투표용지에 정당명과 대표 이름만 나오고 유권자는 지지 정당만 선택하는 방
식. 반면 스웨덴에서 실시하는 '개방형' 정당명부비례대표제에서는 유권자가 지
지 정당만 선택하는 것이 아니라 그 정당의 후보 명부에서 자신이 가장 선호하는
후보도 선택할 수 있다. 이에 따라 전체 의석은 정당 득표율에 따라 배분되되 당
선자는 정당이 제출한 명부 내 순서가 아니라 득표순으로 결정된다.

© Olmo Calvo

2011년 5월 15일 마드리드에서 열린 '분노한 자들' 시위. 플랜카드에 "지금 당장 진짜 민주주의를!"이라 씌어 있다.

의 전위 역할을, 최근 몇 년 동안 스페인에서는 청년들이 맡았던 것이다. 복지 사각지대에 놓인 200만 실업자에게 최저소득을 보장하라는 운동이 등장했고, 공공서비스 예산 삭감에 반대하는 운동도 나타났다. 왕실 비리가 드러난 뒤에는 왕정을 폐지하고 공화국을 수립하자는 제헌의회 소집 운동도 시작됐다. 또한 혈세를 투입하는 은행 구제에 반대하는 '존엄을 지키는 행진'이 스페인 전역에서 벌어졌다. 긴축정책으로 인한 탄광 보조금 삭감에 항의한 아스투리아스 주 광산 노동자들의 행진 또한 푸에르타 델 솔 광장을 종점으로 잡았다.

분노한 자들 운동은 국제적으로도 큰 영향을 끼쳤다. 스페인에서의 5월 점거운동이 있고 나서 몇 달 뒤에 미국에서는 월스트리트 점거운

21세기의 실험들

동OWS이 벌어졌다. 이 운동도 청년 세대가 주된 참여자였고, 점거시위 방식을 취했다. 또한 스페인의 분노한 자들처럼 총회를 통해 토론과 합의로 만사를 결정했다. 분노한 자들 운동이 선보인 새로운 사회운동 양식이 국제 표준으로 확산된 셈이었다.

첫 번째로 저항운동의 심판을 받은 것은 집권 사회노동당이었다. 2011년 12월 총선에서 사회노동당의 득표율은 지난 총선(2008년 3월)의 43.9%에서 28.8%로 추락했다. 양당 구도 아래에서 반사이익을 얻은 것은 44.6%를 얻은 인민당이었다. 마리아노 라호이Mariano Rajoy 총리가 이끄는 인민당 정부가 출범했다.

그러나 바뀐 것은 없었다. 차이라면 사회노동당보다는 인민당이 더 단호하게 긴축정책을 추진한다는 것뿐이었다. 게다가 2013년 1월에 부패 스캔들이 터졌다. 라호이 총리로부터 버림받은 인민당의 전 재정위원장이 불법 정치자금 장부를 폭로했다. 불법자금의 출처는 대개 대형 국책사업이나 관급 계약 비리를 통한 공금 횡령이었다. 인민당의 거물 정치인은 대부분 기소됐고, 가뜩이나 긴축정책으로 민심을 잃은 라호이 정부의 지지율은 더욱 곤두박질쳤다.

한데 그렇다고 해서 사회노동당이 반사이익을 얻은 것은 아니었다. 이번에는 양당 구도의 무한 진자 운동이 먹혀들지 않았다. 정치권 부패 수사가 걷잡을 수 없이 확대되면서 인민당뿐만 아니라 왕실, 사회노동당 정치인, 그리고 심지어는 이 당을 지지하는 노총(UGT)까지 비리에 연루된 게 드러났기 때문이다. 분노한 자들의 외침이 옳았다. 젊은이들뿐만 아니라 다양한 세대·계층이 점차 청년운동의 요구에 고개를 끄덕였다. 78년 체제가 흔들리기 시작했다.

누가 스페인의 급진좌파연합이 될 것인가?

스페인보다 훨씬 심각한 재정위기에 시달리던 그리스에서는 더 빠른
속도로 기성 체제가 무너졌다. 2012년 5월 총선 결과가 이를 충격적으
로 보여주었다. 급진좌파연합SYRIZA이 16.8%를 득표하며 그리스의
사회민주주의 정당인 PASOK(13.2%)을 제치고 제2당이자 제1좌파정
당으로 급부상한 것이다.

그리스도 스페인과 마찬가지로 1970년대 민주화 이후 좌우 양대 정
당(신민주당ND과 PASOK)이 현실 정치를 양분했다. 급진좌파연합은 공
산당에서 떨어져 나온 개혁 분파가 2004년에 다른 소규모 좌파 정파
들과 함께 결성한 정당연합(선관위에 등록한 여러 정당들의 연합이면서 선거
등에는 하나의 정당처럼 단일하게 대응하는 조직 형태)으로, 금융위기 전까지
는 지지율이 3%에 머물렀다. 그런데 양당 구도가 흔들리면서 이 소수
정당이 삽시간에 대표 좌파정당의 지위를 차지한 것이다. 연립정부 구
성에 실패해 6월에 다시 실시된 총선에서는, 비록 최종 승자는 신민주
당(29.7%)이었지만, 급진좌파연합이 26.9%, PASOK이 12.3%를 얻어
이 추세를 더욱 굳혔다.

중도우파 대 중도좌파의 양당 구도가 깨진 것도, 사회민주주의 정
당 왼쪽의 정당이 집권을 내다보게 된 것도 2차 세계대전 이후 유럽 정
치에서 처음 있는 일이었다. 어떻게 이런 일이 벌어지게 된 것일까? 금
융위기 당시 그리스의 여당은 신민주당이었기 때문에 민심은 처음에
는 PASOK으로 향했다. 그래서 2009년 총선에서 약 44%의 압도적 지
지를 얻으며 집권했다. 하지만 PASOK 정부가 신민주당과 마찬가지로

　　　　　　　　　　　　　　　　　　　21세기의 실험들

유럽연합–유럽중앙은행–국제통화기금(이른바 '트로이카')의 압력 아래 긴축정책을 펼치자 예기치 않은 드라마가 전개됐다. 2012년 총선을 앞두고 PASOK의 지지율이 급락했다. 기존 정치체제가 경제위기에 긴축정책 이외의 대안을 제시하지 못한 것, 이것이 급진좌파연합이 급성장한 첫 번째 요인이었다.

하지만 PASOK의 실패가 왜 유독 급진좌파연합의 성공으로 이어졌는가? 공산당도 있는데 말이다. 이를 설명하기 위해서는 또 다른 요인에 주목해야 한다. 다름 아니라 청년층의 선택이었다. 그리스에서는 이미 2008년 12월에 청년층의 저항운동이 있었다. 15세의 한 남학생이 경찰 폭력으로 인해 사망하자 분노한 청소년들이 거리로 쏟아져 나와 폭력시위를 벌였다. 이때 공산당을 비롯한 모든 정당이 시위 학생들을 비난했지만, 급진좌파연합만은 시위대 편에 섰다. 더구나 급진좌파연합은 대표인 알렉시스 치프라스Alexis Tsipras(1974년생)부터가 다른 당 대표들과 확연히 구별되는 30대였다. 이때부터 젊은 세대의 여론이 급진좌파연합 쪽으로 기울기 시작했다. 한데 이런 일을 겪은 세대가 다시 경제위기의 최대 희생자가 됐다. 그러자 이들은 노동조합운동에 강한 기반을 지닌 공산당을 제쳐두고 급진좌파연합에서 대안을 찾았다. 그리고 이러한 청년층의 지지는 다른 계층·세대도 PASOK 실패 이후의 대안으로 급진좌파연합에 주목하도록 만들었다.

급진좌파연합 돌풍은 그리스처럼 재정위기로 고통받던 다른 남유럽 국가들에게 신선한 충격을 주었다. 당장 스페인에서는 누가 '스페인의 급진좌파연합'이 될 것인지가 화제가 되었다. 사람들이 가장 먼저 떠올린 것은 연합좌파IU였다. 연합좌파는 스페인 공산당이 1986년

NATO 가입 국민투표 때 '반대' 진영을 결집했던 것을 계기로 여타 소규모 좌파 정파들과 함께 만든 정당연합이었다. 이런 형태의 조직 실험을 시작한 것으로는 급진좌파연합보다 연합좌파가 선배 격이었다.[2]

연합좌파는 공산당 소속으로 코르도바 시장을 역임한 훌리오 앙구이타Julio Anguita가 1989년에 대표를 맡고 나서 한때 상승세를 탔었다. 앙구이타는 '제1좌파정당 교체'를 주장하며 사회노동당과의 협력보다는 경쟁을 강조했다. 연합좌파의 득표율은 1996년 총선에서 10%를 넘기도 했다. 그러나 앙구이타가 건강 문제로 대표에서 물러나자 침체기를 맞이했다.[3] 그러던 것이 2014년 유럽의회 선거를 앞두고 연합좌파의 지지율이 10% 중반대로 급상승했다. 사회노동당 실망층이 연합좌파로 쏠리는 것으로 보였다. 이때까지만 해도 스페인에서는 연합좌파가 급진좌파연합의 길을 뒤쫓는 것만 같았다.[4]

한데 한 가지 결정적으로 간과한 게 있었다. 그것은 스페인의 '분노한 자들' 운동이 다른 나라의 청년 봉기와는 비교할 수 없게 사회 전반에 길고 깊은 영향을 끼쳤다는 사실이었다. 물론 연합좌파는 기성 정

---

2 경제위기가 일어나자 빈곤층에게 생활필수품을 무상으로 분배해서 '로빈 후드 시장'으로 유명해진 안달루시아 지방의 마리날레다 시장 후안 마누엘 산체스 고르디요Juan Manuel Sánchez Gordillo가 연합좌파 소속이다. 그는 마을 공동체를 농업생산협동조합으로 만들어 실업 문제를 해결했다. 그에 대해서는 다음 책을 추천한다. 댄 핸콕스, 《우리는 이상한 마을에 산다: 스페인 마을 공동체 마리날레다》, 윤길순 옮김, 위즈덤하우스, 2014.

3 앙구이타는 현재는 긴축정책에 맞서는 대중운동 '존엄을 지키는 행진'을 이끌고 있다.

4 나 역시 다음 글에서 그렇게 내다봤다. 장석준, 〈스페인 연합좌파, 좌파의 좌파에서 좌파의 대표로〉, 《레프트 사이드 스토리: 세계의 좌파는 세상을 어떻게 바꾸고 있나》, 개마고원, 2014.

21세기의 실험들

당들 중 유일하게 분노한 자들 운동에 결합하려고 노력했다. 그러나 연합좌파의 구좌파적 사고방식이나 어법, 문화는 젊은 세대의 민주주의 실험과 잘 맞지 않는 구석이 있었다. 부패 스캔들에 연합좌파 소속 정치인들이 몇 명이나마 이름을 올린 것도 청년층에게 부정적인 인상을 심어주었다. 게다가 연합좌파보다 더 직접적으로 분노한 자들 운동에서 출발한 정치 흐름이 등장했다.

2014년 5월의 유럽의회 선거를 몇 달 앞두고 그해 1월 '한 걸음 더 앞으로: **분노**를 넘어 **정치 변혁**으로'라는 제목의 호소문이 발표됐다. 모두 30인이 서명한 이 호소문을 기획한 것은 두 세력이었다. 하나는 마드리드에 소재한 콤플루텐세 대학의 좌파 교수·강사들이었다. 이들은 푸에르타 델 솔 광장 점거시위에 학생들과 함께 참여했다. 이들은 처음부터 분노한 자들 운동의 '내부자들'이었다. 그중에는 인터넷 방송 〈라 투에르카La Tuerka〉('나사'라는 뜻의 Tuerca를 변형한 이름)를 만들어 시사 해설자로 활동한 정치학자 파블로 이글레시아스Pablo Iglesias Turrión와 후안 카를로스 모네데로Juan Carlos Monedero도 있었다. 특히 이글레시아스는 인터넷 방송으로 이름을 알린 뒤 공중파 TV의 토론 프로그램에도 자주 출연해, 분노한 자들의 목소리를 대변해온 인물이었다. 그는 젊은 나이(1978년생)에다 늘 뒤로 묶은 긴 머리와 청바지 차림으로 유명했다.

호소문의 또 다른 한 축은 제4인터내셔널 통합서기국 성향의 트로츠키주의 정파인 '반자본주의 좌파A'였다. 반자본주의 좌파 그룹은 연합좌파가 지방선거 등에서 사회노동당과 전술적으로 연대하는 것을 비판하며 그간 연합좌파에 참여하지 않고 있었다. 이들은 연합좌파와는 별도로 새로운 급진좌파 정당을 건설해야 한다는 취지에서 호소문에 동참했다.

호소문이 발표되고 며칠 뒤인 1월 16일에 서명자들은 포데모스 Podemos의 출범을 선포했다. '포데모스'는 스페인어로 '할 수 있다'는 뜻인데, 뒤의 '데모스'는 '민중'을 의미하기도 한다. 처음에는 정당이라 기보다는 주로 소셜 미디어를 통해 소통하는 느슨한 전국적 네트워크 였다. 유럽의회 선거에 독자 대응할지, 아니면 연합좌파에 결합해 대응 할지도 미정이었다. 실제 연합좌파에 제휴를 타진하기도 했다.

그러나 중대한 이견이 확인됐다. 포데모스는 연합좌파 당적이 없더 라도 반긴축 운동에 공감하는 이들이라면 누구나 후보와 투표자로 참 여할 수 있도록 개방형 예비경선으로 유럽의원 후보를 선출하자고 제 안했다. 그러나 연합좌파의 카요 라라Cayo Lara 사무총장은 개방형 예 비경선은 미국 정치의 산물이라 진보정당과는 맞지 않는다며 이를 거 절했다. 정치학 교과서에 따르면, 연합좌파의 답변은 틀린 이야기가 아 니다. 하지만 포데모스는 기성 정당들에 대한 청년층의 불신이 큰 상 황에서 이들의 참여를 끌어내려면 개방형 예비경선 같은 실험이 반드 시 필요하다고 믿었다. 포데모스는 결국 유럽의회 선거에 독자후보명 부를 제출해서 유권자의 심판을 받기로 결정했다.

유럽의회 선거에서 연합좌파는 10.0%를 득표해 6명의 당선자를 냈 고, 포데모스는 7.98%(125만 명)를 득표해 5명을 당선시켰다. 결과만 놓고 보면 연합좌파가 약간 앞선 셈이었다. 그러나 포데모스가 아직 제대로 된 조직도 갖추지 못한 상태라는 점을 감안하면, 눈길이 포데 모스 쪽으로 더 쏠리지 않을 수 없었다. 실제 선거 이후 언론의 관심이

21세기의 실험들

그러했다. 선거가 끝나고 나서 더 뜨겁게 포데모스 열풍이 불었다.

포데모스, 진보정당 맞나?

포데모스의 실질적 창당은 유럽의회 선거 이후에 비로소 시작됐다. 당원이 급증해서 2018년 기준으로는 51만 명에 육박한다. 사회노동당 당원 수의 2배. 이 중 절반이 소셜 미디어를 통해 가입한 당원이다. 기존 진보정당들이 정보화에 적응하려고 노력을 기울인 전례가 있기는 하지만, 포데모스야말로 가히 정보화 시대의 진보정당이라 할 만하다.

또한 각 지역에 기존 정당의 지역조직에 해당하는 '서클'들을 1000여 개나 조직했다.[5] 이들 서클은 별도의 대의기구 없이 모든 당원이 참여하는 '시민총회'를 통해 운영된다. 그래서 '운동형 정당'을 넘어선 '정당형 운동'이라는 분석까지 나온다. 볼리비아 모랄레스 정부의 여당인 사회주의운동MAS에서도 이와 비슷하게 지역 사회운동의 총회가 당 지역조직 역할을 한다. 이런 조직 형태가 과연 얼마나 지속될 수 있을지는 알 수 없지만, 적어도 대중운동이 활발히 전개되는 동안은 진보정당의 토대로서 무리 없이 작동하는 것 같다.

포데모스의 실질적 창당 작업은 2014년 10월에 마드리드에서 열린 '전국 시민총회'로 한 매듭을 지었다. 통상적인 창당 대의원대회가 아니라 당원 누구나 참여할 수 있는 총회라는 형식을 취한 것이다. 이 총

---

5 '서클'이라는 이름은 베네수엘라의 '볼리바리안 서클'에서 따온 것이다. 볼리바리안 서클은 차베스 정부를 지지하는 대중이 지역별로 조직한 모임이다.

회를 준비하기 위해 한 달 전인 9월에 포데모스의 정책 지향, 조직구조, 행동원칙에 대한 여러 입장들이 문서로 제출됐다. 제출자만 100여 팀이었고, 온라인을 포함해 15만 명이 이들 문서에 대한 토론에 참여했으며, 전국 시민총회에는 8000여 명이 참석했다.

총회 토론 과정에서 이글레시아스를 중심으로 한 다수파(80% 넘는 압도적 지지를 받았다)와 반자본주의 좌파 그룹을 중심으로 한 소수파(12%의 지지) 사이의 격렬한 논쟁도 있었다. 하지만 어쨌든 이를 통해 중요한 정책 및 조직원칙에도 합의했고, 집행부도 꾸렸다. 사무총장은 예상대로 이글레시아스가 맡았다. 이때 합의한 원칙들 중 인상적인 것으로는, 과거 서독 녹색당처럼 포데모스의 당직자·공직자는 숙련 노동자 평균 임금만큼의 급여만 받는다는 규정이 있었다. 또한 포데모스 당원은 최대 8년만 공직을 맡을 수 있으며, 이후 10년간은 법인 이사나 감사를 맡을 수 없다는 규정도 있었다. 공직자 소환제도 있었다. 뜨거운 반부패 정치개혁 여론에 답하는 결정들이었다.

연말에는 포데모스의 경제대안을 정리한 〈민중을 위한 경제계획〉을 발표했다. 저명한 마르크스주의 사회과학자 비센테 나바로Vicente Navarro(카탈루냐의 폼페우 파브라 대학 교수) 등이 토론 및 집필 작업에 참여했다. 이 문서는 분노한 자들 운동의 요구를 상당히 구체적이며 현실적인 개혁안으로 정리했다고 할 수 있다. 나바로 교수는 그 내용을 다음과 같이 요약한다.

위기의 핵심원인은 불평등의 엄청난 확대이며, 이로부터 금융, 경제 및 정치위기가 비롯됐다. 그 중심에는 자본(금융자본의 헤게모니 아래 있는)과 노동

사이의 갈등이 있다. 이로 인해 임금이 하락하고 실업이 증가하며 사회보장 지출이 삭감됨으로써 내수가 급감한 것이다.

따라서 임금인상과 고용 확대를 통해 내수를 증가시키고 사회보장 지출과 공공투자(특히 사회적 인프라스트럭처에 대한)를 확대함으로써 불평등의 확대를 역전시켜야 한다. 그리고 금융 공공성을 확대해서 가계와 중소기업에 신용을 제공해야 한다. 또한 노동시간을 주35시간으로 단축하고 정년을 인민당과 사회노동당이 도입한 67세에서 65세로 되돌려야 한다. 이는 자본에 맞서 노동의 역량을 강화하는 결과를 낳을 것이다.

동시에 성별 불평등을 반드시 해소해야 하며, 이는 고용을 확대하는 중요한 수단이기도 하다. 이상의 정책을 실시하는 데 필요한 재원은 국가예산 구조의 변경과 탈세 방지를 통해 마련한다.

선명한 진보적 정책이다. 그런데도 포데모스에게는 '과연 좌파 맞냐'는 의문이 따라다니기도 한다. '포데모스'라는 이름이 마뜩잖은 이들도 있고, 록 가수 차림에 왠지 TV스타 느낌인 이글레시아스에게 의구심을 품은 이들도 있다. 더 진지한 의심의 대상은 포데모스가 '사회주의' '좌파' '노동계급' 같은 진보세력의 전통적 용어를 잘 쓰지 않는다는 사실이다. 그럼 이런 의문들을 하나하나 따져보자.

우선 포데모스, 즉 '우리는 할 수 있다'는 뜻의 당명부터 보자. 이는 미국의 버락 오바마Barack Obama가 2008년 대선에서 내건 구호 'Yes, We Can'을 연상시킨다. 그래서 미국 추종 아니냐는 느낌을 준다. 한데 스페인어권에는 이미 유사한 이름의 진보정치조직이 있었다. 2003년 칠레에서는 2년 뒤의 대선을 준비하며 공산당이 다른 소규모 좌파

정파들과 선거연합을 구성했다. 이 선거연합의 이름이 '훈토스 포데모스 마스 포르 칠레Juntos Podemos Más por Chile'였다. '함께하면 더 많은 것을 할 수 있다'는 뜻이었다. 그 밖에도 베네수엘라 등에 '포데모스'라는 이름의 정당이 있다.[6] 스페인어권에서는 정당명으로 낯선 이름이 아닌 것이다.

다음으로는 이글레시아스 등 포데모스 간부들의 정체를 살펴보자. 이들의 이력을 뜯어보면, 그 안에 스페인어권 진보정당운동의 역사가 집약돼 있음을 확인할 수 있다. 파블로 이글레시아스라는 이름부터가 그렇다. 파블로 이글레시아스 투리온이 포데모스를 창당하기 전부터 파블로 이글레시아스라는 이름은 스페인 사람들의 머릿속에 사회노동당과 직결돼 있었다. 1879년에 사회노동당을 창당하는 데 앞장선 인물이 바로 파블로 이글레시아스Pablo Iglesias Posse였던 것이다. 열성좌파 활동가였던 파블로 이글레시아스 투리온의 부모가 사회노동당창당 주역을 기념하는 행사에서 처음 만났기 때문에 아들에게 이런 이름을 지어줬다고 한다. 이런 이름 때문이었을까. 이글레시아스는 10대시절부터 공산당 청년조직에 가입해 활동했다.

또한 이글레시아스를 비롯한 콤플루텐세 대학 지식인 그룹은 라틴아메리카 좌파 정부들과 긴밀한 관계를 맺고 있다. 이글레시아스는 베네수엘라와 볼리비아 정부의 정책 자문역이었다. 모네데로 역시 차베스 정부의 자문위원이었다. 포데모스의 정책위원장을 역임한 이니고

---

6   베네수엘라의 포데모스는 2002년에 창당한 사회민주주의 정당이다. 현재 볼리바리안 혁명을 지지하는 여러 정당 중 하나다.

에레혼Íñigo Errejón(1983년생)은 볼리비아 집권당 사회주의운동에 대한 연구로 박사학위를 받았다. 이들은 라틴아메리카의 '분홍빛 물결'이 대서양을 건너 유럽으로 확산되는 통로 구실을 했다고 할 수 있다.

정치학자이자 시사해설가 출신으로 스페인 포데모스를 이끌고 있는 파블로 이글레시아스 투리온.

마지막으로 살펴볼 것은 좌파 전통으로부터 많이 벗어난 것 같은 이들의 생각과 말, 행동이다. 포데모스는 '자본주의'보다는 '78년 체제'를 더 자주 언급하고, '자본 대 노동'이 아니라 '카스트[7] 대 서민'의 대립 구도를 제시한다. 그러면서 인민당뿐만 아니라 사회노동당까지 '정치 카스트'라고 싸잡아 비판하며, 양당이 정치를 독점하는 78년 체제를 전복해야만 신자유주의를 극복할 수 있다고 주장한다. 중간층부터 비정규직, 청년 실업자를 아우르는 '서민'이 직접 정치에 참여해 사회의 모든 영역에서 민주화를 다시 시작해야 한다는 것이다.

포데모스가 '사회주의'니 '좌파'니 '노동자'니 하는 말들을 잘 안 쓰는 것은 이해할 만하다. 포데모스가 경쟁해야 할 정당들의 이름에 이 말들이 다 들어 있는 것이다. 하지만 이런 소극적 차원만은 아니다. 확

---

7 인도에서 세습 신분을 일컫는 말 '카스트caste'에서 따온 것이다. 우리에게 친숙한 말로 옮긴다면 '귀족'이나 '금수저'가 될 것이다.

실히 포데모스의 다수파는 고전 마르크스주의 계급 이론이 더 이상 현실 정치의 지침이 돼주지 못한다고 본다. 대신 이들은 아르헨티나 출신 정치학자 에르네스토 라클라우Ernesto Laclau(2014년 작고)와 그의 반려인 벨기에 정치학자 샹탈 무페Chantal Mouffe가 공저《사회주의와 헤게모니 전략》(1985년)[8]에서 제시한 방향에 동의한다.

라클라우와 무페는 대의민주주의가 정착된 사회에서는 누가 어떻게 다양한 사회 집단들을 '인민people'으로 구성하는지가 정치의 요체라고 주장했다. 흔히 포퓰리즘을 비판하지만, 이렇게 보면 포퓰리즘은 오히려 민주주의 정치의 필연적인 형식이다. 단지 어떤 방향과 내용의 포퓰리즘인지, 즉 '우파' 포퓰리즘인지 '좌파' 포퓰리즘인지가 문제일 뿐이다. 라클라우와 무페는 과거 좌파정당이 노동계급을 강조한 것 역시 '노동자' 담론을 바탕으로 그 시절에 맞게 인민을 구성하려 한 전략이었다고 본다. 그러나 이제는 많은 것이 바뀌었다. 노동운동은 여전히 중요하지만, 인민을 구성하는 전략은 달라져야 한다. 스페인이라면, 78년 체제에 결탁한 세력들을 고립시키면서 이에 반대하는 다양한 집단들을 결집시킬 수 있어야 한다. 그러자면 78년 체제의 양대 정당과 겹쳐 있는 기존의 '좌파/우파' 틀을 넘어서야 한다. 이것이 포데모스의 고민의 출발점이다.[9]

라클라우, 무페의 이론만이 아니라 라틴아메리카 좌파도 포데모스에게 큰 영향을 끼쳤다. 게릴라 출신으로 볼리비아 좌파 정부의 부통

━━━━━ 8 에르네스토 라클라우·샹탈 무페,《사회주의와 헤게모니 전략: 급진 민주주의 정치를 향하여》, 이승원 옮김, 후마니타스, 2012.
9 이글레시아스는 이를 '포데모스 가설'이라 부른다.

21세기의 실험들

령을 역임한 정치이론가 알바로 가르시아 리네라Álvaro García Linera
는 좁은 의미의 노동계급을 넘어 인디오 원주민, 농민을 포괄하는 '플
레베스plebes'를 변혁 주체로 제시했다.[10] 번역하면, '평민' 혹은 '서민'
이다. 영락없이 '카스트(귀족) 대 서민'이라는 포데모스의 담론 틀이다.
노동대중의 다수가 산업 노동계급과는 거리가 먼 라틴아메리카에서
시작된 문제의식이 전통적 노동계급이 해체·변형되는 중인 자본주의
중심부의 고민과 서로 만난 셈이다.

　이렇게 포데모스 다수파의 입장은 과거 사회주의 교리로부터 많이
벗어나 있다. 그래서 논쟁의 여지가 많다. 하지만 이러한 발상의 전환
덕분에 이전에는 상상도 할 수 없던 정치적 가능성들이 열렸다는 것은
부정할 수 없는 사실이다. 사회노동당이나 연합좌파를 지지했던 이들
뿐만 아니라 인민당 실망층이나 무당파도 포데모스에 관심을 보인다
는 것이 바로 그러한 사례다. 그래서 포데모스는 사회노동당 왼쪽 공
간에 갇혀버린 연합좌파와는 달리 곧바로 스페인 정치의 중심을 향해
치고 나갈 수 있었다.

포데모스의 약진을 막으려는 필사적인 노력들

전국 시민총회 직후 실시된 여론조사에서 포데모스는 일약 최대 지지
정당으로 부상했다. 지지율이 27.7%에 이르러 양대 정당을 모두 제쳤

──────　10　다음 책에서 가르시아 리네라의 논설들을 영어로 접할 수 있다. Álvaro
　　　　García Linera, *Plebian Power: Collective Action and Indigenous, Work-
　　　　ing-Class and Popular Identities in Bolivia*, Haymarket Books, 2014.

다. 창당한 지 1년도 안 된 급진좌파 성향의 정당이 지지율 1위로 떠오르는 믿기 힘든 일이 벌어진 것이다. 이제껏 포데모스를 지나가는 바람 정도로 치부하던 이들도 더는 그럴 수 없게 됐다.

일단 기성 진보정당들은 포데모스 열풍 중 일부 요소를 신속히 받아들였다. 연합좌파는 뒤늦게 개방형 경선을 받아들여서 이를 통해 분노한 자들 운동의 열성 활동가인 알베르토 가르손Alberto Garzón(1985년생)을 사무총장으로 선출했다. 사회노동당도 당내 선거가 아니라 대중 참여 경선으로 1972년생인 페드로 산체스Pedro Sánchez를 새 사무총장으로 뽑았다. 적어도 진보 진영에서 포데모스발 '정치혁명'은 먼 미래의 일이 아니라 현재진행형이다.

한편 지배세력은 부랴부랴 공격에 나섰다. 언론은 연일 포데모스를 비난하거나 조롱거리로 삼았다. 라틴아메리카 좌파 정부의 연구 프로젝트를 수행하며 연구비를 받은 것을 불법 정치자금이라고 비난하기도 했다. 늘 그렇듯이, 이런 외부의 공격이 거세지면서 내부의 균열이 나타나기도 했다. 창당 주역 중 하나인 모네데로가 당이 우경화하고 있다고 비판하며 탈당했다. 하지만 포데모스 안에서 가장 정통 좌파라 할 수 있는 반자본주의 좌파 그룹은 계속 남아 지역 서클들을 조직하는 데 주력했다.

지배 엘리트들은 좀 더 적극적인 공세의 무기를 찾으려 했다. 이들이 찾아낸 것은 두 가지였다. 첫 번째는 '좌파 포퓰리즘'에 '우파 포퓰리즘'으로 맞서는 것이었다. 유럽의회 선거 직후 포데모스 바람이 막 일기 시작할 무렵, 산탄데르 은행의 중역 중 한 명은 "우리한테도 일종의 우파 포데모스가 필요하다"고 부르짖었다. '우파 포데모스'는 얼마 안

21세기의 실험들

있어 어렵지 않게 '발견'됐다. 그 주인공은 카탈루냐의 작은 지역정당 시우다다노스Ciudadanos('시민'이라는 뜻으로, 정식 명칭은 '시민들—시민의 당')였다. 시우다다노스는 카탈루냐 분리 독립을 추진하는 좌파 민족주의의 득세에 맞설 목적으로 결성된 우파정당이었다. 2006년에 창당했으니 이미 10년 가까이 된 '중견' 정당이지만, 그간 카탈루냐 안에서만 활동하고 중앙정치에는 관심을 보이지 않았다.

그런데 이 당이 2014년 말부터 포데모스처럼 기성 정치권을 모두 부패세력으로 몰아 공격하면서 중앙정치 무대에 진출했다. 카탈루냐를 넘어 스페인 곳곳에서 시우다다노스의 지지율이 급상승했다. 급기야 2015년 각종 여론조사에서는 인민당, 사회노동당, 포데모스, 시우다다노스가 엇비슷한 지지율을 보이며 각축을 벌이기에 이르렀다. 중요한 것은 시우다다노스의 지지율이 높아질수록 포데모스의 지지율은 정체되거나 하락세를 보였다는 점이다. 긴축정책 반대와 정치개혁을 연결하는 포데모스보다는 부패정치 비난에만 매진하는 시우다다노스가 더 쉽게 지지층을 규합한다는 분석도 나왔다. 특히 포데모스 지지층 중 과거에 인민당을 지지했던 이들이 시우다다노스로 이동하는 것으로 나타났다. 하지만 포데모스는 흔들림 없이 계속 신자유주의 극복을 외쳤다.

또 다른 공세는 남유럽 반긴축세력들을 포위하는 국제적 압력이었다. 2015년 1월 그리스에서 조기 총선이 실시됐다. 포데모스는 마치 자기 선거인 것처럼 급진좌파연합의 선거운동을 도왔다. 치프라스와 이글레시아스가 함께 연단에 올라 "먼저 아테네에서 승리하면, 다음은 마드리드!"라고 외쳤다. 이 선거에서 급진좌파연합은 36.3%를 얻어 드디어 집권에 성공했다.

유럽의 지배 엘리트들에게는 더없이 불길한 조짐이었다. 2015년 12월에는 스페인에서 총선이 실시될 예정이었다. 그리스는 없는 셈 친다 하더라도 스페인은 그럴 수 없었다. 유로존 안에서 인구도, 경제도 네 번째로 큰 나라이기 때문이었다. 스페인에서도 포데모스 바람이 선거 결과로 이어진다면, 금융세력 중심의 유럽연합 질서 전체가 남유럽에서 시작된 반란으로 인해 뒤흔들릴 판이었다.

유럽 지배세력은 그리스 급진좌파 정부에게 어떤 성과도 넘겨주지 않는 것으로 이 위협에 맞섰다. 독일 정부를 중심으로 한 채권단은 그리스와의 구제금융 협상에서 지나치게 가혹한 입장을 고수했다. 독일 정부는 아예 그리스가 유로존에서 쫓겨나는 경우까지 상정했다. 채권단의 태도가 너무 강경해서 협상 과정에서도 말들이 많았다. 여러 이유가 있었겠지만, 그중 하나는 분명 스페인에서 반긴축세력, 즉 포데모스가 권력에 접근하지 못하게 미연에 막겠다는 정치적 동기였다.

그리스 정부는 '채권단에 굴복해서 구제금융을 받는 대신 더 혹독한 긴축정책을 수용할 것이냐, 아니면 유로존에서 사실상 쫓겨날 것이냐.' 하는 선택의 기로에 놓였다. 7월 5일에 실시한 국민투표에서 61.31%라는 압도적 다수가 긴축정책 '반대'에 표를 던졌음에도 불구하고 급진좌파연합 정부는 유로존 잔류와 구제금융을 위해 기어이 굴복 쪽을 선택했다. 치프라스 내각의 고심이 이해가 안 가는 바 아니었지만, 아무튼 이는 반긴축 국제전선의 커다란 패배였다. 총선을 앞둔 포데모스에게는 최대 악재가 아닐 수 없었다.

21세기의 실험들

포데모스의 반격, 그리고 처음 치른 총선

포데모스는 스페인 사회의 다양한 진보적 정치·사회세력들을 한데 잇
는 것으로 이런 위협에 맞섰다. 2015년 5월의 지방선거에서 그 성과가
확인됐다. 스페인의 가장 큰 두 도시, 마드리드와 바르셀로나에서 포데
모스가 참여한 선거연합의 후보들이 시장에 당선됐다. 바르셀로나에
서는 은행 빚 때문에 자기 집에서 쫓겨나는 이들을 위해 싸우고, 분노
한 자들 운동에도 적극 참여한 여성 사회운동가 아다 콜라우Ada Colau
가 선거연합 '모두의 바르셀로나BC'의 시장 후보로 나섰다. '모두의 바
르셀로나'가 25.21%를 득표해 제1당으로 부상함으로써 콜라우는 새
시장이 됐다. 마드리드에서는 선거연합 '지금 마드리드'가 민주화 시기
부터 여성 인권변호사로 활동한 마누엘라 카르메나Manuela Carmena
를 시장 후보로 내세워 31.8%를 득표했다(34.6%를 얻은 인민당에 이어 2
위). '지금 마드리드'는 사회노동당과 좌파 연립정부를 구성해서 카르
메나 후보를 시장에 당선시켰다. 마드리드와 바르셀로나의 두 여성 시
장은 지하철로 출근하고 국왕 흉상을 철거하며 자본만을 위한 재개발
계획을 취소하는 등 파격 행보를 보였다.

포데모스는 마드리드와 바르셀로나에서 결성된 선거연합을 전국
으로 확대하며 총선에 대응했다. 특히 분리 독립 여부에 대해 주민투
표를 실시하고 그 결과를 존중하겠다는 공약으로 각 지역의 좌파 민
족주의 세력으로부터 지지를 얻었다. 과거 연합좌파를 통해 중앙정치
에 개입하던 카탈루냐, 발렌시아, 갈리시아 등의 지역 좌파들이 이번
에는 포데모스와 연합해 선거에 임했다. 선거전에 돌입하자 이 효과가

나타나기 시작했다. 몇 달 전부터 계속 시우다다노스의 지지율이 포데모스를 압도했으나 선거운동 기간에 포데모스의 지지율이 다시 급상승한 것이다.

2015년 12월, 드디어 포데모스 창당 이후 첫 총선이 실시됐다. 투표함을 열어보니 포데모스가 20.7%를 득표해 3위였다. 1위는 인민당이었지만, 득표율이 44.6%에서 28.7%로 급락했다. 사회노동당은 22.0%를 얻어 포데모스와 표차가 얼마 나지 않는 2위를 기록했다. 표차는 크지 않았지만, 78년 체제의 선거제도 때문에 의석 차이는 많이 났다.[11] 사회노동당이 90석인 반면 포데모스는 69석을 획득했다(총350석). 한때 포데모스를 압도하는 듯했던 시우다다노스는 13.9%로 4위에 머물렀다. 어쨌든 인민당의 패배였고, 포데모스 바람의 확인이었다. 인민당, 사회노동당, 두 당의 정치 독점구조는 깨졌다.

처음 겪은 4당 구도 속에 결국 어느 정당도 정부를 구성하지 못했다. 그래서 2016년 6월에 총선을 다시 실시해야만 했다. 포데모스는 6개월 전처럼 이번에도 연합전략으로 대응했다. 포데모스는 연합좌파와 함께 '우니도스 포데모스Unidos Podemos'('포데모스 연합' 혹은 '단결하면 할 수 있다')라는 정당연합을 결성했다. 사회노동당 왼쪽의 전통세력인 연합좌파와 신진세력인 포데모스가 드디어 함께하게 된 것이다. 아쉽게도 우니도스 포데모스의 득표율은 6개월 전 포데모스 득표율보다

11　스페인은 권역별 정당명부비례대표제다. 그런데 농촌 중심 권역의 인구 대비 의석 수가 도시 중심 권역에 비해 더 많다. 그래서 안달루시아 등의 농촌 지역이 지지기반 중 하나인 사회노동당이 주로 도시에 지지층이 몰려 있는 포데모스에 비해 훨씬 더 많은 의석을 차지한 것이다.

약간 떨어진 21.2%를 기록했다. 하지만 인민당, 사회노동당과 어깨를 나란히 하는 정치세력이라는 위상은 계속 유지했으며 원내 4당 구도도 변함이 없었다. 결국 인민당이 소수파 정부를 구성했지만 정국 불안정이 계속되다 2019년 4월에 또다시 조기 총선이 실시됐다. 이 선거에서 우니다스 포데모스Unidas Podemos(2019년에 우니도스 포데모스에서 명칭을 변경)는 득표율이 14%로 떨어졌지만, 주요 4대 정당 중 하나라는 위상은 유지했다. 2019년 10월 현재, 스페인에서는 사회노동당과 우니다스 포데모스 사이의 좌파 연립정부 구성 협상이 난항을 거듭한 끝에 총선을 다시 실시할 가능성이 높아지고 있다. 사회노동당 소속인 산체스 총리가 우니다스 포데모스의 입각 없이 지지 투표만 요구한 게 협상 결렬의 주된 이유다. 이글레시아스 사무총장은 협상 과정에서 사회노동당에게 우니다스 포데모스의 진보적 정책 수용을 요구하며 흔들림 없는 입장을 견지했다.

포데모스는 이렇게 스페인 사회의 다양한 진보적 요소들의 결합과 연대를 통해 창당 이후 처음 맞은 잇단 총선에 대응했다. 당 바깥에서 계속 '위기'라 몰아붙이던 상황에서 오히려 양당 독점 구도를 해체하겠다는 약속을 어느 정도 실현했으니 상당한 성과라 할 것이다. 하지만 포데모스의 시험은 이것으로 끝이 아니다. 이제 막 시작됐을 뿐이다. 예컨대 총선 이후 스페인은 카탈루냐 지방정부의 독립 시도와 이에 대한 우파 중앙정부의 강경 진압으로 시끄러웠다. 포데모스도 분리 독립 움직임을 어떻게 바라볼 것인지를 놓고 내홍을 겪었다. 이런 와중에 당내에서는 연합좌파와 연대하는 우니다스 포데모스 노선을 지속하자는 이글레시아스의 입장과 전통 좌파색 강화보다는 창당 초기의 독자노선을 더 발전시켜야 한다는 이니고의 입장이 맞섰다. 결국 이니고는 예전 모네데로처럼 지지자들을 이끌고 탈당했다. 게다가 2017년에 카탈루냐 독립 논란이 벌어진 이후에는 스페인에서도 유사 파시스트 성향의 극우 포퓰리스트 정당 복스Vox('목소리'라는 뜻)가 바람을 일으키기 시작했다. 포데모스에게는 이래저래 도전의 연속이다.

이런 도전들을 포데모스는 앞으로 어떻게 헤쳐나갈까? 한 가지 확실한 것은 창당 초기에 보여준 모습, 즉 젊고 열정적인 사회운동과 함께하는 혁신적 정당이라는 기조를 잃지 않을 때만 난관을 돌파할 실마리를 찾을 수 있으리라는 점이다. 물론 이것이 포데모스에게만 해당되는 진리는 아닐 것이다.

21세기의 실험들

이 장을 집필하는 데 다음 책들을 주로 참고했다.

Pablo Iglesias, *Politics in a Time of Crisis: Podemos and the Future of a Democratic Europe*, Verso, 2015.

Íñigo Errejón & Chantal Mouffe, *Podemos: In the Name of the People*, Lawrence & Wishart, 2016.

Isidor López & Emmanuel Rodríguez, "The Spanish Model", *New Left Review*, no. 69 May/June 2011.

이 장을 집필하는 데 다음 인터넷 사이트들로부터 큰 도움을 받았다.

Green Left Weekly: https://www.greenleft.org.au/

International Viewpoint: http://www.internationalviewpoint.org/

In These Times: http://inthesetimes.com/

Jacobin: https://www.jacobinmag.com/

Links: http://links.org.au/

openDemocracy: https://www.opendemocracy.net/

Red Pepper: http://www.redpepper.org.uk/

teleSUR: http://www.telesurtv.net/english/

The Guardian: http://www.theguardian.com/uk

Verso Blog: http://www.versobooks.com/blogs

Znet: https://zcomm.org/znet/

포데모스의 '좌파 포퓰리즘' 노선을 이론적으로 대변한 저작으로는 다음 책이 있다.

샹탈 무페, 《좌파 포퓰리즘을 위하여》, 이승원 옮김, 문학세계사, 2019.

다음 책도 포데모스의 정치 실험을 소개하고 있다.

이진순·와글, 《듣도 보도 못한 정치: 더 나은 민주주의를 위한 시민의 유쾌한 실험》, 문학동네, 2016.

포데모스 창당의 토대가 된 청년층의 반신자유주의 운동에 대해서는 다음 책을 추천한다.

마누엘 카스텔, 《분노와 희망의 네트워크: 인터넷 시대의 사회운동》, 김양욱 옮김, 한울,

2015.

폴 메이슨,《혁명을 리트윗하라: 아랍에서 유럽까지, 새로운 시민 혁명의 현장을 찾아서》, 이
지선·심혜리 옮김, 명랑한지성, 2012.

21세기의 실험들

결론

/

진행 중인, 그리고 끝날 수 없는 역사의 중간 정리

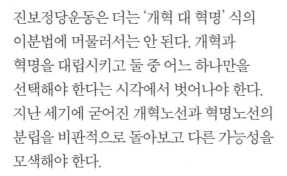

진보정당운동은 더는 '개혁 대 혁명' 식의
이분법에 머물러서는 안 된다. 개혁과
혁명을 대립시키고 둘 중 어느 하나만을
선택해야 한다는 시각에서 벗어나야 한다.
지난 세기에 굳어진 개혁노선과 혁명노선의
분립을 비판적으로 돌아보고 다른 가능성을
모색해야 한다.

세계 여러 나라에서 진보정당운동은 지금도 자신의 역사를 새로 쓰며 진행 중이다. 신자유주의 국면이 위기에 접어든 후에는 그 움직임이 더욱 빠르고 역동적이다. 이렇게 현재진행형인 주제에 대해 '결론'이라는 제목으로 논평을 단다는 것은 아무리 봐도 무모한 짓이다. 그럼에도 19세기 말부터 지금까지 세계 진보정당운동의 중요한 장면들을 훑으며 짧지 않은 여정을 거쳤으니 '잠정'결론이라는 전제를 깔고라도 몇 가지 교훈이나 시사점을 정리하지 않을 수는 없겠다. 특히 지금까지의 이야기들을 읽고 난 뒤 한국에서 진보정당운동에 어떠한 모색이나 도전이 필요할지 생각해보거나 토론하려는 분들을 염두에 두며 군말을 좀 덧붙이고자 한다.

1
150여 년의 경험을 바탕으로 좌파정치이론과 대화하자
─특히 개혁과 혁명의 관계에 대해

이 책은 좌파정당을 '이론'이 아니라 '역사'로 접근했다. 그렇다고 이론
이 별로 중요하지 않다는 이야기는 아니다. 오히려 정반대다. 이론의
역할은 결정적이다. 지금껏 살펴본 역사적 순간들에서 이 점을 확인할
수 있다. 독일 사회민주당을 살피며 수정주의 논쟁을 제쳐둘 수는 없
고, 포데모스를 다루면서 라클라우와 무페의 문제제기를 빼놓을 수는
없다. 역사 속에 중대한 자취를 남긴 어떠한 좌파정당도 이를 뒷받침
하는 좌파정치 이론을 동반하지 않은 경우는 없었다.

　그럼에도 좌파정당을 이해하려면 역시 '이론'보다는 '역사'에서 출
발하는 편이 더 좋다. 이론을 제대로 학습하기 위해서도 이게 바람직
하다. 이론은 항상 역사와 대조하면서 독해해야 한다. 구체적인 조건
에서 구체적 정치세력이 전개한 고민과 결단의 흔적으로 이론을 바라
봐야 한다. 그리고 나서 그 안에 과연 세월을 뛰어넘어 지금 우리에게
도 중요한 메시지가 될 만한 내용이 있는지 판단해야 한다. 그래야 옛
교과서들(사회민주주의 교과서든 레닌주의 교과서든)의 맹신에서 벗어날 수
있고, 어떤 상황에든 들어맞는 공식이나 매뉴얼을 바라는 어리석음에

빠지지 않을 수 있다. 이론은 추종 대상이 아니라 대화 상대다.

이런 식으로 접근하다 보면, 처음 등장했을 때 모습 그대로 우리 상황에 적용될 수 있는 이론은 없음을 새삼 확인하게 된다. 선거권을 쟁취하려고 싸우던 시대의 사상과 최소한 2년에 한 번씩 전국 선거가 돌아오는 시대의 사상이 같을 수는 없다. 노동자들이 우선 읽고 쓰기부터 배워야 했던 무렵에 공감을 얻었던 말들이 스마트폰이 대중화된 세상에서도 그대로 호소력을 지닐 수는 없다. 바리케이드 전투가 통하던 시대와 핵무기 시대 사이에는 원시 공동체와 고대 제국 이상의 거리가 있다. 그만큼 지난 두 세기의 역사는 심원한 단절적 변화들을 낳았다.

그러나 진보정당운동사를 거슬러 올라가다 보면, 정반대 사실 또한 확인할 수 있다. 그것은 과거 사건들 속에서 지금 이곳을 연상시키는 낯익은 장면을 자주 마주하게 된다는 것이다. 몇 세대 전 다른 나라 사건들에서 때로 섬뜩하기까지 한 기시감을 느끼곤 한다. 독일 사회민주당이 성장하면서 절감한 딜레마와 이로 인한 당내 긴장 및 균열은 좌파정당이 발전 중인 곳이라면 어디에서나 반복되는 현상이다. 1930년대에 프랑스 좌파가 반파시즘 인민전선을 결정하며 고민한 문제들(자유주의 세력과의 제휴 등)은 고스란히 오늘날 한국 진보정당운동의 현안이기도 하다. 왜 그럴까? 두 세기 가까운 시간이 낳은 어지러운 변화 속에서도 끈질기게 이어지는 현실들이 있기 때문이다. 이 연속적 요소들이 변화된 요소들과 결합돼 새로운 모습으로 계속 반복되는 것이 역사의 또 다른 얼굴이다.

고전 이론을 폐물 취급할 수 없는 이유가 여기에 있다. 그 안에는 자본주의의 현란한 변화 때문에 지나치거나 잊어버리곤 하는 중요한 진실이 담겨 있을 수 있다. 다만 이런 진실을 우리 시대를 향한 메시지로 다시 끄집어내려면, 과거 이론의 일정한 변형이 필요하다. 우선 과거부터 지금까지 쭉 이어지는 현실들을 설명해주는 바가 이론 안에 있는지 확인해야 한다. 만약 그렇다면 이론으로부터 과거의 특수 상황과 연관됐던 요소들은 과감히 걷어내야 한다. 그리고 변화된 상황에 어울리도록 이론의 남은 부분 모두를 재구성해야 한다. 이를 '일반화' 작업이라 부를 수 있을 것이다. 이렇게 '일반화'된 고전 이론은 우리 시대의 실천 지침을 만들어가는 과정에서 기본 재료가 될 수 있다.

오늘날 모든 좌파정당은 베른슈타인 노선?

가령 세계 진보정당운동의 가장 치열한 쟁점 가운데 하나인 개혁과 혁명의 문제를 보자. 1, 2장에서 우리는 독일 사회민주당이 겪은 개혁노선과 혁명노선의 분열과 논쟁, 대립, 즉 수정주의 논쟁을 살펴봤다. 이제 와서 이 논쟁에 참여한 이들 중 누가 옳았고 누가 틀렸는지 따지는 일은 무의미하다. 저마다 자신이 선 지점에서 정확히 바라본 바가 있었기 때문이다. 그런데 이후 역사 전개를 보면 대의민주제도 발전이 사회주의운동에 끼칠 영향에 관한 한 가장 냉철한 전망을 내놓은 이는 에두아르트 베른슈타인이었다. 보통선거제도 도입 이후 거의 모든 좌파정당은 베른슈타인이 가리킨 길을 따라갔다. 형식적 민주주의가 보장되고 나면 어느 좌파정당이든 제도정치에 참여해 대중의 지지를 모았고 선거를 통해 집권하거나 집권하고자 노력했다. 당명에 사회민주주의나 사회주의를 내걸든 공산주의를 내걸든 이 점은 다르지 않았다.

그러고 보면 오늘날 지구 위 여러 나라에서 활동하는 좌파정당들은 어쨌든 베른슈타인의 무의식적 후예들이다. 줄잡아도 9할은 베른슈타인 주의자들이다.

하지만 이게 베른슈타인의 주장이 다 맞았다는 이야기는 아니다. 무엇보다 그가 주창한 개혁적 사회주의 노선에 따라 자본주의가 아닌 어떤 사회로 나아간 사례가 아직 없다. 기성 대의민주제에서 출발해야 함은 이제 선택이 아니라 필수이지만, 이게 과연 자본주의를 넘어선 사회를 만들 수 있는 길인지는 여전히 분명치 않은 것이다. 게다가 베른슈타인이 사회 변화의 유일한 길이라고 주장한 개혁조차 그가 전망했던 목가적인 방식으로만 이뤄지지는 않았다. 각 나라 안에서 개혁의 성과들이 차곡차곡 누적된 게 아니라 전 세계적으로 개혁의 밀물과 썰물이 반복됐다. 좌파정당의 성장과 집권보다는 오히려 혁명과 대공황, 전쟁이 이러한 개혁 주기를 낳은 주된 힘이었다. 또한 베른슈타인이 민주주의의 전부인 양 여긴 대의민주제만으로는 이제 더 이상 사회에 영향을 끼치려는 시민들의 열망을 다 담을 수 없다. 민주주의 자체가 대의제의 한계를 넘어 좀 더 대중의 참여에 기반을 두는 형태로 깊어지고 넓어져야만 한다. 그러자면 기존 헌정체제의 철저한 갱신이 필요하다. 이 모두는 베른슈타인의 전망을 넘어서는 문제들이다,

그래서 앞에서 무의식적 베른슈타인주의자라고 하면서도 '1할'의 간극을 남겨둔 것이다. 실은 이 '1할'이야말로 중요하다. 인간과 다른 영장류가 적어도 90% 이상 유전자가 일치하지만 남은 10%도 안 되는 차이가 인간됨을 결정하는 것과 같은 이치다. 베른슈타인에 맞서 로자 룩셈부르크가 제출했던 문제의식(대중운동에 바탕을 둔 개혁투쟁)이 여전

히 가치 있는 이유가 여기에 있다. 베른슈타인 이후에 개혁의 구체적 방법론에 대해 그를 넘어서는 논의와 시도들이 계속된 것도 그런 이유 때문이다. 세계 진보정당운동의 역사는 이 '1할'을 어떻게 채울지에 대한 고민과 분투의 기록이었다 해도 과언이 아니다. 진보정당운동의 미래 역시 어쩌면 이 '1할'의 도전에 의해 결정될 것이다.

고전 좌파정치이론이 전하는 '현대적' 메시지

바로 이 대목에서 베른슈타인의 앞세대인 카를 마르크스와 프리드리히 엥겔스의 고민이 뜻밖에 우리에게 더 '현대적'인 메시지로 다가올 수 있다. 이들의 주장을 문자 그대로 받아들이기보다는 150여 년의 경험을 겪은 뒤인 21세기 상황에 맞게 '일반화'한다면 말이다. 사실 마르크스·엥겔스의 정치이론이라고 하면 제일 먼저 떠오르는 말은 '폭력혁명' '프롤레타리아 독재' 같은 것들이다. 두 사람 당대에는 이런 내용이 그 문구 그대로('봉기' '독재' 등등) 상당수 대중의 지지를 받을 수 있었다. 요즘처럼 사상사 연구자나 교조적인 작은 서클에서나 통하는 이야기가 절대 아니었다. 그럴 수밖에 없었다. 당시는 대다수 민중에게 선거권조차 없는 시대였다. 이들에게 민주주의가 무장봉기 말고 달리 무엇을 뜻할 수 있었겠는가. 프랑스 대혁명 이후 파리 거리에서 반복된 혁명들이야말로 이 시대의 서민 대중에게는 정치활동의 전범이었다. 그러나 이미 마르크스·엥겔스의 노년기부터 중대한 변화가 나타났다. 대서양 건너 미국에서만 실시되던 남성 보통선거제도가 서유럽 일부로 확대되기 시작한 것이다. 이 흐름 속에서 좌파정당들이 탄생했다. 다시

한 세기가 훨씬 지난 지금, 우리는 어쨌든 선거가 집권의 유일하게 정당한 경로라는 인식이 뿌리내린 시대를 살고 있다.

한데 이걸로 이야기가 끝이 아니다. 드디어 누구나 선거권을 지니게된 시대에 선거는 불신과 냉소의 대상이 돼 있다. 과연 이게 권력 '장악'의 수단이 맞는지 의심을 받는다. 선거를 아무리 해도 권력을 쥔 자와 그러지 못한 자는 변함이 없다. 재벌과 금융 엘리트, 고위 관료와 보수 언론은 선거와는 상관없이 계속 권력을 누린다. 공장과 사무실의 권력관계는 애당초 선거와 별 관계가 없어 보인다. 선거가 이렇게 실제 권력관계와 직결되지 않는다는 사실을 다들 느껴 알고 있기에 굳이 선거 '혁명'이라고 토를 달며 생색을 내기도 한다. 말하자면 선거 결과로부터 직접적인 영향을 받지 않는 불평등한 권력관계들이 존재하는 것이다.

실은 마르크스와 엥겔스야말로 이런 권력관계를 가장 신랄하게 파헤친 사람들이다. 마르크스는 《루이 보나파르트의 브뤼메르 18일》 같은 번뜩이는 저작을 통해 여러 계급·계층의 세력관계가 일상에서 미묘하게 변화하며 민주주의를 자기 파멸에 이르게 하는 과정을 분석했다. 또한 대표작 《자본》을 통해서는 계급권력관계가 특정한 역사적 구조에 단단히 뿌리내리고 있다는 점을 보여줬다. 1970~1973년의 칠레는 이 모든 결론을 검증하는 실험장과도 같았다. 훨씬 더 평화로운 외양을 띠기는 했지만, 노동운동이 복지국가 건설의 다음 단계 과제로 임노동자기금을 추진하고 자본 측이 이를 의회 안팎을 넘나드는 투쟁으로 제압한 1970년대~1980년대 초 스웨덴 역시 마찬가지였다.

이런 맥락에서 21세기 진보정당운동은 아직 마르크스·엥겔스를 넘어서지 못했다. 중대한 구조적 측면에서 우리는 여전히 이들과 '같은' 시간대 안에 있다. 19세기 조건과 결합된 요소들, 즉 시가전을 통한 혁명이나 자코뱅식 독재 관념 따위를 걷어낸다면, 이들의 주장은 다음과 같이 재정식화될 수 있다. 소수의 자본 소유자와 다수의 노동대중 사이에는 뿌리 깊은 구조적 차원을 지닌 불평등한 권력관계가 작동한다. 진보정당운동의 과제는 이 권력관계를 돌이킬 수 없게 역전시키는 것이다. 이것은 일상 시기에 기존 세력균형을 끊임없이 격동시키고 조금이라도 변형하려는 노력으로부터 출발하지만, 결국에 가서는 계급권력관계의 심층에 자리한 구조들에 손을 대는 급진개혁으로 발전해야 한다. 선거를 통한 집권은 이러한 과정을 가속화하는 결정적인 계기가 되어야만 한다(그렇지 않다면, 의미가 없다). 그래서 궁극적으로는 계급권력구조 자체를 해체해야 한다. 이것이 우리가 '일반화'하여 견지해야 할 마르크스·엥겔스 정치이론의 핵심 메시지일 것이다. 13장에 소개한 1970년대 영국 노동당 총선공약집 문구를 다시 한번 인용한다면, 좌파정당은 "권력과 부의 불균형을 노동대중에게 유리한 방향으로, 더 이상 돌이킬 수 없게끔 근본적으로 바꿔"야 한다.

개혁 – 혁명 이분법을 넘어

그렇다면 진보정당운동은 더는 '개혁 대 혁명' 식의 이분법에 머물러서는 안 된다. 개혁과 혁명을 대립시키고 둘 중 어느 하나만을 선택해야 한다는 시각에서 벗어나야 한다. 지난 세기에 굳어진 개혁노선과 혁명노선의 분립을 비판적으로 돌아보고 다른 가능성을 모색해야 한다. 아마도 새로운 출발의 단서는 개혁이든 혁명이든 모든 사회 변화에는 공통점이 있다는 사실에서 찾을 수 있을 것이다. 그것은 지배 집단과 다수 대중 사이의 기존 세력균형이 어떻게든 변화해야 한다는 점이다.

가령 아무리 제한된 개혁이라도 지배자와 피지배자의 세력관계에 얼마간의 변화가 있지 않으면 제대로 실현되지 않는다. 이런 변화는 십중팔구 일상에서 자기 권리를 인정받고 지키며 확대하려는 대중의 행동이 누적된 결과다. 의회의 법안 처리나 행정부의 새 지침, 사법부의 새 판례는 이러한 미묘한 변동을 확인하는 절차일 뿐이다. 즉 일상의 작은 혁명적 행동들 없이는 진지한 개혁이 불가능하다. 다른 한편 자본주의가 발전할수록 지배자와 피지배자의 세력균형은 일거에 뒤집기 힘들어진다. 혁명을 바라더라도 그전에 기존 세력관계를 흔들고 균열을 내려는 노력이 계속되어야 한다. 이미 존재하는 민주주의 무대를 통해 끊임없이 사회개혁을 시도해야 한다. 그래야만 이런 시도들 속에서 민중권력을 실현하려는 거대한 대중운동이 성장할 수 있다. 즉 커다란 개혁 시도들 없이는 혁명의 싹이 틀 수 없다. 이렇듯 개혁과 혁명은 지배 집단과 다수 대중의 세력균형을 바꾸는 실천이라는 측면에서 연속적이며, 한쪽이 다른 한쪽의 전제조건이 되는 상관관계에 있다.

과거에도 이런 상관관계에 주목한 흐름들이 있었다. 예를 들면, 장 조레스는 베른슈타인의 개혁노선과는 강조점이 좀 다른 '혁명적 개혁주의'를 제창했고, 로자 룩셈부르크가 수정주의 논쟁과 정치 총파업 논쟁에서 전개한 논지도 이런 맥락에서 재해석될 수 있다. 양차대전 사이에 사회민주주의 진영에서는 오스트리아 사회민주노동당 이론가들이 서유럽 상황에 맞는 '과정적' 혁명을 구상했으며, 코민테른 진영에서는 만년의 레닌이 남긴 고민을 이어받은 안토니오 그람시가 '역사적 블록' 개념을 바탕으로 사회변혁을 새롭게 사고하려 했다. 전후에 스웨덴 사회민주노동당의 에른스트 비그포르스는 '잠정적 유토피아' 개념을 통해 복지국가 건설의 의미를 찾으면서 그 너머까지 전망하려 했고, 이탈리아 공산당은 당면 개혁을 탈자본주의 전망과 연결시키는 구조개혁 노선을 추구했다. 피에트로 잉그라오를 중심으로 결집한 이탈리아 공산당 좌파는 구조개혁론을 현대 자본주의 상황에 맞게 더욱 발전시키려 했으며, 토니 벤이 이끈 영국 노동당 신좌파는 이 횃불을 이어받아 신자유주의 이후의 미래를 모색하는 새세대에게 전달했다. 최근 포데모스 등에 영감을 주고 있는 샹탈 무페는 자신이 주창하는 '좌파 포퓰리즘'의 뿌리를 다름 아닌 조레스의 '혁명적 개혁주의'에서 찾는다.[1] 개혁-혁명 이분법이 지배하던 시대에도 개혁과 혁명의 변증법이라 할 만한 접근법의 계보가 면면히 이어진 것이다.

이렇게 개혁-혁명의 변증법에 주목한다면, 좌파정당의 모습도 교과서 속 전형과는 달라져야 한다. 위에서 말한 대로, 민주주의가 발전한 시대에 좌파정당은, 9할은 베른슈타인주의, 즉 사회민주주의에 가까울 수밖에 없다. 기성 민주주의 질서 안에서 서로 경쟁하는 여러 대중정당 가운데 하나로 출발해야 한다. 그러나 개혁노선의 틀 안에만 마냥 머무르면 막상 개혁조차 제대로 실현하지 못한다. 좁은 의회정치 문법에 갇히면 일상의 세력균형을 바꾸는 실질적 힘인 대중행동과 유

---

[1] 샹탈 무페, 《좌파 포퓰리즘을 위하여》, 이승원 옮김, 문학세계사, 2018, 76쪽.

리되기 쉽기 때문이다. 그렇다고 때와 장소를 가리지 않고 혁명만 부르짖는다고 하여 대안이 될 수는 없다. 이런 집단은 과거 혁명의 단순 반복이나 신비화된 궁극의 혁명만 외치다 정작 위기 순간이 오면 손놓고 쳐다볼 뿐이다. 대중정치라는 실제 전장에 개입할 힘도, 의지도 없기 때문이다. 21세기 진보정당운동은 이 두 함정, 즉 '작은' 개혁들만을 좇는 개혁정당과 '큰' 혁명만을 꿈꾸는 혁명정당을 반복해선 안 된다. 역설적으로, '큰' 개혁들과 '작은' 혁명들에 익숙한 정당이 되어야 한다. 야심 찬 개혁 시도들을 통해 대중의 참여와 진출을 촉발하는 정당이 되어야 한다.

21세기에 '혁명'이란…

신자유주의 질서에서 벗어나려는 개혁조차 아직 채 가닥을 잡지 못하는 시절에 이렇게 혁명까지 이야기하는 게 황당해 보일지도 모르겠다. 물론 20세기에 일어났던 혁명들이 그때 모습 그대로 반복될 수는 없다. 혁명이라 하더라도 21세기에는 20세기 혁명들과 닮기보다는 오히려 아주 다른 모양일 것이다. 하지만 어쨌든 개혁이라는 말로는 다 담을 수 없는 권력관계와 제도, 문화의 급격하고 심원한 변화가 인류사에 더 등장하지 않으리라는 법은 없다. 아니, 오히려 그 필요성이 더욱 증대하리라 전망해볼 수도 있다.

　예컨대 점점 더 기존 의회제나 관료제에 만족하지 못하고 '지금 당장 진짜 민주주의를!' 같은 호소에 공감하는 이들이 늘어나는 시대 분위기에서 이를 짐작할 수 있다. 탈신자유주의 개혁이 기성 정치구조와 마찰을 빚을수록 민주주의를 새로 발명해야 한다는 요청은 더욱 호응을 얻을 것이다. 이런 요청이 끝내 노동현장·지역사회·학교 등지에서 아래로부터의 토의와 합의, 결정체계로 구현된다면, 이는 '혁명'이라 불려도 전혀 어색하지 않을 것이다. 지금 존재하는 정치질서를 넘어서는 대중 참여와 자치의 확대야말로 시대와 장소의 차이와 상관없이 모든 혁명의 핵심 내용이기 때문이다.

또한 지구자본주의와 지구 생태계 사이의 모순과 충돌이 21세기판 혁명을 요구하기도 한다. 무엇보다도 기후위기가 그러하다. 과학자들은 대기 중에 이산화탄소가 계속 대량으로 배출된다면 인류 문명 전체가 파괴될 수밖에 없다고 경고하지만, 지구자본주의 체계는 자본 축적에 역행하는 탄소 배출량 축소를 좀처럼 허용하지 않는다. 이런 상태에서 평균기온 상승 속도는 더욱더 빨라지고만 있다. 급기야 이제 인류 문명의 파멸은 피할 수 없다는 비관론이 확산되기까지 한다. 기후위기가 이렇게 심각해질수록 인간 사회는 그간 결코 넘을 수 없다고 여겨지던 한계들을 과감히 넘어서지 않고서는 생존할 수 없는 처지가 될 것이다. 어쩌면 이윤 확대와 자본 축적에 역행하는 생산-소비 체제로 전환하기 위해 소유구조를 뜯어고치고 생태적 계획에 따라 경제를 운영해야 하는 상황이 생각보다 더 빨리 닥칠지도 모른다. 21세기에는 이런 전환이 필요하다는 대중의 급속한 각성이 곧 '혁명'일 수도 있다. 이런 시대에 좌파정당은 기존 민주주의 지형 안에서 개혁을 시작할 줄도 알아야 하지만, 지구 생태계 위기 속에서 감히 혁명을 향해 나아갈 줄도 알아야 한다.

2
진보정당운동이 걸어온 길, 걸어갈 길
- 생존, 관리, 그리고 자치

19세기 말에 처음 등장한 좌파정당들은 하나같이 자본주의 극복이 궁극 목표라고 밝혔다. 이후 진보정당운동은 몇 세대에 걸쳐 계속됐고, 그동안 자본주의는 위기와 혼란은 있었을지언정 어쨌든 지속됐다. 아마도 좌파정당 건설에 나선 첫 세대는 역사가 이런 식으로 진행되리라고는 예상치 못했을 것이다. 만약 이들이 타임머신을 타고 2019년 현재를 방문한다면 첫 번째 좌파정당이 등장한 지 150여 년이 지나고도 자본주의가 버티고 있다는 소식에 크게 낙담할 게 틀림없다.

자본주의는 몇 차례 심대한 변화를 겪으며 생명력을 이어갔다. 주기적으로 찾아온 대변화기가 아니더라도 자본주의의 일상 자체가 크고 작은 변화의 연속이었다. 그러한 자본주의 안에서 태동하고 성장하며 활동하는 좌파정당으로서는 자본주의를 바꾸기 전에 우선 자본주의의 변화에 대응하느라 바빴다. 그렇다고 마냥 뒤를 쫓기만 한 것은 아니다. 좌파정당이 존재하며 자본주의의 격동에 대응한다는 사실이 자본주의의 변화 방향과 내용에 커다란 영향을 끼치기도 했다. 적대자 없이는 항상 지옥 수준으로 떨어지려는 성향이 있는 자본주의가 중대한 고비마다 그래도 최악의 야만으로 치닫지 않은 데는 좌파정당들의 역할이 컸다. 이 점에서 진보정당운동은 충분히 자부심을 느낄 만하다. 비록 자본주의 극복이라는 원대한 목표는 아직 미완이라도 말이다.

그런데 세계 진보정당운동의 역사 전체를 훑어보면, 자본주의의 대변화와 쌍을 이루는 진보정당운동의 진화에 따라 국면이 확연히 나뉜다. 20세기 전반부에 대전환이 한 차례 있었고, 이를 계기로 진보정당운동의 실질적 과제와 특성들이 크게 바뀌었다. 이 책은 여러 나라 좌파정당의 주요 사건들에 돋보기를 들이대는 방식으로 역사에 접근했지만, 이에 더해 거시적인 안목에서 자본주의의 변천과 연동된 세계 진보정당운동의 굵직한 변화 또한 살펴봐야 한다. 이 변화를 검토하다 보면, 지금 진보정당운동이 또 다른 대전환의 길목에 서 있음을 확인하게 된다. 지금부터 이 이야기를 해보자.

'생존'이 목표이던 시기 - 19세기부터 20세기 초까지

좌파정당들이 처음 등장하던 무렵에 산업자본주의는 아직 청년기였다. 증기기관으로 작동하는 기계제 공장과 오로지 임금에 의존해 살아가는 노동력, 그리고 광대한 해외 식민지를 결합해 엄청난 부를 축적한 영국이 이 시기 전 세계의 모범이었다. 서유럽과 북아메리카 여러 나라가 영국을 본받아 공업화 경쟁에 합류했다. 시장 경쟁에 뛰어든 이들 사이에서는 영국이 내세운 고전 자유주의가 보편 이념이 됐다. 칼 폴라니가《거대한 전환》에서 밝혔듯이, 19세기의 고전적 자유주의는 '자기 조정 시장'이라는 유토피아를 현실에 강요하려 한 광적인 실험이었다.

이 광풍 속에서 노동계급이 탄생했다. 기계제 생산에 투입할 노동력을 확보하려면, 우선 수많은 농민이 촌락 공동체로부터 유리돼야 했고 수공업자들의 동업조합이 해체돼야 했다. 이렇게 오랜 생존기반, 공유자산, 일상문화를 파괴한 뒤에야 비로소 생계를 위해 공장 노동도 마다하지 않는 도시 노동대중이 등장하게 됐다. 자유주의 교리 덕분에 19세기 내내 '백 년 평화'가 지속됐다고 하지만, 이 시대 노동대중에게는 일상이 전쟁이었다. 이들은 정든 고향을 뒤로한 채 낯선 도시에서 하루하루 연명하려고 고투하는 난민 신세였다.

이런 대중들 사이에서 노동운동이 싹텄다. 노동조합이 결성됐고 협동조합이 등장했으며 좌파정당이 발명됐다. 따라서 당연하게도 이 시기 대중의 가장 절박한 과제인 '생존'이 곧 이들 운동의 실질적 과제가 됐다. 임금은 낮고 노동조건은 가혹하며 생활여건은 열악했던 탓에 생존권 확보가 긴급한 임무가 될 수밖에 없었다. 자본의 양보를 받아내고 권력을 장악할 때까지 기다리기에는 상황이 너무 긴박했으므로 모든 운동은 일단 상호 부조에 주력하지 않을 수 없었다. 이 시절 베를린이나 빈의 노동자에게 노동자 정당 가입이란 사회주의운동에 투신하는 것일 뿐만 아니라, 육아부터 장례까지 공동으로 해결하는 일종의 공제조합에 가입하는 것이기도 했다.

여기에서 주의해야 할 것은 생존이 단순히 경제적 연명만 뜻하지는 않았다는 점이다. 임금노동제도는 어쨌든 피고용자 가족의 동물적 생존은 보장했다. 하지만 인간적 생존은 이것과는 다른 차원의 문제였다. 인간은 '지적·도덕적 존재', 그러니까 윤리와 문화를 통해 존엄성을 인

정받으려 하는 존재다. 폴라니의 표현을 따른다면, "경제적 이익"보다
도 "사회적 인정"이 더 중요한 동기가 되는 존재다.[2] 그런데 이제 막 등
장한 노동계급은 조상 대대로 이러한 사회적 인정의 토대 구실을 하던
제도들을 박탈당한 상태였다. 노동자들은 자본의 약탈로 파괴된 전통
대신 새로운 정체성과 집단문화, 윤리를 구축함으로써 그들 역시 시민
이고 인간임을 인정받으려 했다. 생존을 위한 투쟁은 협소한 경제주의
시각에서 이해할 수 있는 것보다 훨씬 더 넓고 깊은 의미를 지녔던 것
이다.

좌파정당은 이러한 투쟁에서 결정적인 무기였다. 초기에 좌파정당
들이 주력했던 참정권 쟁취 투쟁 자체가 전형적인 시민권 운동이었다.
좌파정당이 제시한 사회주의 이념은 노동자도 인간일 뿐만 아니라, 오
히려 노동자야말로 미래 인간의 전형이라는 자부심을 안겨주었다. 독
일 사회민주당의 문화·여가 클럽이나 스웨덴, 이탈리아의 민중의 집
은 영화관도 댄스홀도 없던 시대에 노동자 가족에게 문화생활의 숨통
을 열어주었다. 지방신문과 팸플릿이 주요 매체인 시대였기에 좌파정
당은 자체 인쇄매체를 발행하여 비교적 쉽게 독자적인 공론장을 구축
할 수 있었다. 이런 일상활동은 집권과 변혁이라는 '주된' 목표를 달성
하기 위한 '부차적' 기능이었지만, 당대 노동자들에게는 이러한 기능이
야말로 긍지와 자신감을 되찾기 위해 반드시 필요한 것이었다. 대다수
좌파정당이 장기간 집권과는 거리가 먼 만년 야당 신세였음에도 계속

---

2 칼 폴라니, 《거대한 전환: 우리 시대의 정치, 경제적 기원》, 홍기빈 옮김, 길,
2009, 415~416쪽.

탄탄한 지지를 받을 수 있었던 이유가 여기에 있다.

'관리'가 좌파정당의 주된 임무가 되다 — 20세기 중후반

진보정당운동의 초기 국면은 20세기 초에 자본주의의 전 지구적 위기가 시작되면서 일단락됐다. 두 가지 중대한 변화가 동시에 전개되며 서로 맞물려 들어갔다. 첫 번째는 자본주의가 새로운 단계에 접어들었다는 것이다. 자본주의의 외연이 동아시아(일본과 중국 해안지대)로까지 넓어졌고, 그만큼 세계 시장 경쟁은 격화됐다. 자본 축적이 고도화되자 거대 법인기업이 등장했고, 전력 사용과 결합된 철강·조선·화학산업으로 주력 업종이 이동했다가, 다시 자동차 및 가전제품 생산이 자본주의 생산의 새로운 총아로 떠올랐다. 흔히 '독점자본주의'라 불리는 자본주의의 성숙기가 시작된 것이다.

그러나 성장에는 혹독한 시련이 따랐다. 자본주의는 점점 거대해져만 가는 투자 규모와 새로운 기술이 낳은 경이로운 생산성, 그리고 이를 제대로 소화해내지 못하는 소비시장에 스스로 당황하고 말았다. 19세기식 자유주의는 더 이상 지침을 제시하지 못했다. 과거 자본 전체의 사령탑 노릇을 하던 초국적 금융세력의 처방은 위기를 도리어 가중시키기만 했다. 이렇게 기성 사회제도의 여러 요소가 자본주의의 형태 변화에 적응하지 못한 게 1차 세계대전 발발부터 2차 세계대전 종전에 이르는 30년 대위기의 근본원인 가운데 하나였다.

또 다른 중대한 변화는 보통선거제도 시행으로 대중민주주의의 시대가 열렸다는 것이다. 오랫동안 형식적 민주주의의 정착을 가로막던 장벽이 1차 세계대전과 러시아 혁명으로 갑자기 뚫렸다. 이와 함께 좌파정당들에게 이제 집권이 현실로 닥쳤다. 먼 미래의 권력 쟁취를 아름다운 꿈인 양 설교하며 방대한 당원 조직을 꾸려가면 되던 시절은 지나가버렸다. 연립정부를 주도하게 된 유럽 좌파정당들은 여당이라는 새로운 위상과 기존 이념·조직·관행을 조화시키느라 애를 먹었다. 더구나 이들은 지구자본주의가 혼돈으로 치닫던 때에 국정운영 책임자가 됐다. 강령 속 문구에 따르면 이는 이들에게 기회가 되어야 마땅했지만, 실제로는 위기였다. 기존 엘리트들만큼이나 좌파정당도 대공황에 맞설 구체적 해법을 찾지 못해 허둥지둥했다.

긴 혼란기를 거치고 나서야 해법이 윤곽을 드러냈다. 이제는 자본주의가 존립하기 위해서도 경제활동 전반을 '관리'해야 한다는 점이 분명해졌다. 실업대란을 막기 위해 좌파정당과 노동조합은 체제 관리자의 소명을 받아들였다. 노동운동 내부에 이런 각성이 확산됨과 동시에 지배 엘리트들 사이에서도 변화에 따를 수밖에 없다는 목소리가 힘을 얻었다. 대공황으로 시작된 전향 과정은 두 번째 세계대전을 겪으며 돌이킬 수 없는 현실이 됐다. 금융세력 대신 관료기구가 투자 흐름을 조절하기 시작했고, 이들의 개입에 의해 대량생산과 대중소비가 서로를 지탱하는 구조가 자리 잡았다. 이러한 경제관리의 주된 단위는 국민국가였고, 전후의 국제통화체제(브레턴우즈 체제)가 국민국가의 거시경제 운영을 뒷받침해주었다.

좌파정당과 노동조합은 자본주의의 관리에 참여하고 이를 주도함으로써 보다 민주적인 경제질서를 구축할 기회를 잡았다. 좌파정당은 선거로 집권한 뒤에 케인스주의적 경제관리를 더욱 확대했고, 산업별 노동조합은 제도화된 단체협상을 통해 임금과 노동조건을 꾸준히 개선했다. 이에 따라 대중민주주의를 지탱해주는 경제·사회정책이 작동하는 체제, 흔히 '복지국가'라 불리는 사회국가가 자리를 잡았다. 이것만으로도 대단한 성취였다. 하지만 진보정당운동 안의 급진적인 흐름들은 여기에서 한 발 더 나아가고자 했다. 이들은 민주적 관리의 범위와 무대를 확장함으로써 자본주의를 넘어선 새로운 사회로 나아갈 수 있다고 주장했다. 이것이 좌파 사회민주주의자들의 비전이자 2차 세계대전 이후 자본주의 국가 안에서 활동한 공산당들의 노선이었다.

자본주의의 민주적 관리라는 새 과제에 맞게 좌파정당을 이루는 여러 구성 요소들도 변화했다. 이는 노동조합도 마찬가지였다. 좌파정당은 선거운동과 집권 후 국정운영에 효과적인 형태로, 노동조합은 경영자 단체와 교섭하고 협상 결과를 집행하는 데 적합한 형태로 진화해야했다. 둘 다 조직 규모는 늘어났지만, 기층의 자율성이나 역동성, 내부민주주의는 예전보다 후퇴했다. 일상활동과 권력이 과거에 비해 상층집행부로 더욱 집중됐다. 생존이 중심과제이던 시기의 주요 운동 영역들(예컨대 현장 전투성이나 지역사회 연대 등)은 주변으로 밀려나거나 심지어 억압됐다. TV와 전국 일간지가 지배하는 언론 환경도 이러한 변화를 강요하는 요인이었다. 아무튼 산업별 노동조합과 좌파정당이 각각 경제와 정치제도의 틀 안에서 노동대중의 권리를 체계적으로 보장한다는 표준 도식(한국 노동운동에서는 '양날개' 모델이라 불렸다)이 자리 잡은게 이 시기였다.

1970년대는 이러한 관리 자본주의의 역사적 임계점이었다. 브레턴우즈 체제가 붕괴하자 초국적 금융시장이 다시 활성화된 반면, 국민국가 단위의 거시경제 운영은 어려워졌다. 지구 질서를 이루던 여러 요소들이 서로 어긋나기 시작했다. 이러한 긴장과 균열에 맞서 좌우 모두 자기 나름대로 새로운 국면을 열려는 대안을 내놓았다. 그러나 결과적으로 승리한 것은 우파의 대안이었다. 이후 '신자유주의'라 불리게 될 금융 주도 구조개혁이 대세가 된 것이다. 그 결과로 이전의 민주적 관리 체제가 이완되기는 했지만, 그렇다고 자본주의의 관리 필요성 자체가 사라진 것은 아니었다. 신자유주의 이데올로그들의 자기기만적 환상과는 달리, 20세기 초보다 훨씬 더 고도화된 지구자본주의가 19세기식 자유시장으로 돌아갈 수는 없었다. 단지 체제관리 기능의 무게중심이 국민국가의 선출직 정부로부터 국경을 가로지르는 금융시장 네트워크로 이동했을 뿐이었다.

왜 좌파의 대안이 패배했는지에 대해서는 여러 가지 설명이 가능하다. 자본주의 관리 기능에 맞춰 진화한 좌파정당과 노동조합이 자본주의의 변혁을 시도하는 데는 적합하지 않았다고 볼 수도 있다. 급진적인 개혁을 관철하자면 대중행동과 참여, 조직화가 필요했다. 그러나 제도정치와 노사협상에 최적화된 조직들이 어느 날 갑자기 대중투쟁 기관으로 돌변할 수는 없었다. 어쩌면 더 근본적인 문제도 있었다. 평등을 위해 민주적 관리를 강화해야 한다는 좌파의 주장은 관리사회를 해체해 자유를 확대해야 한다는 우파의 논변에 비해 호소력이 떨어졌다. 민주주의와 관료통치의 회색지대인 관리사회가 대중의 눈에 못마땅해 보여서 그랬을 수도 있고, 늘 임금인상과 복지 확대만을 맴도는 평등 관념이 매력을 잃어서 그랬을 수도 있다. 아무튼 진보정당운동의 전망을 자본주의에 대한 민주적 관리의 지속 발전에서 찾는 것은 안이

한 사고였음이 드러났다.[3]

'자치'의 시대로 나아가고 있는가

이후 한때 '제3의 길'이 중도좌파정당들의 새로운 이념적 표준으로 자리 잡는 듯싶었다. 제3의 길 노선은 과거 사회민주주의 전통에 대한 단절을 강조했다. 그러나 자본주의 관리에 주력한다는 점에서는 신자유주의 등장 이전 좌파정당 노선과의 연속성이 더 컸다. 제3의 길 노선은 단지 초국적 금융시장 네트워크와 국민국가의 새로운 타협점에 맞춰 관리의 방향을 바꿨을 뿐이었다. 하지만 2008년 세계 경제위기의 충격과 함께 제3의 길의 짧은 전성기도 끝나버렸다. 제3의 길은 진보정당운동의 새 국면이라기보다는 그러한 국면으로 넘어가는 과도기의 표현에 더 가까웠던 것 같다.[4]

아마도 이 책의 4부가 다루는 최근 흐름들이야말로 진보정당운동의 세 번째 역사적 국면이 시작됐음을 알리는 나팔 소리일 것이다. 그리스 급진좌파연합의 집권, 스페인 포데모스의 급성장, 영국 노동당 대표 경선의 이변, 그리고 미국 민주당 대선후보 예비경선의 버니 샌더스 바람, 이 모두를 관통하는 요소는 청년 세대다. 금융위기 이후 청년

---

3 1970년대~1980년대 초반에 좌파의 구조개혁 대안이 패퇴하고 우파의 시장 지상주의가 부상하는 과정에 대해서는 다음 책을 참고할 수 있다. 장석준, 《신자유주의의 탄생: 왜 우리는 신자유주의를 막을 수 없었나》, 책세상, 2011.

4 이런 시각에서 '제3의 길' 노선을 결산하는 책으로는 다음을 참고할 것. 옌뉘 안데르손, 《도서관과 작업장: 스웨덴, 영국의 사회민주주의와 제3의 길》, 장석준 옮김, 책세상, 2017.

층이 아랍의 봄, 분노한 자들 운동, 월스트리트 점거 운동, 대학 교육의 공공성 강화를 요구하는 투쟁(등록금 인상 반대 혹은 무상화) 등을 통해 사회운동의 주역으로 나서더니 이제 그 파고가 정치권을 덮치고 있다. 오늘날 좌파정당이 혁신에 성공하거나 부흥한 곳들을 보면, 예외 없이 기존 노동계급운동 내부의 적극적 탈신자유주의 경향과 이들 청년 세대가 만나 일정한 동맹을 구축하고 있다. 영국 노동당 제러미 코빈 대표의 양대 기반이 이러한 노동조합과 청년층이며, 스페인에서 제2노총과 연계를 맺고 있는 연합좌파가 포데모스와 함께 결성한 정당연합 '우니다스 포데모스'도 노동-청년 동맹의 한 사례다.

청년 세대가 이렇게 중대한 변수로 등장한 이유는 무엇인가? 이들이 다가올 미지의 시대를 가장 앞서서, 가장 민감하게 대변하기 때문이다. 지금 청년인 세대에게는 지난 30여 년 동안의 자본주의 변화가 낳은 위험과 가능성이 집약돼 나타나고 있다. 신자유주의 시기에는 한편으로 독점이 강화되면서(금융화) 다른 한편으로는 자유시장으로 돌아가자는 깃발 아래 경쟁이 다시 활성화됐다(노동 유연화). 겉으로는 모순돼 보이지만, 분명 일관된 목표가 존재했다. 기왕에 집중된 자본의 권력은 더욱 강화하되, 자본뿐만 아니라 노동 역시 덩달아 집단적인 힘을 발휘할 수 있는 지점에서는 분산을 꾀한다는 것이었다. 그래서 자본 대 노동의 세력균형을 철저히 자본이 우위에 서는 방향으로 재편한다는 것이었다.

이 목표는 성공적으로 관철됐다. 너무 성공하는 바람에 노동인구의 실질소득이 정체되고 고용 불안이 극심해져 소비시장이 위축될 지경이었다. 2000년대에는 미국을 비롯해 어느 나라나 부동산 시장을 부양하여 주택담보대출로 가계소득을 보완함으로써 이 위험을 뒤로 미룰 수 있었다. 자산시장을 확대해 금융권력을 강화하는 동시에 다수 대중을 자산시장에 포섭해 금융 주도 체제의 지지층으로 만들 수 있었으니 이보다 더 절묘한 해법도 없어 보였다. 그러나 금융위기 이후 이 보완 장치는 더 이상 작동할 수 없게 됐다. 바로 이 시점에 사회에 첫발을 내디딘 밀레니얼 세대(1980년대 이후 출생자)는 비정규직이나 장기실업을 받아들이는 것 외에 다른 어떤 우회로나 위안도 없는 현실과 마주하게 됐다. 이것이 이들이 '분노한 자들'이라는 호명을 기꺼이 받아들인 근본 이유다.

그런데 신자유주의 시대에 전개된 또 다른 중대한 변화가 있다. 지구화나 금융화는 이를 뒷받침하는 기술적 토대가 없었다면 추진될 수 없었다. 그 토대가 바로 정보화였다. 20세기 말에 시작된 정보통신혁명은 18세기 말에 영국에서 시작된 제1차 산업혁명, 19세기 말에 미국과 독일에서 시작된 제2차 산업혁명에 뒤이은 제3차 산업혁명이라 불리며 자본주의의 외양을 다시 한번 크게 바꾸었다. 정보통신혁명 덕분에 자본은 행동반경을 지구 전체로 넓힐 수 있었고, 내부경쟁을 촉진하는 방향으로 거대 조직을 재편할 수 있었다.

하지만 정보통신기술은 자본에게만 새로운 지평을 열어준 게 아니었다. 신기술 덕분에 대중의 소통능력 또한 급성장했다. 자본이 신기술을 통해 이윤을 획득하자면 이 기술에 바탕을 둔 네트워크가 꾸준히 확대돼야만 했다. 되도록 많은 이들이 네트워크의 일원이 될 기본 자질을 갖춰야 했다. 이에 따라 정보통신혁명은 대중들 사이에 지식, 기능, 능력을 유례없이 확산시켰다. 그중에서도 새로운 기술 환경에 가장 익숙한 이들은 밀레니얼 세대다. 현재의 청년 세대는 역사상 가장 뛰어난 역량을 갖추고 있음에도 부모 세대보다 훨씬 열악해진 삶을 받아들여야 한다는 모순과 마주하고 있다. 이에 대한 이들의 대답이 정보화의 산물들(가령 소셜 미디어)로 무장한 새로운 사회운동이다.

당분간 이런 위험과 가능성이 지속되면서 모순은 더욱 심해질 것으로 보인다. 20세기 초의 혁명-개혁 연쇄작용 이상으로 강력한 대항력이 전 지구적 차원에서 등장하지 못한다면, 신자유주의 시기에 구축된 금융권력이나 노동시장 질서는 역전될 수 없을 것이다. 그런 와중에 정보기술 발전은 이제 생산활동과 직접 결합되는 수준(이른바 '제4차 산업혁명')에까지 이르렀다. 벌써부터 정보화와 생산활동의 결합이 자본주의에, 아니 인류 문명 전체에 어떤 심각한 영향을 끼칠지 논의가 분분하다. 여전히 낡은 사회질서가 완강하게 버티고 있는데, 다른 한편에서는 기술 변화에 가속도가 붙고 있는 것이다. 이런 모순이 첨예해질수록 현재 청년층이 대변하는 문제의식과 도전은 더욱 빠른 속도로 사회 전체의 급박한 현안이 될 것이다.

그럼 이 새로운 국면에서는 무엇이 진보정당운동의 실제적 목표가 되어야 할까? 과거에 '생존'이나 '관리'가 차지했던 자리를 이제는 무엇이 채워야 하는가? 청년 세대가 중심이 된 최근의 정치적 격변에서 이를 짐작해볼 수 있다. 이들 사례에서 끄집어낼 수 있는 공통의 지향과 가치는 '자기 통치' 혹은 '자치'다. 달리 말하면, '자율성'이다. 21세기 노동대중은 생존을 위해 과거의 촌락 공동체나 동업조합을 본뜬 집단에 의지하려 하지도 않고, 소수 대표들에게 체제의 관리를 떠맡기며 지켜볼 생각도 없다. 이들은 과거 어떤 세대에도 없었던 지식, 기능, 능력을 바탕으로 세상의 틀을 다시 짜려 한다. 누군가의 지령이 아니라 스스로의 구상과 판단, 실천으로 자기 주위 질서부터 바꿔나가려 한다. 변화는 먼 미래의 약속일 수 없으며, 지금 여기에서 맛볼 수 있는 것이어야 한다. 그래서 대의제보다는 참여와 자치를 선호하고, 기존 좌파정당-노동조합의 대리적-위계적 구조에 거리를 느낀다. 이들은 불평등에 반대하지만, 관리사회로 돌아가길 바라지도 않는다. 모두가 새 질서를 만드는 일에 함께 참여하며, 궁극적으로는 제각기 자기 삶의 의미를 찾길 원한다. '자유'를 추구한다고도 할 수 있지만, 그보다는 스스로 권한과 책임을 결정하고 수행하려 한다는 점에서 '자치' 혹은 '자율성'이라 하는 편이 더 어울릴 것이다.[5]

정리하면, 초기 진보정당운동은 노동대중의 '생존' 도구 구실을 했다. 20세기 초에 전 지구적 위기를 겪으면서 좌파정당들은 자본주의의 민주적 '관리'라는 임무를 받아들이고 이 과업에 적응했다. 지구자본주의가 한 세기 만에 다시 위기에 휩싸인 지금, 진보정당운동은 대중의 '자치'를 중심에 놓고 새세상을 만들어가야 할 국면에 접어들고 있다. 여기에서 둘째 국면과 셋째 국면의 관계는 '진화'가 아니라 '전환'에 가깝다. 둘째 국면에서는 국가기구를 통한 체제관리에 적응하는 과정을 곧 좌파정당의 발전 과정이라 여겼다. 그러나 이제 새롭게 열린 국면에서 좌파정당들은 이러한 기존 궤도에서 이탈해 새로운 방향을 잡아

---

5 일찍이 정보화·자동화에 대응해 좌파 이념과 운동 전반을 자율성을 추구하는 방향으로 재구성해야 한다고 주장한 이는 앙드레 고르였다. 그의 다음 저작을 참고할 것. 앙드레 고르, 《프롤레타리아여, 안녕: 사회주의를 넘어서》, 이현웅 옮김, 생각의나무, 2011.

야 한다. 그래야만 21세기에도 진보정당운동이 계속 사회변혁에 꼭 필요한 요소로 남을 수 있을 것이다.

이것이 세계 진보정당운동 역사 전반의 진행 방향에 대한 이 책의 가설이다. 다만 단서를 좀 달아야 한다. 자치가 중심과제가 되는 국면이라고 하여, 생존·관리 같은 과거의 중심과제들이 용도 폐기되는 것은 아니라는 점이다. 마치 19세기로 돌아간 듯한 21세기 노동환경에서 경제적-문화적 생존은 아직도 중요한 당면과제 중 하나이고, 흔들리는 자본주의 체제를 관리하는 임무 역시 과거보다 위상이 상대화되기는 했지만 여전히 현안이다. 아마도 자치를 중심으로 이러한 누적된 미완의 과제들이 재배치돼야 한다고 정리할 수 있을 것이다. 20세기 사상가들 가운데 자율성을 강조한 선구자인 이반 일리치Ivan Illich는 생존, 정의, 자율성이라는 복수의 가치들의 다중多重 균형을 추구해야 바람직한 사회라고 주창한 바 있다.[6] 이 정식을 원용한다면, 앞으로 좌파정당들은 생존, 민주적 관리, 그리고 자치의 다중 균형에 따라 자신의 여러 요소들을 변형, 발전시켜가야 한다. 자치 쪽으로 상당히 기울어진 균형이기는 하겠지만 말이다.

---

6 Ivan Illich, *Tools for Conviviality*, Marion Boyars, 1973. 번역본: 이반 일리치,《절제의 사회》, 박홍규 옮김, 생각의나무, 2010.

3

정당 없이 사회변혁 없다
─21세기에도? 21세기에도!

자치나 자율성을 강조하는 좌파 이론들은 이미 많이 있다. 그런데 이들이 흔히 보이는 특징 중 하나는 정당을 불신하고 정당 없는 변혁운동을 권장한다는 것이다. 주류 좌파정당이 관리사회의 한 기둥 역할을 하던 시대에 이에 반발하며 등장한 사상들이니 그럴 만도 하다. 하지만 과연 좌파정당 없이도 자본주의 사회를 바꿀 수 있을까? '불가능하다'는 것이 이 책의 단호한 답이다.

여기에서 우선 정당을 이루는 요소들을 살펴보자. 최소한 다음 네 가지 요소를 생각해볼 수 있다. 첫째는 '이념'이다. 이는 세계관이나 궁극 목표, 실천 원칙 같은 좁은 의미의 이념만 뜻하지 않는다. 구체적인 사안에 대한 해법인 정책, 대중의 상식에 호소하는 담론 등도 포함한다. 둘째는 '조직'이다. 당원을 모아 선거운동이나 일상활동을 펼칠 조직이 있어야 한다. 더 나아가서는 지지층을 대표하는 대중조직, 시민사회단체들과 유기적인 연계를 맺어야 한다. 셋째는 '정치행위'다. 당은 소속 공직자들의 활동에서부터 당원이나 지지 대중의 집단행동까지 여러 수준에서 끊임없이 정치행위를 펼친다. 넷째는 '정치가'다. 당은 집권팀을 이룰 지도자 집단을 배출하며 이를 통해 대표된다. 여기에서 '정치가'는 현직 정치가뿐만 아니라 미래의 정치가로 성장할 탄탄한 활동가층까지 포괄한다.

이념, 조직, 정치행위, 정치가를 엮는 유일한 조직 – 정당

정당은 이러한 네 가지 요소 가운데 어느 하나도 빠뜨려선 안 된다. 반드시 이 4대 요소를 다 갖춰야 한다. 실은 이런 요건은 좌파정당이 등장하는 바람에 정착된 것이다. 어떤 나라든 제도정치 안에 좌파정당이 진입하기 전까지는 이 네 요소를 고르게 발전시킨 정당을 찾아보기 힘들다. 그전까지는 대개 소수 정치가들만 부각되며, 이 요소를 중심으로 다른 요소들이 장식품이나 부속품 노릇을 한다. 기존 정당들에 비해 이념, 조직 등을 강조하는 좌파정당이 정치권에 머리를 들이밀고 나서야 다른 정당들도 이런 요소들을 뒤늦게 발전시키며 신진 좌파정당에 맞서게 된다.[7]

이념, 조직, 정치행위, 정치가는 정당에만 있는 요소들은 아니다. 사회운동에도 존재한다. 노동조합도 강령이 있고 때로 정치 총파업을 벌인다. 여성운동이나 생태운동도 나름의 이념이 있고 대중적 명망을 지닌 지도자를 배출한다. 하지만 사회운동이 앞의 네 요소를 반드시 다

---

7 정당 연구의 선구자인 프랑스 정치학자 모리스 뒤베르제Maurice Duverger가 고전이 된 그의 저작《정당론Les partis politiques》(1951)에서 독일 사회민주당을 예로 들며 이 점을 강조했다. M. 뒤베르제,《정당론》, 장을병 외 옮김, 문명사, 1982.

갖춰야 할 이유는 없다. 반면 정당은 그렇지 않다. 정당은 4대 요소 가운데 어느 하나도 결여해서는 안 되며, 이들을 서로 결합해야 한다. 이념을 정치행위로 표현하려고 고민해야 하며, 조직을 통해 정치가들을 성장시키기 위해 줄기차게 노력해야 한다.

이 점이 참으로 중요하다. 자본주의 사회에서 기득권 세력은 굳이 정당이 없어도 다른 여러 수단을 통해 4대 요소를 풍부히 확보하고 서로 결합할 수 있다. 거대한 기업 조직들을 통해, 국가기구 안에 뿌리내린 군건한 거점들을 통해, 언론이나 종교 기구, 전문가 단체 같은 시민사회 내 진지들을 통해 충분히 그럴 수 있다. 좌파정당의 도전이 시작되기 전에는 지배세력이 구태여 4대 요소를 포괄하는 대중정당을 육성할 필요를 느끼지 못하는 것도 이 때문이다. 민중세력의 처지는 전혀 다르다. 사회운동들을 통해 어렵사리 4대 요소에 해당하는 내용들을 갖춰나간다고 하더라도 이들을 서로 결합해 더 큰 힘으로 만들어내기는 쉽지 않다. 그래서 좌파정당이 반드시 있어야 한다. 그래야 이념을 조직과 연결하고 정치행위로 구체화하며 이 과정에서 정치가 집단을 양성할 수 있다. 또한 이럴 때에야 비로소 기존 국가권력에 대해 대등한 지위에서 발언하고 행동하며 미래권력의 맹아를 키워나갈 수 있게 된다.

점점 더 자치가 시대정신이 되는 시대에도 이러한 진실은 변함없다. 민중이 스스로 결정(자기 통치)하는 삶의 영역을 확장하기 위해 대기업과 관료기구의 권력을 약화시키는 데 좌파정당만 한 무기는 아직 없다. 심지어는 정당 활동의 전통적 기반이 돼온 대의제와 충돌할 수 있는 직접민주주의적 요소를 확대하는 일도 그러한 비전을 지닌 좌파

정당이 정치개혁의 매개자 구실을 하지 않는다면 실현될 수 없다. 기성 정당들의 맹점이나 한계가 심각하게 드러날 경우에 필요한 처방 역시 [정당 아닌 무엇이 아니라] 정당이다. 이 문제조차 오직 새로운 정당을 결성해서 기존 정당체제에 도전함으로써만 바꿔나갈 수 있다. 미국의 여성 정치학자 조디 딘Jodi Dean은 청년 세대의 새로운 사회운동이 정당으로 발전해야 한다고 역설하는 최근작《군중과 당Crowds and Party》에서 다음과 같이 못 박았다. "당을 이야기하지 않고서는 정치변혁을 이야기할 수 없다."[8] 맞는 말이다. 정당 없이는 어떠한 정치변혁도 없다.

다가올 시대에도 이렇게 정당은 계속 필요하다. 다만 정당을 이루는 네 가지 요소 각각과 그 연결 양상이 시대의 흐름에 따라 변화할 것이다. 이념, 조직, 정치행위, 정치가, 이 네 요소의 내용이 일정하게 바뀔 것이고, 이들 요소가 서로 맺는 관계도 달라질 것이다. 과거 진보정당운동에서 생존이나 관리라는 과제에 맞게 진화했던 것들이 이제는 자치 과제를 중심으로 재구성될 것이다. 진보정당운동의 첫 번째 국면에서는 4대 요소의 창출과 유지가 하나의 거대한 대중정당의 임무로 집중됐다. 진보정당운동의 두 번째 국면에서는 이전 국면에서 발전한 집중적-위계적 구조 덕분에 좌파정당이 대기업, 대중매체, 산업별 노동조합 등 다른 거대 조직들과 어깨를 나란히 하며 자본주의를 관리할 수 있었다. 그러나 지금은 이제까지의 이러한 진화 경로가 심각한 의문의 대상이 돼 있다. 이제부터는 이러한 의혹에 답변을 내놓으려는

---

8 Jodi Dean, *Crowds and Party*, Verso, 2016, p. 250.

새로운 실험들의 시대다.

미래 좌파정당의 변화 방향 – 네트워크 정당, 운동 정당…

이 책에서 미래 좌파정당 형태를 감히 예언할 수는 없다. 다만 이미 모습을 드러낸 몇 가지 변화 양상은 언급할 수 있겠다. 첫 번째 변화는 정당의 4대 요소가 거대 정당의 수직적 구조를 통해서가 아니라, 상당히 자율적인 단위들의 수평적 네트워크를 통해 형성되고 있다는 것이다. 정당의 역할은 이들 요소를 처음부터 관리하는 것이 아니라 곳곳에서 출현하는 새로운 흐름들을 시의적절하게 연결하는 것으로 바뀌고 있다.[9]

이념의 경우를 보자. 예전에는 당의 정책 부서나 산하 연구소가 정책과 담론 생산을 전담했다. 그러나 요즘은 당에 직접 속하지 않은 싱크탱크나 연구자 집단, 캠페인 그룹에서 더 활발하게 정책과 담론을 생산한다. 정당은 이들을 서로 잇는 네트워크의 촉진자로서 이들이 제시하는 정책, 담론을 선별하거나 종합해 정치적 힘을 부여한다. 여기에는 분명 위험 요소가 있다. 애초에 싱크탱크는 이런 독립기구를 따로 운영할 재력이 있는 기득권층에게나 유리한 조직 형태였다. 복지국가 합의에 불만을 품은 친자본 세력은 대중정당들을 압박해 복지국가를 비판하게 만드는 수단으로 우파 싱크탱크들을 설립하기 시작했다.

---

9 다음 책은 주로 포데모스 사례의 분석을 통해 비슷한 결론을 이끌어낸다. Paolo Gerbaudo, *The Digital Party: Political Organisation and Online Democracy*, Pluto Press, 2018.

반면 민중세력에게는 이런 값비싼 기관을 만들고 운영할 여력이 없었다. 그래서 이들은 좌파정당에 정책 생산 능력을 집중시켜 이에 맞섰다. 하지만 이제는 사정이 달라졌다. 정보통신기술의 확산 덕분에 예전에 비해 훨씬 적은 비용으로도 연구나 토론 네트워크를 운영하고 캠페인을 전개할 수 있게 됐다. 포데모스 창당 전부터 이 당의 이념을 준비하는 무대가 된 인터넷 방송 〈라 투에르카〉가 대표적인 사례다. 오늘날 진보정당운동의 외연은 이렇게 당 조직체계 바깥에서 활동을 펼치는 다양한 자율적 조직들까지 포괄한다.

또 다른 중요한 변화는 정당과 사회운동의 경계를 넘어 둘이 서로 중첩된 좌파정당 실험들이 이어지고 있다는 것이다. 서독 녹색당과 브라질 노동자당이 등장한 뒤부터 '(사회)운동 정당'이라는 표현이 회자돼왔다. 체제 관리자의 이미지가 굳어버린 기성 좌파정당들과 달리 두 당이 당시 활발히 전개되던 사회운동(각각 반핵평화운동과 민주노동조합운동)의 분위기를 제도정치에 진입시키는 통로가 됐기 때문이다. 이들보다 먼저 등장한 이탈리아 공산당의 잉그라오 좌파나 영국 노동당의 벤 좌파도 '운동 정당'을 시도한 사례였다고 할 수 있다. 한데 이들보다 한 세대 뒤에 등장한 실험인 스페인의 포데모스는 '운동형 정당'이 아니라 아예 '정당형 운동'에 가깝다. 포데모스의 지역조직인 서클은 각 지역에서 '분노한 자들' 운동에 공감하는 이들이 모이는 열린 집회였다. 포데모스가 개방형 예비경선제도를 활용한 것 역시 공직자 선출 과정에서 '분노한 자들' 운동의 분위기를 재연하려는 시도였다. 물론 논란거리이기는 하다. 미국식 제도를 도입해 유럽식 대중정당 전통을 해체한다는 의심의 시선도 있고, 반대로 디지털 세대에 맞게 대중정당의 문턱을 낮추려는 시도로 이해하는 입장도 있다. 아무튼 2014년 포데모스 창당부터 2015년 12월 첫 총선 대응 때까지 이 당은 통상적 정당 활동보다는 대중운동을 더 연상시키는 궤적을 보여주었다.

이 현상 역시 위험 요소를 수반한다. 사회운동은 고조기와 퇴조기가 뚜렷하다. 반면 정당은 정세 변화를 견뎌내며 일관된 면모를 유지해야 한다. 사회운동의 고조기에는 사회운동과 좌파정당이 중첩되는 게 당을 혁신하고 활력을 높이는 결과로 이어질 수 있다. 하지만 이런 상태에서 사회운동이 퇴조기에 접어들게 되면 당의 토대도 덩달아 쉽게 이완되거나 붕괴할 수 있다. '사회운동 정당'은 로베르토 미헬스가 퉁명스럽게 진단한 과두제 철칙[10]에 맞서는 사례일 수도 있지만, 정당이 존립하는 데 필요한 최소요건인 안정된 조직체계(항상 어느 정도는 관료제일 수밖에 없는)의 부족을 뭔가 장점으로 오인한 결과일 수도 있다.

말하자면 좌파정당 안에는 대중운동의 측면과 제도정치의 측면이 공존할 수밖에 없다. 문제는 둘 사이의 균형을 어떻게 맞춰야 할지인데, 앞으로 무게중심이 전자 쪽으로 더 쏠릴지언정 그 반대는 아닐 것이다. 적어도 수많은 기성 좌파정당들이 시대의 풍향을 제대로 쫓아가지 못하고 있는 현 상황에서는 분명 그렇다. 어쩌면 2015년 대표 경선 이후 영국 노동당에서 벌어지는 일이 다른 여러 곳에서도 반복돼야 할 것이다. 요즘 영국 노동당에서는 대표 경선에서 코빈 후보를 지지하며

---

10 로베르토 미헬스, 《정당사회학: 근대 민주주의의 과두적 경향에 관한 연구》, 김학이 옮김, 한길사, 2002. 다음 저작은 사회운동 정당 지향을 통해 과두제 철칙을 극복할 가능성을 타진한다. Hilary Wainwright, *Arguments for a New Left: Answering the Free-Market Right*, Blackwell Pub., 1994.

정치활동에 처음 적극 나선 젊은이들이 '모멘텀Momentum'이라는 풀뿌리 조직(회원 4만 명)을 결성해 노동당을 내부에서부터 혁신하는 운동을 펼치고 있다.

그러고 보면 좌파정당이 역사가 길다고 하여 무조건 부러워할 일도 아니다. 한국 진보정당운동이 워낙 굴곡이 심해 "100년 가는 정당 한 번 만들어보고 싶다"는 푸념을 자주 듣지만, '100년 가는 정당'이 꼭 좋기만 한지는 따져봐야 한다. 그보다는 바로 지금 사회의 여러 흐름들과 생생하게 소통할 수 있는 좌파정당이 존재하는 게 더 중요하다.

좌파정치의 다원성 강화와 연대 – 좌파블록

다음으로 짚을 중요한 변화는 진보정당운동의 다원성이 강화되고 있다는 점이다. 요즘은 어느 나라든 좌파정치의 범위 안에 여러 정당들이 존재하며 서로 경합하거나 연대한다. 물론 사회민주주의 정당들의 전성기에도 그 바깥에 여러 소규모 좌파 정치세력들이 있기는 했다. 하지만 어쨌든 사회민주주의 정당들이 지배적 좌파정당 노릇을 했다. 그러나 지금은 양상이 전혀 다르다. 기존의 지배적 좌파정당들의 위상이 추락한 반면, 도전 세력들이 급속히 성장하고 있다. 좌파정치의 중심이 이제껏 비주류였던 세력으로 이동하기까지 한다.

이것은 단순히 새로운 지배적 좌파정당들이 등장하기 전의 과도기 현상만은 아닌 것 같다. 그렇다고 경제위기로 인한 혼란의 표현만도 아니다. 20세기 말부터 녹색당이 등장하고 사회민주주의 정당 왼쪽에 새로운 좌파 대중정당을 건설하려는 시도들이 나타났던 현상이 새로운 단계에 들어섰다고 봐야 한다. 이 현상은 현대 자본주의가 발전함에 따라 모순도 다양해지고 대중의 다양성도 증대한다는 사실을 반영하는 것이다. 따라서 좌파정치가 예전처럼 하나의 거대 정당 중심으로 다시 정리되길 기대하는 것은 헛된 일이다. 자본주의가 무르익을수록 진보정당운동은 더욱 다양해지고 복잡해진다는 사실을 있는 그대로 받아들여야 한다.

이것이 곧 좌파정당들 사이의 무한경쟁 외에 다른 길이 없다는 의미는 아니다. 진보정당운동이 사회민주주의(개혁적 사회주의 노선)와 공산주의(혁명적 사회주의 노선)로 나뉜 20세기 초부터 이미 좌파정당들끼리의 경쟁과 연대를 동시에 추진하려는 노력들이 있었다. 노동계급 연합전선 실험이 그것이었다. 이후 프랑스, 스페인 등지에서 일부 중도우파까지 포함한 반파시즘 인민전선 정부가 등장했다. 20세기 말에는 칠레에서 여러 좌파세력의 결집체인 인민연합이 집권해 사회주의로 가는 민주적·평화적 길을 추진했다.

최근에는 이러한 복수 좌파정당들의 공동집권이 보편적인 양상이 되고 있다. 유럽에서는 1990년대부터 기존 좌파정당들과 녹색당이 '적록연정'이라는 이름으로 공동정부를 구성하고 있다. 2015년 말에 포르투갈에 들어선 반긴축 좌파 연립정부도 각각 사회민주주의, 공산주의, 트로츠키주의의 전통을 잇는 좌파정당들과 녹색당의 공동정부다. 한편 현재 우루과이의 집권당인 확대전선은 과거 칠레가 인민연합과 마찬가지로 다양한 좌파정당들의 결집체이면서 그 자체 하나의 정당처럼 활동하는 '정당연합'이다. 그리스의 급진좌파연합도 2013년 이전까지는 이런 형태의 정당연합이었다.

앞으로는 복수 좌파정당들의 공동정부가 좌파세력 집권의 표준형으로 정착될 것이다. 즉, 하나의 거대 좌파정당이 아니라 여러 좌파정당으로 이뤄진 '좌파블록'이 집권 주체가 될 것이다. 더구나 과거에 비해 사회운동의 자율성이 더욱 강조되는 시대다. 좌파정당과 연대하는 사회운동 역시 단순한 지지층이 아니라 미래권력의 공동주역으로 봐야 한다. 이렇게 본다면, 좌파블록은 그 의미가 더욱 넓고 깊어진다. 이는 단지 복수 좌파 정치세력들만의 연합이 아니라 다양한 대중운동들의 연합을 뜻하기도 한다. 이제 모든 진보정당운동 세력은 이러한 좌파블록을 결성하고 유지하며 발전시키는 일에 익숙해져야만 한다. 좌파 정치세력들 사이의 협상과 타협은 투명하고 공개적인 대중정치 과정이 돼야 하며, 각 정파 내부만이 아니라 좌파블록 전체를 이끌 수 있는 지도력 유형을 발전시켜야 한다.

시대가 바뀌어도 변함없는 좌파정당의 핵심과제
– 진보적 대중연합 구축

그러나 이러한 변화들에도 불구하고 좌파정당에게는 앞으로도 크게 변하지 않을 대원칙이 있다. 좌파정당의 모든 구성요소와 노력들은 결국 한 가지 목표를 실현하려는 방편들일 뿐이라는 것이다. 그렇다면 이 단 하나의 목표란 무엇인가? 바로 사회 변화를 추구하는 보다 광범한 대중들의 연합을 구축하는 일이다.

너무 상투적인 말처럼 들릴지 모르지만, 민주주의 체제에서 사회를 변화시키는 주역은 대중이다. 정당이 아니다. 정치 무대에서 현란한 연기를 펼치는 주체가 정당이기에 흔히 대중은 그런 연기를 쳐다보고 평이나 하는 관객처럼 보인다. 그래서 정치가들은 자기 연기에 스스로 도취해 주인공인 양 으스대기도 한다. 그러나 진짜 결정적인 행동이 시작되는 곳은 무대가 아니라 오히려 관객석이다. 정치 무대에서 상연된 어떤 장면에 충격을 받고 이를 통해 각성하며 행동에 나서도록 고무된 관객들이 자리에서 일어날 때 역사는 바뀐다. 따라서 좌파정당은 적수들과는 달리 자기 연기에 취해선 안 된다. 자기 연기를 대중이 성장해가는 과정 속의 계기들로 바라봐야 한다. 자신의 모든 담론과 행위는 다 관객의 감정과 사고, 행동을 촉진하려는 시도임을 이해하고 늘 잊지 말아야 한다. 이 점에서 좌파정당의 역할은 베르톨트 브레히트Bertolt Brecht의 서사극을 연기하는 배우와 비슷하다. 브레히트는 관객을 감정의 소용돌이에 몰아넣기보다는, 성찰과 사유의 계기를 갖게 만들려는 서사극에서 배우가 좇아야 할 입장을 다음의 대화로 정리했다.

극작가: (중략) 저 친구[배우-인용자]는 매일 저녁 왕으로 변할 수 있는 배우의 특권도 포기해야 한다는 사실을 완전히 잊어버리고 있네.

배우: 그 대신 이 새로운 연극에서는 내 관객을 왕으로 변화시킬 수가 있는가 보네. 그것도 왕처럼 느끼게 하는 게 아니라 실제로 그렇게 정치가, 사상가, 기술자가 되게 하는가 보네. 얼마나 멋진 관객을 갖게 되는 건가? 그들의 판사석 앞에 나는 세상에서 일어나는 일을 갖다 제시할 걸세. 그리고 극장이 이 많은 노동하는 사람들의 실험실이 될 수 있다면 극장이란 얼마나 숭고하고 유익하며 축하받을 장소인가? 나도 "세계를 변화시켜라. 세계는 그것을 필요로 한다"는 고전주의자들의 모토에 따라 행동할 걸세.

노동자: 그거 좀 너무 거창한 것 같소. 그러나 그래서 안 되라는 법은 없겠지. 그 속에 숨은 뜻이 크니까.[11]

그럼 대중이 성찰과 사유, 각성을 거듭하며 도달해야 할 성숙된 상태란 무엇인가? 현실에서 대중은 좌파의 정책이나 선전을 접하면 분연히 떨쳐 일어날 개인들로 존재하지는 않는다. 대중은 늘 어떤 집단이나 세력, 흐름들을 이루며 존재한다. 그리고 이들 집단, 세력, 흐름은 이미 특정하게 얽혀 있다. 사회라는 직물은 이런 집단, 세력, 흐름들의 대립과 동맹으로 어지럽게 짜여 있다. 안토니오 그람시는 이런 틀로 이탈리아 사회를 분석하면서 여기에 '역사적 블록'이라는 이름을 붙였다. 예를 들면, 이탈리아 사회를 자본 대 노동의 대립관계가 지배하는 자본주의로만 바라보면 이 사회가 끊임없는 위기 속에서도 명맥을 이어가는 이유를 이해할 수 없다. 그람시는 이탈리아 민중의 분열에 주목했다. 공업화에 성공한 북부 지역 노동자들과 그러지 못한 남부 지역 농민들이 각각 자본가, 지주와 어떤 관계를 맺고 있으며 그런 관계 속에서 노동자와 농민의 이해관계와 정체성, 가치관이 어떻게 충돌하고 어떻게 통합될 수 있는지 검토했다. 그람시가 보기에 이탈리아 자본주의가 지탱할 수 있는 것은 북부 노동자와 남부 농민이 단결하지 못하고 각각 북부 자본가와 남부 지주의 지배 아래 놓여 있는 '역사적 블록' 덕분이었다. 그렇다면 여기에서 변혁세력의 구체적인 과제를 끌

━━━ 11 베르톨트 브레히트, 〈놋쇠 사기: 1937-1951〉 중 '정치가의 강당', 《서사극 이론》, 김기선 옮김, 1990, 한마당, 294쪽.

어낼 수 있다. 그것은 북부 노동자와 남부 농민 사이의 동맹, 즉 새로운 '역사적 블록'의 맹아를 발견하고 성장시키며 결국에는 이를 통해 기존 '역사적 블록'을 대체하는 것이다.

그람시의 정식화에 따른다면, 시대와 장소의 차이에 상관없이 좌파 정당이 해야 할 일이란 새로운 역사적 블록의 구축이다. 기존 사회의 뼈대를 이루는 사회관계들, 즉 다양한 집단과 흐름, 세력들의 대립 및 동맹과는 대비되는 새로운 관계들을 구축할 수 있다는 사실을 민중 내부의 여러 집단들 사이에 새로운 동맹을 결성함으로써 보여줘야 한다. 즉, 사회 변화를 지지하면서 최대한 광범하게 확장된 진보적 대중들의 연합을 구축해야 한다. 이런 시각에서 보면, 모든 개혁과 혁명의 공통 차원인 계급권력관계를 둘러싼 투쟁은 단지 힘과 힘의 충돌만은 아니다. 그것은 대립하는 세력들 가운데 어느 쪽이 더 바람직하게, 더 매력적으로 '사회'를 구성하는지를 놓고 벌이는 경합이다. 계급권력관계를 돌이킬 수 없이 역전시킨다는 좌파정당의 과업은 이 경합의 양상에 따라 성패가 갈리게 된다.

이 점은 다가올 시대에도 변함이 없을 것이다. 어떤 정당 형태를 실험하든 혹은 어떤 정당 간 연합을 추구하든 이 모든 노력을 판가름하는 척도는 해당 정세에 맞게 진보적 대중연합을 구축하는 데 성공했는가 여부일 것이다. 이미 지난 역사가 이를 증명한다. 1930년대에 프랑스 사회당과 공산당은 파시스트 세력에 맞서는 노동대중을 규합하고 그 존재를 만방에 선포함으로써 유럽에서 파시즘의 확산을 가로막았다. 20세기 내내 스웨덴 사회민주노동당이 복지국가를 건설하고 유지할 수 있었던 것은 몇 세대에 걸쳐 완전고용과 보편복지 확대의 원동력이 될 강력하고 광범한 사회국가 지지층을 결집했기 때문이었다. 전성기에 일본 사회당은 군국주의 부활을 결단코 막으려는 평화대중이 일본 사회 안에 최소한 전체 유권자의 1/3 수준에서 버티고 있음을 보여주는 상징이었다. 최근에는 포데모스가 등장한 덕분에 '분노한 자들' 운동이 스페인 사회 안에서 계속 중요한 세력으로 남아 영향력을 펼칠 수 있었다.

지금 한국 사회에서 진보정당운동의 필요성
– 촛불연합 '이후'의 역사를 위하여

그럼 지금 한국 사회 상황은 어떠한가? 현재 상황에서 절실히 필요한 사회개혁을 지지하고 밀어붙일 진보적 대중연합은 존재하는가? 최근 한국 사회는 뜻밖의 대중항쟁을 통해 유례없이 거대한 개혁연합이 등장하는 광경을 목격했다. 바로 박근혜 대통령 탄핵을 성사시킨 2016~2017년 촛불항쟁의 주역, 촛불시민연합이다. 당시 촛불 광장에는 너무도 다양한 계층·세대·집단이 모여들어 수백만 대열을 이뤘고, 이를 지지하는 여론이 80% 수준을 넘나들었다. 조기 대선을 통해 리버럴 성향의 문재인 정부가 들어서고 한반도 전쟁위기 대신 평화 협상이 시작된 것도 이런 촛불연합의 거대한 힘 덕분이었다.

그러나 돌이켜 보면 촛불연합 안에는 서로 오래도록 화합하기에는 너무 이질적인 흐름들이 공존하고 있었다. 그 가운데에는 새누리당(현 자유한국당), 사법부와 검찰 같은 비선출직 관료 권력, 극우 언론으로 이뤄진 이른바 '수구 적폐' 세력을 몰아내는 것이 급선무라 여기는 민주개혁파도 있었고, 두 세대에 걸친 자본 축적 끝에 이미 부와 권력이 소수집단만의 특권으로 세습되는 현실에 분노하며 세습자본주의 타파를 외치는 사회개혁파도 있었다. 그리고 후자 안에는 다시 독점 대신 공정한 경쟁을 확대하기만 하면 문제가 해결되리라 여기는 흐름이 있는가 하면, 불평등한 계급구조 자체를 타파해야 한다는 흐름이 있었다. 촛불연합 안에서 주도권을 쥔 쪽은 사회개혁파가 아니라 민주개혁파였고, 사회개혁파 안에서도 목소리를 높인 것은 평등사회를 외치는 이들이 아니라 공정성 강화를 외치는 이들이었다. 이 글을 쓰고 있는 2019년 11월 현재, 촛불연합은 이런 서로 다른 흐름들의 차이가 부각되면서 균열을 일으키고 와해되는 중이다. 극우 자유한국당에 대한 반발 덕분에 촛불연합의 구심력이 완전히 사라지지는 않고 있지만, 촛불항쟁 직후에 비하면 확실히 크게 약해진 상태다.

이 대목에서 냉정히 따져보자. 촛불연합은 과연 21세기 한국 사회에 필요한 진보적 대중연합이었던가? 그렇게 발전할 가능성도 없지는 않았지만, 이는 실현되지 않았다. 민주연합파의 목소리가 압도하면서 사회개혁파의 요구들이 제대로 부각되지 못한 탓이다. 그러고 보면 새로운 '역사적 블록'의 구축이란 단지 더 광범하고 더 거대한 동맹을 만드는 일만은 아니다. 어떤 경우는 그 상황에 맞는 사회변혁의 목소리를 부각하기 위해 연합보다는 분리를 감행해야 할 수도 있다. 이렇게 분리를 통해 중심세력을 새로 구축하고 나면, 그다음에 다시 동맹을 확대해가야 한다. 촛불연합의 부침을 겪은 뒤의 한국 사회도 비슷한 상황일 것이다. 사회개혁파, 그 가운데서도 평등사회를 지향하는 흐름을 따로 부각시키고 이를 중심으로 개혁연합을 다시 구성해야 하는 국면은 아닌가.

  대중 내부의 이러한 분리, 그리고 이를 바탕으로 한 새로운 동맹 형성은 어떻게 가능한가? 이 과정을 촉진하려면, 어떤 노력이 필요한가? 이런 고민 속에서 우리는 한 가지 결정적인 요소의 중요성을 무시하거나 망각할 수 없다. 한국 사회의 역사적 조건에서 비롯된 어려움과 엄청난 시대 변화에도 불구하고 이 요소의 역할을 결코 포기할 수 없다. 그것은 민주적-생태적 사회주의의 지향에 따라 녹색사회국가-평화공동체를 건설해가는 진보정당운동이다.[12]

✱✱✱

그렇기에 이 '잠정' 결론은 다음 문장들로 마무리할 수밖에 없겠다—이 책은 여기서 마침표를 찍는다. 하지만 세계 진보정당운동의 역사는 이것으로 끝이 아니다. 아니, 이 역사는 결코 끝나지 '말아야 한다'. 인류 역사가 이것으로 끝이 아니라면 말이다.

---

12 나는 다음 책에서 민주적-생태적 사회주의 지향을 개괄한 바 있다. 장석준, 《사회주의》, 책세상, 2013. 또한 다음 책은 2000년대 후반 상황에서 녹색사회국가-평화공동체의 윤곽을 처음 정리해 제시했다. 진보정치연구소, 《사회 국가: 한국 사회 재설계도》, 후마니타스, 2007.

찾아보기

인명